普通高等教育新形态教材

GAOJI CAIWU GUANLI

高级财务管理

第二版

韩林静　厉国威◎主　编

袁晓婷　韩东进　焦争昌◎副主编

清华大学出版社
北京

内 容 简 介

本书内容突破传统编写体例，采用案例导入的形式引出每章内容，突出实践教学环节，内容由浅入深、循序渐进，体例上更具特色。本书共分十一章，分别是总论、资本市场与企业融资、公司财务治理、企业财务战略、企业绩效管理与激励、企业集团财务管理、国际财务管理、企业并购财务管理、私募股权投资管理、中小企业财务管理，以及企业破产、重整与清算。

本书适合作为财经类、经济类、管理类专业的本科教材，同时也可用作企业经济管理人员、会计工作者的在职学习或参考用书。

本书封面贴有清华大学出版社防伪标签，无标签者不得销售。

版权所有，侵权必究。举报：010-62782989，beiqinquan@tup.tsinghua.edu.cn。

图书在版编目(CIP)数据

高级财务管理 / 韩林静，厉国威主编. —2版. —北京：清华大学出版社，2023.11
普通高等教育新形态教材
ISBN 978-7-302-64825-3

Ⅰ.①高⋯ Ⅱ.①韩⋯ ②厉⋯ Ⅲ.①财务管理-高等学校-教材 Ⅳ.①F275

中国国家版本馆 CIP 数据核字(2023)第 203204 号

责任编辑：付潭娇　刘志彬
封面设计：汉风唐韵
责任校对：宋玉莲
责任印制：宋　林

出版发行：清华大学出版社
　　　　　网　　址：https://www.tup.com.cn，https://www.wqxuetang.com
　　　　　地　　址：北京清华大学学研大厦 A 座　　邮　编：100084
　　　　　社 总 机：010-83470000　　　　　　　　　邮　购：010-62786544
　　　　　投稿与读者服务：010-62776969，c-service@tup.tsinghua.edu.cn
　　　　　质量反馈：010-62772015，zhiliang@tup.tsinghua.edu.cn
印 装 者：大厂回族自治县彩虹印刷有限公司
经　　销：全国新华书店
开　　本：185mm×260mm　　　印　张：19.5　　　字　数：487 千字
版　　次：2017 年 10 月第 1 版　　2023 年 11 月第 2 版　　印　次：2023 年 11 月第 1 次印刷
定　　价：55.00 元

产品编号：101913-01

前　言

距离我们作者团队撰写的第一版《高级财务管理》的出版已经六年了！六年来，中国企业经营环境持续变化，以移动互联网、大数据、云计算、人工智能、财务共享中心、物联网、ESG（环境、社会和公司治理）等为代表的新技术、新理念、新常态在财务领域广泛应用，企业盈利模式不断转型创新，新三板、科创板市场备受关注，等等，挑战着企业的财务理念与管理技术。这门课程的教育教学迫切需要重构，为此，我们修订并再版本书。

关于高级财务管理的研究内容，目前理论界并没有达成共识，知识模块的结构也不够清晰。第一版教材编写时，我们主要参考格林布莱特和蒂特曼的《金融市场与公司战略》，以金融理论为基础，将公司财务决策与公司战略相结合，对财务理论、经验和实践进行了深入的分析。在本次修订时，我们参考让·梯若尔的《公司财务理论》，将契约理论也纳入编写范围，将公司财务决策与公司治理相结合，注重信息不对称和代理冲突对财务活动和财务关系的影响。这样统一了高级财务管理框架，将公司财务和契约、激励和控制权等分散理论整合起来，为财务管理专业的学生提供了一本标准的高级财务管理教科书，旨在培养面向国内外资本市场，具有高质量发展的专业胜任力、合作共赢的组织领导力、数智素养的财务创新力、价值创造的战略决策力的数字型财务管理人才。

本次修订工作，从内容和章节上进行了较大程度的更新、调整、修改、删减、补充和完善。具体变化与完善内容包括：(1)将思政元素融入课程内容。将公司治理理论与习近平新时代中国特色社会主义思想紧密结合，体现中国特色，把党的领导融入公司治理案例环节；(2)吸收了财务管理理论与实践的最新成果，尤其是作者近年来最新的研究成果，体现了财务理论发展和实际创新的最新成果；(3)首次安排单独两章节阐述"资本市场与企业融资""公司财务治理"，以此探究资本市场和公司治理财务管理问题；(4)将"企业财务风险监测与危机成因""企业破产、重整与清算"两章合并为一章；

(5)对拓展知识点等二维码进行了适当的调整,各种资源内容可以定时更新。另外,本次修订更新了各章节的部分教学案例,且都是中国企业新近财务案例。

本书由韩林静、厉国威任主编,袁晓婷、韩东进、焦争昌任副主编。其中浙江外国语学院韩林静博士编写第一章、第三章、第九章,浙江财经大学厉国威博士编写第六章、第十一章,浙江外国语学院袁晓婷博士编写第二章、第七章、第八章,浙江外国语学院韩东进博士编写第四章、第五章,沈阳科技学院焦争昌副教授编写第十章;全书由韩林静负责统稿工作。

本书适合作为普通高校财务管理、会计学、企业管理、金融学、资产评估等专业本科生高年级学生、研究生,以及报考财务管理师(FM)学员的教材,也可作为有志于钻研、学习企业财务管理专题知识与问题的读者的自学参考书。

第二版的修订从结构构思到内容编写持续了3年,在向出版社交稿时,我国资本市场仍在发生重大变化,全面注册制正式推行,国家金融监督管理总局挂牌成立……我们试图把最新的知识点和制度背景纳于本书,但鉴于编写水平有限,难免会出现纰漏。我们真诚欢迎广大读者批评指正,以便修改和完善,相关意见可反馈至邮箱:1450691104@qq.com。

编 者

2023 年 6 月

目　录

| 第一章 | 总论 | 1 |

第一节　财务管理发展的历程及其演进 … 3
第二节　财务管理假设 … 14
第三节　高级财务管理的理论结构 … 18
本章小结 … 27
在线自测 … 27

第二章　资本市场与企业融资 … 28

第一节　资本市场概述 … 29
第二节　首次公开发行股票 … 32
第三节　股权再融资 … 50
第四节　发行债券融资 … 57
本章小结 … 64
在线自测 … 65

第三章　公司财务治理 … 66

第一节　公司治理与财务治理 … 67
第二节　财务治理的理论基础 … 74
第三节　公司财务治理结构 … 77
第四节　公司财务治理机制 … 83
本章小结 … 90
在线自测 … 90

第四章　企业财务战略 … 91

第一节　财务战略概述 … 92
第二节　投资战略 … 94
第三节　融资战略 … 99
第四节　股利分配战略 … 102

		本章小结	106
		在线自测	106

第五章　企业绩效管理与激励　　107
  第一节　绩效管理概述　　108
  第二节　绩效评价指标　　111
  第三节　管理层激励　　121
  本章小结　　125
  在线自测　　125

第六章　企业集团财务管理　　126
  第一节　企业集团财务管理概述　　127
  第二节　企业集团财务管理体制与内容　　139
  第三节　企业集团筹资管理　　153
  本章小结　　162
  在线自测　　162

第七章　国际财务管理　　163
  第一节　国际财务管理概述　　164
  第二节　外汇风险管理　　167
  第三节　跨国公司内部资本转移管理　　184
  第四节　国际筹资管理　　190
  本章小结　　196
  在线自测　　196

第八章　企业并购财务管理　　197
  第一节　企业并购财务管理概述　　198
  第二节　企业并购价值估值　　209
  第三节　企业并购交易结构设计　　216
  第四节　企业并购重组与反并购　　225
  本章小结　　231
  在线自测　　231

第九章　私募股权投资管理　　232
  第一节　私募股权投资概述　　233
  第二节　私募股权投资的运作　　240

第三节　私募股权投资在中国的发展 ·· 250
　　　本章小结 ·· 259
　　　在线自测 ·· 259

第十章　中小企业财务管理 ·· **260**
　　　第一节　中小企业财务管理概述 ··· 261
　　　第二节　中小企业融资管理 ·· 266
　　　第三节　中小企业投资管理 ·· 270
　　　第四节　中小企业收益分配管理 ··· 276
　　　第五节　中小企业风险管理 ·· 278
　　　本章小结 ·· 282
　　　在线自测 ·· 282

第十一章　企业破产、重整与清算 ··· **283**
　　　第一节　企业破产 ·· 284
　　　第二节　企业重整 ·· 291
　　　第三节　企业清算 ·· 294
　　　本章小结 ·· 302
　　　在线自测 ·· 302

参考文献 ·· **303**

第一章 总 论

学习目标

1. 了解财务管理发展的历程及其演进
2. 熟悉财务管理假设
3. 理解高级财务管理的理论结构

案例导入

一个合格的财务总监应该具备哪些职业经验及能力？

财务总监(首席财务官，CFO)对企业的发展起到至关重要的作用，财务总监的重要职责就是通过资源配置实现企业的战略目标和长期发展，因此，财务总监应该是企业战略的管理者，代表出资方实施企业外部资本控制，并向股东和董事会负责。一个合格的财务总监要具备哪些职业经验及能力呢？

1. 财务总监的职责

(1) 负责会计核算和财务报告，建立和维护内部控制体系。

(2) 负责财务管理，包括预算管理、成本控制、投资管理、资金管理、筹资管理、收益分配、绩效评估等。

(3) 负责或参与风险管理和偿付能力管理。

(4) 参与战略规划、营销管理、合规管理等其他重大经营管理活动。

(5) 根据法律、行政法规和有关监管规定，审核、签署对外披露的有关数据和报告。

(6) 法律法规、中国银行保险监督管理委员会或公司章程规定的其他职责。

2. 战略及商务经验成为新的合格分数线

财务总监是一个理想的商业伙伴，需要参与到决策的构想打造及实施全过程中。一个成长中的财务负责人从其职业早期就应该一方面致力专业经验的积累，另一方面有计划地加强对业务的了解与领悟，并逐渐将两者有机结合起来，从财务角度洞悉企业价值产生的驱动力。唯有这样才会成长为一个合格的财务总监，并能够将财务工作植入到业务的各个领域之中，且不断带来业务的增值。

3. 洞察性分析的能力

目前的财务分析，很多处在一种答疑的层面，注重发生了什么，这样的分析是被动的逐数游戏，而分析的真正意义在于提供有实用价值的信息。有效的、前瞻性的数据分析能够很好地帮助企业把握商机，因此，一个好的公司往往都拥有具备良好的分析力及敏锐洞察力的财务总监。而趋势性、关联性、预测性及推断性的分析报告也能使企业更清晰地知道业务的获利能力、市场回报，以及付出的成本等。

4. 了解与控制风险的能力

决策风险、财务风险、政治风险、环境风险、运营风险、政策风险、金融风险，等等，这些都需要财务总监来把控，需要财务总监既有充分的能力来识别与评估风险，又有足够的能力来承担与控制风险。

5. 成为商业交易者

大型的公司通过不断地合并与收购来扩张自己，这就需要财务总监掌握尽职调查及资本运作的必备财务技能，这对项目管理乃至财务转型都至关重要。因此，合并与收购业务对财务总监而言绝不仅仅是财务活动。以融资为例，一方面是需要熟练掌握获取资金的各类技术手段，另一方面是要善于建立及维护与投资者的关系。

6. 维护利益相关者的紧密联系

首先，财务总监要在全力支持企业战略目标的实现和确保企业业务不存在影响长期稳定的风险因素之间谨慎把握。其次，由于诸多商业行为都会涉及财务，理论上财务部门是公司里独一无二的可以纵观大局的职能岗位，因此与各业务部门保持恰当的紧密联系可以有效地让财务总监掌握公司的信息，并确保财务监控不在各类重大事项上缺席。然后，客户作为企业收益的提供者，是对决策起着真正影响力的群体，同时也是了解市场及竞争者的重要渠道，以客户为中心的理念应贯穿企业上下，财务部门应加强与客户等利益相关者的紧密联系。

7. 注重管理技能

(1) 具有领导力。

财务总监需要有清晰的部门愿景，搭建多元化扩散型的部门构成，让团队成员充满激情，财务总监应具有责任感、学习精神和忠诚度，其成功必须来源于部门的成功。

(2) 具有沟通力。

面对内部及外部不同的接口，如何保持财务信息的高度统一至关重要，同时恰当的沟通及影响方式也是一项必备的技能。

(3) 具有变革力。

公司业务需要不断变革以适应市场的变化，而财务则要不断变革以满足业务发展的需求，财务总监要有面对变化并推动变革的勇气，而从服务性财务向增值型财务的转型也使财务与业务保持前所未有的高度一致。

8. 保持衔接

比较而言，财务工作在很大程度上已经实现了自动化，比如开票、付款或其他工作流等。但是，重要数据分析的偏差时有发生，不同系统间的整合导致数据互用性不高，引导技术进步是财务总监不可推卸的重任，自动化操作能够大量地降低簿记式财务的工作量，而把时间用到能带来更多价值的业绩分析及管理建议上面。此外，云服务的运用也最大化推进了数据的共享性并使得分析与推断更为可靠并简单。一个明智的财务总监应充分地发挥技术的力量，为业务发展提供高水准的财务平台。

9. 能够应对更多的规章制度及报告要求

确保企业规章制度的健全也是财务总监的一项责任，即使企业的业务拓展到一个新生的市场，也要做到财务规章制度的无缝衔接。企业对财务报告的要求也不再仅限于财务状况说明，财务报告的深度与广度不断加强，报表使用者对公司治理的绩效、董事薪酬、商业行为的持续性、财务及非财务数据的结合等方面信息都有所期待。这些变化都会迫使财务总监重新审核财务系统及报告体系。

10. 拓宽业务足迹

共享服务及外包服务已经给传统的财务模式带来了意想不到的巨大冲击，而它们在成本控制方面的优势也使越来越注重企业价值增值的财务总监对这种变革趋之若鹜。当然机会总伴随着风险，对技术更高的要求、国际化工作经验、不同文化的融合以及如何发挥多样性的优势等，都是财务总监需要面对的挑战。

资料来源：一个合格的财务总监应该具备哪些职业经验及能力？[EB/OL].(2022-05-21)[2023-05-15].https://mp.weixin.qq.com/s/-R-_DHDTyuTiCEY7HGtvlg.

案例思考：
1. 成为财务总监的财务经理都具有哪些特征及能力？
2. 数字经济时代财务总监会面临哪些挑战？

第一节　财务管理发展的历程及其演进

一、西方财务管理的发展

财务管理是一种古老的活动，自人类生产劳动出现开始，便有了理财的活动。但是，最早的财务管理只是简单的会计意义上的管理。财务管理作为企业的一种独立经济活动，是伴随着公司制这一企业组织形式的产生和发展而逐渐形成的。早在15、16世纪商业比较发达的地中海沿岸城市，特别是意大利的威尼斯，商业比较发达，是欧洲与远东之间的贸易中心，出现了邀请公众入股的城市商业组织（原始的股份制形式），入股的股东包括商人、王公、大臣、市民等。商业经济的初步发展要求商业组织做好资金筹集、股息分派和股本管理等财务管理工作。但由于这时企业对资本的需求量并不是很大，且筹资渠道和筹资方式比较单一，因此企业的筹资活动仅仅附属于商业经营管理，并没有形成独立的财务管理职业，这种情况一直持续到19世纪末20世纪初。尽管当时尚未在企业中正式形成财务管理部门或机构，但上述财务管理活动的重要性却已在企业管理中得以凸显。因此，该时期可以视为西方财务管理的萌芽时期。

1897年，美国著名财务学者托马斯 L. 格林（Thomas L. Green）出版《公司理财》（Corporation Finance）一书，它标志着西方财务理论的独立。自此，西方财务理论以其独特的研究核心和研究方法成为经济学的一门分支，并在20世纪取得了很大发展，大批学者以股份公司为研究对象，着眼于不断发展的资本市场，涌现出丰富的研究成果。学者们对西方财务管理发展阶段划分观点并不一致，在对众多学者文献进行总结的基础上，本书根据西方财务管理的发展变化将其划分为以下五个阶段。

（一）筹资财务管理阶段（19世纪末20世纪初）

19世纪末20世纪初，工业革命的成功使制造业迅速崛起，新技术、新机器不断涌现，生产技术的重大改进和工商活动的进一步发展，促进了企业规模的不断扩大，股份公司迅速发展起来，并逐渐成为占主导地位的企业组织形式。许多公司都面临如何为扩大企业生产经营规模和加速企业发展筹措所需资金的问题，筹资渠道和方式发生了重大变化，如何筹集资本扩大生产经营，并在财务关系上处理好公司与投资者、债权人之间的财务权、责、利关系，分配好盈利，成为大多数企业关注的焦点。于是，各股份公司纷纷成立专职财务管理部门，目的是有效筹资，以适应加强财务管理的需要。财务管理职能与机构的独立化，标志着近代西方财务管理初步形成。

在这一阶段中，市场竞争不是十分激烈，各国经济得到了迅速发展，企业只要筹集到足够的资金，一般都能取得较好的效益。然而，当时的资本市场还不是很成熟，金融机构也不十分发达，因而，如何筹集资金便成为财务管理最主要的问题。财务管理的主要职能是预测公司资金的需求量和筹集公司所需要的资金，理论研究的侧重点在于金融市场、金融机构和金融工具的描述和讨论。因此，筹资理论和方法得到了迅速的发展，为现代财务管理理论的产生和完善奠定了良好的基础，这一时期西方资本市场发育日趋完善。

这个阶段具有代表性的理论贡献如下：①1897年，格林出版《公司理财》一书，详细阐述了公司资本的筹集问题，并被学界认为是筹资财务理论的最早代表作，它标志着西方财务理论的独立；②1910年，米德(Meade)出版《公司财务》一书，主要研究企业如何最有效地筹集资本，该书为现代财务理论奠定了基础；③1920年，斯通(Arthor Stone)出版《公司财务策略》(Financial Policy Corporation)一书。这个阶段的研究成果主要集中于如何有效地筹集资金。

（二）内部控制管理阶段（1931—1950年）

筹资阶段的财务管理往往只注重研究资本筹集，却忽视了企业日常的资金周转和企业内部控制。整个资本市场不成熟、不规范，会计报表充满了捏造的数据，缺乏可靠的财务信息，在很大程度上影响了投资者的积极性。1929年的经济危机后，为保护投资者利益，各国政府加强了证券市场的监管，尤其加强了对公司偿债能力的监管。美国在1933年、1934年通过了《联邦证券法》和《证券交易法》，要求公司编制反映企业财务状况和其他情况的说明书，并按规定的要求向证券交易委员会定期报告。政府监管的加强客观上要求企业把财务管理的重心转向内部控制。同时，对企业而言，如何尽快走出经济危机的困境，内部控制也显得十分必要。第二次世界大战以后，随着科学技术的迅速发展和市场竞争的日益激烈，西方财务管理人员更加清醒地认识到，在残酷的市场竞争中，要维持企业的生存和发展，财务管理的主要功能不仅在于筹集资金，更在于有效的内部控制，管好、用好资金。

在这一阶段，财务管理的理念和内容发生了较大的变化：财务管理的重点开始从扩张性的外部融资向防御性的内部资金控制转移，各种财务目标和预算的确定、债务重组、资产评估、保持偿债能力等问题，开始成为这一时期财务管理研究的重要内容。具体表现在以下几个方面：①财务管理不仅要筹措资本，而且要进行有效的内部控制，管好、用好资本，资产负债表中的资产科目，如现金、应收账款、存货、固定资产等引起财务管理人员的高度重视；②人们普遍认为，企业财务活动是与供应、生产和销售并列的一种必要的管理活动，它能够调节和促进企业的供、产、销活动；③对资本的控制需要借助各种定量方法，因此各种计量模型逐渐应用于存货、应收账款、固定资产管理以及财务计划、财务控制，财务分析的基本理论和方法逐渐形成，并在实践中得到了普遍应用；④如何根据政府的法律、法规来制定公司的财务政策成为公司财务管理的重要方面；⑤财务管理内容还涉及企业的破产、清偿和合并等问题。

这个阶段具有代表性的理论贡献如下：①美国学者罗弗(W. H. Lough)出版《企业财务》一书，其首先提出了企业财务除筹措资本之外，还要对资本周转进行有效的管理；②英国学者罗斯(T. G. Rose)出版《企业内部财务论》一书，该书特别强调企业内部财务管理的重要性，认为资本的有效运用是财务研究的中心。这个阶段的研究成果为企业财务状况的系统分析及资产流动性分析打下了基础。

(三) 资产管理理财阶段(1951—1964年)

20世纪50年代以后，面对激烈的市场竞争和买方市场趋势的出现，财务经理普遍认识到，单纯靠扩大融资规模、增加产品产量已无法适应新的形势发展需要，财务经理的主要任务应是解决资金利用效率问题，公司内部的财务决策上升为最重要的问题，西方财务学家将这一时期称为"内部决策时期"。在此期间，资金的时间价值引起了财务经理的普遍关注，以固定资产投资决策为研究对象的资本预算方法日益成熟，财务管理的重心由重视外部融资转向注重资金在公司内部的合理配置，这使公司财务管理发生了质的飞跃。由于这一时期资产管理成为财务管理的重中之重，因此被称为资产财务管理时期。

20世纪50年代后期，对公司整体价值的重视和研究是财务管理理论的另一个显著发展。实践中，投资者和债权人往往根据公司的盈利能力、资本结构、股利政策、经营风险等一系列因素来决定公司股票和债券的价值。因此，资本结构和股利政策的研究受到了高度重视。

这一阶段的主要财务研究成果有以下几个方面。

(1) 1951年，美国财务学家乔尔·迪安(Joel Dean)出版了最早研究投资财务理论的著作《资本预算》。该书着重研究如何利用货币时间价值确定贴现现金流量，使投资项目的评价和选择建立在可比的基础之上。该书成为此后这一领域众多论著共同的思想、理论源泉，起了极其重要的先导作用和奠基作用，对财务管理由融资财务管理向资产财务管理的飞跃发展起到了决定性影响。

(2) 1952年，哈里·马科维茨(H. M. Markowitz)发表论文《资产组合选择》，他认为在若干合理的假设条件下，投资收益率的方差是衡量投资风险的有效方法。从这一基本观点出发，1959年，马科维茨出版了专著《组合选择》，从收益与风险的计量入手，研究各种资产之间的组合问题。马科维茨也被公认为资产组合理论流派的创始人。

(3) 1958年，弗兰科·莫迪利安尼(Franco Modigliani)和米勒(Merto H. Miller)在《美国经济评论》上发表《资本成本、公司财务和投资理论》一文，提出了著名的MM理论，指出在一系列假设条件下，资本结构不影响企业价值和资本成本。1963年，MM理论引入了所得税因素。莫迪利安尼和米勒因为在研究资本结构理论上的突出成就，分别在1985年和1990年获得了诺贝尔经济学奖。

(4) 1964年，夏普(William Sharpe)、林特纳(John Lintner)等在马科维茨理论的基础上，提出了著名的资本资产定价模型(CAPM)。其系统地阐述了资产组合中风险与收益的关系，区分了系统性风险和非系统性风险，并明确提出了非系统性风险可以通过分散投资而减少等观点。资本资产定价模型使资产组合理论发生了革命性变革，夏普因此与马科维茨一起共享1990年诺贝尔经济学奖的荣誉。

总之，在这一时期，以研究财务决策为主要内容的"新财务论"已经形成，其实质是注重财务管理的事先控制，强调将公司与其所处的经济环境密切联系，以资产管理决策为中心，将财务管理理论向前推进了一大步。

(四) 投资财务管理阶段(20世纪60年代中期至70年代)

第二次世界大战结束以后，科学技术迅速发展，产品更新换代速度加快，国际市场迅速扩大，跨国公司不断增多，金融市场更加繁荣，市场环境更加复杂，投资风险日益增加，因此企业必须更加注重投资效益，规避投资风险，这对已有的财务管理提出了更高要求。20世纪60年代中期以后，财务管理的重心重新从内部向外部转移，理财活动比以往更加关注于投资问题，特别是20世纪70年代后，金融工具的推陈出新使公司与金融市场的联系日益加强。认股权证、金融期货等广泛应用于公司筹资与对外投资活动中，推动财务管理理论日益发展和完善。另外，统计学和运筹学优化理论等数学方法也引入财务理论研究中。因此，这一阶段被称为"投资财务管理阶段"，其核心研究问题是资本结构和投资组合的优化。

这个阶段的主要研究成果有以下三个方面。

(1) 资本结构理论进一步深化和发展。如前所述，投资组合理论和资本资产定价模型揭示了资产的风险与其预期报酬率之间的关系，受到了投资界的欢迎。它不仅将证券定价建立在风险与报酬相互作用的基础上，而且大大改变了公司的资产选择策略和投资策略，因此被广泛应用于公司的资本预算决策。其结果导致财务学中原来比较独立的两个领域——投资学和公司财务管理的相互组合，使公司财务管理理论跨入了投资财务管理的新时期。前述资产财务管理时期的财务研究成果同时也是投资财务管理初期的主要财务研究成果。

这一阶段资本结构理论研究的深化，历经了从早期传统资本结构理论到现代资本结构理论的发展过程(1952—1977年)，并以MM理论为开端，逐渐发展到破产成本理论、税差学派、市场均衡理论、权衡理论、信息不对称理论等。从1977年开始，以梅耶斯(Stewart C. Myers)、迈基里夫(Nicholas S. Majluf)所代表的新优序融资理论为起点，又开始了新资本结构理论的发展阶段，其后出现了以詹森(Jensen)、麦克林(Meckling)、梅耶斯为代表的代理成本说，以史密斯(Smith)、华纳(Warner)等人为代表的财务契约论，以罗斯(Ross)、利兰(Leland)等人为代表的信号模型，以邓洛夫斯基(Dunlovsky)、史密斯为代表的产业组织理论，以及以哈里斯(Harris)、拉维夫(Ravir)为代表的企业治理结构学派。

(2) 资本市场的发展和投资风险的日益加大使人们开始寻求资产组合、避险和控制的工具。金融工具的推陈出新使企业与金融市场的关系更加密切，认股权证、金融期货等广泛应用于企业融资和对外投资活动中，特别是20世纪70年代中期，布莱克(F. Black)等人创立了期权定价模型(option pricing model, OPM)；斯蒂芬·罗斯(Stephen Ross)提出了套利定价理论(arbitrage pricing theory, APT)。这一时期的财务管理呈现出百花齐放、百家争鸣、一派繁荣的景象。

(3) 1972年，法马(Fama)和米勒(Miller)出版了《财务管理》一书，这部集西方财务管理理论之大成的著作，标志着西方财务管理理论已发展成熟。

一般认为，该时期是西方财务管理理论走向成熟的时期，主要表现在以下三个方面：①建立了合理的投资决策程序；②形成了完善的投资决策指标体系；③建立了科学的风险投资决策方法。由于吸收了自然科学和社会科学的丰富成果，财务管理进一步发展成为集财务预测、财务决策、财务计划、财务控制和财务分析于一身，以筹资管理、投资管理、营运资金管理和利润分配管理为主要内容的管理活动，并在企业管理中居于核心地位。

(五) 财务管理深化发展的新阶段(20世纪70年代末以后)

20世纪70年代末以后，企业财务管理进入深化发展的新阶段。这一阶段，财务管理的环境发生了以下变化：①通货膨胀及其对利率的影响；②政府对金融机构放松控制以及专业金融机构向多元化金融服务公司转化；③电子通信技术在信息传输中大量应用，电子计算机在财务决策上大量应用；④资本市场上新的融资工具的出现，如衍生性金融工具和垃圾债券；⑤企业集团化与国际化。

以上条件的变化对财务决策产生了重大影响，加剧了公司面临的不确定性，使市场需求、产品价格以及成本的预测变得更加困难。这些不确定性的存在使财务管理的理论和实践都发生了显著的变化，并且产生了更为细分的财务管理领域，如通货膨胀财务管理、企业集团财务管理、国际企业（跨国企业）财务管理与企业并购财务管理等。

另外，20世纪80年代以后，财务学在吸收心理学、行为科学、决策科学等相关成果的基础上，研究心理和行为因素对人类财务行为的影响，解释和预测财务主体的财务决策行为的实际决策过程（而非最优决策模型），以及金融市场的实际运行状况，促成了一门新的科学——行为财务学的发展。

根据财务管理内容变化的特点，可将20世纪70年代末以后的财务管理的发展阶段分为下面三个子阶段。

▶ **1. 通货膨胀理财阶段（20世纪70年代末期至80年代初）**

20世纪70年代末期—20世纪80年代早期，伴随石油价格的上涨，西方国家出现了严重的通货膨胀，持续的通货膨胀给财务管理带来了一系列前所未有的问题，因此这一时期财务管理的任务主要是对付通货膨胀。在通货膨胀条件下，如何有效地进行财务管理一度成为热点问题。大规模的通货膨胀使企业资金需求不断膨胀、货币资金不断贬值、资金成本不断提高，利润虚增，资金周转困难。为此，西方财务管理根据通货膨胀的状况对企业筹资决策、投资决策、资金日常调度决策、股利分配决策进行了相应的调整。

▶ **2. 国际经营理财阶段（20世纪80年代中后期）**

20世纪80年代中后期，由于运输和通信技术的发展，市场竞争的加剧，企业跨国经营发展很快，国际企业管理越来越重要。当然，一国财务管理的基本原理对国际企业也是适用的，但是，由于国际企业涉及多个国家，要在不同制度、不同环境下做出决策，就会有一些特殊问题需要解决，如外汇风险问题、多国融资问题、跨国资本预算问题、国际投资分析、跨国公司财务业绩评估等都和一国财务管理不同。自20世纪80年代中期以来，国际财务管理的理论和方法得到了迅速的发展，并在财务管理实务中得到广泛应用，成为财务管理发展过程中的又一个高潮，并由此产生了一门新的财务学分支——国际财务管理。

20世纪80年代中后期，拉美、非洲和东南亚发展中国家陷入沉重的债务危机，苏联和东欧国家政局动荡、经济濒临崩溃，美国经历了贸易逆差和财政赤字，贸易保护主义一度盛行。这一系列事件导致国际金融市场动荡不安，使企业面临的投融资环境具有高度的不确定性。因此，财务风险问题与财务预测、决策受到高度重视。

▶ **3. 网络财务管理阶段（20世纪90年代以来）**

20世纪90年代中期以来，随着计算机技术、电子通信技术和网络技术的迅猛发展，财务管理的一场伟大革命——网络财务管理，已经悄然到来。

人类社会自21世纪以来已经进入一个以知识为主导的时代，知识、创新精神和声誉等无形智力资源成为企业赢得竞争优势的关键资源和企业价值创造的主要驱动力。从财务管理的角度来看，其改变了企业资源配置结构，即从传统的以厂房、机器、资本为主要内容的资源配置结构转变为以知识为基础并以智力资本为主的资源配置结构。例如，美国的微软公司有形资产的数量与小型企业相差无几，而市场价值则超过美国三大汽车公司的总和。面对知识经济趋势的深化，传统财务管理理论以"物"为本的理念受到巨大冲击，以人为本的理念必将贯穿企业筹资、投资、资金运营和利润分配的各财务环节，而对于智力资本如何进行确认、计量和管理将成为财务管理的一个重要课题。

同时，知识经济拓宽了经济活动的空间，改变了经济活动的方式。其主要表现在以下两个方面：一是网络化，容量巨大、高速互动、知识共享的信息技术网络构成了知识经济的基础，企业之间的激烈竞争将在网络上进行；二是虚拟化，由于经济活动的数字化和网络化加强，开辟了新的媒体空间，如虚拟市场、虚拟银行。许多传统的商业运作方式也将随之消失，代之以电子支付、电子采购和电子订单，商业活动将在全球互联网上进行，使企业购销活动更便捷、费用更低廉，对存货的量化监控更精确。同时，网上收付使国际资本的流动加快，而财务主体面临的货币风险却大大地增加，网络财务管理主体、客体、内容、方式都会发生很大的变化。相应地，现代的财务管理理论和实践将随着理财环境的变化而不断革新，并继续朝着国际化、精确化、电算化、网络化方向发展。

从20世纪以来财务管理的发展过程可以看出，财务管理目标、财务管理内容、财务管理方法的变化都是理财环境综合作用的结果。可以这样说，有什么样的理财环境，就会产生什么样的理财模式，也就会产生相应的财务管理理论体系。实际上，财务管理总是依赖于其生存发展的环境。在任何时候，财务管理问题的研究，都应以客观环境为立足点和出发点，这才有价值。脱离了环境来研究财务管理理论，就等于是无源之水、无本之木。所以，将财务管理环境确定为财务管理理论结构的起点是一种合理的选择。

二、我国财务管理的发展历程

我国企业财务管理的发展与新中国经济建设实践是一脉相承的，大体经历了计划经济的准备阶段(1949—1957年)、计划经济阶段(1958—1978年)、建立有计划的商品经济体制阶段(1979—1991年)、建立社会主义市场经济体制阶段(1992—2000年)，以及完善社会主义市场经济体制阶段(2001年至今)。在这70多年的发展中有一个关键时间点——1978年，其前后的财务管理活动出现了迥然不同的特点，因此，本书围绕这个时间点对我国企业财务管理实践、理论和财务管理教育等活动进行总结，并对其发展趋势进行探讨。

(一) 计划经济时代的企业财务管理(1949—1978年)

▶ 1. 计划经济的准备阶段(1949—1957年)

新中国成立后，国民经济开始恢复，逐步完成了由新民主主义经济向社会主义经济过渡的历史任务，故将1949—1957年这一阶段称为计划经济的准备阶段。此时，我国借鉴苏联的财务管理理论和方法，初步建立起了一套为社会主义计划经济服务的财务管理体系。1951年2月，政务院财政经济委员会召开的全国财政会议对加强国有企业的财务管理工作进行首次部署，要求建立并执行国有企业财务收支计划制度、定期的报表制度、预决算制度，实行财政监督。同年4月，该委员会颁发了1951年度的《国有企业财务收支计划暂行办法》《国有企业提缴利润暂行办法》《国营企业提缴折旧基金暂行办法》3项暂行办法，标志着企业的财务管理工作开始纳入计划管理的轨道。同年11月，财政部召开了首次全国企业财务管理暨会计会议，交流和总结了前述3项制度的执行情况，并讨论了国有企业统一会计报表和会计科目等问题，为建立适应计划经济要求的企业财务管理体系做了相应准备。1953—1957年，我国开展了第一个五年计划。"一五"时期为了集中有限的财力，保证重点建设，形成了利润和折旧基金全额(基本上)上交，企业发展生产所需的资本实行统一计划、由国家预算拨付的高度集中的国有企业财务管理体制，或称统收统支体制。在此期间，财政部陆续颁发系列规章，对"四项费用拨款"制度、"超计划利润分成"制度、流动资金的"两口供应，分别管理"制度，以及产品成本开支范围等财务制度予以明确。至此，以资产管理为主要内容，以计划、控制和监督为基本职能的国有企业财务管理体系初步建立起来。

此时，各经济类杂志上相继出现了一些关于企业财务管理研究的文章，涉及的问题主要有以下几个方面。①社会主义经济核算制,其主要涉及经济核算的实质、客观依据、指标体系等;②资产核算与管理的问题,其主要涉及流动资产和固定资产的核定与分类,同时涉及若干考核指标,如流动资产周转率、固定资产产值率等;③企业成本费用与利润的核算,成本方面包含成本支出的界定、各项成本与费用的分类与管理,利润方面主要是计算利润总额和利润率等;④关于财务本质问题的研究,一种观点是货币关系体系的综合,另一种观点是资金流动及其所体现的经济关系,还有人认为是价值分配活动所产生的经济关系;⑤财务管理形式的改革,例如,月度财务收支计划和资金平衡、决算、审查、费用控制和定额发料、班组经济核算等。

▶ 2. 计划经济阶段(1958—1978年)

从1958年开始,我国经济正式步入了计划经济阶段,建立起"一大二公三纯"的公有制结构和国家计划统一调控经济的计划经济体制以及几乎完全平均主义的分配体制。计划经济体制在一定时期内对维护国家政权、恢复和发展国民经济起到了巨大的作用;但同时随着经济和社会的发展,它也日益暴露出越来越多的弊端。但这期间仍然出现过可贵的探索和创造,如在1958年、1959年和1960年财政部等相关部门分别召开了3次全国性的财务管理工作经验交流会议,总结了流动资金管理和成本管理方面的先进经验,肯定了群众参加经济核算的新形式。1963年,国务院批准了《关于国营工业、交通企业设置总会计师的几项规定(草案)》,提升了财务管理在企业管理中的地位。1972年和1975年,周恩来总理和邓小平副总理分别主持过两次经济整顿,出台了《关于加强国营工业、交通企业成本管理的若干规定》和《国营工业、交通企业若干费用开支办法》等规章。这些措施对恢复和发展财务管理工作起到了一定的作用,可惜由于"文化大革命"的影响,整个企业财务管理和经济核算工作整体遭到严重摧残,这一期间财务管理的理论和实践发展基本停滞了。

在计划经济时期,企业的财务管理工作是在高度集中的计划与财政体制条件下建立和发展的,表现为政府在企业财务管理体系的建立和发展中具有直接管理的特点。全国企业除了清一色的国有企业和小部分集体企业之外,几乎没有其他经济成分的企业。国有企业财务管理体制纳入国家计划之中,实行国家统收统支、统负盈亏的体制;资金由国家支配,企业无筹资和投资权,更不具有现代投融资理财的外部条件;成本费用开支均报国家有关部门审核,企业无成本开支权;收入按国家计划分配,企业无定价权与分配权;企业财务管理的重点是成本核算、成本计划控制与实行财务监督。在这种高度集中的计划和财政体制下,企业财务管理的体系框架涵盖的内容相对简单和单一。

在统收统支、统负盈亏的体制下,企业只关注资源,习惯于向政府"要"投资项目,向政府"要"资金,向政府"要"各种经营所需的资源,而并不关心资源运用效率。政府也注意到这种情况的存在,要求企业将财务管理的重心放在内部财务管理与控制上,尤其是流动资金(产)管理、费用与成本控制以及强化经济核算制度上。该体制对于保证国民经济有计划、按比例发展起到了重要的作用,但随着我国建设规模的扩大,社会化大生产和专业化的发展,部门、地区、企业之间的联系和协作关系越来越密切,经济体制中集中过多、统得过死、与生产力发展不相适应的矛盾就突出起来了。

(二) 改革开放的企业财务管理(1979年至今)

改革开放之后,随着市场经济体制的逐步建立,市场的投融资自主权逐步扩大,企业逐渐按市场经济规则通过金融市场筹措资金,而且随着我国资本市场的不断发展与完善,企业财务管理活动的范围也不断扩大,财务管理教育和具有中国特色的财务管理理论不断发展。

▶ **1. 建立有计划的商品经济体制阶段(1979—1991年)**

党的十一届三中全会以后,我国进入以经济建设为中心的社会主义建设新时期。这一时期的经济体制开始是以"计划经济为主,市场调节为辅",之后进一步过渡到"有计划的商品经济"体制。国家对企业实行"放权让利"的政策,使企业拥有了一定的自主权,企业财务管理的内容、工作环节、方式、方法也随之发生了一系列新的变化,并逐步建立起适应商品经济的财务管理新体系。

在筹资方面,1979—1986年的银行体制改革改变了以往的存贷业务,形成了由中国人民银行独家办理、贷款品种和利率单一的状况,使得银行贷款成为企业筹资的主要方式。1987年国务院发布《企业债券管理暂行条例》,债券筹资成为企业筹资的另一可选方式。在商品市场中,由于赊销成为重要的促销方式,这使企业运用商业信用筹资成为可能。1985年,中国人民银行颁布的《商业汇票承兑、贴现暂行办法》进一步鼓励了企业之间的商业信用筹资,此外,企业横向吸收直接投资、吸收外商直接投资、发行股票、融资租赁等也从无到有,不断地拓宽企业的筹资渠道。

在投资方面,1984年9月、10月,国务院连续颁布了《关于改革建筑业和基本建设管理体制若干问题的暂行规定》和《关于改进计划体制的若干暂行规定》,缩小了投资方面指令性计划的范围。1987年3月,国务院颁布的《关于放宽固定资产投资审批权限和简化审批手续的通知》规定,限额以下的技术改造项目由企业自主决定。1988年4月,第七届全国人民代表大会通过的《全民所有制工业企业法》规定,"企业有权依照法律和国务院规定与其他企业、事业单位联营,向其他企业、事业单位投资,持有其他企业的股份",由此使企业的投资主体地位得到正式确认。

在资产管理方面,1979年,财政部发布《关于国营企业固定资产实行有偿调拨的试行办法》,改变了计划经济下固定资产无偿调拨的形式,促使企业合理占用和节约使用固定资产。1980年,财政部发布《关于征收国营工业、交通企业固定资产占用费的暂行办法》和《关于国营工交企业清产核资划转定额贷款和国拨流动资金实行有偿占用的通知》,促使企业提高资金的使用率,节约使用资金,加速资金周转。1985年,国务院发布《国营企业固定资产折旧试行条例》,允许折旧基金不必集中上交,同时改综合折旧法为分类折旧法,促使企业提高固定资产的使用效率,加强固定资产的更新和技术改造。

在成本管理方面,1984年3月,国务院发布《国营企业成本管理条例》,重新规范了成本费用的开支范围,明确了成本管理责任制的内容,并强化了监督与处罚措施。随之,财政部等部门颁发了系列实施细则,促进企业在生产的各个环节加强成本管理,提高经济效益。这一时期,一些国外的财务管理办法被引入国内,如量本利分析、目标管理、ABC管理、滚动计划等。

在利润分配方面,1979年开始试行"利润留成"制度。1980年,又进行了"基数利润留成加增长利润留成"试点,此外,还在一些企业进行"以税代利",即利改税的试点。此时,国有企业收入分配出现了企业基金、利润留成、以税代利等多种形式并存的局面。1983年和1984年,国家先后推行了两步"利改税"办法,较大地调整了国家与企业的分配关系,充分调动了企业自主经营、自负盈亏的积极性。1987年,实行了承包经营责任制办法,企业将原先缴纳的所得税、调节税改为上缴国家利润,并对此实行承包超收多留、欠收自补。1989年,试行"税利分流"办法,企业实现的利润分别以所得税和部分利润两种形式上交给国家。

1979年1月,新时期第一本财经杂志《财务与会计》正式创刊,财务管理研究也再次焕发出勃勃生机。这一阶段财务管理研究的热点问题包括以下几个方面：①财务与会计的关系问题研究，"大财务"与"大会计"是我国长期存在的争议问题，经过20世纪80年代的激烈争论，确立了财务管理相对独立的地位；②财务职能研究，在理论上实现了由服务职能向预测、决策、计划、控制、分析职能的转化；③企业筹资管理的研究，企业自主理财权使得筹资方式、金融工具、资本市场等成为筹资管理研究的主要内容；④企业投资管理的研究，主要包括对内的固定资产和无形资产投资，以及对外的证券投资和股权投资的管理；⑤财务管理方式、方法的创新与发展的研究，如实行分级分权管理、内部结算等。

这一阶段，国民经济在新政策的指导下迅速恢复和发展，国有企业也逐渐建立了适应自身发展的管理方法，财务管理研究出现了新的发展热潮。国家相继颁布了许多关于企业财务管理的相关政策和法规，放宽了诸多政策，以促进国有企业的发展，企业财务管理的作用也逐渐强大了起来。此时，企业财务管理体系的特点如下：以筹资管理、投资管理、资产管理、成本管理和利润管理为主要内容，以决策、计划、控制、分析为基本环节。企业自主支配权的实现使得企业财务管理出现了筹资和投资的概念，扩展了企业财务管理体系的内容。

▶ 2. 建立社会主义市场经济体制阶段（1992—2000年）

1992年10月，党的十四大明确提出我国经济体制改革的目标是建立社会主义市场经济体制。随着改革开放的深入，国内渐渐引入西方的财务管理理论，并在自身经济发展的基础上，形成了具有中国特色的企业财务管理体系。

1992年11月，财政部发布《企业财务通则》，这是新中国成立以来财务管理改革和发展的重要里程碑。与以往的财务制度相比，《企业财务通则》在以下几个方面实现了重大突破：①统一了境内不同所有制、不同经营方式企业的财务制度；②建立资本金制度，实行资本保全原则；③取消专用基金专款专用、专户存储制度，改由企业统筹运作；④调整了成本费用的开支范围；⑤规范了企业利润分配顺序。与此同时，国家还提出了分行业财务制度，对主要的十个行业分别颁布了详细的财务制度规定。这样，我国就建立起了以《企业财务通则》为基本原则，以分行业的企业财务制度为主体，以企业内部财务制度管理规定为补充的新型企业财务制度体系。

1993年11月，党的十四届三中全会提出国有企业改革的方向是建立现代企业制度。1993年12月，《中华人民共和国公司法》（简称《公司法》）对公司筹资、投资、利润分配等重大财务事项作出了规定，1999年10月再次修订后的《会计法》提出了对企业内部监督制度及财务工作者的道德素质等方面的新要求。这两项法规对企业各项财务工作具有指导作用，在一定程度上推动了企业财务管理的进一步改革。

为了更好地适应投资者的要求和评价企业综合经济效益，财政部于1995年1月颁布《企业经济效益评价指标体系（试行）》。这套指标体系包括10项指标，主要是从企业投资者债权人，以及企业对社会的贡献方面来考虑的。1999年6月，财政部等4部委联合印发了《国有资本金绩效评价规则》及其操作细则，将评价指标增加为32项。这些指标体系对加强企业财务管理起着重要的促进作用。

随着市场经济的发展，财务管理在企业中的作用越来越明显，先后涌现出宝山钢铁、邯郸钢铁、燕山石化等典型经验。1995年4月，当时的财政部副部长张佑才在全国公交企业的财务工作会议上强调，财务管理是企业一切管理活动的基础，是企业管理的中心环节。同年9月，冶金工业部部长刘淇在《财务与会计》上撰文指出，应把财务管理放到企业管理的中心地位上来。至此，"财务管理中心论"正式提出，引发了人们热烈的讨论，"企业管理以财务管理为中心"的理念逐步深入人心。

在上一阶段的基础上，企业财务管理体系逐步健全，企业财务管理研究得到了更深入的探索和发展，主要表现在以下几个方面：①财务管理内容的丰富，企业作为财务主体地位日益强化，形成对企业筹资、投资、成本、分配、激励、风险和财务评价等多层次、全方位的管理；②财务管理的环节逐渐完善，主要包括财务预测、财务决策、财务计划、财务控制、财务分析、财务检查和财务考核等多个环节，特别是增加了过去由上级主管部门掌握的财务预测；③财务管理主体的创新，其主要包括政府、出资人、经营者、财务经理和员工等；④财务管理目标的多元化，主要包括利润最大化、股东财富最大化、企业价值最大化、每股收益最大化、相关者利益最大化等十余种观点；⑤财务管理研究办法的改变，实证分析方法与规范性研究方法形成对峙，案例分析法也日益引起重视。

这一阶段企业财务管理体系仍是以筹资管理、投资管理、资产管理、成本管理和利润管理为主要内容，并以决策、计划、控制、分析为基本环节，但在财务管理内容、方式和方法上均有所改进和创新。在内容上，西方财务管理理论被大量引入，如资本结构理论、投资组合理论、企业并购理论、企业股利分配政策等；同时，在中国经济发展的基础上进行探索和创新，如对财务管理目标、国家与国有企业的财务管理理论的探索。在方式方法上，由于计算机技术和信息技术的发展，财务管理信息化流程促进了财务的规范管理和精确管理。这些都有力地提升了企业财务管理水平，使企业具备了迎接外来挑战的实力和信心。

▶ 3. 完善社会主义市场及体制阶段（2001年至今）

2001年12月，我国加入世界贸易组织（WTO），这是我国经济全球化过程中的重要里程碑。随着经济全球化和知识经济时代的来临，企业理财环境出现了重大变迁，我国财务管理的地位、作用、目标和使命都出现了重大变化。

随着经济全球化和现代企业制度的建立，纯粹意义上的国有企业越来越少，而公司制等产权多元化的企业越来越多。在此背景下，2001年4月，《企业国有资本与财务管理暂行办法》出台。该办法立足于建立政府出资人财务制度，围绕国有资本的投入、营运、收益、退出等环节的管理，体现了国家作为国有资本所有者的财务管理职能。

公司是最重要的市场主体，公司法是社会主义市场经济制度的基础性法律。我国现行《公司法》于1993年制定，1999年、2004年对个别条款进行了修改，2005年进行了全面修订，2013年、2018年又对公司资本制度相关问题做了两次重要修改。2021年12月20日，《公司法》修订草案（以下称《修订草案》）提请十三届全国人大常委会第三十二次会议审议，并于2021年12月24日起开始向社会公众征求意见，截至2022年1月22日征求意见结束。《修订草案》共15章260条，在现行《公司法》13章218条的基础上，实质新增和修改70条左右。主要修改内容包括：①坚持党对国有企业的领导；②关于完善国家出资公司特别规定；③关于完善公司设立、退出制度；④关于优化公司组织机构设置；⑤关于完善公司资本制度；⑥关于强化控股股东和经营管理人员的责任。该《修订草案》吸收了党的十八大以来中央和国家关于完善中国特色现代企业制度的大量政策、国企改革实践、司法解释和裁判规则，对于国有企业未来发展、改革和依法治企必将产生重大且深远的影响。

2001年6月，财政部颁发了《内部会计控制规范——基本规范（试行）》和《内部会计控制规范——货币资金（试行）》，随后又陆续颁布了《内容会计控制规范——采购与付款（试行）》等7项会计控制规范，有效地促进了企业财务管理水平的进一步提高。在此基础上，2008年5月，财政部、证监会、审计署、银监会、保监会五部委联合发布《企业内部控制基本规范》；2010年4月，上述五部委又联合发布《企业内部控制配套指引》（财会〔2010〕11

号），并对每项指引逐项进行了深入而权威的解读；2012年2月，财政部会同相关部门，发布《企业内部控制规范体系实施中相关问题解释第1号》（财会〔2012〕3号）；2012年9月，又发布了《企业内部控制规范体系实施中相关问题解释第2号》（财会〔2012〕18号）；2013年12月，财政部发布《石油石化行业内部控制操作指南》（财会〔2013〕31号）；2014年12月，财政部发布《电力行业内部控制操作指南》（财会〔2014〕31号）。从而形成了较为完整的中国企业内部控制规范体系。

大力发展小企业是我国一项长期的战略任务。我国小企业数量众多，且类型多样、差别显著。《企业内部控制基本规范》对我国大中型企业，特别是上市公司和中央企业加强内部控制建设发挥了重要的推动作用。但是，如果小企业按照企业内部控制规范体系的有关要求，开展内部控制建设会存在适用性不强、实施成本高等问题。2017年6月29日，财政部发布《小企业内部控制规范（试行）》（财会〔2017〕21号），自2018年1月1日起施行。本规范主要定位于符合工业和信息化部等4部委印发的《中小企业划型标准规定》（工信部联企业〔2011〕300号）的非上市小企业，是广大非上市小企业开展内部控制建设的指南和参考性标准，其根本目的是引导小企业建立和有效实施内部控制，提高小企业经营管理水平和风险防范能力，推动我国广大小企业规范健康发展。该规范由小企业自愿选择采用，不要求强制执行。

在绩效评价方面，2002年2月，财政部等五部委将企业绩效评价指标体系由32项改进为28项。同年6月，财政部又发布了《企业集团内部效绩评价指导意见》和《委托社会中介机构开展企业效绩评价业务暂行办法》。2006年5月，国有资产监督管理委员会（简称国资委）出台了《中央企业综合绩效评价管理暂行办法》。2009年12月，为了加强对金融类国有及国有控股企业的财务监管，积极稳妥地推进金融类国有及国有控股企业的绩效评价工作，财政部颁布了《金融类国有及国有控股企业绩效评价实施细则》。2010年1月1日实施的《中央企业负责人经营业绩考核暂行办法》将经济增加值（EVA）作为考核指标，占40%的考核权重。这些措施都使得绩效评价指标体系更加完整，并且更加适合当前经济下企业的发展。2019年3月7日，新版《中央企业负责人经营业绩考核办法》（国资委令第40号）正式发布，是自2003年国资委成立以来，对央企绩考核体系进行的第5次调整和完善。考核是管理的"指挥棒"，细读"40号文"中所进行的多项实质性调整和完善，可知央企深化改革渐行渐实。中央企业运营更为市场化、国际化、科技化，政企分离，政资分离走向深入。2022年6月16日，财政部下发《商业保险公司绩效评价办法》，标志着金融企业绩效评价制度细化到保险业；新绩效评价更细、更多，指标扩充至24个，设5个减分项；评价结果"五档十级"是确定负责人薪酬的主要依据。

在分配制度方面，2005年4月，国资委、财政部联合发布《企业国有产权向管理层转让暂行规定》。2006年9月上述两部委又联合发布《国有控股上市公司（境内）实施股权激励试行办法》。2006年10月，财政部等四部委联合发布《关于企业实行自主创新激励分配制度的若干意见》。这些规定正式确立了管理、技术等智力要素参与企业收益分配的制度。2019年和2020年，国务院国资委分别出台了《关于进一步做好中央企业控股上市公司股权激励工作有关事项的通知》（国资发考分规〔2019〕102号）和《关于印发〈中央企业控股上市公司实施股权激励工作指引〉的通知》（国资考分〔2020〕178号），进一步推动和细化了中央控股上市公司实施股权激励计划工作的要求。

在知识经济时代，全球化扩张使我国企业受到西方财务管理更为强烈的影响，企业财务管理研究的内容更加丰富，如财务风险及财务预警、并购重组、智力资本、国有资本、内部控制、激励机制、公司治理等。21世纪的财务管理体系是根据时代的发展对已经建立并健全的财务管理体系的补充和完善。展望未来，科学发展观、金融创新、金融危机等要求企业在复杂多变的环境中寻求企业可持续发展的财务保障机制，这些都对财务管理者提出了新的要求。

第二节 财务管理假设

一、财务管理假设的内涵、分类和特点

（一）财务管理假设的内涵

对财务管理的研究也应从假设开始。所谓财务管理假设，是指财务管理人员对那些不确切的认识或无法证明的经济和财务现象所做出的一种合乎逻辑和情理的推测，是对财务存在的客观环境的一些不确定因素，根据客观情况和趋势所进行的合乎情理的判断，是进一步研究财务管理理论和实践的基本前提，它实质上是对不确定经济环境的预测，是财务对象和财务目标研究的必要限定条件。

（二）财务管理假设的分类

根据财务管理假设的作用不同，财务管理假设可以分为以下三种。

（1）财务管理基本假设是为研究整个财务管理理论体系所提出的假定和设想，它是财务管理实践活动和理论研究的基本前提。财务管理基本假设在构建财务管理理论体系中具有重要的意义，美国著名审计学家罗伯特·昆·莫茨（Robert Kuhn Mautz）认为，无论哪门学科，在阐明和检查它的基本假设、性质、局限性、意义之前，均无法得到真正的发展。

（2）财务管理派生假设是根据财务管理基本假设引申和发展出来的一些假定和设想。财务管理的派生假设与基本假设互相作用、互为前提，派生假设是对基本假设的进一步说明和阐述，其在构建财务管理理论体系中也起着重要作用。

（3）财务管理具体假设是指为研究某一具体问题而提出的假定和设想。它是以财务管理基本假设为基础，根据研究某一具体问题的目的而提出的，是构建贸易理论和创建某一具体方法的前提。例如，财务管理中著名的MM理论、资本资产定价理论、本量利分析方法等都是在一系列假设的基础上构建的。

（三）财务管理假设的特点

财务管理假设具有以下几个方面的特点。

（1）客观性。财务管理假设来源于财务管理实践，是对财务管理活动一般规律的反映。它不是人们主观臆想创造出来的，而是有一定事实根据的科学设想。通过对假设的不断补充和完善，有利于财务管理理论的研究和实践的发展，减少盲目性。

（2）普遍性。财务管理实践丰富多彩，反映出来的具体假设也不一样。作为一门学科的假设应具有一定的抽象性和代表性，只有普遍意义上的财务管理假设才能推导出一系列财务管理的概念和理论。

（3）基础性。客观世界是无限的，任何一门学科都是以某一局部客观世界为对象的，因此必须进行一些合理的界定，为本学科的逻辑推理提供一个出发点和基础，这些合理的界定就是假设。没有出发点，就无法进行推理并得出相应的结论，可见假设在任何理论中

都起着基石的作用。

（4）独立性。财务管理假设之间的关系是相互独立的，任何一项假设不能推导出来另一项假设，不能重复交叉，也没有从属关系，否则就应将这两项假设合并为一项假设。

（5）高度概括性。财务管理的基本假设是根据财务管理实践和财务管理环境抽象出来的。所以，财务管理假设不是事实与经验的简单罗列，而是对各种现象的高度概括和抽象。可以说，财务管理基本假设并不涉及具体问题，而是抽象和总括性的。

（6）系统性。财务管理假设之间不仅不能存在矛盾冲突，而且还要有一定的内在联系，各项假设之间相互联系、相互协调，从而组成一个完整的体系。

（7）包容性。财务管理假设应有助于进一步演绎推理，财务管理假设是财务管理理论和实务研究的出发点和基础，除了要能说明其对系统有所贡献外，还应隐含更为丰富的命题，使假设体系具备演绎性；而且几项财务管理假设结合之后，也应引申出更为丰富的命题。

（8）不能直接自我验证。假设是理论体系的基础，没有更基础的东西可用来对假设进行验证。但这并不是说假设就没有依据，根据不适当的假设建立的理论必定与现实不符。

（9）动态性。任何一门学科都假设在一定条件下存在，而客观世界处于不断发展变化中，在此时认定的假设，在彼时可能会失去成立的条件。只有在不断加深和不断摒弃的过程中，理论才能得到发展。财务管理假设是在一定的历史时期和社会背景下总结出来的，反映了当时人们对财务管理假设的认识水平。它是一个动态发展的概念体系，在很大程度上反映了人们对财务管理假设认识的不断深入。这种变化可能有两种形式：一种是用新的假设替代旧的假设；另一种是原有的假设虽然名称没有变化，但内涵改变了。

二、财务管理假设的内容

根据复杂财务环境中的不确定性因素可提炼出基本假设和派生假设，并构建它们之间的逻辑关系。财务管理假设体系主要是针对财务环境中的空间、时间、环境三个方面因素形成3个基本假设（一级假设），其分别为理财主体假设、持续经营假设、有效资金市场假设。在基本假设的基础上结合财务人员实施财务行为、实现财务目标的需要，形成6个派生假设，它们分别为由理财主体假设派生出的自主理财假设和理性理财假设，由持续经营假设派生出的财务分期假设，由有效资金市场假设派生出的资金流通假设、资金增值假设和财务信息可靠假设。基本假设和派生假设相互作用形成财务假设体系的总体假设——财务可控假设。

（一）财务管理基本假设和派生假设

▶ 1. 理财主体假设

理财主体假设明确了财务管理工作的空间范围，将一个主体的理财活动同另外一个主体的理财活动相区分，使财务主体、财务客体，以及财务管理目标、信息、方法具有了空间归属，为科学划分权责关系奠定了理论基础。可以说，任何一个企业的财务活动、筹资活动、投资活动，以及收益分配活动都是围绕企业这个财务主体展开的。如果没有理财主体的存在，就不能有效地组织财务活动和调节财务关系，就无法说明企业为什么要进行财务管理。

理财主体是指能够拥有或控制一定的经济资源，能够独立自主地进行理财活动，具有独立或相对独立的物资利益的经济主体。它应具备以下特点：①理财主体必须具有独立的经济利益；②理财主体必须具有独立的经营权和财产所有权；③理财主体一定是法律主体。一个组织只有具备这三个特点，才能真正成为理财主体。显然，与会计上的会计主体相比，理财主体的要求更严格，例如，某个主体虽然有独立的经济利益，但不是法律实体，则该主体虽然是会计主体，却不是理财主体，如一个企业的分厂。如果某主体虽然是法律实体，但没有独立的经营权和财权，则也不能成为理财主体。当然，在实际工作中，为了管理上的要求，会人为地确定一些理财主体，例如，对一个分厂进行承包经营，赋予它较大的财权，这个分厂也就有了理财主体的性质。因此认为，考虑到实际情况，理财主体可以区分为完整意义上的理财主体(或称真正的理财主体、自然的理财主体)和相对意义上的理财主体(或称相对的理财主体、人为的理财主体)。一个相对的理财主体，条件可适当放宽，可以根据实际工作的具体情况和一定单位权、责、利的大小，确定特定层次的理财主体。不过，在财务管理理论研究中所说的理财主体，一般都只是真正意义上的理财主体。由理财主体可以派生出以下两个假设。

(1) 自主理财假设。自主理财假设，即假设财务主体——企业具有财务自主权，能够独立自主地组织和开展财务活动。财务自主权包括财务筹资自主权、财务投资自主权和收益分配自主权。

(2) 理性理财假设。理性理财假设是指假设从事财务管理工作的人员都是理性的理财人员，因此他们的理财行为也是理性的，他们都会在众多的方案中选择最有利的方案。理性理财的具体表现如下：①理财是一种有目的的行为，即企业的理财活动都有一定的目标；②理财人员在众多的方案中选择一个最佳方案，即通过对比、判断、分析等手段，从若干个方案中选择一个有利于财务管理目标实现的最佳方案；③若理财人员发现正在执行的方案是错误的，就会及时采取措施进行纠正，以便使损失降至最低；④财务人员能吸取以往工作的教训，总结以往工作的经验，并不断学习新理论，使理财行为由不理性变为理性，由理性变为更理性。

理性理财假设是确立财务管理目标、建立财务管理原则、优化财务管理方法的理论前提。例如，财务管理的优化原则与财务管理的决策、计划和控制方法等都与此项假设有直接联系。

理性理财假设派生出资金再投资假设。这一假设是指当企业有了闲置的资金或产生了资金的增值，都会将其用于再投资。换句话说，企业的资金在任何时候都不会大量闲置。财务管理中的资金时间价值原理、净现值和内部报酬的计算等都建立在此项假设的基础之上。

▶ 2. 持续经营假设

持续经营是指理财主体将按照现在的经济组织形式长期存在下去，在可预见的将来，不会面临破产和清算，而是持续不断地经营下去，并且能执行其预计的经济活动。持续经营假设明确了企业财务活动的时间范围，使财务管理主体、财务管理客体、财务管理目标、财务管理信息、财务管理方法有了时间上的归属，赋予其特定的经济含义。这个假设限定了财务管理理论研究和实践的内容主要是常规的财务管理。它是企业进行财务预测、财务决策和计划制订、财务控制的前提条件。如果下一期企业不继续经营，则持续经营假设就成为财务管理上一个重要的基础前提，具体反映在以下几个方面：①在进行筹资决策时，要注意合理安排短期资金和长期资金、权益资金和债务资金的关系；②在进行投资决策时，要合理确定短期投资和长期投资的关系；③在进行收益分配时，要正确处理各个利益集团短期利益和长期利益的关系。这些决策都是建立在此项假设基础之上的。

持续经营假设可以派生出财务分期假设。财务分期假设是指将企业持续不断的经营活动,人为地划分为一定期间,以便分阶段考核企业的经营成果和财务状况。企业的财务项目持续时间一般都较长,如果待其结束以后再进行财务分析,就无法对项目的开展过程进行控制,所以有必要对企业的财务管理活动进行分期反映、分析和控制。其与会计的持续经营假设和会计分期假设是一致的。

▶ 3. 有效资金市场假设

有效资金市场假设是指财务管理所依据的资金市场是健全和有效的,只有在有效资金市场上,财务管理才能正常进行,财务管理理论体系才能建立。最初提出有效市场假设的是美国财务管理学者法马。法马在1969年和1970年各发表一篇文章,将有效市场划分为三类:弱式有效市场、次强式有效市场、强式有效市场。在弱式有效市场中,当前的证券价格完全地反映了已蕴含在证券历史价格中的全部信息。其含义是,任何投资者仅仅根据历史的信息进行交易,均不会获得额外盈利。在次强式有效市场中,证券价格完全反映所有公开的可用信息,这样根据一切公开的信息,如公司的年度报告、投资咨询报告、董事会公告等,投资者均不能获得额外盈利。在强式有效市场中,证券价格完全地反映一切公开的和非公开的信息,投资者即使掌握内幕信息,也无法获得额外盈利。法马的有效市场假设是建立在美国高度发达的证券市场和股份制占主导地位的理财环境基础之上的,并不完全符合中国的国情,从中国理财环境和中国企业的特点来看,有效资金市场应具备以下条件:①当企业需要资金时,能以合理的价格在资金市场上筹集到资金;②当企业有闲置的资金时,能在市场上找到有效的投资方式;③企业理财上的任何成功和失败都能在资金市场得到反映。有效的资金市场是企业财务活动最重要的外部环境,是企业财务管理活动顺利开展的重要前提,它使得企业能及时筹集到所需资金或将闲置资金投放于有利的投资项目中,它也是建立财务管理原则、决定筹资方式、投资方式,安排资金结构,确定投资组合的理论基础。如果资金市场无效,则很多理财方法和财务管理理论都无法建立。

有效资金市场假设的派生假设有以下三个。

(1) 资金流通假设,即假定资金在市场中流通是充分且透明的。当企业需要资金时,能以合理的成本在资金市场上筹集到资金;当企业有闲置的资金时,能在市场上找到有效的投资方式。同时,这些资金流通都能在自己市场上得到清晰、真实的反映。

(2) 资金增值假设,即假定通过财务管理人员的合理运营,企业资金的价值是可以不断增加的。企业财务管理人员在运营资金的过程中,资金的增值并不一定会发生,但在做出投资决策时,一定是假定该项投资会增值;否则,该项交易就不会发生了。

资金增值假设隐含着风险与报酬同增假设。该假设是指风险越高,要求获得的报酬也越高。有的企业将资金投向食品行业,有的企业投向房地产行业,有的企业却投向衍生金融工具,它们就是根据风险与报酬同增这一假设来进行决策的。风险与报酬同增假设又暗含着另外一种假设,即风险可计量假设。因为如果风险无法计量,财务管理人员不知道哪个投资风险大,哪个投资风险小,风险与投资同增假设也就无从谈起。

资金增值假设说明了财务管理存在的现实意义,风险与报酬同增假设又要求财务管理人员不能盲目追求资金的增值,因为过高的报酬会带来巨大的风险。该假设及其派生假设为科学地确立财务管理目标、合理安排资金结构、不断调整资金投向奠定了理论基础。风险报酬原理、利息率的预测原理、投资组合原理也都是依据此项假设展开论述的。

(3) 财务信息可靠假设,是指虽然存在由于财务信息不全面和人类意识局限性导致的信息非对称现象,但在财务行为发生的时点上,财务管理人员只要得到了与财务活动决策相关的信息,就假定此信息是可靠和可信赖的。

财务信息可靠假设为财务主体提供了做出决策时所需要信息的可靠性保障。财务信息能反映企业的财务状况和经营成果，要做到内容真实、数字准确、资料可靠，使财务信息的使用者做出正确的决策，把社会资金引入生产效率较高的行业或企业，提高资金使用效率；如果财务信息不能真实反映企业的实际情况，财务工作也就失去了存在的意义，甚至会误导财务信息使用者，因此财务信息的可靠性是市场有效性的基础，从而使市场得以实现资源的最优配置。

（二）财务管理假设的逻辑框架

要构建一种理论，研究者不仅要回答这一理论结构由哪几部分或哪些要素组成，而且要回答各个组成部分或要素之间所存在的合乎逻辑的内在联系，以使理论结构保持内在的严密性。财务管理假设体系是一个统一的系统，每个假设都相互联系、相互制约、缺一不可。

理财主体假设是财务管理假设体系存在的重要前提。若没有财务主体的存在，就没有接收和输出资金和信息的主体，就无法有效地组织财务活动、形成健全的财务关系。同时，理财主体假设也是财务管理假设体系的核心，因为所有财务管理活动都是围绕财务主体展开的，假设体系中所有具体假设也都是以理财主体假设为核心的。

持续经营假设是在理财主体假设的基础上，进一步提出的关于主体经营方面的假设，它也是财务活动得以顺利进行的基础，只有持续经营假设下的财务主体才能顺利开展理财活动，这一假设从时间上限定了财务管理要素的具体范围。财务分期假设是在持续经营假设的基础上更进一步提出的关于财务主体的假设，以便财物主体分析、控制财务活动，并分期向外部传递和接收财务信息。

有效资金市场假设是财务活动得以顺利进行的保证，资金市场接收财务主体的资金并提供资金增值的环境，最后增值的资金又返回至财务主体，如此循环，从而实现财务管理目标。而有效资金市场假设包含的资金流通假设、资金增值假设和财务信息可靠假设也是相互制约、互为前提的。对于资金的流通和增值，只有资金流通了，才能实现增值；只有资金实现了增值，才能促使资金流通；而财务管理人员只有及时获得可靠的财务信息，才能开展正确的财务资金运转和资金增值决策。

财务可控假设是在前述所有假设都成立的基础上所提出的对财务管理活动的总体假设，是框架中最上层的假设。

第三节　高级财务管理的理论结构

一、高级财务管理的界定及特征

（一）高级财务管理的界定

▶ 1. 财务管理的内涵

关于财务管理的内涵，国外至少有两种解释：一是将公司理财（corporate finance）定义为财务管理，那么财务管理的范围则被限定在公司的范围之内，非营利组织和金融机构等都不能被纳入财务管理的范畴之中；二是将财务管理（financial management）作为财务学或金融学的泛称。

我国学者对财务管理的观点基本上可以归纳为五种，即财务管理是：①对价值的管理；②各财务职能或内容的总和；③对财务活动的管理；④对资金运动的管理；⑤对财务活动和财务关系的双重管理。

▶ **2. 财务管理与高级财务管理的内涵**

财务管理是研究如何通过计划、决策、控制、考核、监督等管理活动对资金运动进行管理，以提高资金效益的一门经济管理学科。它是一个以经济学原理和经济管理理论为指导，结合组织生产力和处理生产关系的有关问题，对企业和国民经济各部门财务管理工作进行科学总结而形成的知识体系。高级财务管理是一门以财务管理中的特殊业务、复杂业务，财务管理领域中的新问题，以及财务管理研究中尚不成熟的问题为研究对象，从价值目标、战略规划与组织管理等视角综合讨论财务管理的难点、重点问题的学科，其内容涵盖面比较广泛，包括企业价值管理、公司财务治理、战略财务管理、风险管理与危机预警、业绩评价、资本经营财务、知识管理财务、企业集团财务管理、中小企业财务管理等。

把财务管理教材划分为原理、中级、高级，并不一定是按难易程度来划分的，而是一种知识内容上的递进和补充。原理介绍财务管理的基础知识，如财务管理的概念、意义、环境、基本财务活动和财务关系等，树立诸如时间价值、风险和收益等理财的基本价值观念。中级财务管理介绍企业的主要财务决策，如投融资决策、营运政策、股利政策、成本控制、企业财务分析基本技术等。它是就财务而论财务，基于财务数据分析研究财务资源的有效配置问题，其基本变量局限于成本、收益和风险。高级财务管理是在读者已掌握公司财务基本理论的基础上，进一步就公司财务特殊、复杂的经营业务和前沿问题进行较为深入的学习和研究。它是就管理来论财务，体现财务管理的社会过程，立足于组织结构和治理环境，从实现企业战略目标、创造企业价值、提高其核心竞争能力的角度来诠释财务管理功能。

财务管理课程内容设置与财务管理假设有密切的关系。中级财务管理主要阐述财务管理的常规业务，即不超出财务管理假设的内容；高级财务管理主要是讲授对财务管理假设有突破的内容。例如，中小企业财务管理主要涉及有效市场假设和理性理财假设。由于中小企业规模较小，即使市场有效，仍然存在融资困难的问题，而且中小企业财务管理人员素质相对较低，尚无法达到理性理财假设的要求。因此，高级财务管理在内容上具有以下特点：①全局性，高级财务管理是事关企业发展与生死存亡的大问题；②长远性，高级财务管理会对企业发展有根本性的长远影响；③高层性，高级财务管理是企业领导层关注并应解决好的问题；④整体性，高级财务管理涉及企业各部门，是需要领导统筹规划、各部门通力合作，才能解决好的问题。

(二)高级财务管理的基本特征

高级财务管理中的"高级"是一个相对的概念，它是相对于传统或者说"中级"财务管理而言的，其所蕴含的具体内容是随着管理科学的发展更新、更复杂的管理过程及其财务事项的出现而不断变化的。总体而言，高级财务管理的基本特征表现如下。

▶ **1. 研究主体从单一主体向复杂主体过渡**

不同企业组织形式是决定财务管理特征的主要因素。市场经济的发展与企业组织形态的多样化，要求财务管理必须关注不同规模与不同组织结构企业的财务管理行为。既要关注公司制企业的财务运作问题，又要研究非公司制企业的财务管理问题；既要研究大型企业的一般财务问题，又要关注中小企业的特殊财务情况；既要分析单一组织结构的财务管理问题，又要研究多层组织结构(集团制)的集权与分权问题。

▶ 2. 财务目标从企业的股东价值向整体价值转变

财务目标是确定财务管理主体行为的目标和准则,在以往的多种财务目标取向中,企业着重于财务利润等财务价值目标,现在,企业价值最大化目标成为现代企业财务目标的最好表达。企业价值不仅是股东财富的价值,而且考虑了包括股东在内的企业所有的利益相关者。一个企业的利益相关者包括股东、债权人、员工、管理者、客户、供应商、社区、政府,甚至整个社会。而且企业整体价值的概念强调的不仅仅是财务的价值,还包括组织结构、财务、采购、生产、技术、市场营销、人力资源、产权运作等各方面整合的结果。

▶ 3. 研究客体从资金型管理转向价值型管理

传统的财务管理关注股东价值最大化,以净利润或者股票价格的增长来表现企业的成长和壮大,财务部门强调资金运营、资金筹措和资金投放以及资金的分配,财务管理工作呈现典型的资金管理特点。高级财务管理以企业(或企业集团)价值最大化的财务目标为基本出发点,以现金收益和风险的平衡发展为基本财务管理理念,强调财务分析技术和决策模型量化的财务管理方法,全方位对接企业的发展战略,以落实财务战略为基础,改造组织体系,分析企业价值增长的驱动因素,将战略落实为具体的预算目标,并通过预算管理、管理体系和预警机制等监控手段,通过资产组合和风险控制,保障企业(或企业集团)利益的可持续增长,最后以相关的评价机制和激励机制来激励管理者和全体员工不断追求价值的最大化。

▶ 4. 财务管理工作从保障型升级到战略型

目前的财务管理教材所阐述问题的逻辑思维分析,主要定位在特定企业发展阶段和特定结构模式下的财务投融资、财务控制与分析,其讨论的财务管理似乎离战略较远,可以说是一种战略保障型财务。现代财务在企业战略管理中应该发挥更为广阔、深远的作用,应该侧重于企业的长期发展和规划。现代财务管理的一个新的特征是全面的战略管理,实现企业最大化价值必须突出将战略管理与财务管理结合在一起,战略的目标不再仅仅是获取竞争优势,而是获得企业整体价值不断提高的新目标。

▶ 5. 研究理念从财务独立型向财务整合型管理转变

传统的企业管理与财务分析的思想无法满足企业整体价值最大化和战略管理的要求。传统的管理思维是把公司划分为不同的部门,如采购、生产、质量、市场营销、财务、会计、人事等,突出职能分工和部门利益。然而,企业管理的实践已经充分表明,比单一职能部门、单项管理顺利运作更为重要的是把不同职能部门的功能、职责有效地整合起来。也就是说,不同的职能管理单向有效并不能保证公司整体功能的效率最大化,需要运用系统的财务思想整合企业管理,实现"财务管理是企业管理的中心"的基本命题。高级财务管理带来了管理理念和方法的全面提升,它提供了一种与现代企业制度下法人治理结构产品相匹配的管理制度,以及整合企业实务流程、资金周转和信息流的科学方法,建立了确保战略实施,整合全方位、全过程、全员的管理体系。

▶ 6. 现代财务管理关注行为管理,从结果导向延伸到过程控制

现代财务管理主要研究财务管理如何获得成功,结果应该如何,如何反映结果。但是,对如何面对逆境、防止企业遭受损失和风险却不够重视。实践证明,由于理财环境的动荡和人们对未来认识能力的局限性,企业可能遇到的风险与损失是难免的,因此,企业财务管理必须实现由结果控制向过程控制延伸的管理导向,必须在管理过程中充分重视人的因素,重视控制的全方位,针对企业不断面临的危机或风险,及时反馈、加强沟通、制

定对策、实施政策、引导行为，以规避风险或走出困境。

▶ 7. 研究内容从资产运营向资本运营拓展

财务理论的发展除了受到财务学科本身特质、相关学科的相互关联外，还越来越受到理财环境和企业经营模式、战略复杂性的影响。随着当今世界经济的一体化趋势，跨国战略、并购浪潮、抵御区域性风险已经成为理财环境和企业关注的热点。资本运营成为企业实现全球战略的捷径，于是，世界范围的兼并、重组浪潮风起云涌。在我国市场化改革的进程中，资本运营的功效同样得到了认可。跨地区、跨行业、跨所有制和跨国经营的大型企业集团正在建立并壮大；通过改组、联合、兼并、租赁、承包经营和股份出售等形式，中小企业不断焕发出新的活力。事实上，资本运营已成为我国实施战略性结构调整、改革国有企业的重要手段。随着资本运营活动在经济中的拓展与深入，与此相关的一系列基础性的问题逐渐暴露，如资本为何要如此交易、谁在交易中起决定作用、资本交易的依据是什么、运营后效益如何评价等。这些问题必须由以资本、资产配置为内容，以企业价值最大化为行为准则的财务理论来描述和规范。现行财务理论体系关注资产管理和资金管理，但是关于资本运营的理论较为零散和随机。而当今现实已表明，资本运营是企业更高层次的资源重组与配置的方式，对它的研究和长期主动的关注与把握是企业价值增长的有效手段之一。

高级财务管理的高级性体现在其基本内涵上，审视其他各种学科"高级"一词的内涵，就学科体系自身而言，最基本的含义是指更先进、更复杂、更特殊。因此，我们应立足于管理的社会职能来深刻理解"高级"一词的内涵。就其社会性而言，管理是一个社会过程，它包含着为完成目标而进行的一系列行动，即组织、计划、控制、领导等，这些行动主要涉及人和人之间的关系，具有鲜明的社会性。财务管理作为一项以价值为核心、以价值最大化为目标的、具有综合性的职能管理，自然也应体现其社会过程中的性质。由此可得，高级财务管理中的"高级"是一个相对概念，其所蕴含的具体内容是随着管理科学的发展，更新、更复杂的管理过程及其财务事务的出现而不断变化的。

由于高级财务管理的高级性体现在更先进、更复杂、更特殊的社会职能方面，因此本书从全局性财务环节、特殊的财务主体和非常规财务环境三个不同角度对高级财务管理的基本理论进行归类。

二、基于全局性财务环节的高级财务管理理论

（一）企业价值及其管理理论

财务目标是财务管理主体的行为目标和准则，在多种财务目标取向中，企业整体价值最大化目标是现代企业财务目标的最好表达。

价值理论一直是经济学理论的原始起点和最终源泉。企业价值理论从劳动价值论、19世纪的效用价值论和均衡价值论到内在价值理论等，经历了多种经济理论对企业价值的诠释，它们揭示了企业产品利润和超额利润的原理，但无法解释那些长盛不衰的公司是如何凭借持续竞争优势而获取长期经济利润的。在知识经济时代、经济全球化的背景下，企业处于复杂多变的环境下，对企业价值创造起决定作用的因素是智力资本和财务资本，其中智力资本是关键的企业价值驱动因素。因此，高级财务管理应该从企业整体角度出发，关注企业内在资源、能力、知识及其所形成的竞争优势对企业价值的贡献，构建基于企业价值创造的财务管理框架，并科学、准确地评估企业价值。在企业价值评估的方法方面，应做到在掌握资本结构理论、资产定价模型，并能够对企业风险和报酬进行计量的基础上，

使用企业实体现金流量法、乘数法、经济利润法、实物期权法来评估企业的价值。

(二) 财务战略管理理论

财务战略管理是为了谋求企业资金均衡、有效的流动和实现企业战略、加强企业财务竞争优势，在分析企业内外环境因素影响的基础上，对其资金流动进行全局性、长期性和创造性的谋划。财务战略的基本作用表现为对公司战略的全面支持，它根据企业的经营战略目标（如更大的市场份额、更低的产品成本等），从财务的角度对涉及经营的所有财务事项提出自己的目标，如高速增长的收入、较高的毛利率、较好的信用等级、恰当的融资结构、可观的自由现金流量、不断上涨的股票价格、处于衰退期产品的收益稳定程度等。

现代财务与战略管理的相互影响和渗透主要体现在以下三个方面。①在财务决策中必须注入战略思想，尤其是涉及企业的长期财务决策方面。以投资决策为例，在高级财务管理中，投资决策的首要任务不是选择备选项目，而是确定诸如多元化或是单一化的投资战略，这是搜寻和决策项目的前提。②在使用评价方法时，注入战略元素。如广泛使用的评价方法是现金流量折现法(DCF)，当企业更加关注资本支出的战略性时，就要对此方法加以补充。因为现金流量本身无法涵盖项目带来的战略收益，如采用一项新的生产技术，它的战略收益可能包括更优的产品质量以及为企业未来发展提供更多的灵活性和选择等，这些是很难用财务指标量化的，现金流量法只衡量该技术成本节约的数额及财务收益，并将财务收益作为项目取舍的重要依据，短期财务效应并不显著的战略性投资项目往往被舍弃。③必须在日常财务控制、分析、评价中注入战略因素。例如，由于新经济下对企业价值及其主要驱动因素——智力资本的重视，使企业价值和智力资本的评价在企业整体的战略决策中变得非常重要，也必然导致人力资本管理观念的创新，人力资本管理的思想必将贯彻于企业财务战略管理的内容之中。因此，高级财务管理的范围必须随着企业战略的延伸而更加广泛，其具体内容不仅包括资本结构的决策、长期投资决策、股利分配决策等一般的财务决策，还包括企业战略扩张中的并购、分立、剥离等更为复杂的内容。这些都将是高级财务管理研究的问题，以此夯实财务管理与战略管理的联系。

(三) 资本运营理论

在全球一体化的环境下，企业只靠内部积累很难满足日益成长壮大的需求，如何通过某种程度、某种方式的资本运营实现企业规模的壮大，以最大限度地实现增值，是企业发展到一定阶段后，结合内外资源状况寻求自身进一步发展时的一种内在需求。企业内部的资产重组，企业间的兼并、收购和重组，都是资本运营的重要内容。由于资本运营是更高层次的资源配置方式，无论从经营目标、经营主体、经营内容和方式等诸多方面都有别于商品经营，因此，高级财务管理理论必须对此给予更多的关注，探讨资本运营的方式选择，以及该资本运营方式对企业价值的影响等问题。

(四) 业绩评价理论

业绩评价作为一种管理控制手段，是将已发生的结果和预先确定的标准进行对比，以此判断现在状况的好坏。通过对企业业绩的判断，可以为所有者、经营者和其他利益相关者的下一步有效决策提供依据。企业传统的财务业绩评价法在对企业业绩进行评价时，过分依赖企业财务报表，侧重于企业内部因素分析，而并没有考虑外部环境对企业绩效的影响；侧重于以有形的财务资本为基础的业绩分析，而忽略了非财务的智力资本等对企业绩效的影响；同时，也未能实现对企业战略的有机结合。而高级财务管理应探讨传统的财务评价体系及其缺陷以及如何采用新的综合业绩评价工具，例如，利用基于价值创造的

EVA法、基于战略的平衡计分卡法来对企业绩效进行评估,这些先进的业绩评价工具有哪些优势和缺陷;如何从业绩评价目标、评价指标、评价标准和评价方式等多个角度设计合理、有效的业绩评价系统等。

(五)风险管理理论

控制是财务管理过程中的核心职能,是实现财务战略和企业价值创造的保障。企业的价值只有在风险和报酬达到比较好的均衡量时才能达到最大。一般而言,报酬和风险是同增的,即报酬越大,风险越大。报酬的增加是以风险的增加为代价的,而风险的增加将直接威胁企业的生存。因此,财务风险控制对于企业的生存、发展和获利均具有十分重要的意义。高级财务管理理论应结合不同的理财主体特点,分析在新经济不确定因素增加的环境下财务风险来自何处,财务危机的不同发展阶段分别有哪些特征表现,有哪些常用的风险管理方法及其优势和缺陷如何,如何规划企业的风险管理流程,并构建实用的风险管理系统等。

三、基于特殊的财务主体的高级财务管理理论

财务管理的基础是企业组织形式,企业组织的性质和特点决定企业目标及其相应的财务目标。高级财务管理理论突破了理财主体假设,摆脱了股份公司这一单一财务主体,关注中小企业的特殊财务问题,研究多层组织结构(集团制)的财务控制与财务评价问题。

(一)集团财务管理理论

随着现代企业组织形式的日益复杂,公司的发展呈现集团化和全球化市场运作等特点,使其财务管理有别于一般公司的财务管理。高级财务管理关注的问题应该主要包括:企业集团的组建模式,企业集团的特征,企业集团各层次之间的关系,企业集团的财务管理特征,企业集团的财务管理体制,企业集团财务控制中的关键环节——资金管理模式,企业集团各成员之间内部交易的价格管理,企业集团的财务战略管理,企业集团的业绩评价等。

(二)中小企业财务管理理论

中小企业财务管理主要涉及有效市场假设和理性理财假设。由于中小企业规模较小,因此即使市场有效,中小企业筹资也比较困难。另外,由于中小企业财务管理人员素质相对较低,因此尚无法达到理性理财假设的要求。所以,在中小企业财务管理方面,高级财务管理应该关注的问题主要包括以下四个方面:①中小企业生命周期和中小企业财务管理特点;②中小企业如何有效地实现多渠道融资战略;③如何制定中小企业投资及资本运营战略;④中小企业如何进行风险管理和对财务危机进行监控,以打破中小企业寿命短的魔咒。

四、基于非常规环境的高级财务管理理论

▶ 1. 财务危机、破产、重整与清算财务管理理论

财务危机、破产、重整与清算财务管理的内容将突破理财主体的假设,并会出现理财主体的变更与消亡。在企业破产、重整与清算财务管理方面,高级财务管理关注的问题应该主要包括:财务危机征兆辨识、成因分析、预警方法与预警机制的构建等;破产、重整与清算的计划与程序;破产财产、破产债权的范围与计价方法等。

▶ 2. 通货膨胀财务管理理论

在通货膨胀时期，如以币值不变假设和历史成本原则去处理账务、编制会计报表，必然不能真实反映财务状况和经营业绩，且会严重影响企业的理财活动，也就违反了财务信息可靠的假设。在通货膨胀时期，大规模的持续通货膨胀导致资金占用迅速上升，筹资成本随利率上涨，有价证券贬值，企业融资更加困难，公司利润虚增，资金流失严重。严重的通货膨胀给财务管理带来了一系列前所未有的问题，经济现实迫使企业财务政策日趋保守。在通货膨胀时期，财务管理的主要任务之一是对付通货膨胀，通货膨胀财务管理必将大行其道。因此，在通货膨胀时期，高级财务管理应该关注的问题主要包括以下三个方面：①通货膨胀对财务管理的影响；②通货膨胀背景下企业的投融资和收益分配等理财活动的对策；③通货膨胀对财务报告的影响和调整等。

高级财务管理中的"高级"应该是一个相对的概念，它所蕴含的具体内容是随着管理科学的发展，更新、更复杂的管理过程及其财务事项的出现而不断变化的，但是它绝不是杂乱无章的理论堆积，而应该拥有其自身的逻辑主线和思想体系，并遵循财务管理的基本原理和固有方法，与现有的"中级"财务管理相互补充，共同构成完整的财务管理学科与理论体系。

五、西方财务管理的理论基石

（一）现值分析理论

现值分析理论(present value analysis theory)是贯穿现代财务管理的一条主线，对企业未来的筹资活动、投资活动产生的现金流量进行贴现分析，以便正确地衡量投资收益、计算筹资成本、评价企业价值。现值分析理论的基本计算公式为

$$P_0 = \sum_{t=1}^{n} \frac{CF_t}{(1+R_t)^t} \tag{1-1}$$

式中，P_0 为现值；CF_t 为第 t 年现金流量；R_t 为第 t 年折现率。

利用现值分析进行财务决策的标准是未来现金流入量的现值大于现金流出量的现值，即净现值大于零时才值得去筹资或投资。在通常情况下，企业资产的净现值越大，企业的价值就越大。在现代企业财务管理中，几乎所有的财务决策都涉及未来现金流量，都需要决定未来现金流量的现时价值，因此现值分析是企业进行投资或筹资决策的基本准则之一。

1952年，美国著名经济学家哈里·马科维茨(Harry Markowitz)在《财经杂志》(*Journal of Finance*)上发表了《资产组合的选择》一文，奠定了投资财务理论发展的基石，也被认为是现代财务理论的开端。

马科维茨模型的主要思想如下：只要不同资产之间的收益变化不完全正相关，就可以通过资产组合方式来降低投资风险。投资者可以通过多样化投资降低风险，实现证券投资组合有效前沿(efficient frontier)。由于在较短的期间内，证券投资回报率接近于正态分布，因此可以用两个数字来表示一个证券投资组合，即证券投资组合回报率的均值（表示投资组合的期望回报率）和回报率的方差或标准差（表示投资组合的风险）；投资者的效用是关于证券投资组合的期望回报率和方差的函数，理性的投资者将选择有效的投资组合，以实现其期望效用最大化。也就是说，投资者追求在一定回报率下风险的最小化或在风险一定情况下回报率的最大化；一个投资者在有效前沿上根据其回避风险的程度选择投资组合，如果用该投资者的风险-回报率无差异曲线来表示投资者的等效用曲线，那么，投资者无差异曲线与有效前沿的切点就是该投资者所应选择的投资组合。

（二）资本结构理论

资本结构是财务管理学中一个非常重要的理论问题，它所研究的核心是一个公司能否通过改变其融资组合以对其整体价值及资本成本产生影响。

资本结构理论（capital structure theory，即 Modigliani Miller models，MM 理论）从无公司所得税的 MM 定理，通过放宽假设条件限制，发展到考虑税差的 MM 定理，进而考虑破产成本和代理成本的权衡理论，解释了当一个公司的负债与权益比率变动时，对公司整体价值及其资本成本的影响。

这一理论引起了学术界广泛的讨论，产生了一些新的认识。例如，代理理论认为，债务的代理成本和代理收益也影响企业价值；信息不对称理论认为，资本结构被用来设计成一种"信号"影响企业估值，管理者会产生优序融资行为，偏好首选留存收益筹资，然后是债务筹资（先普通债券后可转换债券），而将发行新股作为最后的选择。

20 世纪 80 年代至今，资本结构理论研究的发展主要沿着委托代理、信息不对称和财务契约方向继续向前发展。在此发展过程中，控制权及控制权转移、不完全合同理论、证券设计理论等问题成为财务契约理论新的研究课题；产业组织理论也开始运用于资本结构的研究，产业组织理论被用来研究公司资本结构与公司在产品市场竞争时的战略之间的关系，同时还被用来研究公司资本结构与公司产品投入或投入特性之间的关系；此外，行为金融理论在 20 世纪 90 年代也开始被应用于资本结构的研究。

（三）资本资产定价模型

20 世纪 60 年代，财务管理理论的最大成就是在马科维茨投资组合理论的基础上，夏普（William Sharp）等人建立了资本资产定价模型（capital asset pricing model，CAPM）。马科维茨全协方差模型是一个理论上比较完备且易于理解的模型，但是在实际分析解决证券总体数目较大的投资组合问题时，作用却十分有限，主要是由于估计该模型所需要的输入变量是极其繁重的工作，估计任务的显著增加主要是因为要明确地考虑证券间以协方差表示的相关性。

资本资产定价模型是一种简单但却优美的模型，它包含关于证券价格一般均衡的深刻含义，系统地阐述了资产组合中风险与收益的关系，区分了系统风险与非系统风险，简洁地用单一模型使投资组合及其风险可以定量化计量：在竞争的市场中，期望风险增益与系统风险成正比，所有投资者都在证券市场线（SEC）上选择证券。资本资产定价模型说明了系统风险是证券或投资组合风险的重要组成部分，它强调有必要集中精力评价证券或投资组合的系统风险，而非系统风险可以通过分散投资而减少，因而是相对不重要的。由于资本资产定价模型减少了需要统计的数据输入，因此大大地简化了证券投资组合分析，使投资组合理论有了革命性的变化，成为证券估价的基础。

（四）套利定价理论

罗尔（R. Roll）针对资本资产定价模型完全依赖市场组合的情况提出了质疑，并得到了法马和马克伯斯等人的支持。1976 年，诺斯（S. D. Ross）则针对资本资产定价模型中风险性资产仅与市场风险这单一因素存在线性相关的缺陷，放宽了假设条件，提出了套利定价理论（arbitrage pricing theory，APT）。他认为，风险性资产的报酬率不只是同单一的共同性因素之间具有线性关系，而是同多个共同因素存在线性关系，从而从单因素模型发展为多因素模型。在若干基本假设前提下，推演出反映资产报酬的随机过程的 K 模型。

(五) 代理成本理论

1976 年，詹森和麦克林提出了代理成本理论(agency cost theory)，它主要研究不同筹资方式和不同资本结构下代理成本的高低，以及如何降低代理成本提高公司价值，是资本结构理论的一个重要分支。因为代理成本理论是以代理理论、企业理论和财产所有权理论来系统分析和解释信息不对称下的企业资本结构问题的，所以其成为此后人们分析所有权和经营权分离状况下企业许多问题的根源和解释这种现象的理论依据。其中，所谓代理成本，是指主人监督费用、代理人受限制费用和剩余损失之和。该理论还对存在于股东、债权人和经理三方之间的利益冲突进行了分析。代理成本理论是在代理理论、企业理论和财产所有权理论基础上发展起来的，它和产权理论、企业理论一起，对财务管理理论的发展，包括企业理财目标理论、资本结构理论、股利分配理论、投资理论、融资理论等，产生了极大的影响，从而使财务理论研究进入一个新的更高层次。

(六) 股利政策理论

股利政策理论(dividend policy theory)是在探求股利的支付与股票价格(或企业价值)之间的关系中所形成的前后一贯的假设性、概念性和适用性的逻辑关系和系统说明。研究股利政策的核心在于股利政策是否会影响企业的价值，如何影响、如何制定股利政策以便使企业的资本成本最低且公司价值最大化。对股利政策理论的研究经常和企业价值、资本结构、投融资政策等联系在一起，成为研究企业财务管理必须了解的一个重要理论。该理论可以分成股利的相关理论、股利的无关理论、税差理论、客户效应理论和信号传递理论等不同的学派。

(七) 期权定价理论

期权定价理论(option pricing model)是由有关期权的价值或理论价格确定的理论。1973 年，布莱克和斯科尔斯(Myron S. Scholes)提出了期权定价模型，又称 B-S 模型。期权定价理论与实践是近 40 年来财务学界最重要的一项创新和发展。自 1973 年首次在芝加哥期权交易所进行有组织的规范化期权交易以来，交易量和品种飞速发展，期权成为引人注目的金融衍生工具。这不仅因为期权是最活跃的金融资产交易工具之一，更重要的是因为许多筹资和投资决策都隐含着大量的期权问题，如可转换债权、认股权证、后继投资选择权、放弃投资选择权和投资时机选择权等。财务管理活动中存在的大量的经济现象和期权相类似，用期权思想来解决经济管理中的许多问题，可以使人们避免单纯使用传统决策方法所造成的僵化和封闭现象，从而创造出传统决策方法所无法达到的效果，这就是期权的价值，也是管理所创造的价值。

(八) 市场效率理论

市场效率理论(efficient markets hypothesis，EMH)是研究资本市场上证券价格对信息反映程度的理论。该理论的主要贡献者是法马。如果说以上若干"定价"理论着重研究和把握企业财务管理量的方面，而市场效率理论则是从质的方面来阐释影响企业价值的若干因素，它涉及资本市场形成证券价格信息的反映程度。在证券市场中，每个投资者都力图获取最大收益，从理论上来说，若证券市场对每个人都是均等的，且投资者都是理性的，资本市场在证券价格中充分反映了全部相关信息，则称资本市场为有效率的。在这种市场上，任何投资者都不可能获得超额收益。法马把有效市场区分为三种形式：弱式、半强式和强式。投资组合理论、CAPM、MM 理论和期权定价理论等许多重要的财务理论与模型均建立在市场效率理论的基础上，其对公司经理财务决策也具有非常重要的意义。

拓展案例

这家与黑石齐名的资管巨头任命新的CEO

本章小结

西方财务管理的发展主要分为五个阶段：筹资财务管理阶段、内部控制管理阶段、资产管理理财阶段、投资财务管理阶段、财务管理深化发展的新阶段。

根据财务管理假设的作用不同，财务管理假设可以分为三种：财务管理基本假设、财务管理派生假设和财务管理具体假设。

高级财务管理中的"高级"是一个相对的概念，它是相对于传统（或者说"中级"）财务管理而言的，其所蕴含的具体内容是随着管理科学的发展，更新、更复杂的管理过程及其财务事项的出现而不断变化的。由于高级财务管理的高级性体现在更先进、更复杂、更特殊的社会职能方面，因此从全局性财务环节、特殊理财主体和非常规财务决策三个不同角度对高级财务管理的基本理论进行归类。

在线自测

扫描封底刮刮卡　获取答题权限

第二章　资本市场与企业融资

学习目标

1. 了解中国多层次资本市场体系和上市机构分布
2. 了解各上市板块 IPO 流程及上市标准
3. 熟悉股权再融资的种类及条件
4. 熟悉债务融资的变动趋势及其行业特征

案例导入

美妆界"华为"终于 IPO 了

2022 年 11 月 4 日,巨子生物正式登陆港交所,成为港股胶原蛋白第一股。此次首次公开募股(IPO)发行价为 24.3 港元/股,开盘大涨,最新市值 280 亿港元。这也是其间港股难得开盘没有破发的新股之一。

招股书显示,巨子生物的产品管线包括 85 款在研产品,产品组合则包括 105 项 SKU,涵盖功效性护肤品、医用敷料和功能性食品八大主要品牌,即可复美、可丽金、可预、可痕、可复平、利妍、欣昔以及参昔。可满足术后修护、初老肌肤、易敏感肌肤、问题肌肤等不同人群多样化的护肤需求。这门隐秘生意令人惊叹。招股书显示,2019 年、2020 年以及 2021 年,公司的收入分别为 9.57 亿元、11.90 亿元以及 15.52 亿元,同期净利润分别为 5.75 亿元、8.26 亿元及 8.28 亿元,净利率分别为 60.1%、69.4% 及 53.3%。

其中,可丽金是巨子生物主打品牌之一。很多女性并不陌生,可丽金是巨子生物旗下中高端皮肤护理品牌,主要功效是抗衰老、皮肤保养和皮肤修护。截至目前,可丽金旗下的产品组合包括喷雾、面膜、面霜、精华、乳液及凝胶等。2022 年"双十一"期间,可丽金售价在 20—500 元之间,比如可丽金胶原大膜王面膜券后售价 181 元起。招股书显示,2019 年、2020 年及 2021 年,可丽金的收入分别为 4.81 亿元、5.59 亿元以及 5.26 亿元,目前占据巨子生物营收的 ⅓。

此外,可复美也是巨子生物为人熟知的王牌产品。2015 年,公司将可复美品牌产品全面推向消费者,即在医用敷料以外又开发了一系列产品面向大众市场,产品包括面膜、爽肤水、乳液、喷雾、精华、面霜和凝胶等。天猫旗舰店显示,可复美类人胶原蛋白面膜一盒(5 片)折后 184 元,平均 36.8 元一片。过去 3 年,可复美的收入分别为 2.90 亿元、4.21 亿元以及 8.98 亿元。

招股书显示,公司的产品已经销售和经销至中国 1000 多家公立医院、约 1700 家私立医院和诊所以及约 300 个连锁药房品牌。截至 2022 年 5 月 31 日,公司拥有一支由 124 名成员组成的研发团队,占总员工数的 14.8%。

资料来源:巨子生物上市[EB/OL]. (2022-11-05)[2023-03-10]. https://m.163.com/dy/article/HLER4M4Q05198R53.html.

案例思考：
1. 企业上市有什么标准和条件？
2. 巨子生物为什么选择在港交所上市？

金融市场体系包括货币市场、资本市场、外汇市场和黄金市场，而根据金融市场上交易工具的期限，一般常把金融市场分为货币市场和资本市场两大类。货币市场是融通短期资金的市场，包括同业拆借市场、回购协议市场、商业票据市场、银行承兑汇票市场、短期政府债券市场、大额可转让定期存单市场。资本市场是融通长期资金的市场，包括中长期银行信贷市场和证券市场。中长期银行信贷市场是金融机构与工商企业之间的贷款市场；证券市场是通过证券的发行与交易进行融资的市场，包括债券市场、股票市场、保险市场、融资租赁市场等。

在市场经济条件下，企业融资的方式总的说来分为两种：一种是内源融资，即将自己积累的可供使用资金转化为投资的过程；另一种是外源融资，是指企业外部投资人或投资机构资金注入，将资金转化为股份的过程。企业融资主要是指企业在资本市场上的筹资行为。因此，企业融资与资本市场有着密切的关系。

第一节　资本市场概述

一、中国多层次资本市场体系概况

20 世纪 70 年代后期，随着宏观经济体制改革和金融体制改革的不断深入，中国政府面临着建设资金短缺的巨大压力，企业也面临着融资困境。以 1981 年发行国库券为始端，国债开始恢复。到 20 世纪 80 年代中期，城市的一些国有企业和集体企业开始进行各种形式的股份制尝试，许多企业开始半公开、公开发行股票，股票的一级市场开始出现。这一时期股票一般按面值发行，且保本、保息、保分红，到期偿还，具有一定债券的特性；发行对象多为内部职工和地方公众；发行方式多为自办发行，没有承销商。

随着证券发行和投资者队伍的逐步扩大，证券流通的需求日益强烈，股票和债券的柜台交易陆续在全国各地出现。1986 年 8 月，沈阳市信托投资公司率先开办了代客买卖股票和债券及债券抵押融资业务。同年 9 月，中国工商银行上海市信托投资公司静安证券业务部率先对其代理发行的飞乐音响公司和延中实业公司的股票开展柜台挂牌交易，标志着股票二级市场雏形的出现。目前，我国证券市场主要有主板市场、中小板市场、创业板市场、新三板市场以及科创板市场。中国多层次资本市场构建历程大事如表 2-1 所示。

表 2-1　中国多层次资本市场构建历程大事记

序号	事　项
1	1990 年 11 月 26 日上海证券交易所正式成立，并于同年 12 月 19 日正式开业；深圳证券交易所于同年 12 月 1 日开业。这标志着我国资本市场的正式建立
2	2000 年香港交易及结算所有限公司成立，全资拥有香港联合交易所有限公司、香港期货交易所有限公司和香港中央结算有限公司三家附属公司

续表

序 号	事 项
3	2003年10月,党的十六届三中全会《关于完善社会主义市场经济体制若干问题的决定》首次确定了"建立多层次资本市场体系,完善资本市场结构,丰富资本市场产品"的战略理念
4	2004年2月,国务院颁布了《关于推进资本市场改革开放和稳定发展的若干意见》,也称为"国九条",提出九条有关改革开放和稳定发展资本市场的原则性意见,首次明确提出要"逐步建立满足不同类型企业融资需求的多层次资本市场体系",确立了发展中国多层次资本市场的战略方向
5	2005年,股权分置改革开启,股份分置改革解决了主板全流通的问题,中国资本市场发生转折性变化
6	2008年,天津股权交易所成立,之后各地的区域性股权市场纷纷成立,基本形成一省一家的格局
7	2009年,创业板成立
8	2011年,香港交易所与中关村签署协议推动企业海外上市,作为策略备忘录
9	2012年,香港交易所成为首家获批在内地上海设立数据站的交易所,可为内地市场直接提供最新港股报价
10	2013年,全国中小企业股份转让系统(新三板)成立
11	2019年,科创板成功开板,注册制在A股市场上首次实施
12	2020年实施的新修订《证券法》,扩大了适用范围、推行注册发行制度、强化信息披露制度、加强投资者保护、严格法律责任等
13	2021年2月,中国证监会批复同意,深交所主板市场与中小板市场并板
14	2021年3月,《国民经济和社会发展第十四个五年规划和2035年远景目标纲要》发布,强调"完善资本市场基础制度,健全多层次资本市场体系,大力发展机构投资者,提高直接融资特别是股权融资比重"
15	2021年9月,北京证券交易所成立
16	2022年1月,上交所深交所修改股票上市规则
17	2023年2月,全面实行股票发行注册制改革正式启动

2022年11月22日,随着鼎泰高科、矩阵股份在深交所上市,中国A股上市企业突破了5 000家。据《上海证券报》报道,A股从诞生到突破1 000家用了10年时间,从1 000家到2 000家用了10年时间,从2 000家到3 000家用了6年时间,从3 000家到4 000家用了不到4年时间,而从4 000家到5 000家用了2年零2个月时间。

截至2022年12月31日,我国A股上市公司共有5 079家,其中主板有3 184家,占比63%,创业板1 232家,占比24%;科创板501家,占比10%,北交所162家,占比3%。全国共有12个省级行政区A股上市公司数量超过100家,广东省以832家高居榜首,浙江省以655家排在第二,江苏省以635家位居第三,与浙江省的数量差距进一步缩小。以上三省上市公司数量占据总数的42%;北京、上海上市公司数量超过400家,山东省接近300家,福建、四川、安徽、湖南、湖北、河南均超过100家。截至2022年年底,我国证券市场已经成为全球第二大股票市场和债券市场,拥有全球规模最大、交易最活跃的投资者群体,形成了多层次的市场体系。

2022年年底,中国A股市场的市值约为85.75万亿元,总营收(TTM)约为71.53万亿元,利润(TTM)约5.63万亿元。

自2019年以来上交所科创板、深交所创业板、北交所试点注册制后,2023年2月

1日,证监会宣布就全面实行股票发行注册制所涉及的《首次公开发行股票注册管理办法》等主要制度规则草案公开征求意见,这意味着,经过科创板、创业板、北交所的注册制试点,全面推行注册制的条件已经成熟,全面实行股票发行注册制改革正式启动。全面注册制的实施推进是我国证券市场迈向成熟的重要标志。

二、中国多层次资本市场体系上市机构分布

从企业数量和规模上来区分,常用金字塔来形容我国多层次资本市场结构,如图2-1所示:区域性股权交易市场为塔基,包括区域性市场、场外市场,它拥有和服务着最海量的中小微企业;新三板为塔中,包括全国性证券交易场所、场内市场,服务广大的创新型、创业型、成长型中小企业,承担承上启下的重任;京沪深三交易所为塔尖,所服务的企业相对较少,但企业相对已很成熟。如果根据市场的重要性来看,又是一个金字塔结构,塔尖对我国经济的重要性最大。我国主要资本市场特征如表2-2所示。

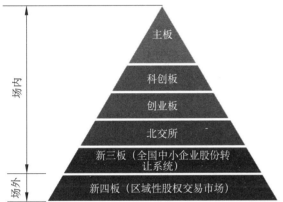

备注:1.《关于启动合并主板与中小板相关准备工作的通知》(深证上〔2021〕1178号),2021年4月6日深交所主板与中小板正式合并
2.《全国中小企业股份转让系统有限责任公司管理暂行办法》是经国务院批准设立的全国性证券交易场所
3. 2009年10月30日,创业板开市首日,首批28家公司开盘前的总市值为685.63亿元,平均市值24.49亿元。

图 2-1 我国多层次资本市场金字塔结构

表 2-2 我国主要资本市场特征

名 称	特 征
深交所主板	1. 开市时间1990年12月1日,股票代码以000开头 2. 深交所主板所包含的中小板开市时间为2004年5月,属于主板市场的一部分,发行规模相对主板较小,企业均在深交所上市,也是一板市场,股票代码以002开头 3. 深交所以小盘股为主,多数上市企业为民营合资企业
上交所主板	1. 开市时间1990年12月19日,股票代码以600开头 2. 上交所以大盘股为主,多数上市企业为国企、央企
香港联交所	1. 包括主板市场和创业板市场,证券代码由五位数字组成,创业板代码8开头 2. 股票类型包括蓝筹股(恒生指数成分股,这类股票普遍具有行业代表性、流通量高、财务状况良好、盈利稳定且派息固定);国企股(或中国证监会批准到香港上市的中国内地国有企业,即H股);红筹股(在香港上市,但由中资企业直接控制或持有三成半股权以上的上市公司股份)

续表

名称	特征
上交所科创板	股票代码以688开头 1. 主要服务具有硬科技(如新一代信息技术、生物医药、节能环保、新材料、新能源、高端设备等)的企业 2. 服务于符合条件的盈利或未盈利企业
深交所创业板	股票代码以300开头 1. 主要针对依靠创新、创造、创意大趋势下的传统企业的新技术、新产业、新业态、新模式 2. 主要服务成长型创新创业企业、高新技术企业、战略性新兴产业企业 3. 对中小企业更有包容性,但暂时没有包括未盈利企业
北交所	股票代码8字开头,包括82、83、87、88,其中82开头的股票表示优先股;83和87开头的股票表示普通股票、88开头的股票表示公开发行的股票 1. 服务于专业化、特色化、精细化、新颖化的创新型中小企业(隐形冠军企业) 2. 服务于符合条件的盈利或未盈利企业

第二节 首次公开发行股票

一、企业上市的意义

上市是一个证券市场术语。狭义的上市即首次公开募股(initial public offerings,IPO),是指企业通过证券交易所首次公开向投资者增发股票,以期募集用于企业发展资金的过程,即上市融资。资本市场作为现代金融体系的核心,是企业最高效的融资渠道,最强大的资本运作平台,而严格的信息披露和公司治理要求也将全面提升企业的品牌声誉和管理水平,进而最大可能地释放企业价值,提升股东回报。

企业上市是把"双刃剑",公司上市并不适合所有企业,企业必须根据自己的自身行业、规模、发展目标、实际控制人的意愿等实际情况来选择。没有上市的企业中也不乏很多优秀企业,如从事农产品和动物营养品业务的美国公司嘉吉就是家非上市公司,一直位列全球非上市公司榜首,每年营业额超过千亿美元;国内则如华为、老干妈、大疆无人机等。

什么是真正意义上的企业上市?上市到底能给企业带来什么?我们归纳了如下八点。

▶ 1. 财富效应

公司通过上市实现资产证券化,有利于公司股权的增值并增强其流动性。公司上市后,使得股东权益衡量标准发生变化,原来由企业所拥有的资产,大多只能通过资产评估的价格反映其价值,但通过上市交易所上市后与资产证券化以后,通常用二级市场交易的价格就可直接反映股东的股权价值,这也是我们常说的IPO上市的造富效应。

▶ 2. 拓宽企业直接融资渠道

通过上市发行募集资金以及上市后定向增发等方式,为公司的持续发展获得稳定的、长期的直接融资本渠道,有利于提高企业自有资本的比例,改进企业的资本结构。

▶ 3. 完善治理结构与建立现代企业制度

通过上市审核要求与保持上市信息披露等规范要求,有利于公司根据上市要求推动制度改革，建立现代企业制度，进而完善法人治理结构，提高企业管理水平，降低经营风险。

▶ 4. 有利于完善激励机制吸引和留住人才

企业上市后完善激励机制，可采用股票期权、限制性股票等股权激励形式。股权激励制度可将企业效益和员工个人利益联系在一起，提高员工的积极性和主观能动性，吸引和留住人才，助力企业的长远发展。

▶ 5. 有利于树立品牌与提高信誉

上市公司属于稀缺资源，是众多股民、机构、媒体关注的对象，这有助于提高企业知名度和树立品牌，提高企业及企业家的信誉度，总体上有利于更有效地开拓市场，增强公司产品竞争力。

▶ 6. 通过上市促使公司从私人公司成为公众平台公司

上市可以促使企业国际化发展，给员工和合作伙伴发展提供更加宽阔、优秀的事业平台，有利于引进国内外合作伙伴和优秀人才；同时基于资本平台公司，可以对产业链上下游进行收购兼并等资本运作，增强公司上下游资源控制能力。

▶ 7. 通过企业上市得到当地政府的支持

上市公司一般都是当地的纳税大户，各地政府都把上市企业数量作为考核指标之一，政府会对当地的拟上市公司及上市公司给予政策奖励、税收优惠、资源倾斜等支持。

▶ 8. 通过上市有利于家族企业传承、创建百年企业

企业上市后有效实现经营权和所有权的合理分离，打破大多家族企业由私人老板控制经营，容易受到经营者自身能力限制，企业寿命不长的局面。部分优秀上市公司通过所有权、经营权、收益权、控制权等的分离与统一，促进企业长久发展，铸造百年企业。

二、拟上市公司筹备上市全流程

（一）企业自身评估上市必要性

（1）考虑不同交易所的估值水平。估值水平决定了企业一次性募资的多少，对于规模较大的企业以及高成长行业和新兴行业的企业，境外市场往往能给予较高的估值；对于规模相对较小的公司而言，国内 A 股市场最大的优势在于市场估值的整体水平相对国际主要市场偏高，这是国内的资金环境、监管环境、投资者构成等因素造成的，短期内这一格局仍会维持。

（2）统筹考虑上市成本。上市成本包括时间成本和上市费用，其中，时间成本方面，海外市场具有明显的优势。由于海外资本市场制度相对成熟，审批机构运作透明、高效，而且独立于其他政府行政部门，上市时效要优于境内。上市费用方面，国内中介机构的收费相对较低，不过实际上如果一家公司走完 A 股整个上市的过程，其付出的费用可能远远不止其可以公开的材料中列出的那些数据。

（3）企业自身因素的考量。具体包括业务规模、行业赛道及未来发展策略，选择合适的上市区域。

（二）确定上市时机

在选择上市时机时应统筹考虑如下要素。

（1）要在公司内部管理制度、派息分红制度、职工内部分配制度已确定，未来发展大政方针已明确以后上市，能给交易所及公众一个稳定的企业形象；否则，上市后的变动不仅会影响股市，严重的还可能造成暂停上市。

（2）公司正处于高速发展期，所在行业正处于上升周期。

（3）公司急需大规模资金投入，同时需要迅速提升公司的影响力，以迅速扩大经营规模，占领市场或提升总盈利水平；而主营业务的市场尚有充分的空间，在容纳公司迅速扩张的同时还能保证满意的利润率。

（4）股票市场处于繁荣期，投资者态度积极，市场估值水平较高，且呈上升态势。

（三）选择合适的上市主体

▶ 1. 主体整合及范围确定

（1）若公司实际控制人拥有的业务之间有较强相似或相关性，或者之间有上下游关系或关联交易，根据整体上市的要求，需要对这些业务进行重组整合，纳入拟上市主体。

（2）选择上市主体时，将历史沿革规范、股权清晰、资产规模大、盈利能力强的公司确定为上市主体，并以此为核心构建上市架构。

（3）上市主体整合其他业务的方式包括：上市主体收购被重组方股权；上市主体收购被重组方的经营性资产；上市主体的控股股东及实际控制人以被重组方股权或经营性资产对上市主体进行增资；上市主体吸收合并被重组方。

（4）如果公司实际控制人经营的多项业务之间互不相关，既没有业务的相似性，相互之间也没有经常性的交易，可以考虑不纳入一个上市主体。

（5）除了非经营性资产可以按照市场化方式合理剥离外，不能背离整体上市的原则，不能以某项业务盈利能力不强或者不是主业为由，将相近相似、相关联的业务剥离。

▶ 2. 独立性原则

上市主体的选择应该有利于消除同业竞争、减少不必要的关联交易，保持人员、资产、财务、机构、业务独立，并在招股说明书中披露已达到发行监管对公司独立性的基本要求。

（1）人员独立。企业的劳动、人事及工资管理必须完全独立。董事长原则上不应由股东单位的法定代表人兼任；董事长、副董事长、总经理、副总经理、财务负责人、董事会秘书，不得在股东单位担任除董事、监事以外的其他职务，也不得在股东单位领取薪水；财务人员不能在关联公司兼职。

（2）资产独立。企业应具有开展生产经营所必备的资产。企业改制时，主要由企业使用的生产系统、辅助生产系统和配套设施、工业产权、非专利技术等资产必须全部进入发行上市主体。企业在向证监会提交发行上市申请时的最近1年和最近1期，以承包、委托经营、租赁或其他类似方式，依赖控股股东及其全资或控股企业的资产进行生产经营的比例不能过高；企业不得以公司资产为股东、股东的控股子公司、股东的附属企业提供担保。

（3）财务独立。企业应设置独立的财务部门，建立健全财务会计管理制度，独立核算，独立在银行开户，不得与其控股股东共用银行账户，依法独立纳税。企业的财务决策和资金使用不受控股股东干预。

（4）机构独立。企业的董事会、监事会及其他内部机构应独立运作。控股股东及其职能部门与企业及其职能部门之间没有上下级关系。控股股东及其下属机构不得向企业及其下属机构下达任何有关企业经营的计划和指令，也不得以其他任何形式影响其经营管理的独立性。

（5）业务独立。企业应具有完整的业务体系和直接面向市场独立经营的能力。属于生产经营企业的，应具备独立的产、供、销系统，无法避免的关联交易必须遵循市场公正、公平的原则。在向证监会提交发行上市申请时的最近1年和最近1期，拟上市公司与控股股东及其全资或控股企业，在产品（或服务）销售或原材料（或服务）采购方面的交易额，占拟上市公司主营业务收入或外购原材料（或服务）金额的比例不应超过相应比例；委托控股股东及其全资或控股企业,进行产品(或服务)销售或原材料(或服务)采购的金额,占拟上市公司主营业务收入或外购原材料(或服务)金额不能超过规定比例,企业与控股股东及其全资或控股企业不应存在同业竞争。

▶ 3. 规范性

上市主体应建立健全完善的股东大会、董事会、监事会制度,相关机构和人员能够依法履行职责。上市主体最近3年不得存在重大违法违规行为,发行人的董事、监事和高级管理人员符合相应的任职要求。上市主体产权关系清晰,不存在法律障碍,在重组中应剥离非经营资产和不良资产,明确进入股份公司与未进入股份公司资产的产权关系,使得股份公司资产结构、股权结构规范合理。

▶ 4. 财务要求

上市主体的选择应使其经营业绩具有连续性和持续盈利能力,内控规范健全,关联交易价格公允,不存在通过关联交易操纵利润的情形,不存在重大偿债风险,并且符合财务方面的发行条件。

(四)组建上市团队

组建上市团队最为关键的是应确定决策者、总协调人和财务负责人。决策者一般是拟上市公司的实际控制人。决策者确定中介机构、拍板上市方案,并在关键时刻统领大局;此外,还应注意上市过程关系网的建立与维护,如当地证监局、金融办、证监会审核人员等。总协调人一般是公司董事会秘书和财务负责人。董事会秘书在监管部门与公司董事会之间发挥着"上传下达"的沟通作用,平时的工作包括信息披露、规范运作、投资者关系管理,以及和监管部门的沟通等。因此,公司对董事会秘书的要求相对较为严格,既需要有法律、财务、管理相关方面的知识,还需要具备良好的沟通能力。财务负责人的作用也很关键,因拟上市公司的财务基础往往较为薄弱,而财务恰恰是中后期工作量最大、最为复杂的工作。

(五)专业机构引入

▶ 1. 券商(保荐机构+承销机构)

券商在上市过程中,主要负责协助拟定改制重组方案和设立股份公司,根据《保荐人尽职调查工作准则》要求对公司尽职调查,对公司管理层进行上市辅导和培训,帮助发行人完善组织架构和内部管理,组织发行人和中介机构制作相关材料并出具保荐报告,组织发行人和中介机构回复证监会审核反馈意见,负责承销、组织路演、询价、定价等工作,在发行人证券上市后进行持续督导。有鉴于此,证券公司的工作主要集中在三个方面:

(1)在辅导阶段,担任拟上市公司的辅导机构。

(2)在审批阶段,担任上市过程的保荐机构,在这一环节核心是获取批文,建立保荐代表人为核心的项目组,在综合基本事实和各方专业意见的基础上,拟定、协调各方进度,发现、解决问题,指导、协助、保荐企业向证监会提出上市申请并完成整个审核工作。

(3)在发行环节,担任企业的主承销商,该环节核心是充分挖掘公司价值并获得资本市场认可,证券公司在发行环节以其资本市场部门为核心,通过路演、沟通、包销、代销等手段,向资本市场推介拟上市公司。

▶ 2. 律师事务所

在上市过程中,律师主要负责指导改制重组及股份公司的设立变更,对企业上市过程中的法律事项进行审查并协助规范、调整和完善，对发行主体的历史沿革、股权结构、资产、独立性、税务等事项的合法性进行判断，协助和指导发行人起草相关法律文件、出具法律意见书和律师工作报告、对有关申请文件提供鉴证意见。

▶ 3. 会计师事务所

会计事务所主要承担有关审计和验资的工作，主要负责企业财务报表审计并出具审计报告，负责企业资本验资并出具验资报告，负责企业内部控制鉴证并出具内部控制鉴证报告，对发行人主要税种纳税以及与上市公司有关的财务会计事项提供专项意见，对发行人原始财务报表与申报报表的差异出具专项意见，提供与上市有关的财务会计咨询服务。

▶ 4. 资产评估机构及其他

（六）中介机构尽职调查

为了更好地了解上市申请人的业务，并协助起草一份准确而有意义的招股说明书，保荐人和上市申请人的法律顾问会同时对上市申请人的法律、业务和财务方面进行广泛的审查。这通常需要审查所有重要合同、政府授权和其他文件。此外，双方还与上市申请人的高级管理人员、财务人员和申报会计师进行一系列讨论，明确后续工作重点。

（七）引进战略机构投资者(如需)

在上市之前的一轮私募股权融资，目的是帮助企业获得所需资本迅速发展企业，优化战略，扩大规模，增长利润，为日后的 IPO 进行充分的准备，并以充足的资本等待进入市场的最好时机，这样在上市的时候企业就会以更高的价格出售公司股份，在出售相同股份的情况下，也就可以融到更多的资本用于后续的发展。在一个优秀的私募基金的帮助下，企业在上市时候的股价要远远高于没有私募融资的股价。

（八）股份制改造及合规运作整改

股份制改造的目标是满足企业上市的条件和要求，股改过程中要做到突出主营业务，形成核心竞争力和可持续经营能力，保证公司的独立运营，规范运作，避免同业竞争，减少和规范关联交易。针对企业的现状，来设计实现多赢的改制方案，降低上市的时间成本和经济成本。

（九）IPO 财务审核

▶ 1. 持续盈利能力

能够持续盈利，从财务会计信息来看，盈利能力主要体现在收入的结构组成及增减变动、毛利率的构成及各期增减、利润来源的连续性和稳定性等。

（1）侧重关注公司自身经营是企业持续盈利能力的内部要素，如核心业务、核心技术、主要产品及用途等。

（2）关注公司经营所处环境是企业持续盈利能力的外部因素，如所处行业环境、行业中所处地位、市场空间、公司竞争特点及产品销售情况、主要消费群体等。

（3）公司商业模式的市场适应情况，如商业模式是否可复制，决定了企业的业务扩张能力和快速成长空间。

（4）公司的盈利质量，包括营业收入或净利润对关联方是否存在重大依赖，盈利是否主要依赖于税收优惠、政府补充等非经常性损益，客户和供应商的集中度情况，以及是否对重大客户和供应商存在依赖性。

▶ 2. 收入情况分析

（1）关注营业收入即公司创造利润和现金流量的能力。

(2) 销售循环的内控制度是否健全，流程是否规范，单据流、资金流、货物流是否清晰可验证。这些是确认收入真实性、完整性的重要依据，也是上市审计中对收入的关注重点。

(3) 销售合同的验收标准、付款条件、退货、后续服务及附加条款，同时还须关注商品运输方式。

(4) 收入的完整性，即所有收入是否均开票入账，对大量现金收入的情况，是否有专门内部控制进行管理。

(5) 现金折扣、商业折扣、销售折让等政策。根据会计准则规定，发生的现金折扣，应当按照扣除现金折扣前的金额确定销售商品收入金额，现金折扣在实际发生时计入财务费用；发生的商业折扣，应当按照扣除商业折扣后的金额确定销售商品收入金额；发生的销售折让，企业应区别不同情况进行处理。

(6) 关注销售的季节性、产品的销售区域和对象、企业的行业地位及竞争对手，结合行业变化、新客户开发、新产品研发等情况，确定各期收入波动趋势是否与行业淡旺季一致，收入的变动与行业发展趋势是否一致，是否符合市场同期的变化情况。

(7) 企业的销售网络情况及主要经销商的资金实力，所经销产品对外销售和回款等情况，企业的营业收入与应收账款及销售商品、提供劳务收到的现金的增长关系。

▶ 3. 成本费用

成本费用直接影响企业的毛利率和利润，影响企业的规范、合规性和盈利能力，因此应主要关注以下三个方面。

(1) 应关注企业的成本核算方法是否规范，核算政策是否一致。拟改制上市的企业，往往成本核算较为混乱。对历史遗留问题，一般可采取如下方法处理：对存货采用实地盘点核实数量，用最近购进存货的单价或市场价作为原材料、低值易耗品和包装物等的单价，参考企业的历史成本，结合技术人员的测算作为产成品、在产品、半成品的估计单价。问题解决之后，着手建立健全存货与成本内部控制体系以及成本核算体系。

(2) 关注企业的费用报销流程是否规范，相关管理制度是否健全，票据取得是否合法，有无税务风险。

(3) 对于成本费用的结构和趋势的波动应有合理的解释。在材料采购方面，应关注原材料采购模式、供应商管理制度等相关内部控制制度是否健全，价格形成机制是否规范，采购发票是否规范。

▶ 4. 企业执行的税种、税率应合法合规

(1) 对于税收优惠，应首先关注其合法性，税收优惠是否属于地方性政策且与国家规定不符，税收优惠有没有正式的批准文件。对于税收优惠属于地方性政策且与国家规定不一致的情况，根据证监会保荐代表人培训提供的审核政策说明，寻找解决办法。

(2) 纳税申报是否及时，是否完整纳税，避税行为是否规范，是否因纳税问题受到税收征管部门的处罚。

▶ 5. 资产质量

企业资产质量良好，资产负债结构合理是企业上市的一项要求，主要关注以下几点。

(1) 应收账款余额、账龄时长、同期收入相比增长是否过大。

(2) 存货余额是否过大、是否有残次、周转率是否过低、账实是否相符。

(3) 是否存在停工在建工程，固定资产产证是否齐全，是否有闲置、残损固定资产。

(4) 无形资产的产权是否存在瑕疵，作价依据是否充分。

(5) 其他应收款与其他应付款的核算内容，关注大额"其他应收款"是否存在以下情

况：关联方占用资金、变相的资金拆借、隐性投资、费用挂账、或有损失、误用会计科目。关注大额"其他应付款"是否用于隐瞒收入，低估利润。

（6）财务性投资资产，包括交易性金融资产、可供出售的金融资产等占总资产的比重，如比重过高，表明企业现金充裕，上市融资的必要性不足。

▶ 6. 现金流量

现金流量反映了一个企业真实的盈利能力、偿债和支付能力，现金流量表提供了资产负债表、利润表无法提供的更加真实有用的财务信息，更为清晰地揭示了企业资产的流动性和财务状况。主要关注点在于：

（1）经营活动产生的现金流量净额直接关系到收入的质量及公司的核心竞争力。应结合企业的行业特点和经营模式，将经营活动现金流量与主营业务收入、净利润进行比较。经营活动产生的现金流量净额为负数的要有合理解释。

（2）关注投资、筹资活动现金流量与公司经营战略的关系。

▶ 7. 重大财务风险

在企业财务风险控制方面，中国证监会颁布的主板和创业板发行上市管理办法均做了禁止性规定，包括不存在重大偿债风险，不存在影响持续经营的担保、诉讼以及仲裁等重大或有事项；不存在为控股股东、实际控制人及其控制的其他企业进行违规担保的情形；不得有资金被控股股东、实际控制人及其控制的其他企业以借款、代偿债务、代垫款项或者其他方式占用的情形。

▶ 8. 会计基础工作

（1）会计基础工作规范是企业上市的一条基本原则。拟改制上市企业，特别是民营企业，由于存在融资、税务等多方面需求，普遍存在几套账情况，需要及时对其进行处理，将所有经济业务事项纳入统一的一套报账体系内。

（2）会计政策要保持一贯性，会计估计要合理并不得随意变更。如不随意变更固定资产折旧年限，不随意变更坏账准备计提比例，不随意变更收入确认方法，不随意变更存货成本结转方法。

▶ 9. 独立性与关联交易

企业要上市，其应当具有完整的业务体系和管理结构，具有直接面向市场独立经营的能力，具体为资产完整、人员独立、财务独立、机构独立和业务独立五大独立。尤其是业务独立方面，对关联交易的审核非常严格，要求报告期内关联交易总体呈现下降的趋势。因此对关联交易要有完整业务流程的规范，还要证明其必要性及公允性。

▶ 10. 业绩连续计算

（1）在 IPO 过程中，公司整体改制，涉及业绩连续计算的问题，主板上市管理办法规定最近 3 年内主营业务和董事、高级管理人员没有发生重大变化，实际控制人没有发生变更。即使创业板也规定最近 2 年内上述内容没有变化。

（2）对同一公司控制权人下相同、类似或相关业务的重组，在符合一定条件下不视为主营业务发生重大变化，但需掌握规模和时机，不同规模的重组则有运行年限及信息披露的要求。

▶ 11. 内部控制

政府相关机构对企业的内部控制越来越严格。主板及创业板上市管理办法均对发行人的内部控制制度进行了明确规定。

（十）财务准备

▶ 1. 优化企业财务状况

企业上市前应满足多项指标，包括但不限于公司的年营业额、毛利润额、净利润额、资产状况、资金状况以及负债状况等。主要体现为三项财务状况，即偿债能力、运营能力及盈利能力。

▶ 2. 完善社会审计及资产评估

（1）审计及评估的主体是具备审计资格的会计师事务所，对象是具备上市资格的将上市公司。审计及评估涉及的材料包括三大报表、会计账簿、会计凭证、固定资产的增减及台账、债券资料及债务资料、银行存款对账单等。

（2）负责公司上市前审计的机构是具有拟上市公司审计资格的会计师事务所。拟上市公司也有严格的要求。

▶ 3. 完善公司财务报表

公司财务报表主要包括资产负债表、损益表、现金流量表三大会计报表等内容。

▶ 4. 加强财务风险管理

防范企业财务风险，包括但不限于资金风险、资本风险以及在途风险。

▶ 5. 组织的变革及业务的转型

为了适应上市公司的组织结构，上市前应进行公司组织的变革。组织的具体变革是去除冗余的组织结构，建立企业欠缺的组织结构；业务的具体转型是基本具备上市的公司，主营业务保留之外对不景气的业务进行一定范围的剥离，以使公司的整体业务情况更符合上市公司的要求。

（十一）券商前期辅导

股份制公司设立以后，就开始进入辅导阶段，股份公司设立后应由券商对其进行上市前辅导，同时报证监会下属地方证监局备案。前期辅导的总体目标是促进辅导对象建立良好的公司治理结构；形成独立运营和持续发展的能力；督促公司的董事、监事、高级管理人员全面理解发行上市有关法律法规、证券市场规范运作和信息披露的要求；树立进入证券市场的诚信意识、法治意识；具备进入证券市场的基本条件。辅导验收合格后才能申报材料。

（十二）推荐阶段

辅导验收合格后，进入推荐阶段，企业与券商签署好保荐协议，向证监会申报材料，等待反馈意见。

（十三）审核阶段

根据上市主体选择的沪深交易所主板、创业板、科创板、北交所或香港联交所的相关规定履行相应报批审核流程。

（十四）核准发行

发行人在指定报刊、网站刊登招股说明书及发行公告，组织路演，通过询价程序确定发行价格，按照发行方案发行股票。

（十五）股票上市交易

在发行成功后，企业刊登上市公告，在交易所的安排下完成上市交易。

（十六）后续督导

根据监管要求，由券商对上市公司进行后续督导。

三、沪深主板 IPO 审核流程及上市标准

在全面实行股票发行注册制下,根据《首次公开发行股票注册管理办法》(证监会令第205号)、《上海证券交易所股票发行上市审核规则》(上证发〔2023〕28号)、《深圳证券交易所股票发行上市审核规则》(深证上〔2023〕94号),主板、创业板和科创板的股票首发上市审核注册程序基本统一,全过程更加规范、透明、可预期。

(一)沪深两交易所的审核注册框架概述

注册制采用交易所审核、证监会注册两个环节各有侧重、相互衔接的审核注册架构。

上海、深圳证券交易所(以下简称沪深交易所)受理公开发行股票申请,承担发行上市审核主体责任,全面审核判断发行人是否符合发行条件、上市条件和信息披露要求,并形成审核意见。审核过程中,发现在审项目涉及重大敏感问题、重大无先例情况、重大舆情、重大违法线索(即"四重大")的,应及时向证监会请示报告。

中国证监会基于交易所审核意见依法履行注册程序。中国证监会在证券交易所收到注册申请文件之日起,就会同步关注发行人是否符合国家产业政策和板块定位(即"两符合")。同时,中国证监会对交易所发行上市审核工作进行监督。

中国证监会还发布了《监管规则适用指引——发行类第8号:股票发行上市注册工作规程》,对《首次公开发行股票注册管理办法》的相关规定做了进一步明确和指引。股票发行上市注册工作规程将注册工作划分为注册准备程序、注册程序和同步监督程序,新增明确的注册准备程序,将注册环节的审核工作前置到交易所受理IPO项目之后。根据该流程,IPO项目交易所首轮问询回复后形成意见,报送证监会,发行部随之召开注册准备会,围绕项目的板块定位、交易所的请示意见等给出结论,交易所在结论中的问题解决之后方能召开上市委员会审核中心审议会。

(二)审核注册流程

根据上述文件,自受理发行上市申请文件之日起,沪深交易所审核和中国证监会注册的时间总计不超过3个月。在此时间框架安排下,全面注册制下沪深两交易所IPO审核注册流程及其监管机制如表2-3所示。

表2-3 全面注册制下沪深交易所IPO审核注册流程及重要监管机制安排

主体	阶段	流程事项及时限安排		审核/注册时限的说明	监管机制	
		事项	时限相关安排		交易所	证监会
发行人	咨询、沟通	重大问题;重大无先例情况	—	不计入	—	
	申请	招股说明书、发行保荐书、审计报告、法律意见书、公司章程、股东大会决议等上市申请书;上市保荐书	—	不计入	申请文件的内容和格式应当符合中国证监会和交易所的相关规定	

续表

主体	阶段	流程事项及时限安排			监管机制	
		事项	时限相关安排	审核/注册时限的说明	交易所	证监会
交易所	申请	不符合要求的进行补正	30个工作日内进行补正（书面申请，经交易所同意，可延长）	不计入	首发项目首次问询回复后，交易所应当及时对项目"两符合"情况形成明确意见。交易所认为项目满足"两符合"要求的，应当及时向（证监会）发行监管部作专门报告；对于适用（证监会）同步监督程序的项目，交易所无须专门就"两符合"事项报送报告；交易所在审核过程中，发现项目涉及"四重大"事项或其他重要审核事项的，交易所审核中心应当及时向（证监会）发行监管部进行请示	发行监管部在收到交易所"两符合"专门报告、"四重大"事项或其他重要审核事项报告后，原则上5个工作日内召开注册准备会进行研究，并给出明确意见，并可做出以下结论： (1)项目符合或者不符合国家产业政策、拟上市板块定位； (2)同意或者不同意交易所请示意见； (3)要求交易所进一步问询或补充材料； (4)就相关事项征求其他相关单位部门意见； (5)建议交易所进行现场督导、提请现场检查或专项核查； (6)其他相关结论。 发行监管部在交易所审核的同时，对重点项目和随机抽取项目进行重点监督；对于同步监督项目，经办人员应当全程跟进交易所审核进程，通过主要关注以下内容，同步监督交易所审核要求落实情况、审核标准执行情况以及审核责任履行情况： (1)交易所审核内容有无重大遗漏； (2)发行人在发行上市条件和信息披露要求的重大方面是否符合相关规定； (3)是否存在"两符合""四重大"问题。 在交易所首轮审核问询回复后5个工作日内，发行监管部应当召开注册准备会，讨论同步监督关注事项
		做出是否受理的决定	收到（最终）申请文件后5个工作日内受理，发行人应预先披露招股说明书等文件；10个工作日内，保荐人应当报送保荐工作底稿和验证版招股说明书。保荐机构报送的发行上市申请文件在10个月内累计2次被不予受理的，自第二次收到本所不予受理通知之日起3个月后，方可报送新的发行上市申请文件	受理日作为起算点		
	问询	首轮问询	受理之日起20个工作日	发行人及保荐人、证券服务机构回复交易所审核问询的时间总计不超过3个月；发行人回复时间不计入审核注册时限		
		再次问询	收到问询回复后10个工作日内			
	上市委审议（是否符合发行条件、上市条件、信息披露要求）	暂缓审议（只能暂缓1次）	不超过2个月	不计入		
		审核通过：报送证监会	—	常规计入		
		审核不通过：终止审核	发行人6个月后可以再次申请			

续表

主体	阶段	流程事项及时限安排		审核/注册时限的说明	监管机制	
		事项	时限相关安排		交易所	证监会
中国证监会	注册	发现新增事项，要求交易所进一步落实、退回交易所补充审核等意见	证监会收到注册申请后20个工作日内做出	发行人、交易所进一步问询、中介机构进一步核查不计入注册时限；证监会要求补充审核的，注册时限重新计算	交易所应当持续关注是否发生影响发行上市的新增事项。发现新增事项的，应当及时向发行监管部报告，并在进步落实新增事项后，形成审核意见报送发行监管部。	在注册阶段，证监会发现存在影响发行条件的新增事项的，可以要求交易所进一步落实并就新增事项形成审核意见。认为新增事项构成发行上市实质性障碍的，重新报送审核意见后并重新审核。认为新增事项不改变原审核意见的，重新报送审核意见后，注册审议会进行讨论并形成结论。认为交易所对新增事项的审核意见依据明显不充分的，可以退回交易所补充审核。交易所补充审核后，认为符合发行上市条件和信息披露要求，同时不存在"两符合""四重大"方面问题的，重新向证监会报送专门审核意见及相关资料
		做出予以注册决定	注册决定有效期：自做出之日起1年内	常规计入	交易所审核报告应当有专门部分，对发行人"两符合""四重大"情况发表明确意见	交易所提交注册申请后5个工作日内，发行监管部组织召开注册审议会。交易所出具发行人符合发行条件、上市条件和信息披露要求的审核意见，未报告新增事项或者新增事项已落实，且证监会未发现新增事项或者新增事项已落实的，注册审议会可以建议予以注册
		做出不予以注册决定	自作出决定之日起6个月后，发行人可以再次提交申请		—	—
发行人	发行上市	发行、上市	在注册有效期内自主选择发行时点	不计入	交易所发现发行人存在重大事项影响发行条件、上市条件的，应当出具明确意见并及时向中国证监会报告	发现可能影响本次发行的重大事项的，中国证监会可以要求发行人暂缓发行、上市；发现不符合法定条件或者法定程序，尚未发行证券或者已发行未上市的，应当撤销注册；股票尚未发行的，发行人停止发行；股票已经发行尚未上市的，按照发行价加算银行同期存款利息返还持票人

四、上交所科创板 IPO 审核流程及上市标准

(一) 上交所科创板 IPO 审核流程

▶ 1. 受理

(1) 上交所科创板股票发行上市审核工作实行全程电子化，申请、受理、问询、回复等事项均通过上交所发行上市审核系统办理。发行人应当通过保荐人以电子文档形式向上交所提交发行上市申请文件，上交所收到发行上市申请文件后 5 个工作日内做出是否予以受理的决定。上交所受理的，发行人于受理当日在上交所网站等指定渠道预先披露招股说明书及相关文件。

(2) 交易所受理发行上市申请文件后的 10 个工作日内，保荐人上传工作底稿及验证版招股说明书，供监管备查。

▶ 2. 审核

(1) 上交所审核机构自受理之日起 20 个工作日内发出审核问询，发行人及保荐人应及时、逐项回复问询。审核问询可多轮进行。

(2) 首轮问询发出前，发行人及其保荐人、证券服务机构及其相关人员不得与审核人员接触，不得以任何形式干扰审核工作。首轮问询发出后，发行人及其保荐人如确需当面沟通的，可通过发行上市审核系统预约。

(3) 审核机构认为不需要进一步问询的，将出具审核报告提交上市委员会。

(4) 上交所审核和中国证监会注册的时间总计不超过 3 个月，发行人及其保荐人、证券服务机构回复上交所审核问询，以及中止审核、请示有权机关、落实上市委员会意见、暂缓审议、处理会后事项、实施现场检查、要求进行专项核查，并要求发行人补充、修改申请文件等情形的时间不计算在内。

▶ 3. 上市委会议

(1) 上市委员会召开会议对上交所审核机构出具的审核报告及发行人上市申请文件进行审议，与会委员就审核机构提出的初步审核意见，提出审议意见。上市委员会可以要求对发行人代表及其保荐人进行现场问询。上市委员会做出同意或者不同意发行上市的审议意见。

(2) 发行人存在发行条件、上市条件或者信息披露方面的重大事项有待进一步核实，无法形成审议意见的，经会议合议，上市委员会可以对该发行人的发行上市申请暂缓审议。暂缓审议时间不超过 2 个月。

▶ 4. 报送证监会

(1) 上交所结合上市委员会审议意见，出具发行人是否符合发行条件、上市条件和信息披露要求的审核意见。上交所审核通过的，将审核意见、相关审核资料和发行人的发行上市申请文件报送中国证监会履行注册程序。中国证监会认为存在需要进一步说明或者落实事项的，可以要求上交所进一步问询。

(2) 上交所审核不通过的，做出终止发行上市审核的决定。

▶ 5. 证监会注册

中国证监会在 20 个工作日内对发行人的注册申请做出同意或者不予注册的决定。

▶ 6. 发行上市

中国证监会同意注册的决定自做出之日起 1 年内有效，发行人应当按照规定在注册决定有效期内发行股票，发行时点由发行人自主选择。

（二）上交所科创板 IPO 上市标准

▶ 1. 上交所科创板一般发行审核

上交所审核，证监会注册。

▶ 2. 上交所科创板发行及上市条件

（1）符合中国证监会规定的发行条件。

（2）发行后股本总额不低于 3 000 万元。

（3）公开发行的股份达到公司股份总数的 25% 以上。

（4）公司股本总额超过 4 亿元的，公开发行股份的比例为 10% 以上。

（5）红筹企业发行股票的，发行后股本总数不低于 3 000 万股，公开发行的股份达到公司股份总数的 25% 以上；公司股份总数超过 4 亿股的，公开发行股份的比例为 10% 以上。红筹企业发行存托凭证的，发行后的存托凭证总份数不低于 3 000 万股份，公开发行的存托凭证对应基础股份达到公司股份总数的 25% 以上；发行后的存托凭证总份数超过 4 亿份的，公开发行存托凭证对应基础股份达到公司股份总数的 10% 以上。

交易所可以根据市场情况、经中国证监会批准，对上市条件和具体标准进行调整。

▶ 3. 上交所科创板一般企业上市标准

应至少符合下列标准中的 1 项：

（1）预计市值不低于 10 亿元，最近 2 年净利润均为正且累计净利润不低于 5 000 万元，或者预计市值不低于 10 亿元，最近 1 年净利润为正且营业收入不低于 1 亿元。

（2）预计市值不低于 15 亿元，最近 1 年营业收入不低于 2 亿元，且最近 3 年累计研发投入占最近 3 年累计营业收入的比例不低于 15%。

（3）预计市值不低于 20 亿元，最近 1 年营业收入不低于 3 亿元，且最近 3 年经营活动产生的现金流量净额累计不低于 1 亿元。

（4）预计市值不低于 30 亿元，且最近 1 年营业收入不低于 3 亿元。

（5）预计市值不低于 40 亿元，主要业务或产品需要经过国家有关部门批准，市场空间大，目前已经取得阶段性成果。医药行业企业需至少有 1 项可信产品获准开展二期临床试验，其他符合科创板定位的企业需具备明显的技术优势并满足相应条件。

五、深交所创业板 IPO 审核流程及上市标准

（一）深交所创业板 IPO 审核流程

▶ 1. 受理

（1）深交所收到发行人注册申请文件后，于 5 个工作日内做出是否受理的决定。申请文件不符合深交所要求的，应当在 30 个工作日内补正。

（2）交易所受理发行上市申请文件后的 10 个工作日内，保荐人上传工作底稿及验证版招股说明书，供监管备查。

▶ 2. 审核

（1）深交所审核机构自受理之日起 20 个工作日内发出审核问询，发行人及保荐人应及时、逐项回复深交所问询。需要再次问询的，在收到回复后 10 个工作日内发出。

（2）深交所审核机构在 3 个月内做出审核决定（其中审核问询的时间不计算在内，发行人及其保荐人、证券服务机构回复交易所审核问询的时间总计不超过 3 个月）。

▶ 3. 上市委员会会议

（1）上市委员会召开会议对深交所审核机构出具的审核报告及发行人上市申请文件进

行审议，与会委员就审核机构提出的初步审核意见，提出审议意见。上市委员会可以要求对发行人代表及其保荐人进行现场问询。上市委员会通过合议形成发行人是否符合发行条件、上市条件和信息披露要求的审议意见。

(2) 发行人存在发行条件、上市条件或者信息披露方面的重大事项有待进一步核实，无法形成审议意见的，经会议合议，上市委员会可以对该发行人的发行上市申请暂缓审议。暂缓审议时间不超过2个月。

▶ 4. 报送证监会

(1) 深交所结合上市委审议意见，出具发行人是否符合发行条件、上市条件和信息披露要求的审核意见。深交所审核通过的，将审核意见、相关审核资料和发行人的发行上市申请文件报送中国证监会履行注册程序。中国证监会认为存在需要进一步说明或者落实事项的，可以要求深交所进一步问询。

(2) 深交所审核不通过的，作出终止发行上市审核的决定。

▶ 5. 证监会注册

中国证监会在20个工作日内对发行人的注册申请作出同意或者不予注册的决定。

▶ 6. 发行上市

中国证监会同意注册的决定自作出之日起1年内有效，发行人应当按照规定在注册决定有效期内发行股票，发行时点由发行人自主选择。

(二) 深交所创业板IPO上市标准

▶ 1. 深交所创业板一般发行审核

深交所审核、证监会注册。

▶ 2. 深交所创业板发行及上市条件

(1) 符合中国证监会规定的发行条件。

(2) 发行后股本总额不低于3 000万元。

(3) 公开发行的股份达到公司股份总数的25%以上。

(4) 公司股本总额超过4亿元的，公开发行股份的比例为10%以上。

(5) 红筹企业发行股票的，发行后股本总数不低于3 000万股，公开发行的股份达到公司股份总数的25%以上。公司股份总数超过4亿股的，公开发行股份的比例为10%以上。红筹企业发行存托凭证的，发行后的存托凭证总份数不低于3 000万股份，公开发行的存托凭证对应基础股份达到公司股份总数的25%以上；发行后的存托凭证总份数超过4亿份的，公开发行存托凭证对应基础股份达到公司股份总数的10%以上。

交易所可以根据市场情况、经中国证监会批准，对上市条件和具体标准进行调整。

▶ 3. 深交所创业板一般企业上市标准

发行人为境内企业且不存在表决权差异安排的，市值及财务指标至少符合下列标准中的1项。

(1) 最近2年净利润均为正且累计净利润不低于5 000万元。

(2) 预计市值不低于10亿元，最近1年净利润为正且营业收入不低于1亿元。

(3) 预计市值不低于50亿元，且最近1年营业收入不低于3亿元。

(4) 符合《国务院办公厅转发证监会关于开展创新企业境内发行股票或存托凭证试点若干意见的通知》(国发办〔2018〕21号)等相关规定，且最近1年净利润为正的红筹企业，可以申请其股票或存托凭证在创业板上市。

营业收入快速增长，拥有自主研发、国际领先技术、同行业竞争处于相对优势地位的尚未在境外上市的红筹企业，申请在创业板上市的，市值及财务指标应当至少符合下列标准中的 1 项：

（1）预计市值不低于 100 亿元，且最近 1 年净利润为正。

（2）预计市值不低于 50 亿元，最近 1 年净利润为正且营业收入不低于 5 亿元。

前述所称营业收入快速增长，是指符合下列标准之一：①最近 1 年营业收入不低于 5 亿元的，最近 3 年营业收入复合增长率为 10% 以上；②最近 1 年营业收入不低于 5 亿元的，最近 3 年营业收入复合增长率为 20% 以上；③受行业周期性波动等因素影响，行业整体处于下行周期的，发行人最近 3 年营业收入复合增长率高于同行业可比公司同期平均增长水平。

处于研发阶段的红筹企业和对国家创新驱动发展战略有重要意义的红筹企业，不适用于营业收入快速增长的规定。

（3）发行人具有表决权差异安排的，市值及财务指标应当至少符合下列标准中的 1 项：①预计市值不低于 100 亿元，且最近 1 年净利润为正；②预计市值不低于 50 亿元，最近 1 年净利润为正且营业收入不低于 5 亿元。

六、北交所 IPO 审核流程及上市标准

（一）北交所 IPO 审核流程

▶ 1. 受理

（1）上交所实行电子化审核，申请、受理、问询、回复等事项均通过北交所审核系统办理。发行人通过保荐机构以电子文档形式向北交所提交申请文件。北交所在收到申请文件后 5 个工作日内做出是否受理的决定。受理当日，招股说明书等预先披露文件在北交所网站披露。

（2）北交所受理后仅做形式审查，材料齐备的出具受理通知书，材料不齐备的，一次性告知补正。补正时限最长不超过 30 个工作日。保荐机构报送的发行上市申请文件在 12 个月内累计 2 次被不予受理的，自第 2 次收到北交所不予受理通知之日起 3 个月后，方可报送新的发行上市申请文件。

▶ 2. 审核机构审核

（1）自受理之日起 20 个工作日内，北交所审核机构通过审核系统发出首轮问询。发行人及其保荐机构、证券服务机构应当及时、逐项回复审核问询事项。审核问询可多轮进行。

（2）首轮问询发出前，发行人、保荐机构、证券服务机构及其相关人员不得与审核人员接触，不得以任何形式干扰审核工作（静默期）。首轮问询发出后，发行人及其保荐机构、证券服务机构可与北交所审核机构进行沟通；确需当面沟通的，应当预约。

（3）发行人/中介机构需要在 20 个工作日内回复问询，至多延长不超过 20 个工作日。

（4）北交所审核机构认为不需要进一步问询的，出具审核报告并提请上市委员会审议。

▶ 3. 上市委员会审议

（1）上市委员会召开审议会议，对申请文件和审核机构的审核报告进行审议，通过合议形成发行人是否符合发行条件、上市条件和信息披露要求的审议意见。上市委员会进行审议时要求对发行人及其保荐机构进行现场问询的，发行人代表及保荐代表人应当到会接

受问询，回答参会委员提出的问题。

（2）北交所结合上市委员会审议意见，出具发行人符合发行条件、上市条件和信息披露要求的审核意见或做出终止发行上市审核的决定。

（3）北交所自受理发行上市申请文件之日起2个月内形成审核意见，但发行人及其保荐机构、证券服务机构回复审核问询的时间，以及中止审核、请示有权机关、落实上市委员会意见、暂缓审议、处理会后事项、实施现场检查、实施现场督导、要求进行专项核查，并要求发行人补充、修改申请文件等情形，不计算在前述时限内。

▶ 4. 报送证监会

（1）北交所审核通过的，向中国证监会报送发行人符合发行条件、上市条件和信息披露要求的审核意见、相关审核资料和发行人的发行上市申请文件。

（2）中国证监会认为存在需要进一步说明或者落实事项的，可以要求上交所进一步问询。

▶ 5. 证监会注册

（1）中国证监会在20个工作日内做出同意注册或不予注册的决定，通过要求北交所进一步问询、要求保荐机构和证券服务机构等对有关事项进行核查、对发行人现场检查等方式要求发行人补充、修改申请文件的时间不计算在内。

（2）发行人发生重大事项，导致不符合发行条件的不予注册/撤销注册。中国证监会做出不予注册决定的，自决定做出之日起6个月后，发行人可以再次提出公开发行股票并上市申请。

▶ 6. 发行上市

中国证监会同意注册的，发行人依照规定发行股票。中国证监会的予以注册决定，自做出之日起1年内有效，发行人应当在注册决定有效期内发行股票，发行时点由发行人自主选择。

（二）北交所IPO上市标准

▶ 1. 北交所一般发行审核

北交所审核，证监会注册。

▶ 2. 北交所发行及上市条件

（1）发行人为全国股转系统连续挂牌满12个月的创新层挂牌公司。

（2）符合中国证监会规定的发行条件。

（3）最近一年期末净资产不低于5 000万元。

（4）向不特定合格投资者公开发行的股份不少于100万股，发行对象不少于100人。

（5）公开发行后，公司股本总额不少于3 000万元。

（6）公开发行后，公司股东人数不少于200人，公司股东持股比例不低于公司股本总额的25%；公司股本总额超过4亿元的，公司股东持股比例不低于公司股本总额的10%。

（7）市值和财务指标符合北交所规定标准。

北交所可以根据市场情况、经中国证监会批准，对上市条件和具体标准进行调整。

▶ 3. 北交所一般企业上市标准

至少符合下列标准中的1项：

（1）预计市值不低于2亿元，最近2年净利润均不低于1 500万元且加权平均净资产的收益率不低于8%，或者最近1年净利润不低于2 500万元且加权平均净资产收益率不低于8%。

(2) 预计市值不低于4亿元，最近2年营业收入平均不低于1亿元，且最近1年营业收入增长率不低于30%，最近1年经营活动产生的现金流净额为正。

(3) 预计市值不低于8亿元，最近1年营业收入不低于2亿元，最近2年研发投入合计占最近2年营业收入合计比例不低于8%。

(4) 预计市值不低于15亿元，最近2年研发投入合计不低于5 000万元。

七、香港联交所IPO审核流程及上市标准

（一）香港联交所IPO审核流程

企业申请境外上市，需要满足如下几个方面的要求：①符合我国有关境外直接上市的法律法规和相关规定；②筹资用途符合国家产业政策、利用外资政策以及国家有关固定资产立项的规定；③净资产不低于4亿元人民币，过去1年税后利润不少于6 000万元人民币，并有增长潜力，按合理预期市盈率计算，筹资额不少于5 000万美元；④具有规范的法人治理结构和完善的内部管理制度，有较为稳定的高级管理层和较高的管理水平；⑤上市后分红派息有可靠的外汇来源，符合国家外汇管理的有关规定；⑥满足证券会的其他规定条件。满足上述条件并完成相应审批手续后，进入香港交易所进行上市，具体流程如下：

▶ 1. 递表

确定上市日期之后，拟上市公司递交上市文件于香港联交所，提出上市申请，预约暂定聆讯日期。

▶ 2. 聆讯

(1) 上市委员会审阅新上市申请，确定申请人是否适合进行首次公开招股。上市委员会的职能主要包括：上市审核职能；上市审查并监督上市部工作；批准新股上市申请以及规则豁免申请；通过、更改或修改上市部以及上市委员会的决定；提供政策咨询，批示重要政策及《上市规则》修订。

(2) 上市聆讯时间没有确切时间，取决于保荐人对联交所相关问题的回复时间和质量。

▶ 3. 路演

聆讯结束且上市申请获得批准之后，发行人与保荐团队、财经公关予以配合，开始股票发行宣传工作，具体包括但不限于向准投资者介绍公司的业绩、产品、发展方向、投资价值，并且回答投资者相关问题等。

▶ 4. 招股

香港IPO公开发行股份的分配包括"国际配售"和"公开认购"2个部分，并根据回拨机制及股份重新分配机制予以适当调整，通常分别占最终总新股发行数量的90%和10%左右。但该占比不固定，有回拨机制。当公开发售的认购总量达到初始发行量的一定倍数时，会进行回拨。

(1) 认购总量达到15～50倍，从国际配售回拨，最高使公开发售量达到总量的30%。

(2) 认购总量达到50～100倍，从国际配售回拨，最高使公开发售量达到总量的40%。

(3) 认购总量达到100倍以上，从国际配售回拨，最高使公开发售量达到总量的50%。

许多公司在香港IPO上市的同时选择引入基石投资者。基石投资者一般是指上市申请

人在首次公开招股时,将部分股份优先配售予若干投资者。

公司会根据市场情况以及投资者的认购意向确定最终的发行价,同时全面披露招股书。

▶ 5. 公布中签结果

招股结束后7天前后,公司会通过港交所发布配售结果,确定最终定价多少、公开发售认购超额倍数、国配部分超额倍数等信息。

▶ 6. 暗盘上市

暗盘上市即场外交易,没有通过港交所交易系统撮合,直接在券商内部系统实现报价撮合的交易。于新股上市前一个交易日收盘后进行。

暗盘交易时间为中签日的16:15—18:30(如果是半日市,则暗盘交易时间是14:15—16:30)。暗盘交易的目的是给投资者再一次选择的机会。部分新股不会有暗盘交易,部分券商也可能不支持暗盘交易。

▶ 7. 正式交易

成功定价及分配股份予机构投资者和散户后,公司股份便会在香港联交所上市及进行买卖。在公司上市之后,股票价格会因为各种各样的原因产生波动。承销团通常会指定某一个或多个承销商作为"稳定市场经纪人",负责在公司股价低于IPO价格时买入公司股票来维护上市之后一段既定时间内股价表现的稳定。

(二)香港联交所IPO上市标准

▶ 1. 主板上市条件

(1)盈利测试。①具备不少于3个会计年度的营业记录,而在该段期间,新申请人最近1年的股东应估盈利不得低于3 500万港元,及其前2年累计的股东应估盈利亦不得低于4 500万港元,上述盈利应扣除日常业务以外的业务所产生的收入或亏损;②至少前3个会计年度的管理层维持不变;③至少经审计的最近1个会计年度的拥有权和控制权维持不变。

(2)市值、收益、现金流量测试。①具备不少于3个会计年度的营业记录;②至少前3个会计年度的管理层维持不变;③至少经审计的最近1个会计年度的拥有权和控制权维持不变;④上市时市值至少为20亿港元;⑤经审计的最近1个会计年度的收益至少为5亿港元;⑥新申请人或其集团的拟上市的业务于前3个会计年度的现金流入合计至少为1亿港元。

▶ 2. 创业板上市条件

(1)财务指标。①申请上市的新申请人或其集团此等在刊发上市文件前2个财政年度从经营业务所得的净现金流入总额必须最少达3 000万港元;②上市时市值至少达到1.5亿港元;③基于香港交联所信纳的理由,有可能接纳准新申请人不足2个财政年度的营业纪录期,亦有可能豁免遵守或更改,即使香港交联所接纳不足2个财政年度的营业纪录,申请人仍须在该较短的营业纪录期内符合3 000万港元的现金流量规定。

(2)其他指标。①申请人在刊发上市文件前的完整财政年度及至上市日期为止的整段期间,其拥有权及控制权必须维持不变;②申请人在刊发上市文件前2个完整财政年度及至上市日期为止的整段期间,其管理层必须大致维持不变;③新申请人会计师报告须涵盖的期间为紧接上市文件刊发前的2个财政年度;④新申请人,其申报会计师最近期申报的财政期间,不得早于上市文件刊发日期前6个月结束;⑤上市时,公众持股量不低于市值港币 4 500 万元，占公司已发行股本总额至少 25％；⑥至少有 3 名独立非执行董事，所委任的独立非执行董事必须至少占董事会成员人数的⅓。

2014 年 11 月 17 日，连接沪港两地股市的沪港通正式启动，两地资本市场在真正意义上实现了互联互通，中国的资本市场也迎来了"沪港通时代"。

沪港通是指上海证券交易所和香港联合交易所允许两地投资者通过当地证券公司（或经纪商）买卖规定范围内的对方交易所上市的股票，是沪港股票市场交易互联互通机制。沪港通包括沪股通和港股通两部分。

沪港通的特点：①交易总量过境，实现最佳价格发现；②结算净额过境，实现最小跨境流动；③人民币境外换汇，实现全程回流；④结算交收全程封闭，实现风险全面控制；⑤本地原则为主，主场规则优先；⑥实行初期额度管控，引导市场逐渐过渡，调节好节奏。

沪港通意义重大，影响深远。它丰富了交易品种，优化了市场结构，为境内外投资者投资 A 股和港股提供了便利和机会，有利于投资者共享两地经济发展成果，促进两地资本市场的共同繁荣发展；有利于拓展市场的广度和深度，巩固香港国际金融中心地位，加快建设上海国际金融中心，增强我国资本市场的整体实力；有利于推进人民币国际化，提高跨境资本和金融交易可兑换程度。

沪港通开启了中国资本市场互联互通和对外开放的大幕。随后，深港通机制启动，加速了内地和香港资本市场互联互通和国际化的进程，也为后来的债券通、沪伦通积累了经验。作为内地和香港股票市场交易互联互通的创新机制，沪港通、深港通增强了我国资本市场国际化、法治化和市场化水平，给双方市场带来了增量的投资资金，优化了投资者结构，丰富了投资品种，降低了市场的投资风险，为投资者优化资产配置、加强财富管理提供了多元渠道。

第三节　股权再融资

一、股权再融资方式

我国上市公司再融资的方式主要包括配股、公开增发、非公开发行（在市场中又常被称为"定向增发"或者"定增"）、可转换公司债券（一般简称为"转债"）、优先股、公司债券、企业资产证券化（一般简称"ABS"）等。公司可以在满足监管要求的前提下，选择最为有利的再融资方式。本书重点介绍公开增发、定向增发、配股三种再融资方式。

（一）公开增发

公开增发也叫增发新股，是指上市公司向不特定对象发行股份、募集资金的一种融资行为。公开增发无投资者数量的限制，可通过网上网下同时发行，认购对象范围大，单个投资者的认购金额可大可小，更为灵活。适用于资金需求量大、老股东愿意稀释一定权益比例的企业。由于定价基准日与发行期邻近，发行价格随行就市、无折扣定价、无提前锁定股价的机制，导致发行阶段股价的走势对发行成功与否具有重大影响。一般在市场气氛较为乐观，预期股价有一定上升空间的情况下，会获得较高的认购。

1998 年，证监会特批了太极实业、华联控股、上海三毛等 5 家实施资产重组的公司进行新股增发，基本模式为"资产置换＋定向配售＋增发新股"。试点增发的政策导向为上市公司提供了新的融资渠道。2000年5月初,证监会发布《上市公司向社会公开募集股份暂行办法》,正式把增发确立为再融资的一种创新形式。2001年,证监会相继出台《上市公司新股发行管理办法》《关于做好上市公司新股发行工作的通知》,修改了上市公司增发新股的规定,与2000年的规定相比,新股增发条件显得更为宽松。2002年7月24日,证监会发布《关于上市公司增发新股有关条件的通知》,通过量化指标提高了增发门槛。增发已经成为目前中国证券市场上准入度最高的品种。2020年2月,证监会发布再融资新规,定增项目折扣率从最大9折降低到8折,限售期从最长2年缩短至6个月,为定增市场带来了更低的折扣参与机会和更高的流动性,被市场人士称为"史上最佳的定增政策"。2023年2月17日,经国务院批准,中国证监会发布境外上市备案管理相关制度规则,共6项,包括《境内企业境外发行证券和上市管理试行办法》和5项配套指引,规定境内企业境外上市后增发股票、可转债、优先股均须向中国证监会备案。此次境外上市新规的出台,明确将境内企业间接境外发行上市纳入监管,标志着境内企业赴境外上市正式全面纳入中国证监会监管,进入统一的备案制时代。

适宜选择公开增发的企业主要需要以下条件:①公司成长性较好或业绩优良,募集资金投资的项目拥有良好的行业前景;②流通股本较小,但募集资金需求较大;③发行了B股或H股;④距前次发行间隔的时间尚不满1个会计年度,但有募集资金需求;⑤大股东的持股比例较高,不存在控制权的过度稀释问题。

公开增发的优点主要包括:①限制条件较少,融资规模大;②相较于配股更符合市场化原则,更能满足公司的筹资要求;③无利息支出,经营效益要优于举债融资。

公开增发也有如下缺点:①融资后由于股本增加,而投资项目的效益短期内往往难以保持相应的增长速度,企业的经营业绩指标往往被稀释而下滑;②作为股权融资,由于股权的稀释还可能使得老股东的利益尤其是控股权受到不利影响;③融资的成本相对较高,通常为融资额的5%~10%;④股利只能在税后利润中分配,因此它不如举债能获得减税的好处。

(二) 定向增发

定向增发又叫非公开发行,是指上市公司向符合条件的少数特定投资者非公开发行股份的行为。定向增发的条件:发行对象不得超过35人;发行价较市价有一定折扣,但不得低于定价基准日前20个交易日市价均价的80%;发行的股份自发行结束之日起6个月内(控股股东、实际控制人及其控制的企业认购的股份18个月内)不得转让;募集资金使用应满足募资用途,须符合国家产业政策等规定;上市公司及其高管不得有违规行为等。由此来看,非公开发行并无盈利要求,即使是亏损企业也可申请发行。这种方式适用范围较广,尤其适用融资规模小、需求迫切的公司。

(三) 配股

配股是上市公司向原股东进一步发行新股、筹集资金的行为。配股数量不超过配售前总股本的30%,原则上无价格限制,实务中配股发行价格不低于每股净资产。配股通常适用于公司成长与回报稳定、大股东不愿引入新的股东而摊薄自身权益的企业。配股为一种面向原有股东的增发方式,销售难度较小,较适于在市场环境较为低迷的情况下使用。配股要求大股东以现金认购。根据法规规定,配股融资中,控股股东应在股东大会召开前公开承诺以现金认配股份的数量。配股融资的一大特点,就是新股的价格是按照发行公告发布时的股票市价做一定的折价处理来确定的,所折价格是为了鼓励股东出价认购。控股股东未履行认配承诺或公司原股东认购数量未达到拟配售数量的70%则发行失败。

二、股权再融资的分类

这些再融资方式,以融资的性质可以分为股权融资、债权融资、混合融资和结构融资四类,如表 2-4 所示。

表 2-4 股权再融资按融资性质分类

类别	融资方式
股权融资	配股 公开增发 非公开发行(定增)
债权融资	公司债券
混合融资	可转换公司债券 优先股
结构融资	企业资产证券化

这些再融资方式,以发行方式的不同可分为公募和私募两类,如表 2-5 所示。

表 2-5 股权再融资按发行方式分类

类别	融资方式
公募	配股 公开增发 可转换公司债券 公开发行优先股 大公募公司债、小公募公司债
私募	非公开发行(定增) 非公开发行优先股 企业资产证券化

鉴于绝大多数债务类融资可以全部补充流动资金,且余额往往不得超过净资产的 40%,本书侧重于股权类融资及混合类融资方式。

三、上市公司再融资的基本条件

2020 年 2 月 14 日,证监会正式发布《关于修改〈上市公司证券发行管理办法〉的决定》《关于修改〈创业板上市公司证券发行管理暂行办法〉的决定》《关于修改〈上市公司非公开发行股票实施细则〉的决定》,并自发布之日起施行。此前,证监会已于 2019 年 11 月 8 日就主板(中小板)、创业板、科创板再融资规则公开征求意见。

(一)主板、中小板上市公司公开发行证券的条件

主板、中小板上市公司公开发行证券(包括转债、配股、公开增发)需要满足如下条件。

(1)组织机构健全、运行良好,应符合下列规定:公司章程合法有效,股东大会、董事会、监事会和独立董事制度健全,能够依法有效履行职责;公司内部控制制度健全,能够有效保证公司运行的效率、合法合规性和财务报告的可靠性;内部控制制度的完整性、合理性、有效性不存在重大缺陷;现任董事、监事和高级管理人员具备任职资格,能够忠

实和勤勉地履行职务，不存在违反《公司法》第 148 条、第 149 条规定的行为，且最近 36 个月内未受到过中国证监会的行政处罚，最近 12 个月内未受到过证券交易所的公开谴责；上市公司与控股股东或实际控制人的人员、资产、财务分开，机构、业务独立，能够自主经营管理；最近 12 个月内不存在违规对外提供担保的行为。

这里涉及的公司法条文规定：董事、监事、高级管理人员不得利用职权收受贿赂或者其他非法收入，不得侵占公司的财产。董事、高级管理人员不得有下列行为：挪用公司资金；将公司资金以其个人名义或者以其他个人名义开立账户存储；违反公司章程的规定，未经股东会、股东大会或者董事会同意，将公司资金借贷给他人或者以公司财产为他人提供担保；违反公司章程的规定或者未经股东会、股东大会同意，与本公司订立合同或者进行交易；未经股东会或者股东大会同意，利用职务便利为自己或者他人谋取属于公司的商业机会，自营或者为他人经营与所任职公司同类的业务；接受他人与公司交易的佣金归为己有；擅自披露公司秘密；违反对公司忠实义务的其他行为。董事、高级管理人员违反前款规定所得的收入应当归公司所有。

(2) 上市公司的盈利能力具有可持续性，应符合下列规定：最近 3 个会计年度连续盈利，扣除非经常性损益后的净利润与扣除前的净利润相比，以低者作为计算依据；业务和盈利来源相对稳定，不存在严重依赖于控股股东、实际控制人的情形；现有主营业务或投资方向能够可持续发展，经营模式和投资计划稳健，主要产品或服务的市场前景良好，行业经营环境和市场需求不存在现实或可预见的重大不利变化；高级管理人员和核心技术人员稳定，最近 12 个月内未发生重大不利变化；公司重要资产、核心技术或其他重大权益的取得合法，能够持续使用，不存在现实或可预见的重大不利变化；不存在可能严重影响公司持续经营的担保、诉讼、仲裁或其他重大事项；最近 24 个月内曾公开发行证券的，不存在发行当年营业利润比上年下降 50% 以上的情形。

(3) 上市公司的财务状况良好，应符合下列规定：会计基础工作规范，严格遵循国家统一会计制度的规定；最近 3 年及 1 期财务报表未被注册会计师出具保留意见、否定意见或无法表示意见的审计报告；被注册会计师出具带强调事项段的无保留意见审计报告的，所涉及的事项对发行人无重大不利影响或者在发行前重大不利影响已经消除；资产质量良好，不良资产不足以对公司财务状况造成重大不利影响；经营成果真实，现金流量正常；营业收入和成本费用的确认严格遵循国家有关企业会计准则的规定，最近 3 年资产减值准备计提充分合理，不存在操纵经营业绩的情形；最近 3 年以现金方式累计分配的利润不少于最近 3 年实现的年均可分配利润的 30%。

(4) 上市公司最近 36 个月内财务会计文件无虚假记载，且不存在下列重大违法行为：违反证券法律、行政法规或规章，受到中国证监会的行政处罚，或者受到刑事处罚；违反工商、税收、土地、环保、海关法律、行政法规或规章，受到行政处罚且情节严重，或者受到刑事处罚；违反国家其他法律、行政法规且情节严重的行为。

(5) 上市公司募集资金的数额和使用应当符合下列规定：募集资金数额不超过项目需要量；募集资金用途符合国家产业政策和有关环境保护、土地管理等法律和行政法规的规定；除金融类企业外，本次募集资金使用项目不得为持有交易性金融资产和可供出售的金融资产、借予他人、委托理财等财务性投资，不得直接或间接投资于以买卖有价证券为主要业务的公司；投资项目实施后，不会与控股股东或实际控制人产生同业竞争或影响公司生产经营的独立性；建立募集资金专项存储制度，募集资金必须存放于公司董事会决定的专项账户。

(6) 上市公司存在下列情形之一的，不得公开发行证券：本次发行申请文件有虚假记载、误导性陈述或重大遗漏；擅自改变前次公开发行证券募集资金的用途而未做纠正；上市公司最近12个月内受到过证券交易所的公开谴责；上市公司及其控股股东或实际控制人最近12个月内存在未履行向投资者做出的公开承诺的行为；上市公司或其现任董事、高级管理人员因涉嫌犯罪被司法机关立案侦查或涉嫌违法违规被中国证监会立案调查；严重损害投资者的合法权益和社会公共利益的其他情形。

（二）创业板上市公司公开发行证券的条件

与主板、中小板上市公司分别规定公开发行证券与非公开发行证券的条件不同，《创业板上市公司证券发行管理暂行办法》（2020年修订）直接规定了创业板上市公司发行证券需要满足的条件（除特别指出的之外，公开发行与非公开发行均要遵守）。

（1）最近2年盈利，净利润以扣除非经常性损益前后孰低者为计算依据，但上市公司非公开发行股票的除外；会计基础工作规范，经营成果真实；内部控制制度健全且被有效执行，能够合理保证公司财务报告的可靠性、生产经营的合法性，以及营运的效率与效果；最近2年按照上市公司章程的规定实施现金分红；最近3年及1期财务报表未被注册会计师出具否定意见或者无法表示意见的审计报告；被注册会计师出具保留意见或者带强调事项段的无保留意见审计报告的，所涉及的事项对上市公司无重大不利影响或者在发行前重大不利影响已经消除；上市公司与控股股东或者实际控制人的人员、资产、财务分开，机构、业务独立，能够自主经营管理；上市公司最近12个月内不存在违规对外提供担保或者资金被上市公司控股股东、实际控制人及其控制的其他企业以借款、代偿债务、代垫款项或者其他方式占用的情形。

（2）上市公司存在下列情形之一的，不得发行证券：本次发行申请文件有虚假记载、误导性陈述或者重大遗漏；最近12个月内未履行向投资者做出的公开承诺；最近36个月内因违反法律、行政法规、规章受到行政处罚且情节严重，或者受到刑事处罚，或者因违反证券法律、行政法规、规章受到中国证监会的行政处罚；最近12个月内受到证券交易所的公开谴责；因涉嫌犯罪被司法机关立案侦查或者涉嫌违法违规被中国证监会立案调查；上市公司控股股东或者实际控制人最近12个月内因违反证券法律、行政法规、规章，受到中国证监会的行政处罚，或者受到刑事处罚；现任董事、监事和高级管理人员存在违反《公司法》第一百四十七条、第一百四十八条规定的行为，或者最近36个月内受到中国证监会的行政处罚、最近12个月内受到证券交易所的公开谴责；因涉嫌犯罪被司法机关立案侦查或者涉嫌违法违规被中国证监会立案调查；严重损害投资者的合法权益和社会公共利益的其他情形。

（3）上市公司募集资金使用应当符合下列规定：本次募集资金用途符合国家产业政策和法律、行政法规的规定；除金融类企业外，本次募集资金使用不得为持有交易性金融资产和可供出售的金融资产、借予他人、委托理财等财务性投资，不得直接或者间接投资于以买卖有价证券为主要业务的公司；本次募集资金投资实施后，不会与控股股东、实际控制人产生同业竞争或者影响公司生产经营的独立性。

创业板将主板、中小板上市公司公开发行证券的很多条款设置为创业板发行证券的条件，例如连续盈利等，实际上增加了创业板非公开发行的难度。

四、上市公司配股的条件

配股是指上市公司向原股东配售股份的股票发行行为。其特点是仅向股权登记日在册的原股东发行。

如果实施配股，主板、中小板上市公司除满足公开发行证券的条件，创业板上市公司除满足发行证券的条件外，还应当符合下列规定：拟配售股份数量不超过本次配售股份前股本总额的30%；控股股东应当在股东大会召开前公开承诺认配股份的数量；采用证券法规定的代销方式发行。控股股东不履行认配股份的承诺，或者代销期限届满，原股东认购股票的数量未达到拟配售数量70%的，发行人应当按照发行价并加算银行同期存款利息返还已经认购的股东。

2020年2月14日，为深化金融供给侧结构性改革，完善再融资市场化约束机制，增强资本市场服务实体经济的能力，助力上市公司抗击疫情、恢复生产，证监会发布《关于修改〈上市公司证券发行管理办法〉的决定》《关于修改〈创业板上市公司证券发行管理暂行办法〉的决定》《关于修改〈上市公司非公开发行股票实施细则〉的决定》。本次再融资制度部分条款调整的总体思路是：坚持市场化法治化的改革方向，落实以信息披露为核心的注册制理念，提升上市公司再融资的便捷性和制度包容性。

五、上市公司公开增发的条件

公开增发是指上市公司向不特定对象公开募集股份的股票发行行为。

如果实施公开增发，主板、中小板上市公司除满足公开发行证券的条件外，还应当符合下列规定：最近3个会计年度加权平均净资产收益率平均不低于6%，扣除非经常性损益后的净利润与扣除前的净利润相比，以低者作为加权平均净资产收益率的计算依据；除金融类企业外，最近一期末不存在持有金额较大的交易性金融资产和可供出售的金融资产、借予他人款项、委托理财等财务性投资的情形；发行价格应不低于公告招股意向书前20个交易日公司股票均价或前1个交易日的均价。

如果实施公开增发，创业板上市公司除满足发行证券的条件外，还应当符合下列规定：除金融类企业外，最近一期末不存在持有金额较大的交易性金融资产和可供出售的金融资产、借予他人款项、委托理财等财务性投资的情形；发行价格不低于公告招股意向书前20个交易日或者前1个交易日公司股票均价。

与主板、中小板上市公司实施公开增发要求中最近3年平均净资产收益率不低于6%不同，创业板上市公司实施公开增发仅需连续2年盈利，无净资产收益率要求。

六、上市公司发行转债的条件

可转换公司债券是指发行公司依法发行、在一定期间内依据约定的条件可以转换成股份的公司债券。现行规范仅允许上市公司公开发行可转换债券。

如果发行转债，主板、中小板上市公司除满足公开发行证券的条件外，还应当符合下列规定：最近3个会计年度加权平均净资产收益率平均不低于6%；扣除非经常性损益后的净利润与扣除前的净利润相比，以低者作为加权平均净资产收益率的计算依据；本次发行后累计公司债券余额不超过最近一期末净资产额的40%；最近3个会计年度实现的年均可分配利润不少于公司债券1年的利息；公开发行可转换公司债券，应当提供担保，但最近一期末经审计的净资产不低于人民币15亿元的公司除外。

与主板、中小板上市公司发行转债要求中最近3年平均净资产收益率不低于6%不同，创业板上市公司实施增发仅需连续2年盈利，无净资产收益率要求。

七、上市公司非公开发行的条件

非公开发行股票是指上市公司采用非公开方式，向特定对象发行股票的行为。

主板、中小板上市公司存在下列情形之一的，不得非公开发行股票：本次发行申请文件有虚假记载、误导性陈述或重大遗漏；上市公司的权益被控股股东或实际控制人严重损害且尚未消除；上市公司及其附属公司违规对外提供担保且尚未解除；现任董事、高级管理人员最近36个月内受到过中国证监会的行政处罚，或者最近12个月内受到过证券交易所公开谴责；上市公司或其现任董事、高级管理人员因涉嫌犯罪正被司法机关立案侦查或涉嫌违法违规正被中国证监会立案调查；最近1年及一期财务报表被注册会计师出具保留意见、否定意见或无法表示意见的审计报告，保留意见、否定意见或无法表示意见所涉及事项的重大影响已经消除或者本次发行涉及重大重组的除外；严重损害投资者合法权益和社会公共利益的其他情形。

创业板上市公司除满足发行证券的一般条件外，没有单独对其设置非公开发行的条件。而且，创业板上市公司非公开发行股票募集资金用于收购兼并的，免于适用最近2年盈利的要求。

八、上市公司发行优先股的条件

优先股是指依照《公司法》，在一般规定的普通种类股份之外，另行规定的其他种类股份，其股份持有人优先于普通股股东分配公司利润和剩余财产，但参与公司决策管理等权利受到限制。

2023年2月17日，《优先股试点管理办法》经中国证券监督管理委员会审议通过，对上市公司发行优先股的条件进行了规定。

（1）上市公司应当与控股股东或实际控制人的人员、资产、财务分开，机构、业务独立。

（2）上市公司内部控制制度健全，能够有效保证公司运行效率、合法合规和财务报告的可靠性，内部控制的有效性应当不存在重大缺陷。

（3）上市公司发行优先股，最近3个会计年度实现的年均可分配利润应当不少于优先股一年的股息。

（4）上市公司最近3年现金分红情况应当符合公司章程及中国证监会的有关监管规定。

（5）上市公司报告期不存在重大会计违规事项。向不特定对象发行优先股，最近3年财务报表被注册会计师出具的审计报告应当为标准审计报告或带强调事项段的无保留意见的审计报告；向特定对象发行优先股，最近一年财务报表被注册会计师出具的审计报告为非标准审计报告的，所涉及事项对公司无重大不利影响或者在发行前重大不利影响已经消除。

（6）上市公司发行优先股募集资金应有明确用途，与公司业务范围、经营规模相匹配，募集资金用途符合国家产业政策和有关环境保护、土地管理等法律和行政法规的规定。除金融类企业外，本次募集资金使用项目不得为持有交易性金融资产和可供出售的金融资产、借予他人等财务性投资，不得直接或间接投资于以买卖有价证券为主要业务的公司。

（7）上市公司已发行的优先股不得超过公司普通股股份总数的50%，且筹资金额不得超过发行前净资产的50%，已回购、转换的优先股不纳入计算。

（8）上市公司同一次发行的优先股，条款应当相同。每次优先股发行完毕前，不得再次发行优先股。

九、交易性金融资产限制条件扩展

2017年将原仅针对公开增发的交易性金融资产限制条件扩展至所有再融资方式。

根据《发行监管问答——关于引导规范上市公司融资行为的监管要求》（2020年修订）上市公司申请再融资时，除金融类企业外，原则上最近一期末不得存在持有金额较大、期限较长的交易性金融资产和可供出售的金融资产、借予他人款项、委托理财等财务性投资的情形。

证监会窗口指导意见对此解释如下：①金额较大：指相对于募集资金而言，财务性投资超过募集资金金额的，或者对于虽然没超过募集资金但是金额也较大的，或历史上就持有该股权但也不准备出售的，将结合具体情况，审慎关注。②期限较长：指 1 年以上，或者虽然不超过 1 年，但是一直滚存使用的。③发生期间：指本次发行董事会决议前 6 个月，到本次发行完成。

第四节　发行债券融资

上市公司作为国民经济的重要组成部分，是承载区域经济发展和产业结构优化的重要力量。公司通过掌握多样性的融资方式来规划和调整合适的融资结构，有利于达到融资成本最低、市场约束最小、市场价值最大的目标。近 10 年来，我国股票市场规模增长超过 238%、债券市场规模增长 444%，这些数据都比较亮眼，从服务实体经济的效果来看，股债融资规模累计达到了 55 万亿元，资本市场的融资功能得到了充分发挥，并很好缓解了间接融资的压力。

上市公司债券融资具有资金成本低、筹资范围广等优势，近年来监管层更是积极运用债券资金持续推动经济社会高质量发展。相对于其他的产品来讲，发债本质上是财务处理中的负债项，涉及的是现金流前后调剂的问题，比较简单明确，对于缓解企业资金流短缺的燃眉之急比较有效。

2020 年 3 月，证监会发布《关于公开发行公司债券实施注册制有关事项的通知》，公司债券公开发行实行注册制，实行注册制后，可预见公司债的发债额度审批流程会简化，审批期限会缩短，监管部门对发债的态度更多从偏向限制转向偏向支持，预计市场发债规模会有所增加，这也是监管部门希望帮助实体企业疏通流动性的切实措施。在我国，由于民营企业大多经营规模小、抗风险能力弱，受经济形势和市场波动影响较大，特别是近年来民营企业风险事件较多，对市场信心造成冲击，因此，投资者对投资民企往往持谨慎态度。可喜的是，据 Wind 资讯数据显示，截至 2022 年 8 月 21 日，民企通过交易所债券融资已达 3 465.92 亿元(包含可转债融资 858.71 亿元)，监管部门通过丰富信用保护工具、完善相关配套措施、降低民企债券融资成本等方式，对民企债券融资提供了有力支持，民企融资情况得到了改善。

一、债券融资的定义

债券融资是指项目主体按法定程序发行的、承诺按期向债券持有者支付利息和偿还本金的一种融资行为。债券融资与股票融资一样，同属于直接融资，而信贷融资则属于间接融资。在直接融资中，需要资金的部门直接到市场上融资，借贷双方存在直接的对应关系。而在间接融资中，借贷活动必须通过银行等金融中介机构进行，由银行向社会吸收存款，再贷放给需要资金的部门。

二、中国债券市场发展历史与现状

如果从改革开放算起，从 1981 年恢复国债发行开始，我国的债券市场在曲折中前行，已走过了 40 多年不同寻常的发展历程。如今我国已发展形成门类基本齐全、品种结构相对合理、信用层次不断拓展的债券市场，成为全球第二大债券市场。

▶ 1. 艰辛的发展历程

我国债券市场的发展从本质上讲，是伴随着改革的需要逐渐发展起来的。从历史的角度来说，我国债券市场建立于1949年年末。根据债券市场发展的速度、质量、规范化程度，债券市场的历程分为三个阶段。

第一阶段是1949—1966年，是我国债券市场建立和初步发展的阶段。这一阶段是以政治动员方式来发行，在1949年12月发行了"人民胜利折实公债"，是新中国成立后发行的第一笔公债，其目的在于迅速医治战争创伤，克服当时的财政经济困难。此项公债原定分两期发行2亿份，后因国家财政经济状况开始好转，实际共发行一期1亿份。但是那时的债券基本没有交易市场，品种单一而且规模很小，1966年就停止发行，17年时间只发行了38.45亿元债券，一直到1979年才重新开始。20世纪50年代后期到改革开放前，由于特殊的历史原因，我国曾经历了一段"既无外债，也无内债"的历史。既然没有内外债，也就自然不存在债券市场。

第二阶段是1979—2003年，我国债券市场处于恢复和缓慢发展阶段。由于20世纪80年代初期财政分权，财政出现了较大的赤字，1979年、1980年、1981年财政共出现了270亿元的赤字，需要发行国债弥补财政赤字，因此，1981年恢复发行国债。可见，国债发行和国债市场是经济体制改革的需要。但是探索面窄、市场规模小、结构不合理、市场不规范、重大事件多、银行间债券市场就是这一时期建立起来的（1996年）。在这期间，中国的债券市场也经历了从以柜台市场为主（1981—1991年），向以交易所市场为主（1991—1997年）和以银行间市场为主（1997年至今）的变化。

第三阶段是2004年至今，是我国债券市场的创新和快速发展阶段。2004年开始债券市场规模迅速扩大，产品创新加快，制度创新加快。2020年，新修订《证券法》实行，注册制逐步推进。

根据中国人民银行的数据，2021年我国债券市场共发行各类债券61.9万亿元，较上年增长8%；其中，国债发行6.7万亿元，地方政府债券发行7.5万亿元，金融债券发行9.6万亿元，公司信用类债券发行14.8万亿元。截至2022年5月，我国债券市场总规模约为139万亿元，其中，境外机构投资中国债券的规模为3.74万亿元。

▶ 2. 完善的市场结构

目前，我国债券的主要交易场所有交易所、银行间债券市场、商业银行柜台等。交易方式也多种多样，如现券交易、回购交易、债券借贷、债券远期、国债期货等。债券托管机构主要有三家，分别是中央国债登记结算有限责任公司、中国证券登记结算有限公司和银行间市场清算所股份有限公司。同时，也引入了不少中介机构参与，如货币经纪公司、做市商、结算代理人、估值机构、评级机构、会计师事务所、律师事务所等，以完善市场结构。

根据《中国债券市场概览（2021年版）》显示，2021年，我国债券市场运行平稳，债券发行量小幅增长，债券托管量稳步增长，交易结算量持续增长；主要债券收益率下行，回购市场利率保持平稳，中债净价指数波动上行。2021年，我国债券发行规模达到42万亿元，托管量118万亿元，交易量1 711万亿元。

▶ 3. 丰富的债券品种

按照发行主体划分，我国的债券可分为政府债券、中央银行票据、政府支持机构债券、金融债券、企业信用债券、资产支持证券和熊猫债券如表2-5所示。按照付息方式划分，可分为零息债券、贴现债券、固定利率附息债券、浮动利率附息债券和利随本清债券。按照币种划分，可分为人民币债券、外币债券和SDR债券。其他比较杂的分类主要有绿色债券、社会效应债券、疫情防控债券及ESG主题债券等。我国的债券品种及分类如表2-6所示。

表 2-6　中国债券品种及分类（按照发行主体划分）

大　类	债券品种		
（一）政府债券	1. 国债	发行主体是中央政府，具有最高信用等级，由财政部具体进行发行操作，分为记账式国债和储蓄国债	
	2. 地方政府债券	发行主体是地方政府，分为一般债券和专项债券。通过中央结算公司招标或承销发行，在中央结算公司总托管	
（二）中央银行票据	发行主体为中国人民银行，是为调节货币供应量面向商业银行（一级交易商）发行的债务凭证。期限一般不超过1年，但也有长至3年的品种。央行票据通过央行公开市场操作系统发行，在中央结算公司托管		
（三）政府支持机构债券	1. 铁道债券	发行主体为中国国家铁路集团有限公司（前身为铁道部），由国家发改委注册发行	一般地，政府支持机构债券通过中央结算公司发行，主要在中央结算公司托管
	2. 中央汇金债券	发行主体为中央汇金投资有限责任公司，经人民银行批准发行	
（四）金融债券	1. 政策性金融债券	发行主体为开发性金融机构（国家开发银行）和政策性银行（中国进出口银行、中国农业发展银行）	政策性金融债券加大创新力度，推出扶贫专项金融债、"债券通"绿色金融债等品种，试点弹性招标发行
	2. 商业银行债券	发行主体为境内设立的商业银行法人。一般分为金融债券、小微企业贷款专项债、"三农"专项金融债、次级债券、二级资本工具、无固定期限资本债券	
	3. 非银行金融债券	发行主体为境内设立的非银行金融机构法人。包括银行业金融机构发行的财务公司债券、金融租赁公司债券、证券公司债券，保险公司金融债和保险公司次级债	
（五）企业信用债券	1. 企业债券	发行主体为企业，经国家发改委注册后发行。又可以分为中小企业集合债券、项目收益债券、可续期债券、专项企业债券等。国家发改委指定相关机构负责企业债券的受理、审核，其中，中央结算公司为受理机构，中央结算公司、银行间市场交易商协会为审核机构。企业债券通过中央结算公司发行系统，面向银行间和交易所发行，在中央结算公司登记托管	
	2. 非金融企业债务融资工具	在交易商协会注册发行，发行主体为具有法人资格的非金融企业，在上交所登记托管	
	3. 公司债券	发行主体为上市公司或非上市公众公司，在中证登登记托管	
	4. 可转换公司债券	发行主体为境内上市公司，可转换公司债券在一定期间内依据约定条件可以转换成股份，在中证登登记托管	
	5. 中小企业私募债券	发行主体为境内中小微型企业，在中证登登记托管	
（六）资产支持证券	1. 信贷资产支持证券	发行主体为特定目的信托受托机构（信托公司），代表特定目的信托的信托受益权份额，受托机构以因承诺信托而取得的银行业金融机构的信贷资产（信托财产）为限，向投资机构支付资产支持证券收益。信贷资产支持证券在中央结算公司登记托管	
	2. 企业资产支持证券	发行主体为券商，以券商集合理财计划形式出现，基础资产为信贷资产以外的其他资产、收费权等，在中证登登记托管	
（七）熊猫债券	境外机构在境内发行的人民币债券	包括主权类机构、国际开发机构、金融机构和非金融企业等	

▶ **4. 各券种发行增速分化**

地方政府债券、国债、政策性金融债券、商业银行债券是 2021 年发行量最大的四类券种，占比分别为 33%、29%、22% 和 8%，合计达 92%。其中，国债发行 6.68 万亿元；地方政府债发行 7.48 万亿元；政策性银行债发行 5.03 万亿元；商业银行债发行 1.97 万亿元。其它券种发行占比较小，但发行增速较高。信贷资产支持证券发行 0.88 万亿元，同比增长 9.62%，增速较 2020 年提高 26.15 个百分点；企业债券发行 0.44 万亿元，同比增长 11.18%，增速较 2020 年提高 1.80 个百分点；政府支持机构债券发行 0.19 万亿元，同比增长 9.83%，增速较 2020 年提高 4.98 个百分点。

▶ **5. 多样的债券发行方式**

目前我国债券的发行方式有公募发行、私募发行和承购包销三种，目前主流方式是公募发行。国债发行按是否有金融中介机构参与出售的标准来看，有直接发行与间接发行之分，其中间接发行又包括代销、承购包销、招标发行和拍卖发行四种方式。

▶ **6. 与时俱进的中国债券监管体系**

我国债券市场的监管框架涉及部门众多，呈明显的多头监管的局面，如表 2-7 所示。

表 2-7　中国债券市场监管体系

序列	主管单位	债券品种	管理机制
1	中国人民银行（银保监会）	政策性金融债、商业银行债、商业银行二级资本债、同业存单、保险公司次级债	中国人民银行（银保监会）审批制
		信贷资产证券化（CLO）	备案制
2	财政部	国债、地方政府债	财政部审批制
3	发改委	铁道债券、企业债券	发改委注册制
4	交易商协会	超短期融资券（SCP）、短期融资券（CP）、中期票据（MTN）、资产支持票据（ABN）、项目收益票据（PRN）、非公开定向债务融资工具（PPN）、央行票据等	注册制
5	证监会	大公募①	证监会注册制
		小公募①	证监会注册制
		私募债①	交易所预沟通，证券业协会事后备案
		可转债、可交换债	证监会核准
		企业资产证券化	中国基金业协会备案

注：①2015 年 1 月证监会公布新公司债办法，推出了公司债"大公募"（面向公众投资者的公开发行）、"小公募"（面向合格投资者的公开发行）、私募/非公开（非公开发行的公司债券）三种发行方式，并且约定可以在公司债附加认股权、可转换成相关股票的条款。从规定上来说，私募可交换债已经突破了此前深交所中小企业私募债中"中小企业"的约束。

2023 年 3 月初的十四届全国人大一次会议后，我国公布了组建中央金融委员会、组建国家金融监督管理总局、强化中国证券监督管理委员会资本市场监管职责、深化地方金融监管体制改革等一系列金融改革。这是自 2003 年以来中国金融监管体制最大的一次变革。此次金融监管变革的根本目的是为防范系统性金融风险和切实保护金融消费者权益，最终目标则是助力实现中国式现代化。此次金融监管大变革强化了中国证券监督管理委员会资本市场监管职责。原来由国家发展和改革委员会主管的企业债券发行审核职责，转为由中国证券监督管理委员会统一负责公司（企业）债券发行审核工作。过去分割的中国债券市场监管，终于实现了统一监管。

三、公司债

（一）公司债的定义及分类

公司债是指公司法人依照法定程序发行的还本付息的有价证券。公司债是证监会主管的融资产品，融资主体面向所有公司制法人。

公司债券的细分品种很多，但目前尚未有官方文件提到合计数量，均分散在交易所发布的业务指引、债券融资监管问答或预审核指南中。各类公司债券目前至少有25种：大公募、小公募、私募、优质公司债（知名成熟发行人）、短期公司债、疫情防控公司债、项目收益专项公司债、可续期公司债、绿色公司债、碳中和绿色公司债、蓝色债券、低碳转型公司债、低碳转型挂钩公司债、双创公司债、科技创新债、纾困公司债、扶贫公司债、乡村振兴公司债、一带一路公司债、粤港澳大湾区专项公司债、熊猫债、住房租赁公司债、可交换公司债、可转换公司债、置换债等。

实务中通常把公司债券分为普通公司债券和特殊公司债券。普通公司债券就是指主要用于补充流动资金、项目需要等的债券。特殊公司债券（就是前面说的有专有名词的品种），是指对发行人、债券增信措施、债券期限、债券利率、募集资金用途、债券本息偿付等基本要素有特定安排的公司债券。

上述债券品种因不同需求产生，也对公司有不同的要求。上市公司比较常用的是普通公司债券和可转换公司债券。本书只探讨普通公司债券。

需要注意的是，企业债券和公司债券是两种不同的债券品种。企业债的发行主体为企业（主要是国有企业），经国家发展和改革委员会（简称国家发改委）注册后发行。国家发改委指定相关机构负责企业债券的受理、审核，其中，中央国债登记结算有限公司（简称中央结算公司）为受理机构，中央结算公司、银行间市场交易商协会为审核机构。公司债的发行主体为上市公司或非上市公众公司，在交易所债券市场公开或非公开发行，在中国证券登记结算有限责任公司登记托管。

公司债按照发行方式分为大公募、小公募和私募债，从实际操作层面上看，产品集中在小公募和私募债。

大公募是"面向公众投资者的公开发行的公司债"的简称，2015年公司债发行改革之前的公司债都是大公募，对发行人的资质要求在三者中最高，公众投资者可以通过交易所竞价撮合平台参与现券买卖，大公募不受投资人数量的限制。

小公募是"面向合格投资者的公开发行的公司债"的简称，小公募对发行人的资质要求有所降低，同时对投资者的要求有所提高，小公募也不受投资人数量的限制。

私募债是"非公开发行的公司债"的简称，有时也简称为"非公开"，相比大公募、小公募，对发行人的资质要求最低，仅限合格投资者认购，且投资者人数不能超过200人。

（二）公司债的发行条件

发行公司债需要满足一定的条件，如表2-8所示。

表 2-8 公司债发行条件

项目	发行条件		
	大公募	小公募	私募债
发行主体	所有公司制法人		
发行方式	公开		非公开
审核流程	由证券交易所负责受理审核,并报中国证监会注册		证券交易所预沟通,证券业协会事后备案
对投资者要求	宽松	较宽松	严格
投资者	普通投资者	合格投资者	
人数限制	无限制		≤200人
对发行人要求	严格	较严格	宽松
注册端条件	(1) 具备健全且运行良好的组织机构; (2) 最近3年平均可分配利润可以支付公司债券1年的利息; (3) 具有合理的资产负债结构和正常的现金流量; (4) 国务院规定的其他条件。		无特别要求
发行端条件	(1) 发行人最近3年无债务违约或者延迟支付本息的事实; (2) 发行人最近3年平均可分配利润不少于债券1年利息的1.5倍; (3) 发行人最近一期末净资产规模不少于250亿元; (4) 发行人最近36个月累计公开发行债券不少于3期,发行规模不少于100亿元; (5) 中国证监会根据投资者保护的需要规定的其他条件		无特别要求

(三) 公司债的特点

(1) 公司债的审批效率更高。大公募、小公募由证券交易所受理并审核,然后报证监会注册,私募债由证券交易所预沟通,然后在中国证券业协会备案。《证券法》明确规定公开发行公司债的审批期限不超过3个月,实际审批中大公募基本控制在2个月左右,小公募一般需1个月左右,而私募债实行市场化的自律组织事后备案制度,发行速度更快。

(2) 公司债的审批程序相对透明和标准化,对受理和审批时间有明确的规定和要求,发行时间相对更容易掌控,有助于发行人根据自身资金需求快速募集资金。

(3) 对发行人信用评级有一定要求。2021年2月26日证监会发布了新的《公司债券发行与交易管理办法》,取消了公开发行公司债券信用评级的强制性规定,实质上是取消了注册环节的强制评级,但在具体发行时,证券交易所还是要求发行人有信用评级。一般而言,大公募要求在AAA级,小公募至少在AA+级,私募债大部分是AA级。

(4) 对募集资金用途有要求。《公司债券发行与交易管理办法》第13条规定:公开发行公司债券筹集的资金,必须按照公司债券募集说明书所列资金用途使用,改变资金用途，必须经债券持有人会议做出决议；非公开发行公司债券，募集资金应当用于约定的用途，改变资金用途，应当履行募集说明书约定的程序；公开发行公司债券筹集的资金，不得用于弥补亏损和非生产性支出。也就是说：大公募、小公募核准资金用途，不得用于弥补亏损和非生产性支出，私募债没有明确约定资金用途，资金用途比较灵活。

(四) 我国公司债的发展

我国公司债的发行起步较晚，直到2007年，我国才发行了第一支公司债。最开始公司债只能公开发行，而且发行主体仅限于上市公司，和银行间债券市场相比发展缓慢。

2015年证监会改革了公司债的发行办法，1月15日发布《公司债券发行与交易管理办法》，将公司债的发行主体从原来的上市公司扩大至公司法人，既允许公开发行公司债，也允许私募发行公司债。公开发行取消保荐制度和发审委制度，私募发行采取向中证协备案的方式，极大地简化了公司债的发行程序。改革后，公司债的发行规模迅速增长，发行量和存量余额都迎来井喷，公司债成为大多数企业的首要选择。2021年2月26日证监会发布了新的《公司债券发行与交易管理办法》，取消了公开发行公司债券信用评级的强制性规定，实质上是取消了注册环节的强制评级，但在具体发行时，证券交易所还是要求发行人有信用评级。一般而言，大公募要求在AAA级，小公募至少在AA+级，私募债大部分是AA级。关于募集资金用途，规定公开发行公司债券筹集的资金，必须按照公司债券募集说明书所列资金用途使用；改变资金用途，必须经债券持有人会议做出决议。非公开发行公司债券，募集资金应当用于约定的用途；改变资金用途，应当履行募集说明书约定的程序。公开发行公司债券筹集的资金，不得用于弥补亏损和非生产性支出。也就是说：大公募、小公募核准资金用途，不得用于弥补亏损和非生产性支出；私募债约定资金用途，资金用途比较灵活。我国公司债历史存量变化如图2-2所示。

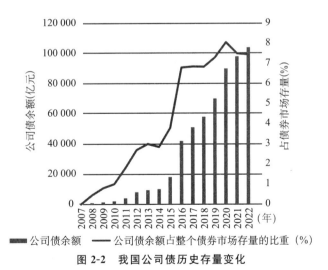

图 2-2 我国公司债历史存量变化

(五) 发行程序

企业想要在债券市场上融资，可以选择发行不同种类的债券，可以是企业债、公司债、中期票据、定向工具、短融、超短融等。不同的债券品种需要走不同的发行程序，如图2-3所示。

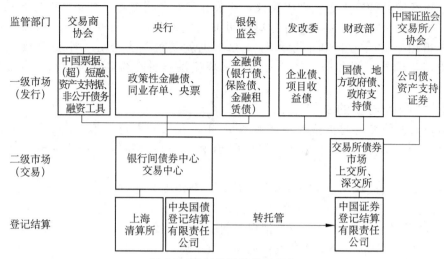

图2-3 我国公司债发行程序

大公募、小公募由证券交易所受理预审核,然后报证监会注册;私募债由证券交易所预沟通,然后在中国证券业协会备案。

由于公司债的主管部门是证监会,所以无论大公募、小公募、私募债都在交易所债券市场发行和流通。大公募和小公募可以在该债券所流通的交易所查询债券相关发行资料,私募债因为是非公开发行,不需要进行公开披露,所以在沪、深交易所官网找不到私募债的发行材料。

公司债的投资者大都是机构投资者,个人想要在交易所市场参与债券投资,需要获得在交易所投资债券的合格投资者资格认定。

交易所债券市场的托管在中国证券登记结算有限责任公司(简称中证登)。

拓展案例

满百前夜,北交所迎史上最大再融资

本章小结

证券市场是通过证券的发行与交易进行融资的市场,包括债券市场、股票市场、保险市场、融资租赁市场等。

从企业数量和规模上来区分,常用金字塔来形容我国多层次资本市场结构。

首次公开募股是指企业通过证券交易所首次公开向投资者增发股票,以期募集用于企业发展资金的过程,即上市融资。

我国上市公司再融资的方式主要包括配股、公开增发、非公开发行(在市场中又常被称为"定向增发"或者"定增")、可转换公司债券(一般简称为"转债")、优先股、公司债券、企业资产证券化等。

债券融资分为普通公司债券和特殊公司债券。普通公司债券就是指主要将融资用于补充流动资金、项目需要等的债券。特殊公司债券是指对发行人、债券增信措施、债券期限、债券利率、募集资金用途、债券本息偿付等基本要素有特定安排的公司债券。

| 在线自测 |

扫描封底刮刮卡　获取答题权限

第三章　公司财务治理

> **学习目标**
> 1. 熟悉公司治理问题的产生；理解公司治理的含义与框架
> 2. 理解财务治理的理论基础
> 3. 掌握公司财务治理结构
> 4. 理解公司财务治理机制

案例导入

多氟多：推动诚信建设，促进公司规范运作

多氟多新材料股份有限公司（以下简称多氟多）成立于1999年12月21日，2010年5月18日在深圳证券交易所成功挂牌交易，股票代码002407。作为全国氟化盐行业首批上市公司，多氟多坚持以打造"坚强的党委会、规范的股东大会、健康的董事会、尽职的经营层、有效的监事会"为指引，实现了"经营稳健、市场信任、股东满意、队伍和谐、发展可持续"的总体发展目标。

多氟多建立了规范的法人治理结构及运行机制。建立并完善了《股东大会议事规则》《董事会议事规则》《监事会议事规则》等制度和相关工作流程。在公司法人治理架构中，董事会、监事会、经理层责权明确、相互制衡。董事会在董事长的领导下，在公司的发展战略、管理架构、投资及融资、财务监控、高管选聘等方面行使决策权，并致力于实现股东价值最大化。在《公司章程》及《董事会议事规则》中，详细列明了董事会在公司发展战略和管理方面的职权以及董事会对公司发展和经营的监督与检查职权。董事会下设审计委员会、战略委员会、提名委员会、薪酬与考核委员会。独立董事在各委员会中任职。

同时，多氟多牢固树立和贯彻落实创新、协调、绿色、开放、共享的新发展理念，把诚信经营、为下游客户提供优质产品作为企业首要责任。坚持稳中求进的工作总基调，主动适应新常态、重视创新和质量效益，进一步优化资源配置，培育新动力，形成新结构。多氟多以新能源、新材料为支撑，掌握核心技术，成为有活力、有竞争力的创新型企业。

其《公司章程》依据《公司法》《证券法》以及《中国共产党章程》制定，并明确规定：董事会决定公司重大问题时，应当事先听取公司党委的意见，充分发挥中国共产党多氟多新材料股份有限公司委员会的政治核心作用。根据证券监管机构的要求，多氟多不断完善公司治理的规章制度并致力于规范运作，公司董事会、监事会、独立董事形成了良好的权力制衡及监督机制。因此，多氟多在资本市场运作诚信合规，投资者回报诚信合理。

多氟多实施多种激励政策，通过多种形式来激励员工，其中最具代表性的就是限制性股票激励计划，由于公司良好的业绩支撑，被激励对象在股票解禁后获得了丰厚的回报，使公司骨干和广大优秀员工通过资本市场实现了个人财富的增长甚至是财富自由，极大改善了广大员工的生活条件，增加了员工的归属感，同时也带动了社会消费，为社会和谐稳定作出了一定贡献。

资料来源：焦作市金融工作局. 公司治理优秀案例：多氟多——推动诚信建设，促进公司规范运作[EB/OL].（2022-02-16）[2023-5-25]. http://jr.jiaozuo.gov.cn/article/12332.html.

案例思考：
1. 多氟多公司怎么样规范了治理结构？
2. 多氟多公司的规范运作主要体现在哪些方面？

第一节　公司治理与财务治理

一、公司治理问题的产生

公司治理结构源于企业所有权与经营权的分离以及由此产生的代理关系问题。在企业发展历程中，当企业规模和经营范围不断扩大以至于所有者自己管理企业不再具有效率时，所有权与经营权的分离即两权分离就是一种必然的选择。

这种现代公司企业制度下的委托代理经营，一方面提高了企业运营效率，降低了总的社会交易成本，促进了经济发展和社会财富的增加；另一方面相对两权合一的企业来说，也产生了两者之间的代理问题。经营者的利益与所有者的利益并不完全一致，所有者的目标是利润最大化；经营者的目标则可能掺杂了各种自利因素，从而产生道德风险和逆向选择。越来越复杂的经营和分工也在企业内部上下管理层级之间产生了委托代理关系。代理人可能为了自身利益最大化而从事损害投资者利益的行为，如增加不必要的在职消费、投资于不能给股东带来价值但是有利于建造自身企业帝国的投资项目等。这种所有者与经营者的代理问题带来了如何合理设计企业的权利配置与组织架构、使经营者能够以股东利益为导向进行有效决策的问题。

除此之外，与英美两国股权充分分散的特点不同，大多数发展中国家上市公司股权相对集中。对于这些国家和地区而言，代理问题并非主要表现为高管和股东之间的利益冲突，而是控股股东与中小股东之间的利益冲突。因为控股股东拥有对公司的控制权，他们可以以损害其他股东利益为代价，掠夺公司的资源牟取私利，即获取控制权私利（private benefits of control），由此产生了第二类代理问题。所谓第二类代理问题，即委托人之间的代理问题，是指公司的控股股东利用公司的控制权对中小股东进行利益侵占，或者控股股东联合高管一同对中小股东进行利益侵占的行为。控股股东侵占中小股东利益的方式可以有很多种，如利用关联交易、占用资金、关联担保、夺取投资机会等，这些行为被形象地称为"利益输送"（tunneling）。

基于以上第一类和第二类代理问题，如何设计良好的权责对等的组织架构和权利配置、构建高效率的运作体系，在有效的监管约束的基础上公平合理地在企业各利益集团之间分配利益，同时管控利益背后随之而来的风险，就成为公司治理研究的主要问题。

二、公司治理的含义

▶ 1. 公司治理的定义

"治理"一词最早来源于拉丁语"gubemare"，意思是"掌舵"，即对轮船的操舵。因此，从字面含义上公司治理可以理解为"对公司的掌控"。从公司治理的产生和发展来看，公司治理可以分为狭义的公司治理和广义的公司治理两个层次。狭义的公司治理是指所有者（主要是股东）对经营者的一种监督与制衡机制，即通过一种制度安排，来合理地界定和配置所有者与经营者之间的权力与责任关系。公司治理的目标是保证股东利益的最大化，防止经营者与所有者利益的背离，通过股东大会、董事会、监事会及经理层所构成的公司治理结构来实现的内部治理。

广义的公司治理是指通过一整套包括正式或非正式的、内部或外部的制度来协调公司与所有利益相关者之间（股东、债权人、职工、潜在的投资者等）的利益关系，以保证公司决策的科学性、有效性，从而最终维护公司各方面的利益。

▶ 2. 公司治理和公司管理的区别

公司治理关注的是公司内部组织机构的分权制衡，这是公司长久运营的基础和保障。公司治理法律问题的本质即公司所有权和经营权的分离，以及随之带来的公司委托代理问题。具体而言，公司治理就是合理配置公司股东会、董事会、监事会、高级管理人员和债权人等利益相关者之间的权力、责任以及利益。

公司管理则注重如何合理管理公司的人、财、物、事，以实现公司的预定经营目标，这是公司创造财富的动力和源泉。1916 年法约尔（Fayol）首次在《工业管理和一般管理》（*Industrail Management and General Management*）一书中提出：管理活动是指计划、组织、指挥、协调、控制。总体而言，在市场经济条件下，公司管理就是通过制定一系列的规章制度，将管理人才、管理组织、管理方式等有机结合，形成一整套完整的现代化管理模式，从而实现公司的预定经济目标。

公司治理与公司管理的区别，最早由牛津大学学者罗伯特·I. 契科尔（Robert I. Tricker）教授于《公司治理》（*Corporate Governance*，1984）一书中提及，他明确了公司治理的重要性及其与公司管理之间的区别，认为管理是运营企业，治理则是确保这种运营处于正确的轨道之上。

事实上，这两者的区别，根源正在于现代公司所有权和经营权的分离：股东拥有公司所有权但不参与经营管理，并通过选举董事会作为代理人来监督经营管理层的行为。

因此，公司治理一般与公司内部重要性、持久性和诚信责任等内在属性有关，而公司管理则更多地体现在具体经营活动中。

公司治理与公司管理的区别如表 3-1 所示。

表 3-1 公司治理与公司管理的区别

类别	公司治理	公司管理
主体	以股东为核心的利益相关者	经营管理层
客体	经营者、董事会	公司人财物及相关信息
目的	实现利益主体间制衡，既保障股东权益，也保障经营自主权	实现公司既定目标，追求利润最大化
职能	监督、说明责任、参与关键决策及战略方针制定	计划、组织、指挥、控制及协调
途径	各种法律法规、政策及规章制度	管理思想的贯彻、管理方法的实施
作用	权、责、利的配置与均衡	具体的经营运作

续表

类别	公司治理	公司管理
作用基础	各主体间契约关系	公司内部行政权威
法律作用	以相关法律法规为基础	取决于经营行为
政府作用	直接调控	不直接干预
资本结构	体现债权人和股东的地位	仅反映企业财务状况
股本结构	体现各股东的地位	反映所有者构成及对管理的影响

三、公司治理框架

基于广义的公司治理概念，可以将公司治理划分为内部治理和外部治理两个方面。如图 3-1 所示，外部治理由治理环境构成，包括制度层与市场层的企业外部环境因素，具体包括政治、法律环境、资本市场、产品市场、经理人市场等外部环境因素。内部治理是以公司所有权结构为起点，以治理结构为表现形式，以内部治理机制为内在核心的一系列制度安排。内部治理与外部治理相互作用共同构成现代公司治理的基本框架。

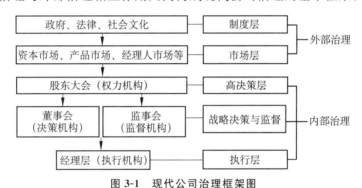

图 3-1　现代公司治理框架图

把制度因素引入公司治理领域中最有影响力的四位学者是拉波塔（La Porta）、西拉内斯（Lopez-de-Silance）、施莱弗（Schleifer）和维什尼（Vishny），他们名字的缩写为 LLSV。LLSV（1998）将法律对投资者的保护程度量化成可度量的指标，然后分析其与所有权集中度之间的关系，通过国别比较发现，公司治理的水平在普通法的国家里要高于大陆法的国家，法律对投资者保护程度越高，股权越分散；法律对投资者保护程度越低，股权越趋于集中。也就是说股权集中还是分散，是对法律保护投资者利益的自适应。可见法律环境是决定股权结构并影响治理机制的重要环境因素，这一研究开启了制度背景与公司治理之间关系的大门，为确立制度因素在公司治理架构中的重要地位奠定了基础。

治理环境是通过治理机制发挥作用的。治理机制是指为保护投资者利益而做出的一系列制度安排，通常可以分为外部治理机制和内部治理机制。外部治理机制是指通过外部治理环境包括控制权市场、经理人市场和产品竞争市场等对公司内部控股股东和管理人员的约束机制；内部治理机制则是通过内部权力配置与制度安排实现对管理人员的激励与约束。

（一）外部治理

公司外部治理机制的涵盖范围非常广泛，典型的外部治理机制包括以下几种。

▶ 1. 资本市场的治理机制

资本市场的治理机制主要体现在两个方面：一是控制权市场；二是债权人对公司的治理作用。在有效的资本市场上股权价格能够反映公司的管理水平与经营业绩的好坏，良好的经营业绩会带动股票价格的上升，以及股东对管理层的支持；而较差的业绩会引起股票价格的下跌，以及股东对管理层的不信任。一旦企业经营不善，市场价值往往会被低估，从而很容易成为被收购的目标，收购以后随之而来的往往是管理层的更换。在这种并购的外在压力之下，迫使管理层必须更好地为股东利益服务，努力提升股东的价值。但是控制权市场治理机制的发挥也存在着一定的局限性：首先，它的前提是市场是有效的，股价能够充分反映管理层经营的努力程度；其次，这也会诱使管理层做出短期行为，以提升公司业绩。

债权人对公司治理也具有重要作用。企业的债务融资既是一种资金来源形式，同时也可以起到抑制经营者的道德风险、降低代理成本的作用。其原因主要为以下三点。①经营者的道德风险受经营者持股比例高低的影响。经营者持股比例越低，其与外部股东之间的利益冲突也越严重，道德风险也就越高。债务融资可以减少公司发行新股进行股权融资的数量，避免股权的进一步分散，使经营者的持股比例相对上升，从而降低经营者的道德风险行为，缓解两者的利益冲突。②当企业拥有较多的自由现金流量时，企业经营者将会产生将这部分现金投资于不利于增加股东价值的投资项目上的动机，以获得企业规模扩大后带来的社会地位、声望等个人利益。经营者的这种行为称为过度投资，过度投资会增加股东的代理成本。债务融资由于采用固定的本息支付方式，可以在一定程度上减少经营者所掌控的自由现金流量，抑制那些有利于营造经理帝国却不利于企业价值增长的过度投资。③债权人对公司具有相机治理（contingent governance）作用，所谓相机治理是指公司控制权随公司绩效或经营状态的变化而发生变动，或者说是财务动态治理。当公司经营状况恶化，无力偿债时，公司的控制权便由股东转移给债权人。此时，债权人通过受法律保护的破产程序对公司行使控制权，或者对其进行清算或者进行重组。这种结果对经营者来说意味着巨大的损失，不仅包括失去工作，还有社会地位的降低以及名誉的毁损。预知存在这种破产威胁，经营者会更加努力地将股东价值增值作为工作目标，从而债务融资对经营者形成了有利于股东的激励约束机制。

▶ 2. 经理人市场与产品市场的治理机制

在以公司制为企业主体的市场经济中，经理人市场是通过企业家的竞争机制促使经理人为股东利益最大化去做出最优决策。在经理人市场上，职业经理人作为供给方，其质量高低的重要信号是其市场声誉和以往的业绩。如果经理人在某个企业由于经营业绩恶化而遭到解聘，那么其声誉以及市场价值将会大幅降低，甚至在以后的职业生涯中很难找到经理的职位。为此职业经理人必须不断努力为股东创造价值。经理人市场对经营者产生的激励与约束作用，取决于经理人市场的完善程度，完善的经理人市场能够起到促使经理人勤勉工作、降低代理成本的作用。

在产品市场上，公司的业绩和市场占有率可以直接表现出来。由于产品市场上的竞争压力，经营者必须努力尽职，力争创造竞争能力以在产品市场上形成竞争优势。产品市场上的失败不仅会减少经营者的薪酬，同时将会对经营者的声誉和在经理人市场上的价值造成不利影响。

▶ 3. 信息披露制度

透明度是公司治理体系良好运作的基本要素，公司向利益相关者的信息披露是实现公司透明度的主要手段。阳光是最好的防腐剂，资本市场中的信息不对称，上市公司应充分、准确、及时、清晰地向投资者披露相关信息,从而提高上市公司的透明度。这不仅有助于市场效率的改善,而且可以借助信息披露制度加强对上市公司控股股东行为的监督,从而有效保护中小股东的利益,提高社会公众投资人对资本市场的信心和认可度。提高透明度的目标是保护投资人的利益,通过提供更加准确和清晰的信息以帮助投资者做出正确的决策,避免低透明度给投资人决策带来的误导。但是透明度对投资者利益的保护并不意味着对其提供绝对利益保障,投资者还需要依靠其自身的决策能力对投资选择进行判断。

按照是否受到法规的强制性规范,上市公司的信息披露行为分为强制性信息披露和自愿性信息披露。强制性信息披露是指按照法律法规的要求,公司必须对外披露包括财务报表、报表附注、董事会工作报告和治理情况等信息。自愿性信息披露是指管理层根据市场环境的判断而自愿向外部投资者公开披露的信息,只要是法规没有强制要求披露的信息都属于自愿性信息披露的范围,如管理者的预期信息等。作为上市公司管理层的决策类型之一,自愿性信息披露决策往往是公司管理层对相关收益与成本进行权衡之后的结果。在市场并非完全有效的情况下,公司将会理性地对自愿性信息披露的成本和效益进行权衡以决定对投资者的最佳信息披露水平。

▶ 4. 法律保护机制

法律制度对投资者利益的保护是外部治理机制的核心。按照同股同权的原则,无论是中小股东还是大股东,均应该按照其所持股份的比例享有对公司重大决策的表决权。在股权充分分散的市场上,任何单一股东均无法对公司的重大决策实施有效控制,因此分散的股东权利会导致公司的经营管理实际由内部管理层控制,从而导致内部人控制。而在股东集中的情况下,即公司存在控股股东时,公司的大部分表决权集中于控股股东的手中,公司的实际控制权掌握在控股股东手中,形成大股东控制。

在上述两种所有权结构下,投资者保护的内涵有所不同。在内部人控制的模式下,投资者保护主要关注股东与管理层之间的委托代理问题,公司治理中的主要代理冲突是委托人(股权分散的股东)与代理人(职业经理)之间的冲突,因此其治理机制的目的是形成股东与管理者之间利益趋同的格局,包括内部治理机制如董事会制度和股权激励制度,以及外部的产品市场竞争、经理人市场竞争、收购威胁等外部治理机制。这一系列机制构成一套相互牵制的机制组合。例如,如果公司董事会效率低下,那么会导致收购机制被触发,从而增加管理层更换的可能。在美国、英国等发达国家的资本市场上公司股权充分分散,因此有效解决委托-代理冲突是其面临的主要治理问题。

在大股东控制的模式下,投资者保护主要关注中小股东与大股东之间的利益冲突。理论上,中小股东与大股东同属于公司的委托人,因此这种利益冲突又称为委托人之间的冲突(principal-principal conflicts)。这种大股东即控股股东与中小股东之间的利益冲突可能会导致控制股东的利益侵占(expropriation)。所谓利益侵占,是指控股股东利用其控股地位实现从中小股东向控股股东的价值转移行为。利益侵占可能采用多种形式,如将不胜任的家族成员、朋友、亲信放在公司关键岗位;利用关联交易向控股股东高价购买原材料或低价销售商品;利用担保、借款、合资等形式将资金转移给控股股东。

金字塔式持股结构也容易导致控股股东掠夺其他投资者,所谓金字塔式持股结构,是指控制人通过一系列中间公司的股权链条间接控制其他公司,这种金字塔式的持股结构通常会导致最终控制人的控制权大于现金流量权。例如,投资者 A 拥有 B 公司 60% 的股权,B 公司拥有 C 公司 50% 的股权,C 公司拥有 D 公司 40% 的股权。这样,投资者 A 拥有 D 公司的现金流量权(或所有权)比例为 12%($60\% \times 50\% \times 40\%$),同时拥有 D 公司 40%

的控制权。对于C公司和D公司而言，投资者A并不是其大股东，但却是其实际控制人。这种持股结构对实际控制人而言其利益侵占的收益高于其成本，因此会增加中小股东被利益侵占的可能性。

可见在股权集中模式下，公司治理的主要目标在于协调控股股东（或实际控制人）与中小股东的利益冲突，防止大股东利益侵占，保护中小股东的利益，包括中国在内的大多数新兴市场国家，这种股权集中模式更加普遍。

为保护中小投资者的利益，世界各国纷纷通过采取法律对策和司法实践加强对中小股东权益的保护，维持大股东与小股东权益之间的平衡。通常保护小股东权益一般有如下几种制度安排。

（1）累积投票制度（对小股东的表决救济）。累积投票制度是指在选举董事会或监事人选时，股东所持的每一股份都拥有与当选的董事和监事总人数相等的投票权，股东既可以把所有的投票权集中选举1人，也可以分散选举数人，最后按得票之多寡决定当选董事和监事。目前，我国上市公司已经开始逐步推行累计投票制度。

（2）股东表决权排除制度。股东表决权排除制度，也称股东表决权回避制度，是指当某股东与股东大会讨论的决议事项具有利益冲突关系时，该股东或其代理人不得就其所持股份行使表决权，也不得代理其他股东行使表决权的制度。股东表决权排除制度却例外的排除具有利益冲突关系的股东的表决权，以避免股东滥用表决权和资本多数决而损害公司和其他股东利益。我国《公司法》及司法解释规定的表决权排除的具体情形包括：①公司为公司股东或者实际控制人提供担保；②股东除名制度；③隐名股东显名化；④股权转让。

（3）表决权代理制度。表决权代理又称表决权信托，是针对股东尤其是小股东不能亲自行使表决权时设计的补救制度。由于公司的股份众多，股东居住地域分散，常常不能亲自参加股东会，有时因参加股东会成本太高而不得不放弃参加，通过表决权集中授予委托人来对抗大股东，在一定程度上达到保护小股东合法权益的目的。

（4）股东派生诉讼制度。股东派生诉讼是指当公司的正当权益受到大股东或董事的侵害时，股东为了公司的利益而以自己的名义向法院提起的诉讼。在理论上，只有公司才是唯一拥有合法诉权的当事人，因此股东所提起的诉讼实质上是代替公司行使诉权，因此称为股东派生诉讼或股东代表诉讼（大陆法系一般把这种特殊的诉讼视为代表诉讼）。

（5）强化对上市公司信息披露行为的监管。上市公司的信息披露包括强制性信息披露和自愿信息披露，强制性信息披露是按照现行法律法规，上市公司必须向公众进行披露的信息，包括定期报告和不定期公告。同时上市公司在遵循诚实信用原则下，在投资者关系活动中就公司经营状况、经营计划、经营环境、战略规划及发展前景等方面持续进行自愿性信息披露，帮助投资者做出理性的投资判断和决策。自愿性信息披露必须遵循公平原则，面向公司的所有股东及潜在投资者，使机构和个人投资者能在同等条件下进行投资活动，避免进行选择性信息披露。上市公司在自愿披露具有一定预测性质的信息时，应当明确的警示，具体列明相关的风险因素，提示投资者可能出现的不确定性和风险。上市公司通过各种方式加强与投资者和潜在投资者之间的沟通，客观、真实、准确、完整地介绍和反映公司的实际状况，了解中小投资者和潜在投资者对公司前景的预测和评价，董事会的决策不仅要体现大股东的意志，也应当公正地体现中小股东的利益。

（6）通过公司内部治理机制保护股东权益。这主要包括保护股东的知情权、提案权、股东大会召集请求权和召集权，以及建立独立董事制度和内部监督机制等。

（7）向行政机关请求保护。少数股东在通过公司内部机制不足以维护自身权益的情况下,可以向对公司负有监管职责的行政机关寻求保护,行政机关应当履行监管职责,并在职权范围内对大股东、董事等公司机关的违法行为做出处罚。

(二) 内部治理

股东大会、董事会、监事会、经理层等机构构成了公司内部治理的基本框架。内部治理包含了公司治理结构和内部治理机制两方面内容。治理结构是指公司治理活动中所形成的机构设置和权力结构,内部治理机制则体现了治理结构中权力和责任的配置。可以说在公司治理实践中,完善的治理结构是基础和平台,而良好的治理机制则是公司治理的灵魂。

内部治理机制实质上就是一种契约制度下的权力安排,它通过一定的治理手段,合理配置剩余索取权和控制权,形成科学的自我约束机制和相互制衡机制,以协调利益相关者之间的利益和权力关系,促进他们长期合作,保证企业的决策效率。在公司治理结构中,股东大会、董事会、监事会和经理层之间形成各司其职、互相激励与约束的关系,其中股东大会是公司最高权力机构,它由具有投票权的全体股东组成,股东作为所有者,享有决定公司的经营方针和投资计划、发行股票和公司债券以及公司合并或解散等公司重大决策时的投票权,享有公司剩余索取权。董事会是由股东大会选举出来的由全体董事所组成的常设的公司最高决策机构和领导机构。董事会受股东大会的信任委托,负责公司财产的经营,代表全体股东的利益,向股东大会负责,与股东大会是一种信托关系;董事会作为公司的最高决策机构享有广泛的权力,如对公司经营方针和投资方案具有决定权,有对公司经理人员的任免权等。公司董事会为了有效地对公司的活动加强管理,通过与经理人员签订合约,聘用经理人员负责企业的生产经营管理活动,于是董事会与经理层也形成了委托与代理之间的关系。为了保证董事和经理正当和诚信地履行职责,公司治理结构中还专设了监事会,其主要职责主要是监督董事和经理人员的活动,如检查公司的财务,对董事和经理人员执行公司职务时违反法律、法规和公司章程的行为进行监督等。

四、公司财务治理

公司治理决定公司所有重大权利与责任的制度安排,而财务治理主要关注公司治理整体框架下的财权配置问题。财务治理是公司治理的核心,也是公司治理的深化。财务治理的基本构成与公司治理结构相一致,是公司高级管理层对财务控制的权利和责任关系的一种制度安排,是股东大会、董事会、经理人员、监事会之间对财务控制权的配置、制衡、激励和监督机制。

财务治理属公司内部治理,其治理主体是股东大会、董事会、经理层,董事会是治理主体的核心。治理客体即治理的对象及其范围是企业的财务控制权力、责任及其权力边界,财务控制权是治理客体的核心。财务治理的目标是明确财务控制权力和责任,建立财务决策科学机制,降低企业经营风险,实现企业价值最大化。

公司治理框架下遵循的是所有权、经营权的分立原则,而财务治理遵循的则是财务决策权的分享原则。首先要解决决策权在各治理主体之间的分层管理、各主体的治理权限,现在世界大多数国家,包括我国现行的公司治理结构是以董事会为中心构建的,董事会对外代表公司进行各项主要活动,对内管理公司的财务和经营,因此股东大会依据出资者所有权依法享有最终决策权,对企业实行重点控制。董事会应该具有实际财务决策权。经理所具有的是实现财务决策权,即财务执行权,是在董事会授权范围内的财务决策执行方面的权力。公司财务治理的决策权安排如表3-2所示。

表 3-2　公司财务治理的决策权安排

治理主体	治理对象	治理目标	治理特征	治理权限	治理途径
股东大会	董事会	严格决策程序 防范决策失误	重点控制	最终决策权	监事会、独立董事制度
董事会	经理层		全面控制	实际决策权	独立董事制度、专业委员会
经理层	执行部门	严格操作程序 提供准确信息	具体控制	执行决策权	企业规章操作程序

事实上，决策权虽然有执行、实际和最终三层法律意义上的含义，但在企业实践中，最为具体的表现就是某一项或者某一类事务的审批权最终在哪一级。股东大会虽拥有最终决策权，但不可能拥有相应的精力和时间来对全部的事项进行决策。因此在股东大会、董事会、经理人员和监督机构之间必须确立一种企业财务科学决策机制，对公司的所有者、经营者及其相关利益主体之间的财务决策权力及其相应的责任与义务进行制度安排，以保证公司重大财务决策的准确性和成功率。决策机制包括五个方面的具体内容。①财务决策权力。在公司治理的基础上，财务决策权力根据决策内容、性质，由股东大会、董事会、经理层分享。②财务决策组织。由股东大会授权批准，董事会的成员中必须有一定比例的非执行董事和独立董事，董事会下设参与决策过程的专业委员会。③财务决策程序。财务决策必须经过董事会、专业委员会的专门议程，重大财务决策由股东大会审议批准。④财务决策的执行。由经理层具体执行决策，对执行环节中的有关事项进行决策，控制决策执行过程，对执行信息质量负责。⑤财务决策监督。由股东大会授权监事会按照规定的权力和组织安排，全面监督决策程序、决策执行情况。以上①②项主要是财务治理结构方面的问题，③④⑤项主要是财务治理机制方面的问题。

第二节　财务治理的理论基础

一、现代公司财务理论

（一）所有者财务理论

所有者财务理论是在"国家财务论"的基础上发展而来的。所有者财务理论认为：所有者财务是以所有者为主体，对所有者投出的本金（即资本金）和收益进行监督和调控，以实现本金最大增值为目标的一种分配活动；财务学可以按照所有权与经营权是否分离，按虚拟资本与实体资本划分为所有者财务和经营者财务。

所有者财务理论对财务治理理论的发展影响重大。公司财务治理非常强调股东的财务权利、地位和主导作用，所有者财务对股东财务权利范围、实现形式等方面的研究成果，将直接决定、影响财务治理中股东等各个利益相关者之间财权的配置内容、范围，从而影响整体财务治理效率和最终效果。

（二）财务分层理论

财务分层理论是有关财务在企业内部分层次管理的理论。财务分层理论认为：除监事会行使财务监督权外，董事会、总经理、财务经理三者瓜分了企业全部财权，形成了财务管理的不同层次；就这三个层次对企业财务的影响和作用程度而言，分别为所有者财务、经营者财务、财务经理财务三层次；董事长、总经理财务称为经营者财务，处于财务管理的核心地位。财务分层理论提出的所有者财务、经营者财务、财务经理财务三层次管理体系,扩大了企业财务的外延,深化了对企业内部财务管理的认识,对财务理论的发展影响深远。

财务分层理论对财务治理理论的产生、发展影响重大。例如,财务分层理论中有关财权分层次配置的论述,为企业财务分层治理、企业财权分层配置提供了坚实的理论基础。特别是,财务分层理论确立经营者财务处于财务管理的核心地位,事实上已经初步界定了财务治理与财务管理范畴,也强调了财务治理理论应着重研究企业内部经营者财务治理,解决好该层次中财务激励约束机制设计等一系列治理问题。

(三) 利益相关者财务理论

利益相关者财务理论依据现代产权理论、企业理论的新发展,从企业财务到所有者财务再到利益相关者财务,对财务领域进行了新的拓展。利益相关者财务理论认为:企业的利益相关者都是企业"专用性资本"的供应者,财务学在注重财务资本的同时,还应将非财务性资本的其他"专用性资本"纳入财务学范围,尤其是非财务性资本所有者向企业投入的"软性资本"或"智力资本";在利益相关者合作逻辑下,财务学体系可以分解为利益相关者财务学和经营者财务学两大分支体系。

利益相关者财务理论依据利益相关者合作产权理论,认为企业本质是利益相关者缔结的一组合约,企业的每个利益相关者都对"企业剩余"作出了贡献,应当享有剩余索取权。遵循这一"共同治理"逻辑,利益相关者财务理论提出了财务管理主体、目标多元化和确立"财务资本与智力资本"并重的理财新概念等观点,拓展了财务理论研究的视野,从企业财务到所有者、经营者财务再到利益相关者财务,进一步完善了财务理论体系。

利益相关者财务理论对财务治理理论发展具有相当的影响,财务治理必须在保障股东基本权利的基础上,强调企业利益相关者的财务利益。特别是在创新型企业中,随着人力资本地位日趋上升,其更应享有更多的财务剩余控制权与索取权。

(四) 现代西方财务理论

现代西方财务理论是从20世纪初开始发展起来的,大体经历了12个里程碑。在投资组合理论、资本结构理论、有效市场理论、资本资产定价理论等基本理论中,有效市场理论与资本结构理论对财务治理理论的发展影响深远,意义非常重大。

▶ 1. 资本结构理论

1958年,莫迪利安尼和米勒在《美国经济评论》上发表了《资本成本、企业理财和投资理论》一文,提出了著名的MM定理:在完美的资本市场上,资本结构与企业总价值无关,企业所拥有的资产组合的价值取决于按照与其风险程度相适应的预期收益率进行资本化的预期收益水平,即资产组合所产生的经营现金流量。由此,开始了现代资本结构理论的研究。

作为西方现代财务理论的基石,资本结构理论对财务理论发展的影响是全方位的、深远的,对财务治理理论来讲也不例外。资本结构是公司财务治理结构的基本核心内容,资本结构理论的发展,直接关系到财务治理结构基本的组织安排,影响到各治理主体的地位、利益。资本结构的代理模型等理论的发展,为认识和理解治理主体的财务行为提供了良好的分析框架,从而为构建合理的财务治理结构,形成灵活的财务治理机制,进而有效规范治理行为,意义重大。

▶ 2. 有效市场理论

1970年,法马(Fama)在其经典文章中提出了有效资本市场(efficient capital market)概念，区分了有效性三种程度的定义：弱式效率性市场、半强式效率性市场和强式效率性市场，并对上述三种市场有效性对信息的反映程度进行了阐释。由此，开始了西方财务理论界对有效市场理论的深入研究。

有效市场理论是最为重要的公司财务基本理论之一，公司重大筹资、投资等财务决策与财务成果都需要市场的正确信号予以反映和引导。资本市场有效程度的不同，反映的财务信息质量也不同，这将直接影响投资者、经营者的判断和行动，最终影响资源配置的效率。特别是，市场的有效性直接关系到财务治理的相机治理效果，有效的市场会反映更充分的信息，带来更有效率的财务控制权转移，对财权优化配置意义重大。此外，市场有效性对财务治理最终效果能否有效反映影响重大，市场有效性低下，会增大财务治理信息扭曲的可能性，将不利于提高财务治理的效率。

二、公司治理理论、现代企业理论与产权经济学

（一）公司治理理论

公司治理理论是企业理论的重要组成部分。公司治理理论认为：公司治理以现代公司为主要对象，以监督与激励为核心内容；公司治理不仅仅研究公司治理结构中对经营者的监督与制衡作用，也强调如何通过公司治理结构和机制来保证公司决策的有效性和科学性，从而维护公司多方面利益相关者的利益。

财务治理作为公司治理的一部分，其在研究思路、研究方法等方面，必然要遵循、借鉴公司治理理论。公司治理理论对财务治理理论的指导是最为直接的、重要的。同时，由于财务治理也构成了公司治理的核心部分，财务治理结构处于公司治理结构的核心地位，因此，财务治理理论的不断充实、发展也必将促进公司治理理论的不断拓展、完善。

应当说，公司治理理论对财务治理理论的指导是全方位的。例如，由公司治理本质的含义，可以认识到财务治理的深刻内涵：财务治理不仅仅是一套组织模式、一种制度安排，而且是一套决策程序、一种激励约束机制；财务治理不仅仅是指内部治理（资本结构安排等），而且涵盖外部治理（债权人、政府等参与治理）；财务治理是对企业财务资源的全面整合，是一种能促进企业财务决策科学、有效的共同治理。

（二）现代企业理论

现代企业理论一般又称为企业的契约理论，是关于企业的性质、企业内部组织结构等方面研究的理论。现代企业理论认为，企业是一系列契约的连接，是要素所有者之间交易产权的一种方式，而不是物质资产简单的聚合。现代企业理论主要探讨企业的本质与边界、企业内部层级制度、企业所有权与控制权分离等内容。

一定意义上，公司治理理论是企业理论的延伸，企业理论为公司治理理论提供了最为直接的经济学基础。从企业理论角度来讲，公司治理结构只是企业所有权安排的具体化，企业所有权安排是公司治理的本质核心。由于财务治理是公司治理最为重要的组成部分和本质体现，遵循企业理论—公司治理理论—财务治理理论的逻辑主线，对财务治理的核心问题——财权配置的理解和理论支持，直接来源于企业理论中有关企业所有权部分的研究成果。企业理论为财务治理理论研究提供的经济学铺垫是至关重要的。

（三）产权经济学

现代产权理论主要研究产权的内涵、产权制度的作用和功能、产权有效发挥作用的前提，以及如何通过界定、变更和安排新的产权结构来节约经济运行成本、提高资源配置效率等方面内容。

产权经济学对产权的分析和理解,为我们认识财权本质、解决相关问题提供了一把钥匙。一般地,财权就是指财务权利,由产权派生而来。对产权问题研究的深化,必将推动对财权本质的理解和认识,进而对财务治理的核心问题——财权配置产生深刻影响,改变财务治理主体权利配置的格局。此外,产权经济学有关产权变更条件、规律和制度安排的研究成果,对财务治理结构安排等方面研究具有重要的借鉴意义。

第三节 公司财务治理结构

理论上,公司治理结构是指公司治理活动中所形成的权力结构,其具体表现形式为公司治理的组织机构设置,以及各机构之间的权力配置。完善的公司治理机构是实现良好治理的基础和平台。我国的公司治理结构,主要由股东大会、董事会、监事会和经理层等具体治理机关构成,这些治理机关之间形成的权责配置构成了公司内部治理的基本框架,如图3-2所示。

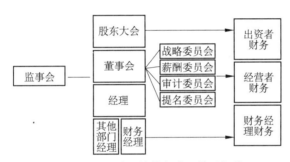

图 3-2 公司治理结构与分层管理架构

一、公司治理下的财务分层管理

从公司法人治理结构看,公司财务管理是分层的,管理主体及相对应的职责权力是不同的,公司财务已突破传统财务部门财务的概念,从管理上升到治理层面,并且互相融合互相促进。这种分层管理关系有利于明确权责,同时从决策权、执行权和监督权三权分立的有效管理模式看,可以分为出资者财务、经营者财务和财务经理财务。

(1) 出资者财务。出资者以股东大会和董事会决议的方式,依法行使公司重大财务事项的决议权和监督权。在现代企业制度下,资本出资者与企业经营者的分离日趋明显,即所有者并不一定是企业的经营者。而经营者作为独立的理财主体,排斥包括所有者在内的任意干扰。因而,所有者作为企业的出资者主要行使一种监控权力,其主要职责就是约束经营者的财务行为,以保证资本安全和增值。

(2) 经营者财务。经营者是以董事会、经理层为代表的高管层,依据公司章程和授权条款,行使对公司重大财务事项的决策权。董事会是由股东大会选举出来的由全体董事所组成的常设的公司最高决策机构和领导机构。董事会作为公司的最高决策机构,享有很大的权力,在财务上表现为:对公司经营方针和投资方案有决定权;对公司的年度财务预算方案、决算方案、公司的利润分配方案和弥补亏损方案、公司增减注册资本以及发行公司债券的方案具有制定权;享有公司合并、分立、解散方案的拟定权;对公司高层经理人员享有任免权等。

企业法人财产权的建立使企业依法享有法人财产的占用、使用、处分和相应的收益权利，并以其全部法人财产自主经营，自负盈亏，对出资者承担资本保值和增值的责任。经营者(以董事长、总经理为代表)财务作为企业的法人财产权的理财主体，其对象是全部法人财产，是对企业全部财务责任(包括出资人资本保值增值责任和债务人债务还本付息责任)的综合考察。因此经营者财务的主要着眼点是财务决策、组织和财务协调，从财务决策上看，这种决策主要是有关企业宏观方面、战略方面的。

(3)财务经理财务。财务经理的职责定位于公司财务决策的日常执行上，它行使日常财务管理，以现金流转为其管理对象。专业理财以CFO为代表的财审团队行使对公司财务决策的执行权，主要负责日常财务管理活动及执行统一的财务制度。

为了保证董事和经理正当且诚信地履行职责，公司治理结构中还专设了监事会，其主要职责主要是监督董事和财务经理人员的活动，如检查公司的财务，对董事和财务经理人员执行公司职务时违反法律、法规和公司章程的行为进行监督等。

财务治理研究的重点关键在于如何在出资者层面、经营者层面，构建合理的、定位清晰、权责明确、相互牵制的财务决策机制。

二、股东大会

股东作为公司的所有者享有《公司法》所规定的各项法定权利，各国公司法对股东法律保护程度不同，股东享有的权利不完全一致。

按照我国《公司法》的规定，股东的权利可以归纳为：①投票表决权；②股权转让权；③知情权和质询权；④新股优先认购权；⑤股利分配请求权；⑥剩余财产分配请求权。

经合组织《OECD公司治理原则草案》中强调公司治理结构应保护股东权利，股东的基本权利包括：①安全的股权登记方法；②及时、定期地获得公司相关信息，如果资本结构使某些股东的控制权和其股权不成比例，那么应予以披露；③参与股东大会并进行投票表决。股东应及时、充分地获悉股东大会日期、地点、议事日程、表决事项；股东应有机会向董事会进行提问；股东可亲自投票或委托他人投票，并具有同等的效力；④选举董事会成员；⑤分享公司剩余利润。股东有权参与并充分获悉公司重大事项的决策，如公司章程或重要规定的修改、增发股份、公司重要资产的出售等。公司控制权市场应以有效和透明的方式进行运作，明确规定和披露资本市场上争夺公司控制权的制度和程序，以及并购、重要资产出售等特殊交易，从而使投资者了解其权利。交易应当在透明的价格和公平的环境下进行，以保护所有股东的利益。反收购措施也不应使管理层逃避对股东的诚信责任。

公司制作为最普遍的组织形式，股东的组成类型非常广泛，包括个人、机构投资者、集团、政府、外资机构等，这些个人和组织分散各地，要求各异，无法同时参与到公司的具体事务中，因此需要专门的权力机关代表全体股东行使权利。股东大会即是代表全体股东利益行使股东权利的最高权力机关。

(一)股东大会的职权

股份有限公司股东大会由全体股东组成，股东大会是公司的权力机构。

股东大会行使下列职权：①决定公司的经营方针和投资计划；②选举和更换非由职工代表担任的董事、监事，决定有关董事、监事的报酬事项；③审议批准董事会的报告；④审议批准监事会或者监事的报告；⑤审议批准公司的年度财务预算方案、决算方案；⑥审议批准公司的利润分配方案和弥补亏损方案；⑦对公司增加或者减少注册资本做出决议；⑧对发行公司债券做出决议；⑨对公司合并、分立、解散、清算或者变更公司形式做出决议；⑩修改公司章程；⑪公司章程规定的其他职权。

对前款所列事项股东以书面形式一致表示同意的，可以不召开股东会会议直接做出决定，并由全体股东在决定文件上签名、盖章。

（二）股东大会的形式

股东大会会议分为定期会议和临时会议。定期会议应当依照公司章程的规定按时召开。代表 1/10 以上表决权的股东，1/3 以上的董事，监事会或者不设监事会的公司的监事提议召开临时会议的，应当召开临时会议。

有限责任公司设立董事会的，股东大会会议由董事会召集，董事长主持；董事长不能履行职务或者不履行职务的，由副董事长主持；副董事长不能履行职务或者不履行职务的，由半数以上董事共同推举 1 名董事主持。

有限责任公司不设董事会的，股东大会会议由执行董事召集和主持。

董事会或者执行董事不能履行或者不履行召集股东会会议职责的，由监事会或者不设监事会的公司的监事召集和主持；监事会或者监事不召集和主持的，代表 1/10 以上表决权的股东可以自行召集和主持。

召开股东会会议，应当于会议召开 15 日前通知全体股东；但是，公司章程另有规定或者全体股东另有约定的除外。

股东会应当对所议事项的决定做成会议记录，出席会议的股东应当在会议记录上签名。

（三）股东大会的投票表决机制

股东大会投票表决一般采用多数通过的议事规则，即必须经出席会议的股东所持表决权过半数通过。但对于重大事项如修改公司章程，增加或者减少注册资本，以及公司合并、分立、解散或者变更公司形式的决议，必须经出席会议的股东所持表决权的 2/3 以上通过。

股东投票的基本原则是一股一票，但随着公司规模的迅速扩大和业务的不断发展，即管理事项的日益复杂，原有的一股一票规则已逐渐过时。一些国家设计了更加灵活的投票方式，如累计投票、不按比例投票、分类投票、偶尔投票等。

累计投票是指在选举董事会或监事人选时，股东所持的每一股份都拥有与当选的董事和监事总人数相等的投票权，股东既可以把所有的投票权集中选举一人，亦可以分散选举数人，最后按得票之多寡决定当选董事和监事。

不按比例投票，即公司发行在外的股票分成两个以上的类别，某一类股票具有比其他类股票更多或更少的投票权。

分类投票，即公司发行在外的股票为了达到某特定目的而由各种不同类别股票作为单独单位进行投票。采用这种方式通过一项决议，必须得到双重多数的同意，即不仅要得到出席股东大会的多数股权持有者同意，而且要得到各类别股中多数股权持有者的同意，只有当这两个多数都满足，才能通过该项决议。

偶尔投票，即在公司股票分成两个以上类别时，当发生公司章程规定的偶然事件时，上市股票具有特定的投票权，在公司偶发事件解决后这类股票又恢复到原有状态。

按照我国《公司法》的规定，股东大会采用同股同权的原则，即一股一票原则，但是在选举董事、监事时，为保障中小股东能够选出其董事和监事代表，可以采用累计投票制。

三、董事会

董事会是介于公司股东(股东大会)与执行层(经理人)之间的治理机构，是公司治理结构的核心环节。董事会由股东大会选举产生，是股东大会的代表和受托人。董事会负责执行股东大会的决议，并在股东大会授权范围内行使决策权。

董事会是否属于经营者，取决于董事会功能的不同定位。如果董事会的设立和董事的选拔仅仅是为了满足法律上的程序要求而存在，那么董事会必定是形式上的，不会对企业经营决策发生作用，从这个意义上讲董事会不属于经营者，仅仅是出资者的形象代表；如果董事会依照法律法规、公司章程行使决策、监督职能，董事会被认为是经营者。但从国际上公司治理机制演化的角度来看，董事会的职责和权力不断趋于强化，这种趋势表明董事会越来越成为公司治理的决策核心主体，董事会已经成为经营者阵营的主体之一。

(一) 董事会的职责

有关董事会的关键职能或责任范围的理论观点是多样的。就研究者而言，董事会最重要的角色是作为高管人员行为和业绩的监督人；持资源依赖观点的理论家则认为董事会的存在就是通过董事会成员与其他组织形成的网络，来帮助公司取得关键性的资源，如资本和商业伙伴；管理专家强调公司董事们所扮演的关键性服务角色是为管理高层提供战略性建议，并提高公司的对外声誉；法律学者则强调董事会必须履行作为公司监督人的法律责任，包括代表股东利益、挑选和更换CEO，并维护法律，防止任何违法的行为。据调查，美国公司的董事们大都把工作重点放在审查CEO的业绩上，而且令人惊讶的是内部董事比外部董事更强调对股东负责，而外部董事比内部董事更注意对员工负责的重要性。CEO们普遍认为董事会的核心责任是做好战略规划和决定CEO的更换。

而在各种理论观点基础上，董事会能够行使的主要职能和范围，取决于各方面的法律规定和实践能力两方面的约束和限制。

经合组织《OECD公司治理原则草案》中强调，董事会应履行以下关键职能：①制定公司战略、经营计划、经营目标、风险政策、年度预算，监督业务发展和公司业绩，审核主要资本开支、并购和分拆活动；②任命、监督高层管理人员，在必要时，撤换高层管理人员；③审核高层管理人员的薪酬；④监督和管理董事会成员、管理层及股东在关联交易、资产处置等方面的潜在利益冲突；⑤通过外部审计、风险监控、财务控制等措施来保证公司会计和财务报表的完整性及可信性；⑥监督公司治理结构在实践中的有效性，必要时进行治理结构改进；⑦监督信息披露过程。

董事会对股东会负责并行使下列职权：①负责召集股东会会议，并向股东会报告工作；②执行股东会的决议；③决定公司的经营计划和投资方案；④制订公司的年度财务预算方案、决算方案；⑤制订公司的利润分配方案和弥补亏损方案；⑥制订公司增加或者减少注册资本以及发行公司债券的方案；⑦制订公司合并、分立、解散或者变更公司形式的方案；⑧决定公司内部管理机构的设置；⑨决定聘任或者解聘公司经理及其报酬事项，并根据经理的提名决定聘任或者解聘公司副经理、财务负责人及其报酬事项；⑩制定公司的基本管理制度；⑪公司章程规定的其他职权。此外，根据《中国上市公司治理准则》，董事会还承担如下职责：在股东大会授权范围内，决定公司的风险投资、资产抵押及其他担保事项；制订公司章程的修改方案；管理公司信息披露事项；向股东大会提请聘请或更换为公司审计的会计师事务所；听取公司经理的工作汇报并检查经理的工作；法律、法规或公司章程规定，以及股东大会授予的其他职权。

(二) 董事会的类型

研究界对董事会功能和类型的界定不尽相同，不同的分类反映了不同国家治理环境的不同，董事会的类型和参与经营决策的权力大小也不相同。

▶ 1. 根据董事会的功能分类

全美董事联合会咨询委员会（NACD）根据功能将董事会分成四种类型。

底线董事会：仅仅为了满足法律上的程序要求而存在。

形式董事会：仅具有象征性或名义上的作用，是比较典型的"橡皮图章"机构。

监督董事会：检查计划、政策、战略的制定、执行情况，评价经理人员的业绩。

决策董事会：参与公司战略目标、计划的制订，并在授权经理人员实施公司战略的时候按照自身的偏好进行干预。

▶ 2. 根据董事会扮演的角色分类

有些研究者认为按照董事会参与战略管理的程度不同，可以把董事会扮演的角色分为"看门人"型和"领航人"型。当董事会只起"看门人"的作用时，战略管理的大部分职能转移给经理层，董事会起到的只是审批和事后控制的保障作用，如对高管人员的业绩进行评价，以决定他们的报酬和聘任。当董事会发挥"领航人"作用时，战略管理的核心职能由董事会主导，经理层只部分参与到战略方向的确定和方案拟订中，并主要负责战略实施工作。尽管这两种类型的董事会肯定都有各自的适用性，但近年来的公司实践更多地肯定和倾向于董事会发挥"领航人"的作用。

在这两种基本类型的基础上，依据董事会对经理层之间的管理控制程度大小，董事会可细分为三种类型，即看守型、包办型、分工型，如表3-3所示。

表3-3 董事会按管理控制程度大小分类

项　目	董事会类型		
	看守型	包办型	分工型
特点	符合股东大会最低要求，符合经理层最高要求	不符合股东长远利益，但符合股东短期利益；最可能得到股东信赖；经理层最为反对	一种理想型，但最大问题是董事会和经理层之间的权力划分模糊、易变
董事会与经理层之间的控制与合作关系	放手式合作，人事权控制	全面控制，以控制代替合作	分工合作、合理控制
董事会权力	权力最小	权力最大	权力边界不明确
适用环境	适用于经济稳定增长及长期合作相互了解的情况	适用于经济不稳定增长及初次合作共事	适用于一切时期及各种条件，但最难把握

(三) 董事会的模式

根据法系不同，各国的董事会制度一般可以分为三种模式：单层制董事会、双层制董事会和业务网络式董事会。其中，英美法系国家一般采取单层制董事会；以德国为代表的大陆法系国家多采用双层制董事会；日本则采用业务网络式董事会。

单层制董事会由执行董事和独立董事组成，这种董事会模式是股东导向型的。董事会下设若干职能委员会，对公司内部某一特定领域进行监督和管理。其中，审计委员会、薪酬委员会和提名委员会是最为基本的三个机构，分别对公司内部的财务审计、高级经理的薪酬制度以及董事的提名负责。

双层制董事会一般由一个地位较高的监事会监管一个代表相关利益者的执行董事会。这种董事会是社会导向型的，德国、奥地利、荷兰等均采用这种模式，处于较高地位的监事会主要由非执行的成员组成，而董事会则全部由执行董事组成，主席是CEO。监事会具有聘任、监督和在必要时解聘董事会成员的权力。以德国为例，公司股东大会选举产生监事会，监事会中要求有一部分职工代表，监事会任命董事会成员，监督董事会执行业务，并在公司利益需要时召集股东大会。董事会按照法律和公司章程的规定，负责执行公司业务。在这种模式下，监事会和董事会有上下级之别，监事会为上位机关，董事会为下位机关。

业务网络模式特指日本的治理结构。日本公司治理的特点是公司之间通过内部交易、交叉持股和关联董事任职等方式形成非正式的网络关系，公开上市公司的董事会规模非常大，甚至达到30～35人，通常董事会执行程序仪式化的功能，而其中的权力掌握在董事会主席、CEO手中。

（四）董事会的构成

高效董事会的根本基础是董事会成员因"利益趋同"从而"理念趋同"。董事会的决策过程依赖于一个可选择的组织形式，包括非委员会制和委员会制。非委员会制是低级形式、初级阶段，一般适用于人数少于7人的董事会；委员会制是高级形式、高级阶段，一般适用于人数多于7人的董事会，这种委员会也被视为董事会中的董事会。非委员会制是指董事会决策某一方面的事务时（如投资、预算、人力资源），每个董事都参与决策的决策机制。委员会制是指从董事会成员中挑选一部分人，成立一个专门的委员会，经董事长授权，专门处理某一方面的问题。

在董事会之下设立各个专职的委员会有利也有弊，利弊同时存在。设立下属委员会的优势在于：①节约决策成本，缩短决策时间；②提高决策的专业化程度，使更多的董事只参与自己擅长领域的事务决策；③董事会内部减少了独裁化程度。设立下属委员会的缺陷在于：①要求董事会具有较多的董事人数，而在规模较小的上市公司，如果董事会人数较少，设立诸多的委员会不但不能起到实质性的推动作用，反而导致机构臃肿，降低决策效率；②在独立董事较少的情况下，即使设立各个下属委员会，也很难改变公司的内部人控制特征；③设立董事会下属委员会，要求董事会中有较多的各个领域的专才，在上市公司缺乏这方面人才或整个社会体系中缺乏大量该方面专业人才的环境下，设立下属委员会相对而言较为困难。由于存在上述的各项优势和缺陷，所以是否要在董事会下设立专业的委员会和究竟设立多少个委员会，往往因各国制度、各团体观点和各公司规模大小而异。

常见的专门委员会有审计委员会、提名委员会、薪酬委员会、投资委员会、预算委员会、技术委员会、战略委员会、高管人员评估（人力资源）委员会等，其中最重要也最常见的就是审计委员会、薪酬委员会、提名委员会。其中，提名委员会的主要职责是研究董事、经理人员的选择标准和程序，并向董事会提出建议，广泛搜寻合格的董事和经理人员的人选，对候选人和经理人进行审查并提出建议。

还有的公司设立了专门的治理委员会，如英特尔公司设立的公司治理委员会负责对公司治理问题（董事会、股东、经理层在决定公司方向和作为时的关系）进行审查，向董事会提交有关报告，适度地审查和发布公司治理的指引和建议。其他没有设立公司治理委员会的公司,大多通过执行委员会或董事事务委员会来解决这类问题,如通用汽车公司由董事事务委员会负责定期审议该公司的公司治理原则并提出建议。

中国上市公司董事会下设委员会制度的建立始于 2002 年年初,中国证监会、国家经贸委发布了《中国上市公司治理准则》,要求上市公司董事会要按照股东大会的有关决议,设立战略决策、审计、提名、薪酬与考核等专门委员会。尔后,中国证监会发布了《董事会专门委员会实施细则指引》,目前我国上市公司越来越多地采用委员会制。

四、监事会

按照我国《公司法》的规定,监事会是股东大会领导下的公司常设监察机构,执行监督职能。监事会与董事会并立,独立地行使对董事会、总经理、高级职员及整个公司管理的监督权。监事会对股东大会负责,对公司的经营管理进行全面的监督,包括调查和审查公司的业务状况,检查各种财务情况,并向股东大会或董事会提供报告,对公司各级干部的行为实行监督,并对领导干部的任免提出建议,对公司的计划、决策及其实施进行监督等。

对监事会人员的构成,我国《公司法》规定,监事会成员不得少于 3 人。监事会应当包括股东代表和适当比例的公司职工代表,其中职工代表的比例不得低于 1/3。监事会中的职工代表由公司职工通过职工代表大会、职工大会或者其他形式民主选举产生。

五、经理层

公司治理结构中经理层由总经理、副总经理、财务负责人等人员组成。依据我国《公司法》的规定,经理由董事会聘任或者解聘。经理对董事会负责,行使下列职权:①主持公司的生产经营管理工作,组织实施董事会决议;②组织实施公司年度经营计划和投资方案;③拟订公司内部管理机构设置方案;④拟定公司的基本管理制度;⑤制定公司的具体规章;⑥提请聘任或者解聘公司副经理、财务负责人;⑦聘任或者解聘除应由董事会聘任或者解聘以外的负责管理人员;⑧董事会授予的其他职权。公司章程对经理职权另有规定的,从其规定。同时,经理列席董事会会议。

《上市公司章程指引》在以上八条之外,增加了两条:①拟定公司职工的工资、福利、奖惩制度,决定公司职工的聘用和解聘;②提议召开董事会临时会议;各个上市公司根据公司经营特点和需要制定公司章程,确定本公司的总经理职责。

第四节 公司财务治理机制

公司治理机制是为保护投资者利益做出的一系列制度安排。这种制度安排将股东会、董事会、监事会等治理机构有机联系在一起,指导其有效运作。如果说治理结构是公司治理的静态表现,那么治理机制则体现了公司治理的动态调节过程。治理机制可分为外部治理机制和内部治理机制。外部治理机制是指通过外部治理环境包括控制权市场、经理人市场和产品竞争市场等对公司内部控股股东和管理人员的激励约束机制;内部治理机制则是通过内部权力配置与制度安排实现对管理人员的激励与约束机制。

内部治理机制是公司治理体系的核心与灵魂,也是公司控制的直接工具。外部治理机制的作用必须通过内部治理机制才能传达至企业的具体决策中,公司绩效的改变最终依赖于内部治理机制的作用。内部治理机制依托公司的内部治理机构发挥作用,即股东大会、董事会、监事会等机构的权力设计与分配是内部治理机制发挥作用的主要方式。从公司财务治理的角度,财务治理机制是内部治理机制的核心。

财务治理机制是内部治理机制在财务权力安排上的具体表现,财务治理机制的核心在于决策权、监督权的分配与激励制度的安排,从公司财务管理的角度,表现为财务决策权和财务监督权的安排以及管理层激励制度。本节主要讨论财务决策机制和财务监督机制,管理层激励制度将在第五章第三节介绍。

一、财务决策机制

财务决策机制是指在不同层次下,财务管理主体决策权力的形成规范和规定,决策权在各财务管理主体之间的分配是财务决策机制最重要的方面。

(一)财务决策机制的层次结构

在两权分离模式下,股东作为所有者,为保证其利益目标的实现,直接或间接地通过各种方式参与管理和监督,就形成了第一层次的以出资者为财务管理主体的所有者财务。

在作为国有企业终极所有者的国家和国有企业之间应当设立若干中间出资者。中间出资者(简称母公司或国有控股股东)是受托专营国有资本的具体产权代表和企业实体,负责在市场经济下国有企业的营运操作,直接行使对国有企业的所有者职能,通过资本经营实现国有资本保全和增值。

子公司作为自主经营、自负盈亏、自我约束和自我发展的法人实体,拥有独立的财权。所有者通过建立公司法人代表机构,将自己的财产委托给所信任企业的董事会进行管理。在子公司法人内部,董事会以法人财产权为基础,全面而直接地参与子公司重大财务事项的决策和管理,从而形成以董事会为财务管理主体的经营者财务管理层次。

根据能级对应原则,不同层次的财务管理主体各司其职、各负其责,形成现代企业制度下财务决策的层次结构。国有企业实行公司化改制以后,必须按照决策权力与责任对称的原则,对原有的决策体系进行重新配置,构建复合型的财务决策系统。

▶ **1. 出资者财务决策机制**

作为出资者的股东是公司的终极所有者。终极所有者只对一些重大的财务行为行使其决策权,因而终极所有者财务更主要的是一种监控机制,建立科学的终极所有者参与重大财务决策的机制才能保障所有者的权力得以正确实施。

终极所有者参与重大财务决策的机制,应当明确以下内容:①母公司的股票发行、上市及债券的发行等具体策划,以及应由所有者审批决定的重大投资方案和筹资方案;②母公司成立的组织机构设置,以及变动时如合并、分立、解散和清算等涉及的各种财务问题处理;③有关母公司董事会和监事的报酬事项;④母公司的年度财务预算方案、决算方案、利润分配方案和弥补亏损方案;⑤母公司注册资本的增减;⑥重大财务决策的程序和方式,包括产权代表的委派和其表决权的行使方式、重大财务决策的审批程序;⑦重大财务决策的信息报告制度和信息反馈制度等。

▶ **2. 经营者财务决策机制**

由股东大会的决策内容可以看出,股东大会真正行使的是方案的审议和批准权,而制订计划和方案的是董事会。子公司董事会财务和总经理财务可以统称为经营者财务。经营者直接行使财务决策权,是全部法人财产的支配者,所以经营者财务管理的好坏直接决定了企业的兴衰存亡。经营者财务也应包括财务决策、方案执行和实施监督等基本内容。

子公司董事会有以下重要财务事项的拟定或决策权：①子公司的经营计划和投资方案；②子公司年度财务预决算方案；③子公司利润分配方案和弥补亏损方案；④子公司增加或者减少注册资本的方案及发行公司债券的方案；⑤子公司合并、分立、解散的方案；⑥子公司内部管理机制的设置；⑦子公司成本费用开支制度的审批权；⑧子公司经理人员报酬计划，对高层财务主管的人事任免等。

子公司总经理受董事会委托负责日常经营决策与管理，就重大决策事项执行主体而言，其主要职责是保证董事会的决议能被正常执行，并对上述决策实施过程与结果定期向董事会报告；就重大财务决策事项本身而言，经营者有项目建议权和方案提交权。对于日常非重大财务事项，经营者有直接的决策权与执行权。这些事项包括：数额较大但不影响公司长期经营方略的项目投资决策权；一定数额内的成本费用项目开支与审批权；子公司内部财务管理制度的审批权与执行权；高层财务人员的人事建议权或安排权；对于子公司与分公司的直接财务监督权等。

（二）健全财务决策机制的方法

企业理财包括相互关联的三个层次，即企业领导理财、财务部门理财和企业全员理财。企业领导理财与其他人员理财不同的一个重要方面在于对各项财务事项最终做出决策。企业财务决策的做出，实际上就是企业领导者根据自身面临的财务环境和对自身财务状况的分析和把握，选择实现企业财务目标的方式和途径。因此，财务决策机制的主要内容应包括财务决策信息的形成和财务决策最终的做出等。

一个科学财务决策的做出必须掌握大量与理财相关的财务信息，企业领导在理财活动中，应确保建立一个稳定、及时、可靠的信息来源渠道。

一般来说，企业领导理财决策所需的信息主要来自以下三个方面：①会计部门提供的会计报表及其他会计信息；②财务部门在对各种会计信息及其他信息进行分析加工的基础上所做出的各项决策分析报告、专题研究报告、其他分析资料及收集的有关理财信息；③企业领导自身通过日常积累所捕捉的各种理财信息。

会计部门的信息主要是通过会计报表体现出来的。企业领导要能理好财，必须具备阅读企业财务会计报表的基本技能。企业领导只有通过认真阅读会计报表，才能掌握理财决策所必需的有关信息。根据现行的会计制度规定，企业的会计报表体系主要包括资产负债表、利润表、现金流量表、所有者权益变动表以及各种内部附表，如产品生产成本表、销售成本表等。不同的会计报表都有其特定的作用，可以提供不同的会计信息。

四大会计报表是根据国家会计制度的规定，企业需要向外部披露信息所编制的会计报表。除此以外，还有很多重要的会计报表由于涉及企业的商业秘密不宜向外披露，但却能给企业领导理财提供十分丰富的信息。如产品生产成本表、销售成本表可反映企业各项产品的成本形成及变动情况；往来明细表可提供详细的债权、债务情况资料，并可对一些往来款项进行风险分析等。

对于一些会计信息的加工整理、分析都应由财务部门完成，财务部门向企业领导提供的理财信息源于对会计信息及其他各种信息的综合分析，因而财务部门提供的信息非常重要。在企业领导做出理财决策前，财务部门要对有关财务事项进行决策分析，为企业领导提供各项方案的比较分析报告，特别要注意收集一些经济政策信息并及时反馈给企业经营决策者。

企业领导在日常的生产经营及理财活动中，也要善于收集各种财务信息和有关资料，为今后的财务决策积累信息。

企业领导在对来自各个渠道的各项信息进行加工分析的基础上，最终就各项财务事项做出决策。决策时，要坚持民主集中制的原则，充分听取各方面的意见，特别是对财务会计部门提出的各项分析建议要认真对待，同时，也要吸取各方面专家的意见。当然，企业领导在做出财务决策时，应从企业发展的战略高度对待来自各方的建议和意见，对于各个部门从本位主义角度出发提出的一些意见应理智对待，不应左右企业的全局决策。决策一经做出，就应确保能在企业各个部门得到很好的贯彻执行。

企业领导所做出的财务决策，将决定企业在一个时期的财务战略、财务活动的方向和内容。正确的财务决策有助于企业在今后的生产经营活动中取得最大化的资本营运效益；决策失误将会给企业带来财务上的重大损失，甚至一个失误的财务决策可能会导致企业元气大伤，并因此陷入财务困境和经营困境，在现实经济生活中，这样的事情确也不乏其例。因此，企业领导在进行财务决策时，应尽量避免决策上的失误，努力提高决策质量。

二、财务监督机制

财务监督机制是公司的利害相关者针对公司经营者的经营或决策行为所进行的一系列客观而及时的审核、监察与督导的机制。从财务监督机制设计的角度，公司治理结构既是决策权的分层安排，也是彼此相互监督的有机整体。各层级的治理结构都有相互监督的义务与责任，以保证整个治理结构的协调运作。事实上，参与公司治理的每个主体都存在相互制约、相互监督的关系。政府、社会公众、外部审计机构、媒体等外部主体都可以起到对公司的外部监督作用。从公司内部治理的角度，董事会、监事会、内部审计部门、独立董事能够起到内部监督的作用。

（一）审计委员会

审计委员会是董事会下设的专门委员会之一，主要负责与公司会计财务相关的审计监督与沟通。《中国上市公司治理准则》要求上市公司董事会要按照股东大会的有关决议，设立战略决策、审计、提名、薪酬与考核等专门委员会。审计委员会、薪酬与考核委员会中独立董事应占多数并担任负责人，审计委员会中至少应有1名独立董事是会计专业人士。审计委员会的主要职责是：①检查公司会计政策、财务状况和财务报告程序；②与公司外部审计机构进行交流；③对内部审计人员及其工作进行考核；④对公司的内部控制进行考核；⑤检查、监督公司存在或潜在的各种风险；⑥检查公司遵守法律、法规的情况。中国证监会发布的《董事会专门委员会实施细则指引》中明确要求，审计委员会是董事会按照股东大会决议设立的专门工作机构，主要负责公司内、外部审计的沟通、监督和核查工作。审计委员会成员由3~7名董事组成，独立董事占多数。审计委员会的主要职责是：①提议聘请或更换外部审计机构；②监督公司的内部审计制度及其实施；③负责内部审计和外部审计的沟通；④检查公司会计政策、财务状况和财务报告程序；⑤对公司的内部控制进行考核；⑥对重大关联交易进行审计；⑦公司内财务部门、审计部门包括其负责人的工作进行评价；⑧公司董事会授予的其他事宜。

审计委员会对董事会负责，审计委员会的提案提交董事会审议决定。审计委员会应该配合监事会的监事审计活动。

如安然公司、世通公司舞弊欺诈案件暴露后，美国通过了《萨班斯—奥克斯利法》（Sarbanes-Oxley Act）。其中第301节对审计委员会做出了规定：法案要求美国证监会在法案自2002年7月30日生效之后的270天内制定新的法规，要求所有在美上市的公司设立一个完全由独立董事所组成并至少包括一名财务专家的审计委员会，对于达不到下列要求的公司将禁止它们上市：①上市公司审计委员会的每位委员必须具有"独立"资格性质。②审计委员会必须直接承担派任、留任、报酬和监督那些为上市公司执行和认证放行审计报告的会计师事务所的责任，而这些会计师事务所必须直接向审计委员会报告；③审计委员会必须建立一定的程序系统，来完成与会计处理、内部会计控制、内部审计、员工匿名举报可疑的会计问题及审计处理等相关申诉事项的受理、执行和保留纪录等任务；④审计委员会必须被授权，在执行任务需要时，可聘请独立咨询顾问和其他顾问，并赋予审计委员会更多任用和解雇会计师的权限；⑤上市公司必须负责提供审计委员会合适的财务和资金保证。

关于审计委员的独立性，新法案有几点说明：①该委员会除了职务收入外，不得收受来自上市公司及其子公司的顾问、咨询或者其他报酬；②该委员会成员不得担任上市公司及其子公司的任何职务；③该委员会隶属董事会，由独立董事组成，有权独立聘请或解聘审计机构，不受高级管理人员的干预，而董事会也必须听取该委员会的意见。除了上述条款之外，SEC（美国证券交易委员会）将扩展现有的与审计委员会相关的信息披露要求，并要求增加披露上述豁免条款的运用、审计委员会在年度报告中的声明、委托书中关于审计委员会独立等内容。

审计委员会在公司监督机制中的作用如下。

▶ 1. 审计委员会与独立会计师的关系

财务报告是投资人能否对公司的管理层保持信心的重要工具，注册会计师负责审计公司的财务报告，并对该报告是否遵守了公认会计准则发表意见。管理层负责日常经营管理，从而与注册会计师保持着密切的业务联系，这种关系可能影响审计独立性，导致注册会计师向管理层方面倾斜。同时管理层可能利用其对注册会计师的选择权或审计收费等手段来影响注册会计师的独立性，或购买审计意见。审计委员会可以避免会计师事务所与管理层之间的利益冲突，减少管理层对外部审计师活动的影响和干扰，提高注册会计师审计的独立性，为注册会计师公正执业创造有利的条件，充分发挥外部审计的独立鉴证功能。首先，审计委员会对会计师事务所是否具备独立性做出评价，且向公司管理层及审计部征询对注册会计师独立性的看法，并与注册会计师的答复做双向比较；其次，负责审计费用的支付，对有关审计收费的协议表示满意，并确信审计费用足以确保公司获得完整而全面的审计服务；最后，审计委员会应当站在公正的立场上，支持注册会计师提出的正确建议，积极与注册会计师就审计中的重大事项进行协调，如重大的审计调整、与管理层的不同意见、执行审计业务过程遭遇的困难及在审计中所发现的不法行为等。

▶ 2. 审计委员会与内部审计的关系

我国新修订的《审计署关于内部审计工作的规定》中指出，设立内部审计机构的单位，可以根据需要设立审计委员会。审计委员会设立以后，审计部隶属于审计委员会，形成审计委员会对审计部的一种监督关系，即对审计部的组织章程、工作计划、审计结果等进行复核；审计部直接向审计委员会报告，对审计中发现的一些问题，除及时给予纠正以外，对一些难以解决和严重违规的共性和个性问题，定期进行归纳、整理，并提交公司审计委员会讨论，由审计委员会通过下达审计意见书和决定书的形式，做出最终处理；审计部的工作评价和报酬支付由审计委员会决定。这种模式提高了审计部的独立性和权威性，使其工作范围不受管理层的限制，并确保其审计结果受到足够的重视，提高审计部的效率。随着审计委员会职责的扩展,为了有效地履行其全面监管的职能,就必须充分利用审计部的资源优势,更好地履行职责。进一步讲,内部审计部门是审计委员会最佳的信息来源,审计委员会成员由于以外部独立董事为主,他们未能实地参与公司的经营管理过程,而审计部通过对公司日常经营的监督、评价,可满足审计委员会这方面的需要。值得注意的是,审计委员会对审计部的指导、监督,应当建立在不干涉审计部正常开展工作的基础上,应分清各自的职责。

▶3. 审计委员会与监事会的关系

审计委员会隶属于董事会,全部由董事组成,其中独立董事占多数,其所提交的议案须先通过董事会的讨论。监事会则是与董事会保持平行地位的机构,由股东代表和职工代表组成。审计委员会的主要监督对象是管理层,也就是所谓的经理层。监事会向全体股东负责,有检查公司财务、监督和检查董事、经理及其他高级管理人员的行为等职责;监事会不参与决策过程,侧重于事后监督。审计委员会则要参与决策过程,更侧重于事前监督。因而,应处理好审计委员会与监事会的关系,发挥审计委员会和监事会的双重监督作用。在监督公司管理层的问题上相互合作,审计委员会配合监事会的监事审计活动;审计委员会作为董事会的下设委员会,也是监事会的监督对象。

(二)独立董事制度

独立董事又称作外部董事(outside director),独立非执行董事(non-executive director)。独立董事独立于公司的管理和经营活动,以及那些有可能影响他们做出自己独立判断的事务之外,不能与公司有任何可影响其客观、独立地做出判断的关系,在公司战略、运作、资源、经营标准以及一些重大问题上能够做出自己独立的判断。他既不代表出资人(包括大股东),也不代表公司管理层。独立董事的监督与制衡已成为西方企业确立为一个良好的法人管理模式机制。如美国企业的董事会构成中,外部董事很多,有时甚至超过一半。如美林集团董事会由16位董事组成,其中5位是现任美林集团经营班子的核心成员,另外11位董事均为独立人士,其中包括纽约证券交易所主席及一些专营公司的总裁。

在中国,1988年H股公司率先按香港联交所的要求设立独立董事。1997年12月中国证监会发布的《上市公司章程指引》中专列了公司根据需要可以设立独立董事的条文。2001年8月,中国证监会在广泛征求意见的基础上发布了《关于在上市公司建立独立董事制度的指导意见》,这是我国首部关于在上市公司设立独立董事的规范性文件。2022年1月5日,中国证监会发布《上市公司独立董事规则》;2023年8月1日,中国证监会颁布《上市公司独立董事管理办法》。

▶1. 独立董事的作用

独立董事对上市公司及全体股东负有忠实与勤勉义务,应当按照法律、行政法规、中国证券监督管理委员会(以下简称中国证监会)规定、证券交易所业务规则和公司章程的规定,认真履行职责,在董事会中发挥决策、监督、咨询作用,维护上市公司整体利益,保护中小股东合法权益。

其中监督作用是上市公司独立董事制度的核心目标。考虑到财务造假、大股东利用关联交易损害上市公司利益仍是我国资本市场的突出问题,而独立董事可以凭借独立性、专业性优势在利益冲突事项上保持客观中立,为了更好发挥其在关键领域的监督作用,在借鉴国际最佳实践、结合中国特色和资本市场发展阶段特征的基础上,将独立董事的监督重点聚焦在公司与其控股股东、实际控制人、董事、高级管理人员之间的潜在重大利益冲突事项上,强化独立董事对关联交易、财务会计报告、董事及高级管理人员任免、薪酬等关键领域的监督作用,促使董事会决策符合公司整体利益,尤其保护中小股东合法权益。

▶ 2. 独立董事选聘制度

(1) 优化提名机制,支持上市公司董事会、监事会、符合条件的股东提名独立董事,鼓励投资者保护机构等主体依法通过公开征集股东权利的方式提名独立董事。

(2) 建立提名回避机制,上市公司提名人不得提名与其存在利害关系的人员或者有其他可能影响独立履职情形的关系密切人员作为独立董事候选人。董事会提名委员会应当对候选人的任职资格进行审查,上市公司在股东大会选举前应当公开提名人、被提名人和候选人资格审查情况。

(3) 上市公司股东大会选举独立董事推行累积投票制,鼓励通过差额选举方式实施累积投票制,推动中小投资者积极行使股东权利。建立独立董事独立性定期测试机制,通过独立董事自查、上市公司评估、信息公开披露等方式,确保独立董事持续独立履职,不受上市公司及其主要股东、实际控制人影响。对不符合独立性要求的独立董事,上市公司应当立即停止其履行职责,按照法定程序解聘。

为确保独立董事的独立性,我国规定如下人员不得担任上市公司独立董事:①在上市公司或者其附属企业任职的人员及其配偶、父母、子女、主要社会关系;②直接或者间接持有上市公司已发行股份1%以上或者是上市公司前十名股东中的自然人股东及其配偶、父母、子女;③在直接或者间接持有上市公司已发行股份5%以上的股东或者在上市公司前五名股东任职的人员及其配偶父母、子女;④在上市公司控股股东、实际控制人的附属企业任职的人员及其配偶、父母、子女;⑤与上市公司及其控股股东、实际控制人或者其各自的附属企业有重大业务往来的人员,或者在有重大业务往来的单位及其控股股东、实际控制人任职的人员;⑥为上市公司及其控股股东、实际控制人或者其各自附属企业提供财务、法律、咨询、保荐等服务的人员,包括但不限于提供服务的中介机构的项目组全体人员、各级复核人员、在报告上签字的人员、合伙人、董事、高级管理人员及主要负责人;⑦最近12个月内曾经具有第①项~第⑥项所列举情形的人员;⑧法律、行政法规、中国证监会规定、证券交易所业务规则和公司章程规定的不具备独立性的其他人员。

前款第4项~第6项中的上市公司控股股东、实际控制人的附属企业,不包括与上市公司受同一国有资产管理机构控制且按照相关规定未与上市公司构成关联关系的企业。独立董事应当每年对独立性情况进行自查,并将自查情况提交董事会。董事会应当每年对在任独立董事独立性情况进行评估并出具专项意见,与年度报告同时披露。

拓展案例

多氟多:推动诚信建设,促进公司规范运作

本章小结

基于广义的公司治理概念，可以将公司治理划分为内部治理和外部治理两个方面。本章主要针对内部治理展开介绍，包括治理结构与治理机制两个方面。

完善的公司治理机构是实现良好治理的基础和平台。

我国的公司治理结构主要由股东大会、董事会、监事会和经理层等具体治理机关构成。各治理机关之间形成的权责配置构成了公司内部治理的基本框架。

治理机制可分为外部治理机制和内部治理机制。外部治理机制是指通过外部治理环境对公司内部控股股东和管理人员的激励约束机制。内部治理机制则是通过内部权力配置与制度安排实现对管理人员的激励与约束机制。

财务治理机制是内部治理机制在财务权力安排上的具体表现，财务治理机制的核心在于决策权、监督权的分配与激励制度的安排；从公司财务管理的角度，表现为财务决策权和财务监督权的安排以及管理层激励制度。

在线自测

扫描封底刮刮卡　获取答题权限

第四章 企业财务战略

> **学习目标**
> 1. 熟悉企业财务战略理论
> 2. 掌握企业投资战略理论
> 3. 掌握企业融资战略理论
> 4. 掌握企业股利分配战略理论

案例导入

财务战略有效配合，成就中药龙头企业

云南白药(股票代码 000538)于 1902 年由曲焕章创制，是驰名中外的中药民族品牌。1971 年根据周总理指示建厂，1993 年作为云南第一家上市公司在深交所上市。2021 年云南白药以 522.93 亿元的总资产、1 182 亿元的市值规模位居 A 股上市公司中成药行业第二位，成为当之无愧的中药龙头企业。

纵观其自上市以来 30 年的发展历程，云南白药坚守长期可持续发展理念，在企业发展的不同阶段高度重视并实施了有效的发展战略：1999—2004 年成功实施企业再造；2005—2010 年推出"稳中央、突两翼"产品战略；2010 年实施"新白药、大健康"产业战略，从中成药企业逐步发展成为我国大健康产业领军企业之一。而在公司成功实施发展战略的过程中，强有力的财务战略发挥了巨大作用。

(1) 投资战略。云南白药以投资并购等资本运作手段实现体制创新，推动公司科技化和国际化发展。1996 年，现金收购经营云南白药的大理、文山、丽江 3 家药厂，更名为云南白药集团股份有限公司，实现品牌的完整统一；针对市场营销力量薄弱问题，出资 3 000 万元组建医药电子商务公司，并由此开启了"稳中央、突两翼"的产品战略。2016—2019 年，顺应混合所有制改革，引进了具有雄厚资金实力和多年资本运作经验的战略投资者新华都，以及具有深厚医疗背景的战略投资者鱼跃医疗，并通过反向吸收合并控股股东，实现集团整体上市。2021 年下半年，投资约 15.5 亿元建设上海国际中心项目，以上海为中心打造一体化平台，培育新兴业务板块，建立多学科研发中心，在全球范围内快速引进国际一流人才及项目资源。2022 年，战略投资化学制剂龙头企业上海医药(股票代码 601607)，并占股 18.04%，成为其第二大股东。为推动公司国际化进程，强化海外资源整合机制，更好地完善公司战略布局，设立白药香港公司，完成对港股上市公司万隆控股的全面要约收购。

(2) 融资战略。为确保公司层面战略的实现，针对不同发展阶段实施了不同的融资战略，从而保证了发展所需要的充足现金流。在成长期，偏重权益融资，1993 年改制及发行股票筹资 9 536 万元，1995 年实施配股筹资 1 948 万元，1999 年配股筹资 7 088 万元。在成熟期，采用权益融资、发行债券和银行贷款等多种方式进行融资。2014 年和 2016 年

发行2期公司债券,共融资18亿元人民币:第一期债券9亿元于2014年10月20日发行完成,期限为7年;第二期债券9亿元于2016年4月12日发行完成,期限为5年。2022年,向招商永隆银行申请约13.60亿港元贷款收购万隆控股。

(3)股利分配战略。为配合公司层面的长期可持续发展战略,实施长期稳定的、积极的股利分配战略。自1993年上市到2022年10月,连续29年实现对股东分红,累计分红金额为180.05亿元。其中,2018年度、2019年度和2020年度分别是每10股派发现金股利(含税)20元、30元、39元,派发现金股利总额分别为20.83亿元、38.32亿元、49.17亿元。通过实施积极的股利分配战略,给予公司股东合理的投资回报,引导投资者树立长期价值投资的理念,对吸引投资者、保持企业充足的现金流起到了关键作用。

资料来源:根据云南白药1993—2022年上市公司年报整理。

案例思考:
1. 财务战略与公司战略之间的关系是什么?
2. 财务战略的主要内容包括哪些方面?

第一节 财务战略概述

"战略"一词原是军事领域的术语,一般是指重大的、带有全局性和决定性的谋划。但是随着社会的发展,其内涵不断丰富,被广泛运用到社会各个领域。1962年,美国学者小钱德勒(Alfred D. Chandler, Jr)在其《战略与结构:美国工商企业成长的若干篇章》(*Strategy and Structure: Chapters in the History of the American Industrial Enterprise*)一书中将"战略"一词正式引入企业管理领域。1965年,安索夫(Igor Ansoff)在其《公司战略》(*Corporate Strategy*)一书中对战略管理学做出了开创性的研究,被称为战略管理学的鼻祖。

一、财务战略和公司战略之间的关系

一方面,从层级结构来看。公司战略具有层级结构特征,它包括公司总体战略、业务战略和职能战略三个层次(图4-1)。公司总体战略是指为实现企业总体目标而提出的关于公司未来发展方向的长期性和总体性的战略;业务战略是指第二层次的经营单位(如子公司、分公司或事业部等)为贯彻公司总体战略,对其所从事的经营活动制定的长远性的谋划与方向;职能战略是指经营单位的各职能部门制定的指导职能活动的战略,一般可分为营销战略、人事战略、财务战略、生产战略、研究与开发战略、公关战略等。

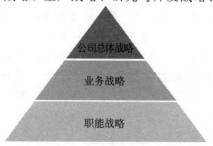

图4-1 公司战略的层级结构

公司战略是全局性的战略,它根据环境变化,依据本身资源和实力选择适合的经营领域和产品,形成自己的核心竞争力,并通过差异化在竞争中取胜。因此,公司战略指导着财务战略以及其他职能战略的制定。财务战略通过合理安排公司财务资源的规模、期限、成本和结构，提高资金运转效率，建立健全风险与危机预警系统，从而为公司整体战略目标的实现提供良好的财务环境保障。因此，财务战略是公司总体战略中的职能战略之一。

另一方面，财务战略是公司总体战略的直接组成部分，直接服务于公司总体战略的实现，为公司战略的实现提供财务支持、资金融通和规划。财务不再局限于公司内部，而是着眼于公司的长期战略发展。财务是支撑，又是核心目标之一。财务战略，要跳出公司内部财务管理的框架，站在公司总体战略发展的角度来思考财务问题。战略实施的最终结果还是要通过财务业绩体现出来。

因此，财务战略既具有一般战略的共性，又具有特殊性。科学的财务战略定义，应该既能反映它的战略属性，又能体现它的财务属性。本节将重点讨论财务战略的特殊性，财务战略的特殊性源于财务管理的对象——资金运动的特殊性。财务战略的核心就是如何保证企业资金均衡的流动，以及如何确保公司资本的保值增值。由于企业受到外部及内部诸多环境因素的影响，如经济周期、金融市场状况、竞争状况、政治法律状况、技术发展、消费者行为等因素，要保持现金的均衡流动，以及资本的保值增值，就必须运用战略思想，努力增强公司财务活动对未来环境的适应性。由此可见，财务战略关注的焦点应该是其资金流转及资本增值，尤其是关注在环境复杂多变的条件下，如何从整体和长期上实现这一目标。综合以上分析，把财务战略定义为在公司战略的统筹下，在分析内外环境对公司价值创造活动影响的基础上，为谋求公司现金均衡的流动性，并最终实现公司长期财务价值的最大化，而对公司现金流动和资本运作进行的全局性、长期性和创造性的筹划。

二、财务战略的类型

从不同的角度可以把财务战略分成多种类型。

（一）从公司发展阶段角度分类

从公司发展阶段角度，可以把财务战略划分为扩张型财务战略、稳定型财务战略和收缩型财务战略。

▶ 1. 扩张型财务战略

扩张型财务战略是实现与公司战略中的成长战略相匹配。这一战略模式的确定，有赖于对以下重大决定事项的判断：①扩张的方式是实现自我积累式发展，还是对外实施兼并或收购，前者是内涵式扩张，后者则是外延式扩张；②扩张的方向是实施一体化扩张还是实施多元化扩张，前者又进一步分为纵向一体化扩张与横向一体化扩张；③扩张的速度是实现低速、适度还是高速扩张，财务战略必须确保公司扩张之路的财务稳健性；④扩张的资本来源是采用债务融资还是采用权益融资，财务战略必须在风险与收益之间做出权衡。

▶ 2. 稳定型财务战略

稳定型的财务战略是实现与公司战略中的稳定战略相匹配。稳定性财务战略的基本特征主要表现在：①根据公司自身经营情况来确定最佳发展速度，不急于冒进；②从财务上追求稳健，如控制负债额度与负债比率，强调税后利润的留存，并正确处理好内部积累与股利发放的关系；③慎重从事企业并购，并确定拟进入领域的财务要求与标准；④慎重进入与公司核心能力和核心业务并不相关的领域，走专业化、规模化的发展战略；⑤根据公司发展规模与市场变化，对组织结构进行微调，而不进行大的变革，以保持管理上的连续性。

▶ 3. 收缩型财务战略

收缩型财务战略是实现与公司战略中的收缩战略相匹配。收缩型财务战略主要应用于财务状况不佳、运行效率低下的公司。实现战略性收缩的财务方式，主要有资产剥离、回购股份以及出售子公司等。

(二) 从公司财务战略内容角度分类

从公司财务战略的内容出发，可以将财务战略分为投资战略、融资战略和股利分配战略。

▶ 1. 投资战略

投资战略是有关投资方向确定与投资组合、投资决策标准、投资所需资本筹集、资本预算、并购行动与管理等一系列的方略。它是公司步入成长期、成熟期乃至衰退期的战略重点。投资战略是公司财务战略的永恒主题。同样，投资决策权的划分是保证公司投资战略能否正常落实的重要基础。

▶ 2. 融资战略

融资战略是公司初创期和成长期的战略重点，它包括融资总量的确定、资本结构的决策、融资方式的选择等一系列内容。

▶ 3. 股利分配战略

股利分配战略具有从属性，但有时也有主动性。从属性在很大程度上是融资及投资管理的补充，如剩余股利政策即强调股利分配多少与潜在的投资机会有关，从而与融资战略有关。另外它又具有主动性，当公司分配政策有利于协调生产经营时，公司壮大的速度就快，反之则相反。由此可见，股利分配战略不再是单一的股利分配政策的确定，而是站在公司发展的高度对公司各利益相关关系的协调与处理。

第二节　投　资　战　略

投资战略既是财务战略的一个部分，同时也是企业总体战略的核心。企业的长期发展要以总体战略为导向，而投资战略的成败往往关乎着企业总体战略实施的效果，尤其是在企业成长和扩张阶段。投资战略作为总体战略的核心组成部分，应该与总体战略保持一致，与各子战略相互配合，以促进总体战略目标的实现。

投资战略是指按照企业总体经营战略要求，为维持和扩大经营规模，对有关投资活动所做出的全局性谋划。它是将企业的资金，根据企业战略目标来评价、比较、选择投资方案或项目，以谋取最佳投资效果。投资战略制定的好与坏，最终都将反映到公司的财务业绩上，财务业绩表现又最终影响公司股东价值的最大化。

一、战略投资与财务投资的关系

从战略的角度看，企业投资可分为战略投资和财务投资两种类型。战略投资是指对企业未来产生长期影响的资本支出，具有规模大、周期长、基于企业发展的长期目标、分阶段等特征，是影响企业的前途和命运的投资，即对企业全局有重大影响的投资，是直接影响企业竞争地位、经营成败及中、长期战略目标实现的重大投资活动。典型意义的企业战略性投资项目包括新产品的开发、新的生产技术或生产线的引进、新领域的进入、兼并收购、资产重组、生产与营销能力的扩大等。这类投资通常资金需求量较大，回报周期较长，并伴随较大的投资风险。而财务投资是指以获取中短期财务价值为目的，主要通过溢价退出实现资本增值的交易行为，与投资战略的关联较弱。

战略投资以某种目标作为投资成果，最后再达成一定的战略目的。战略投资者注重于结合效应，重点在于业务自身的未来发展和优化。财务投资以资金或资本投入某个项目或者公司进行入股并谋取收益。财务投资者一般注重于财务回报，在做出投资决策前，往往要先看规模增速及发展方向，也就是一个项目或公司的"天花板"，即最大成长值。例如，上市企业的收购兼并，大多数为战略投资；私募股权投资则倾向于财务投资。两者在投资选择、投后管理、股权退出三个方面有很大差别：投资选择上，战略投资偏好产业扩张，财务投资倾向资本回报；投后管理上，战略投资者尽心尽力，财务投资者爱莫能助；股权退出上，战略投资较少考虑退出，财务投资则迫切需要退出获得回报。综上所述，战略投资者以战略布局为主，看中的是长远布局；财务投资者注重财务状况，过多关注企业营运能力，看中的是短期利益。

企业在主营业务发展到一定规模后会寻找新的发展机会，包括实业投资或金融投资，那么在这些投资中应该确定什么样的投资战略对企业后续的发展起着关键性作用。企业的投资战略是围绕着主业，还是延伸到主业的上下游之间，或是发展相关与非相关多元化投资，都是值得企业去探寻与思考的。

投资战略是很多企业寻求更大发展空间的必然选择，它有利于企业更合理的资源配置，从而从整体上提高企业的竞争力和可持续发展能力。在新常态下，现代企业所要面临的是一个综合复杂的、动态多元的投资环境，投资风险不断增加，如何将企业自身情况与投资环境变化相结合，制定合乎企业发展的投资战略，并能及时审视自身投资战略并做出调整与优化，显得尤为重要。

二、投资战略的类型

（一）按企业或产品发展的阶段性特点分类

按照企业或产品发展的阶段性特点进行划分，投资战略可分为如下几种类型。

▶ 1. 稳定型投资战略

当企业进入成熟期，在现有的外部环境条件下，企业用尽了自身的能力、资金和资源，投资规模已经达到了一个瓶颈，或者某个产品进入成熟期，市场达到饱和状态，能够保持住现有的市场份额已经不易，更别说进一步扩张市场了。在这种情况下可以实施稳定型投资战略，想办法尽可能地降低成本，提高投资效率，稳定市场，尽量延长成熟阶段的时间，从而使得企业获得尽可能多的利益。

▶ 2. 扩张型投资战略

当企业进入成长阶段，为了在市场上尽快站稳脚跟，增强自身的竞争力和生命力，或者需要迅速扩大市场规模，以提升企业在市场中的优势地位，获得规模效应和品牌效应，在这种情况下，可以实施扩张型投资战略。这种战略可以通过实施产品开发和多元化战略、市场多元化战略、并购战略等实现。

▶ 3. 紧缩型投资战略

当产品处于衰退期时，整个市场环境已经发生了根本的变化，已经很难通过产品的创新和新市场的开发维持现有的市场规模和盈利空间，企业需要逐步的收缩市场，直至最终退出现有的市场。在这种情况下，应当实施紧缩型投资战略，稳步退出市场，把资金资源安全地退出来，尽可能减少损失和风险，力争把之前赚取的利润尽可能多地保留下来。

（二）按投资的业务领域分类

按投资的业务领域进行分类，投资战略可分为专业化投资战略和多元化投资策略等两种类型。

▶ 1. 专业化投资化战略

专业化投资战略是指企业集中自己所有的精力和资源，专注于自己擅长的业务。这里的专业化有两层含义，一是指专注于某个行业内的业务，二是指专注于某行业环节领域的业务。一般来说，初创企业和中小企业，由于资源和实力有限，适合采用专业化投资战略，集中精力和资源做好自己的核心业务。

▶ 2. 多元化投资战略

多元化投资战略是指企业为了做大规模而开拓更多的市场，或者为了规避单一经营的风险而进入更多的产品领域或行业领域。通常可分为相关多元化和不相关多元化两种类型。相关多元化，又称为同心多元化，是指企业发展的新的业务类型与原有的业务类型具有诸多相同或相近的特点，可以共享多种资源，产生协同效应，从而可以使企业充分利用现有的资源，大幅提高资源的利用效率。不相关多元化是指企业新开拓的业务领域与原有的业务领域关联性不大。通常，一些大的集团会采取这种战略，类似于构建投资组合，以此规避单一经营的风险或者行业周期性波动的风险。

三、投资战略制定和分析方法

制定合适的投资战略必须以企业的总体战略为中心，权衡企业所处的生命周期、内外部环境、宏观经济态势等各方面因素，综合考虑机会与风险。另外由于企业内外部环境处于不断变化之中，因此需要对投资战略不断调整优化。通常在制定投资战略时针对不同的情况可以单独或综合采用以下分析方法。

▶ 1. SWOT 分析法

企业在制定投资战略之前，需要对内部和外部的环境进行全面认真的分析。在内部环境分析中，既要搞清楚自己的力量和优势，也要明确自己的不足；在外部环境分析中，既要发现一些有利的机会，也要认识到对自己不利的因素。对自身的优势和劣势，对外部环境的机会和威胁等四种因素的综合分析就是所谓的 SWOT 分析法。

企业可以运用 SWOT 分析法，分析确定自己所处的区域，从而依据自己所处的特定情况制定相应的投资战略，如图 4-2 所示。例如，在 S+O（优势＋机会）区域，外部环境机会较多，内部力量具有很强的优势，因此企业可以在此阶段加大投资力度，通过投资并购的手段，迅速扩大企业的市场份额，提升规模优势。

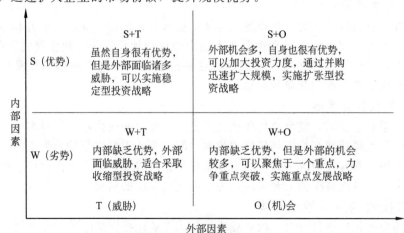

图 4-2 SWOT 分析法与投资战略

2. 波士顿矩阵分析法

20世纪70年代初,波士顿咨询公司开发了波士顿矩阵分析法。该方法按照市场增长率和相对市场份额两个维度对企业进行划分,将组织的每一个战略经营单位标注在这个二维的矩阵图(图4-3)上,从而可以直观地看出,哪些战略经营单位给组织提供了较大的贡献,哪些战略经营单位是组织的"漏斗",拖了后腿。还可以用圆圈代表各个战略经营单位,圆圈的中心位置表示它们在矩阵中的位置,圆圈的大小与其收益成比例。

如图4-3所示,处在明星区域的战略经营单位,不仅位于高增长行业中,而且拥有较高的市场占有率,同时具有竞争实力和发展机会,具有较长时间为企业提供利润和增长的可能性。处在问题区域的战略经营单位,具有较低的相对市场占有率和较弱的竞争能力,不过它们所处的行业是高速增长行业,因此这就为其提供了较长时间获利和发展的好机会,如果能够采取切实有效的措施,并注入一定量的资金,就可以进入明星区域。处在金牛区域的战略经营单位,虽然处在增长率较低的行业,但其相对市场占有率较高,是本行业中的领先者,因而可以获得较高的利润和大量的正现金流量;不过行业的低增长率则预示了企业缺乏发展机会,因此不能在现有经营领域进行大量投资。处在瘦狗区域的战略经营单位,不仅相对市场占有率较低,而且处于低增长率行业,因而不能进行投资。

图4-3 波士顿矩阵分析法与投资战略

在制定投资战略时,根据各战略经营单位在上述矩阵中所处的位置采取相应的投资战略。对于处于明星区域的战略经营单位来说,应加大资金的投入,以巩固起明星地位,其资金可来源于现金流;对于处于问题区域的战略经营单位,应当采取扩大投资的战略;对于处于金牛区域的战略经营单位,可采取退出或兼并等战略;对于处于瘦狗区域的战略经营单位,可以采取退出和兼并等战略。

3. 通用电气矩阵分析法

通用电气矩阵分析法又称行业吸引力矩阵分析法,是美国通用电气公司推出的分析方法。与波士顿矩阵法相类似,通用电气矩阵法也是把企业分为若干个战略经营单位,并从2个维度以矩阵的形式进行分析。但是通用电气矩阵法在波士顿矩阵法的基础上进行了较大改进,在每个维度上增加了中间等级,并且考虑了更多的因素。

以"竞争力"代替了"相对市场份额"作为横轴,以"行业吸引力"代替了"市场增长率"作为纵轴。竞争力综合考虑了相对市场份额、生产能力、技术能力、管理能力、产品差别化程度、融资能力等多种因素。行业吸引力除了考虑市场增长率之外,还考虑了市场容量、市场规模、盈利能力、进入壁垒等因素。同时,运用加权评分方法对企业各种产品的行业吸引力和竞争力进行评价,按照加权平均分数把每个维度划分为高、中、低三个等级,从而把2×2的四象限矩阵,扩展成了3×3的九象限矩阵,形成9种组合,如图4-4所示。

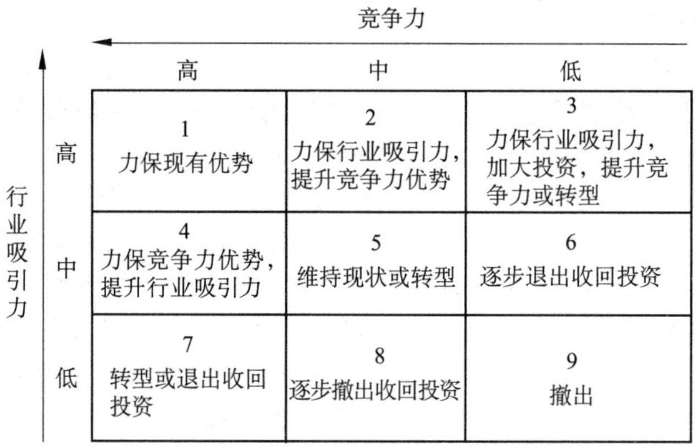

		竞争力	
	高	中	低
行业吸引力 高	1 力保现有优势	2 力保行业吸引力，提升竞争力优势	3 力保行业吸引力，加大投资，提升竞争力或转型
行业吸引力 中	4 力保竞争力优势，提升行业吸引力	5 维持现状或转型	6 逐步退出收回投资
行业吸引力 低	7 转型或退出收回投资	8 逐步撤出收回投资	9 撤出

图 4-4　通用电气矩阵分析法与投资战略

然后把 9 种组合分成三个区域。对于图 4-4 左上角的 1、2、4 区域，采取扩张型投资战略，优先分配发展所需要的一切资源，以保证其处于有利的市场地位；对于 3、5、7 区域，采取稳定型投资战略，维持现状或有选择的重点发展；对于 6、8、9 区域，坚决采取收缩型投资战略，逐步退出收回投资。

▶ 4. 生命周期分析法

生命周期分析法，是根据企业各经营单位所处的产品生命周期阶段和战略竞争地位来分析企业所处的战略位置，并以此决定投资战略类型的方法。

该方法涉及两个参数：行业成熟度和战略竞争地位。从行业成熟度的角度，可以把产品所处的阶段分为初创阶段、成长阶段、成熟阶段和衰退阶段 4 个阶段。从战略竞争地位的角度，可以把企业分为主导地位、较强地位、有利地位、可维持地位和脆弱地位 5 种状态。以行业成熟度为横轴，以战略竞争地位为纵轴，可以形成一个有 20 个单元的生命周期矩阵，如表 4-1 所示。

表 4-1　生命周期分析法与投资战略

战略竞争地位	行业成熟度			
	初创阶段	成长阶段	成熟阶段	衰退阶段
主导地位	产品初创、销售迅速增长	销售迅速增长，并占据主导地位	产品成熟，市场份额足够大，并占据主导地位	市场萎缩，但仍然占据主导地位
较强地位	产品初创、销售较快增长	销售较快增长，产品竞争力较强	产品成熟，市场份额较大、市场地位较强	市场萎缩，市场地位依然较强
有利地位	产品初创、集中一点，有重点地开发市场	销售开始增长，有重点的开发市场，以便提升市场地位	在稳固现有市场的同时，寻找机会，重点突破	保持现有地位，逐渐退出
可维持地位	产品初创、销售增长缓慢，坚持并稳定现有市场	在稳固现有市场的同时，寻找机会，重点突破	在稳固现有市场的同时，寻找机会，重点突破，或逐步退出	逐渐退出或放弃
脆弱地位	产品初创、竞争力较弱	销售增长缓慢，放弃或寻找新机会	逐渐退出或放弃	放弃

根据企业在生命周期矩阵中所处的战略位置可以大概把企业的投资战略分成4种类型：发展战略、有重点的发展战略、调整或转型战略、退出战略。当企业的战略竞争地位处于可维持地位以上，行业成熟度位于初创阶段、成长阶段或成熟阶段时，可选择发展战略；当企业的战略竞争地位处于可维持地位或者有利地位，行业成熟度位于成长阶段或成熟阶段时，可选择有重点的发展战略；当企业的竞争战略地位处于可维持地位，行业成熟度处于成熟阶段，可选择调整转型战略；当企业的竞争战略地位处于可维持地位或脆弱地位，行业成熟度处于成熟阶段或衰退阶段时，可选择调整转型战略或退出战略；当企业的竞争战略地位处于脆弱地位，而行业成熟度已经处于成熟阶段或衰退阶段时，或者当行业成熟度已经处于衰退阶段，而企业的竞争战略地位已经处于可维持地位或脆弱地位时，只能选择退出战略。

▶ 5. 波特五力分析法

20世纪80年代初，美国企业战略管理专家波特(Porter)将影响企业竞争力的大量因素，综合到一个简单的模型中，以此来分析企业所处的基本竞争态势，提出了著名的五力模型。按照波特五力模型，任何企业的竞争地位，都取决于5种竞争力量：现有竞争者之间的竞争能力、潜在进入者或新进入者的竞争能力、替代品的竞争能力、供应商讨价还价的能力、购买者讨价还价的能力，如图4-5所示。

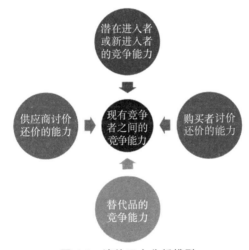

图4-5 波特五力分析模型

波特五力模型是企业在制定投资战略或竞争战略时常用的战略分析工具。由于5种竞争力量决定着企业产品的价格成本和盈利空间，因此企业可以根据这5种竞争力量的强弱和变化趋势来决定投资战略。例如，如果新进入者或者潜在进入者对公司现有产品构成了威胁，可以通过投资并购的手段抢占可能被威胁的市场份额。如果供应商讨价还价的能力很强，存在迫使产品成本提高的威胁，则可以通过纵向并购的手段控制上游的供应商，将原材料的定价权掌握在自己手里。

第三节 融资战略

融资战略是企业财务战略的组成部分，更是企业总体战略的核心。融资战略规划若实施得当，能够有效降低企业的融资成本，规避经营风险，提升企业的盈利能力和经营绩效,从而充分发挥企业的战略发展潜力。

这是因为,资金对于企业,如同血液对于人体,关乎企业的生命。一个企业从创立到未来的发展,一刻也离不开资金。很多企业在发展过程中遇到的最大障碍就是融资困难,能否获得稳定的资金来源直接决定着企业能否持续、稳健、快速的发展。因此,资金是企业的生命线,是企业持续发展的必要条件。如果企业缺乏资金或者资金不足,那么即使有再好的发展战略,也只能望洋兴叹。

一、资本结构与融资战略

企业在制定融资战略时,需要考虑资本结构的合理性和灵活性。资本结构是指公司各种资本的价值构成及其比例关系。通常情况下,公司的资本由权益资本和长期债务资本构成,因此,资本结构是指权益资本和长期债务资本的结构及其比例关系。资本结构的安排及调整不仅仅是财务问题,而且关系到企业总体战略的实施。由于资本结构安排不合理而导致企业发生财务危机甚至破产的教训也经常发生。

公司在进行融资决策时需要考虑如下问题:应该选择怎样的负债权益比?是选择发行债券还是发行股票?在进行债务融资时,不同期限的负债应该各占多少比例?美国的莫迪利亚尼和米勒分别于 1958 年和 1963 年提出了关于资本结构的经典理论——MM 理论。有税的 MM 理论认为,在考虑公司所得税的情况下,由于债务具有税盾效应,公司的价值与其债务正相关。那么,公司是不是借贷越多越好呢?产生于 20 世纪 70 年代的权衡理论则认为,企业应综合考虑债务的税盾效应带来的好处和财务困境成本带来的坏处,因此,在理论上,企业存在一个最优的负债量,相应地存在一个最优的资本结构点。在最优资本结构点处,企业能够实现价值最大化。此后,优序融资理论在综合考虑企业所得税、个人所得税以及破产风险等综合因素的条件下,提出企业应该优先考虑内部融资,如果需要外部融资应该优先考虑稳健的融资方式。

二、企业生命周期与融资战略

生命周期原是生物学上的一个概念,后被广泛应用于社会科学的研究。1972 年,哈佛大学的格雷纳(Larry E. Greiner)教授在《组织成长演变和变革》一书中首次提出了企业生命周期理论。1989 年,伊查克·爱迪思(Ichak Adizes)发表专著《企业生命周期》,成为该领域经典之作。学者们对企业生命周期阶段的划分并不统一,但是大部分都会采用财务指标进行度量,通常使用的指标有销售增长率、现金流量(包括经营现金流量、投资现金流量和融资现金流量)、净利润率、股利支出等。我们根据财务战略分析的需要将企业生命周期划分为初创期、成长期、成熟期和衰退期 4 个阶段(图 4-6),分析企业在不同的生命周期阶段所应采取的财务战略。

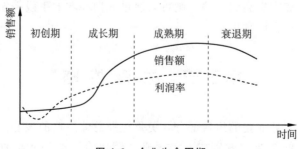

图 4-6 企业生命周期

1. 初创期的融资战略

公司在初创期,整体组织架构、经营管理模式等处于不稳定的动态调整过程中。产品刚刚进入市场,还不够成熟,产品营销成本高,销售量很低,市场急需开拓。企业需要投入大量的资金用于研发,以便不断提升产品的品质和性价比;需要大量的资金进行市场开拓,因为市场规模的提升关系到企业的生死存亡;还需要大量的资金不断完善和提升公司整体架构。因此,在这个阶段,企业需要大量的现金流出,即使有一定量的现金流入,也会被很快的消耗掉;整体财务状况很差,没有多少资产,基本上没有什么利润,甚至利润经常为负。企业整体经营风险很高,还面临着能否生存下来的问题。

如果进行债务融资,就会大量消耗公司宝贵的现金流,会面临很大的还本付息的压力,所以进行债务融资是不合适的,事实上也很难通过债务进行融资。因而,在这个阶段可以考虑通过权益融资来解决企业发展所需的资金问题。对于那些管理团队优秀、产品科技含量很高、行业发展前景广阔、有很高的成长预期的初创公司,会吸引天使投资和风险投资资金的加入。投资人之所以会对这类公司感兴趣,是因为其主要目的不是参与公司利润的分配,而是看好公司的未来,看好公司的高成长预期,期望从公司价值的高速增长上以资本利得的方式获得高额的回报。权益融资会持续下去,直到公司有能力还本付息,此时公司的生存危机解除,发展进入基本稳定期,市场稳定并快速成长,现金流状况良好。此后,公司在权益融资的同时,可以配置以可转债或纯债务融资。权益融资与债务融资相比,表面上看,权益融资没有成本,不需要还本,也不强制付息,而债务融资则必须按时还本付息。但事实上,权益融资的成本远远高于债务融资。所以企业应结合自身的发展阶段,综合考虑融资成本。

2. 成长期的融资战略

在成长期,一旦新产品在市场上获得成功,销售额增长加快,这个时候公司的战略主要还是聚焦在开拓市场方面,以确保销售收入能够快速增长并占据更大的市场份额。在成长期,企业开始有了一定的利润额,比起创业阶段有了充裕的现金流。但是,由于公司仍然须在市场开发和产品的研发方面投入大量的资金,导致销售增长所带来的现金流又重新投入到经营中去。

虽然在成长期,经营风险有所降低,但仍然偏高。成长期经营风险居高不下的另一个原因就是在从初创期向成长期的转变中,公司需要实现一系列的变化。这就意味着在成长期,合理的融资方式仍然是以权益融资为主,但同时可以逐步增加债务融资。在成长期,可转债成为一种很好的融资方式。当然,在这个阶段,更好的融资方式是通过上市公开发行股票。

3. 成熟期的融资战略

公司进入成熟期之后,产品已经成熟,经营风险较低,市场有了一定的规模而且比较稳定,具有了合理的利润空间,从现金流来看已经是一个比较大的正数。在成熟期,资金不会大量用于拓展市场或用于增加市场份额,但是仍有必要投入一定的资金,以保持现在的市场份额。这个阶段,公司的战略重点从偏重市场转到管理、市场和研发等综合并重,并逐步加大研发投入力度。

公司管理层主要的任务有完善和提升公司的管理架构、稳固现有的市场份额、降低生产成本、提高生产效率、打造品牌、提升公司形象。投资对现金流的需求也下降了,通过积累企业有了比较多的现金流。在成熟期,债务融资能力增强,公司的融资方式也从权益融资占比较高,逐步转向以债务融资为主。公司有能力支付债务本金和利息,同时债务也能够凸显出其税盾价值。

很显然，公司都希望延长成熟期的时间，此时有两个战略可供公司选择。①实施专业化战略。如果公司的主打产品生命期很长，公司应当专注于主打产品，通过持续的研发和创新，不断提升产品品质和性价比，把产品做到极致，保持可持续竞争优势，打造百年品牌。②实施多元化战略。企业的重点从市场投入，转变到增加研发投入，实施产品多元化，打造更多的利润增长点。始终保持一部分产品处于成熟阶段，一部分产品处于成长阶段。

▶ 4. 衰退期的融资战略

到了衰退期，市场需求不可避免的下降，销售业绩开始下滑，再投资的机会减少。这个时候，公司再投入资金来维持市场规模就变得不明智了，企业需要考虑的是当前的经营现金流还能维持多久。这个时候，经营风险比较低，财务风险比较高，大量融资也是没有必要的，因为未来增长前景渺茫。在衰退期，营运资本的需求也随着经营的萎缩而下降，自由现金流量会增加。

在这个阶段，应对的一个典型战略就是多元化战略。企业采用多元化战略，既可以避免单一经营风险，又能够占领更多的市场或者开拓新市场。另一个战略就是创新。创新并非一味地追求颠覆传统，在产品开发上走向极端，而是顾客需要什么，就满足什么。倾听他们的想法，研究他们的需求，并把这种想法变成一种新产品或是一种新的服务，或者革新现有的产品。因此，衰退期既是企业的夕阳期，也可能成为企业新活力的孕育期。

第四节　股利分配战略

公司在取得一定的利润之后，就面临如何分配的问题：是将所获得的资金全部留在公司，还是拿出一部分分配给股东？不同的分配方案会对公司未来的发展产生怎样的影响？这就涉及公司的股利分配战略问题。公司在制定股利政策时，不能单纯从财务的角度出发，而应从公司的全局出发，从公司战略的总体要求出发，要着眼于公司的长期可持续发展而不能急功近利。因此，股利分配战略是基于公司战略的总体要求和内外部环境的发展态势，对股利分配政策所做的全局性和长期性的谋划。

一、股利分配战略与企业战略的关系

为搞清楚股利分配战略与企业战略之间的关系，首先，我们要考虑股利分配政策对企业战略有何影响。股利分配政策事实上也关系到企业的融资决策，关系到企业内部资金数量的多寡。如果企业不发放股利，就能增加内部资金来源；如果企业发放股利，那么留存收益就会减少。股利支付率越高，企业的留存收益就越少，在进行融资时就需要更多的从外部进行融资，所以在研究股利分配政策时必须同时考虑融资决策。

其次，我们要考虑企业的总体战略如何制约股利分配政策的制定。从企业战略的角度考虑股利分配政策，关系到企业战略能否得到足够的资金支持这一重要问题。股利分配政策是企业影响并改善其外部环境，特别是外部金融环境的重要方式。企业的股利分配政策是投资者及其他利益相关者评价企业状况的重要依据之一，这种评价将直接影响他们对企业的看法。股利分配政策可以传达一些重要的信息给投资者，股利增发传达给投资者的信息是预期公司未来收益将会获得改善；相反，股利减少传达给投资者的信息则是公司的未来收益会变差。这些信息毫无疑问会影响投资者及其他利益相关者对企业的态度，所以股利分配政策是否正确，对于企业能否与其外部环境，特别是金融环境之间形成和保持一种良好的、相互协调的状态具有很大的关系。

我们知道企业战略的重要特征之一就是重视外部环境的影响，强调内外环境的协调。从战略角度看，股利分配政策的好坏对于能否给企业创造一个优良的外部环境具有重要的作用。因此，从企业战略的角度出发，企业必须重视并审慎的制定股利政策，确保股利分配政策要服从企业总体战略的要求，并力求为企业总体战略的实施创造和保持良好的外部金融环境。

与通常所说的股利分配政策相比较，股利分配战略具有以下特点：①股利分配战略不是从单纯的财务观点出发，而是从企业的总体战略出发来决定股利分配；②企业在决定股利分配战略时，应从长期效果来考虑，不应过分计较股票价格的短期涨率，而应关注股利分配对企业长期发展的影响。

股利分配战略要处理的内容包括以下三个方面：①股利支付率，即确定股利在净收益中所占的比重，也就是股利与留存收益之间的比例；②股利的稳定性，即决定股利发放是采用稳定不变的政策还是变动的政策；③信息传递，企业希望通过股利政策传达何种信息给投资者。在此基础上，企业还应进一步就股利支付的具体方式进行设计与策划，并确定股利发放的程序。

股利分配战略的目标如下：①保障股东权益，平衡股东间的利益关系；②促进公司长期发展；③稳定股票价格。这三个方面综合反映了股利分配是收益、风险与权益的矛盾统一，充分说明了短期消费与长远发展的资金分配关系，也体现了公司、股东、市场以及公司内部需要与外部市场形象的制衡关系。

二、股利分配战略的影响因素及方案的设计

在现实中，企业的股利分配战略要受企业内外多种因素的影响，正是这些因素的作用，决定了企业股利分配战略全部的可行方案。所以制定股利分配战略必须首先分析和弄清楚这些因素对股利分配的制约和影响。

（一）影响股利分配战略的外部因素

▶ 1. 法律因素

各国对企业股利分配制定了相应的法律法规。尽管每个国家的法律不尽相同，但归纳起来主要有以下几点。

（1）对于资本的限制。资本限制是指企业支付股利不能减少资本（包括资本金和资本公积金），这一限制是为了保证企业有足够的权益资本以维护债权人的利益。

例如某公司的资本账户如下：普通股（面值）为20万元，资本公积为50万元，保留盈余为15万元。根据法律限制，企业最多能支付15万元的股利。如果超过15万元，企业的资本将受到损害，也就是说，企业只能支付相当于保留盈余那部分的股利。

（2）偿债能力的限制。如果一个企业的偿债能力较弱，则会限制企业向股东发放股利，这一限制的目的是保护债权人，因为无偿债能力的企业如支付股利将直接影响债权人的利益。

（3）内部积累的限制。有些法律规定禁止企业过度地保留盈余，如果一个企业的保留盈余超过了目前和未来的投资很多，会被看作是过度的内部积累，要受到法律上的限制。这是因为有些企业为了保护高收入股东的利益，故意压低股利的支付，多留利润少分配，用增加保留盈余的办法来提高企业股票的市场价格，所以税法规定对企业过度增加保留盈余的做法，要征收附加税作为处罚。

▶ 2. 债务条款因素

债务特别是长期债务合同，通常包括限制企业现金股利支付权利的一些条款。限制内

容通常包括：如营运资金低于某一水平，企业不得支付股利；企业只有在新增利润的条件下才可以进行股利分配；企业只有先满足累计优先股股利分配后才可进行普通股股利分配。这些条件，在一定程度上保护了债权人和优先股股东的利益。

▶ 3. 所有权因素

企业的股利分配最终要由董事会来确定，董事会必须尊重股东的意见。股东类型不同，其意见也不尽相同，大致可分为以下几种。

（1）为保证控制权而限制股利支付，由于企业的控制权为少数股东控制，如果企业增发股利在企业需要资金时再发行股票，融资就会使股权分散影响现有股东对企业的控制权，因此这些股东们往往倾向于限制股利支付，较多的保留盈余。

（2）为避税而限制股利支付。很多国家税法规定，所得税率一般均高于股利支付，较多的保留盈余，以便使股票的价格上涨，通过转让股票实现资本收益来减少纳税。

（3）为了取得收益而要求支付股利，很多股东是靠股利来获取收益，他们要求企业在一定时期内要维持固定的股利支付率，不希望将税后利润全部或大部分积累起来。

（4）为回避风险而要求支付股利，大多数股东认为企业经营是在不确定的环境中进行的，目前能得到的股利收益是确定的，而通过增加保留盈余引起股权价值上涨。上涨获得的资本收益是不确定的，为了回避这种风险，所以股东们往往倾向于现在获得股利，而不愿意将来获得更多的资本利得收益，因此要求高股利支付率，低保留盈余。

（5）不同的心理偏好和金融传统。对美国的股东们来说，获取股利是投资的一个主要目的，他们之所以购买股票，除了希望从股票升值中得到好处，还期望分得较多的红利，对股利的多少并不认为是小事一桩，因此美国企业的股利支付率一般较高。而在日本，股东们已经习惯了较低的股利，通常分配股利的比例较低。

（二）影响股利分配的内部因素

▶ 1. 现金流量因素

企业的现金流量是影响股利分配的重要因素。如果一个企业的流动性较高，即持有大量的现金和其他流动资产，现金充裕，其支付股利的能力就强。如果一个企业的流动性较低，或因扩充资产、偿还债务等原因已消耗了大量的现金，再用现金支付股利显然是不明智的。在确定股利分配战略时，绝不能因支付股利而危及企业的支付能力。

▶ 2. 筹资能力因素

一个企业若筹资能力很强，能随时筹集到经营所需的资金，那么它就有较强的股利支付能力。反之，如果企业外部筹资能力较弱，不能随时筹集到所需资金，或虽能筹集到但代价较高，则应限制股利支付。一般规模较大、获利丰厚、经营期长和前景广阔的企业，都能较容易地从外部筹集到所需资金。而那些新创立的企业，往往经营一段时间后，才能够较容易的从外部获得资金。这些企业因经营的风险大，其筹资的代价相当高，因此这类规模小、创办期短的企业，多采用限制股利支付的策略。

▶ 3. 投资机会因素

股利分配战略的确定在很大程度上受企业投资机会因素的影响。一般来说，如果一个企业有较多有利可图的投资机会，这就需要大量资金，则经常采用高保留盈余、低股利支付的方案。那些处于发展中的企业，因为投资机会多，对股东支付的股利就会少些。当然，在采用低股利政策时，企业的财务人员必须把股东们的短期利益与长期利益很好地结合起来。一个有发展前景的企业，因扩充经营需要资金，可采用低股利战略或不支付股利的战略，而一个经营饱和、趋于萎缩的企业则可能采用高股利的战略。例如，美国著名的

DEC公司自建立之后长期不支付现金股息,因为该公司属于新兴产业,处于高速增长阶段,其投资收益率很高,因此广大股东们都很乐意。再比如IBM公司,从1930年起,它的股利支付率仅在股价的1%~2%的水平上,公司销售值及盈利率的增长均达到20%。但自1975年之后,IBM公司高投资回报率的机会减少,为此在1977年和1978年两年中,IBM以14亿美元回购自己公司的部分股票,这实际上是以现金支付股利。截至2022年12月,IBM公司现金股利的支付率已达53%,因为它已步入中年时代。

▶ 4. 公司加权资本成本因素

股利分配对公司加权资本成本有重大影响,这种影响是通过以下四个方面来实现的:①股利分配必然影响留存收益的多少,留存收益的实际资本成本为零;②股利的信号作用,股利的大小变化必然影响公司股价,如股利分配比例下降会给投资者传递公司的经营前景不太好的信号,会使公司股价下降,加权资本成本提高;③投资者对股利风险以及对资本增加值风险的看法;④资本结构的弹性,公司债务与股东权益之间应该有一个最优的比例(最优资本结构),在这个最优的比例上,公司价值最大或它的平均资本成本最低。平均资本成本曲线的形状很大程度上说明公司资本结构的弹性有多大。如果平均资本成本曲线弯度较大,说明债务比率的变化对资本成本的影响较大,资本结构的弹性就小,股利分配在资本结构弹性小的公司比弹性大的公司要重要得多。

▶ 5. 股利分配的惯性

要考虑企业历年采取的股利分配政策的连续性和稳定性。一旦决定做重大调整,就应该充分估计到这些调整在企业声誉、企业股票价格、负债能力、市场信号等方面带来的一系列后果。在财务运作中,为什么特别强调采用稳定的或稳定增长的股利分配战略呢?因为股利分配政策是投资者获得有关公司运营、财务效益信息的一条重要渠道。稳定的股利分配政策是一种信号,它告诉人们该公司的经营活动是稳健的。相反,如果股利分配政策波动很大,人们会感到这家公司的经营风险很大,就会使投资者预期的必要报酬率提高,使公司的股票下跌。此外,有些股东靠股利生活和消费,他们希望能定期有一笔固定的收入。如果分配政策经常波动,他们就不愿意买这样的股票,同样也会使股票价格下降。所以,一般情况下,股利分配政策不宜经常改变

▶ 6. 拟订可行的股利分配备选方案

综合以上各种因素,企业可以拟订出可行的股利分配备选方案,然后按照企业战略的要求对各种备选方案进行分析和评价,从中选出与企业战略协调一致的股利分配战略方案。

股利分配战略的特点之一,在于它是从企业战略的总体要求出发来决定股利的分配,因此不同的企业战略通常要求不同的股利分配政策。企业战略对股利分配方案的要求主要体现在以下三个方面:①股利分配方案应优先满足企业战略实施所需的资金,并与企业战略预期的现金流量状况保持协调一致;②股利分配方案应能传达管理部门想要传达的信息,尽力创造并维持一个企业战略所需的良好环境;③股利分配方案,必须把股东们的短期利益与长期利益很好地结合起来。

从企业生命周期来看,在初创期,给投资者分红是不现实的,对公司的发展也是不利的,另外从法律上来看也不允许,因为分红的首要条件是有可供分配的净利润。在成长期,公司有了一定的利润,分红成为可能,但是仍然是比较艰难的,此时可选择低现金股利加额外的股利分配政策,并且尽量采用股票方式支付股利。因为这个阶段,公司在各个方面都需要大量的资金投入。对于投资人而言,在成长期,吸引他们投资的主要原因还是

基于未来高成长的预期而不是分红。在成熟期，可以适度增加股利支付率，并保持长期持续稳定。这个时候，投资人的期望也从高成长预期转到希望分配更多的利润。在衰退期，公司拥有较充裕的自由现金流，可以保持稳定的股利分配策略。

拓展案例

千亿融资，万亿市值，是豪赌还是战略？

本章小结

> 财务战略可以从两个角度进行分类：从公司发展阶段的角度，可以把财务战略划分为扩张型财务战略、稳定型财务战略和收缩型财务战略；从公司财务战略的内容出发，可以将财务战略分为投资战略、融资战略和股利分配战略。
>
> 投资战略既是财务战略的一个部分，同时也是企业总体战略的核心。从战略的角度看，企业投资可分为战略投资和财务投资两种类型。投资战略可以从企业或产品发展的阶段和投资的业务领域2个角度进行分类。在制定投资战略时，可以使用SWOT分析法、波士顿矩阵分析法、通用电气矩阵分析法、生命周期分析法和波特五力分析法等方法进行分析。
>
> 企业在制定融资战略时，需要考虑资本结构的合理性和灵活性，还有考虑到企业所处的生命周期阶段。企业融资可以分为内源性融资和外源性融资；外源性融资通常包括权益融资、债务融资和介于两者之间的混合融资方式。
>
> 股利分配战略是基于公司战略的总体要求和内外部环境的发展态势，对股利分配政策所做的全局性和长期性的谋划。企业的股利分配战略要受企业内外多种因素的影响，所以制定股利分配战略必须首先分析和弄清楚这些因素，然后拟订出可行的股利分配备选方案。

在线自测

第五章 企业绩效管理与激励

> **学习目标**
> 1. 理解绩效考核和绩效管理的关系
> 2. 掌握绩效管理的主要工具
> 3. 熟悉主要的绩效评价指标
> 4. 掌握激励,尤其是股权激励的主要方式

案例导入

药明康德:股权激励方案,充满了怎样的魅力?

药明康德(股票代码:603259.SH/2359.HK)是医药研发龙头企业,2021年市值曾高达3 700多亿元。其员工人数超过45 000人,其中科研人员竟然超过42 000人!自2018年二次上市以来,已多次实施股权激励。

药明康德的股权激励方案,到底具有怎样的魅力?我们以药明康德推出的《2018年限制性股票与股票期权激励计划(草案)》(简称《2018激励计划》)和《2019年限制性股票与股票期权激励计划(草案)》(简称《2019激励计划》)为例进行分析。

(1)股权激励的目的。首先,股权激励是为了吸引和留住优秀人才,充分调动公司核心骨干人员的积极性,有效地将股东利益、公司利益和核心团队个人利益结合在一起。其次,股权激励可建立长效激励机制,着眼于公司的长远发展。这表明股权激励是一种长期性激励机制。

(2)激励对象。上述两个激励计划都明确包括公司董事、公司高层(高级)管理人员、公司中层管理人员及技术骨干、公司基层管理人员及技术人员。可以看出,激励对象是核心骨干人员。《2018激励计划》中激励对象共计1 528人,按照2018年度报告公司总人数共17 730人,因此激励对象大约占员工总人数的8.6%。《2019激励计划》中激励对象上升到2 534人。

(3)激励工具。激励工具包括限制性股票和股票期权,这与中国证监会发布的《上市公司股权激励管理办法》(2018年修订,简称《管理办法》)所涉及股权激励的种类是一致的。

(4)激励方案内容。《2018激励计划》规定拟向激励对象授予权益总计885.69万份,约占公司股本总额的0.85%。其中,首次授予激励工具为限制性股票的共708.55万股,占拟授予权益总额的80%;预留激励工具为限制性股票或股票期权共177.14万份,占拟授予权益总额的20%。《2019激励计划》中,首次授予激励工具为限制性股票与股票期权,预留激励工具也是限制性股票或股票期权。公司拟向激励对象授予限制性股票1 365.78万股,占公司股本总额的0.83%。

(5)授予价格。《2018激励计划》规定首次授予限制性股票的授予价格为45.53元/股。即满足授予条件后,激励对象可以每股45.53元的价格购买限制性股票。授予价格的定价依据和定价方式完全遵照《管理办法》的规定,即授予价格不低于股票票面金额,且不低于下列价格较高

者：①激励计划公告前1个交易日公司股票交易均价73.12元/股的50%，为每股36.57元；②激励计划公告前20个交易日公司股票交易均价91.05元/股的50%，为每股45.53元。《2019激励计划》授予价格定价依据和定价方式与之相同，授予价格为32.44元/股。

(6)授予条件。首次授予权益的考核指标分为两个层面：公司层面业绩考核和个人层面绩效考核。公司层面选取营业收入增长率作为业绩考核指标。公司认为，由于公司营业收入以美元结算为主，而近半年人民币兑美元汇率波动较大，营业收入增长率相比净利润增长率更能真实衡量企业经营状况和市场占有能力，是预测企业经营业务拓展趋势和成长性的有效指标。经过合理预测并兼顾激励作用，设定了以2017年营业收入为基数，2018—2020年营业收入增长率分别不低于15%、30%、45%的业绩考核目标。除公司层面的业绩考核外，公司对个人还设置了严密的绩效考核体系，能够对激励对象的工作绩效做出较为准确、全面的综合评价。公司将根据激励对象前一年度绩效考评结果，确定激励对象个人是否达到解除限售的条件。

(7)限制性股票的限售期。首次授予各批次限制性股票的限售期分别为自首次授予登记完成之日起12个月、24个月、36个月。激励对象根据本激励计划获授的限制性股票在解除限售前不得转让、用于担保或偿还债务。这与《管理办法》的规定也是一致的。

综上所述，药明康德的股权激励方案充分体现了股权激励作为一种创新的激励方式在吸引和留住人才方面发挥的巨大作用。当然，这首先是基于药明康德对人才的重视。同时，股权激励作为一种长效的激励机制，对于公司的长远发展具有重要的意义。这一点，我们也能够从药明康德实施股权激励的力度和公司的稳步、快速成长中感受到。

资料来源：根据上海证券交易所药明康德年度报告和相关公告整理。

案例思考：
1. 药明康德的股权激励方案是怎么留住核心员工的？
2. 股权激励对企业发展有什么影响？

第一节 绩效管理概述

一、什么是绩效

绩效，或说业绩，在英文中使用"performance"一词表达。《现代汉语词典》将"绩效"解释为"成绩；成效"，将"业绩"解释为"建立的功劳和完成的事业；成就"。关于绩效的含义，学术界有许多种不同的解释，概括起来主要有三种观点。

(1)绩效产出说。该学说认为，绩效是结果，是员工行为过程的产出。这是人们早期对绩效的理解。因为"绩效"最初主要是针对一线生产工人或体力劳动者而言，工作相对比较简单，衡量绩效的主要标准就是完成任务的结果如何。绩效产出说的主要代表人物是伯纳丁(H. J. Bernardin)。

(2)绩效行为说。该学说认为：绩效是行为；绩效不是行为结果，而是行为本身；绩效是员工在工作过程中所表现出来的一系列的行为特征，包括工作能力、工作态度、协作意识等。首先，工作结果并不一定是个体行为所致，因为结果会受到许多与工作无关因素的影响；其次，过分关注结果会导致忽视重要的过程和行为因素。不能适当地强调结果还可能在企业内部产生一些负面的影响。这一学说的代表人物主要有墨菲(Murphy)、克利夫兰(Cleveland)和莱瑟姆(Gary P. Latham)等。

（3）绩效综合说。该学说认为，绩效是产出与行为的综合，行为本身也是绩效的一部分。在绩效考核中，如果只考虑"行为"，似乎更公平合理，但是缺乏目标激励，对员工的考核也很难明确。从实际操作上来看，单纯的对"行为"进行评判，缺乏有效的评判标准，实施起来也较为困难。反之，单纯的考虑"结果"，则有失偏颇，也会带来很多负面影响，比如工作导向出现偏差，不利于团队合作和资源的合理配置等。

目前，越来越多的学者认为，在绩效管理中应采用较为宽泛的绩效概念，即包括行为和结果两个方面。行为不仅仅是结果的工具，行为本身也是结果。而且，随着社会的发展和科技的进步，工作的复杂程度越来越高，产出和行为本身也越来越难以割裂开来。

综上所述，我们可以把绩效定义为：绩效是产出与行为的综合，是为实现企业总体战略目标而体现在企业不同层面上的行为及其结果。"绩效"这个概念包含如下两层含义。其一，绩效的内容和形式必须与企业战略保持一致，绩效考核的目的是更好地落实企业的战略。其二，绩效是一个多层次、多维度的有机系统。从行为主体的角度，可以将绩效分为组织绩效、群体绩效和个人绩效三个层次。这三个层次密切相关，在实施绩效管理时需要自上而下层层分解，自下而上层层支撑。组织绩效具有最高的战略价值，是绩效管理的最高目标。组织绩效和群体绩效是通过个人绩效来实现的，个人绩效只有通过群体绩效和组织绩效才能体现出来。

二、绩效考核和绩效管理

（一）绩效考核定义

绩效考核是企业人力资源管理中一个核心且敏感的话题。绩效考核，又称绩效评价或业绩评价，是指企业考评主体运用系统的方法和工具，对各业务单位、部门或员工在一定时期内的工作行为和结果进行的有组织的考核和评价。

绩效考核的优点在于：有明确的目标导向，通过将被考核者的收入与考核结果联系起来，能够督促或激励员工，调动员工的积极性；同时，绩效考核也是对前一时期工作的反思和总结，通过绩效考核总结经验教训有利于未来工作的开展和战略目标的实现。

但是在实践中，绩效考核也存在很多问题。绩效考核重结果轻过程，不利于企业的长期发展，不利于员工的成长。员工的绩效改善了，是由于利益的驱使，还是对惩罚的恐惧呢？他认同企业价值观吗？绩效考核常常被异化为一种管理工具，而管理者如果只是一个纯粹的考核者，就会与被管理者之间产生对立和冲突，对整个组织的发展也是不利的。另外，有些工作是无法用明确的工作标准来衡量的。

（二）绩效管理定义

绩效管理是指企业的管理者与员工就考核目标的确定及如何达成考核目标达成一致意见，通过激励和帮助员工取得较好的业绩从而实现组织目标的管理方法。关于绩效管理的内涵，有以下三种主要的观点：①绩效管理主要是管理组织绩效；②绩效管理主要是管理员工绩效；③在前两种观点的基础上，综合形成了第三种观点，即认为绩效管理是综合管理组织与员工绩效的系统。本书认为第三种观点更为科学，绩效管理是把对组织的管理和对员工的管理结合在一起的一个完整的动态的管理系统。绩效管理具有如下特点。

（1）绩效管理是一个完整的管理系统。绩效管理不是单向的对员工的考核。在这个系统中，管理者不再是单纯的管理者，而是需要与员工就绩效的评价标准、绩效目标、绩效管理的实现方式等进行充分的沟通；员工也不再是绩效考核的被动接受者，而是积极参与绩效目标的制定。

（2）绩效管理是一个全局性的管理系统。绩效管理不再是仅仅关注事后的考核，而且把事前的计划、事中的管理和事后的考核结合在一起的有机整体。绩效管理的最终目的是提高整个组织的绩效而不仅仅是考核。

（3）绩效管理是一个动态调整的循环过程。绩效管理不再是静态的、一次性的，而是包含计划、实施、评价和总结反馈等环节的持续的循环过程。在这个过程中，需要对存在问题的环节不断进行动态调整。

（4）绩效管理是目标导向性的。它要求通过一个系统化管理机制，把企业的使命、愿景、核心价值观、战略目标等层层传递给员工，使得员工的个人目标与企业的战略目标相结合，从而最终实现整个组织的目标。

（5）绩效管理强调以人为本。绩效管理的目的不再是仅仅对员工的行为和结果进行考核，而是以人为本，重视员工的发展，促进企业和员工共同成长。在完成组织目标的同时，实现员工个人的目标，从而达到多赢的结果。

（6）绩效管理强调沟通。绩效管理要求管理者和员工进行充分的沟通、协商合作，营造良好的人际关系氛围，使得员工的行动由不自觉到自觉，由被动变主动，充分发挥每个员工的潜力。

（7）绩效管理强调学习与发展。管理者的职责不仅仅是管理，还要营造良好的学习氛围，通过提供培训、指导和支持等，促使员工不断学习，不断提高岗位胜任能力，形成学习型和发展型的组织。

（三）绩效考核和绩效管理的区别

绩效考核和绩效管理这两个概念看似相近，实际上却具有本质的区别。

（1）绩效管理是以企业战略为中心的，整个绩效管理体系都是为企业战略服务的，所以考核的目的不单单是衡量，更重要的是起到一个促进和激励的作用。但是绩效考核的目的主要是为了衡量员工的工作结果和水平，绩效考核仅仅是绩效管理体系的一个关键环节。

（2）绩效管理是对整个过程的监督管理与考核，它贯穿于整个的日常工作中。绩效管理是把事前的计划、事中的管理和事后的考核结合在一起的有机系统。但是绩效考核只是对某一个时间段进行的考核。

（3）绩效管理的最终目的是提高整个组织的绩效而不仅仅是考核。但是绩效考核重点是事后的考核和评估。

（4）绩效管理是一个双向的动态循环过程，被考核者不是被动地接受，而是主动参与进来。而绩效考核更多的是自上而下的一个单向的行为，被考核者只是被动地接受。

（5）绩效管理是将员工个人的目标和组织的目标一致起来，成为员工的自觉行动，从而有利于实现整个组织的目标。但是绩效考核难以将员工的目标和整个组织的目标联系起来。

（6）绩效管理具有前瞻性，它既关注过去，更关注未来，从战略的角度去规划整个企业和员工的未来发展。而绩效考核仅仅是一个阶段性的考核和总结，它关注的是过去的工作成果。

（7）绩效管理是一个完整的动态系统，它既注重整个组织的竞争力、价值观和企业文化的提升，也重视员工能力的提升，达到员工和企业双赢的效果。而绩效考核只关注员工的考核结果。

（8）绩效管理能够促进管理者和员工之间建立一个互信合作的伙伴关系，让双方朝着共同的目标去努力。但是绩效考核更多的是管理，员工处于被动地位。

（9）绩效管理通过绩效来进行导向，其最终目的是建立企业的绩效文化，形成一个具有激励作用的能够激发大家积极性和创造性的工作氛围。而绩效考核更多的是起到监督的作用。

（10）绩效管理希望通过评价来确定员工的绩效水平，最终激励员工努力工作。但绩效考核仅仅注重评价。

综上所述，绩效管理不是企业管理的一个环节或者一个步骤，而是具有全局性的、战略性的管理工具。通过绩效管理，可以促进企业进行全局性发展，促进企业战略目标的实现；通过绩效管理可以提升整个组织和员工的绩效，能够提升整个团队的潜能，使得整个组织不断获得成功；通过绩效管理，可以帮助企业实现绩效的持续发展。因此，我们应该将绩效管理上升到战略的高度，成为战略性绩效管理，使它与传统的绩效考核区别开来。

第二节　绩效评价指标

传统的企业绩效评价方式大多采用财务指标，但单纯地使用财务指标来衡量绩效会带来很多问题。因为财务指标反映的只是经营行为的结果，单纯以结果为导向会导致管理者和员工只重结果而忽视过程。财务指标反映的是过去的经营成果，不具有前瞻性，而且单纯使用财务指标还容易导致指标操作。引外，企业的绩效受到众多因素的影响，如果单纯地采用财务指标来衡量，就会导致评价的片面性。因此，就需要将财务指标和非财务指标结合起来进行绩效评价。但财务指标在绩效管理指标体系中仍占有重要的地位。

一、单一财务指标

在绩效管理中，采用的财务指标通常包括税后利润、每股收益、市盈率、资产收益率、权益收益率、投资报酬率、托宾 Q 值等。

▶ 1. 税后利润

税后利润可以直接从会计报表上取得，与其他评价指标相比，获取成本最小。但是该指标很容易被企业管理层利用，从而造成这一指标很大程度上的失真。

▶ 2. 每股收益

每股收益（EPS）是指本年净收益与年末普通股总股数的比值。该指标是衡量上市公司盈利能力最重要的一个财务指标，它反映了普通股的获利水平。利用该指标可以对公司的经营业绩和盈利进行预测比较，以掌握该公司的管理能力。由于公司管理者一般相信投资者对这一指标高度重视，因此会导致企业采取操纵盈利的行为。同时，该指标采用相对数形式，使投资者不能对股价不同的公司进行比较。即使对同一公司，由于股价经常变动，也不能用于历史比较，因此该指标仅仅作为衡量财务绩效的一个传统指标，并不能完整地反映公司价值的真实性。

▶ 3. 市盈率

市盈率是指普通股每股市价相对于每股收益的倍数，其计算公式为：

$$市盈率=\frac{每股市价}{每股收益}$$

市盈率反映了在每股盈利不变，派息率为 100%，所得股息没有进行再投资的条件下，经过多少年可以通过股息全部收回投资。一般情况下，如果一只股票市盈率越低，表明投资回收期越短，因此投资风险就越小，股票的投资价值就越大；反之，则结论相反。

使用市盈率指标时应该注意该指标不能用于不同行业公司的比较。市盈率的高低受到多种因素的影响，尤其是股票价格波动的影响。通常情况下，高成长性公司市盈率普遍较高，而成熟公司的市盈率较低。

4. 资产收益率

资产收益率(ROA)又称资产净利率，衡量的是单位货币资产所带来的净利润的大小。其计算公式为：

$$资产收益率 = \frac{净利润}{总资产}$$

一般情况下企业的资产是由权益和负债组成的。资产收益率是一个综合指标，它反映了企业总资产的盈利能力。

5. 权益收益率

权益收益率(ROE)又称净资产收益率，是指企业在一定时期内净利润与总权益的比率。其计算公式为：

$$权益收益率 = \frac{净利润}{总权益}$$

它衡量的是企业净资产的盈利能力。但该指标容易被操纵，并且也没有考虑资本结构和经营风险等方面的影响。

6. 投资报酬率

20世纪70年代，麦尔尼斯(Melnnes)通过对30家美国跨国公司1971年的业绩进行评价分析，提出企业最适用的业绩评价指标首先为投资报酬率。投资报酬率是用净收入(扣除折旧，但不扣除长期负债的利息)除以净资产(全部资产减去商誉和其他无形资产以及折旧准备和负债)来计算。

投资报酬率法在评价企业业绩时有以下优点：①把净收入和所占用的资本相联系，充分考虑了规模差异对业绩评估的影响；②数据的获得相对容易，计算简单；③各期的投资报酬率具有相对的可比性。其缺点表现在：由于计算数据来自财务报告，公司经营者有可能通过有目的地增加分子(增加净收入)或减少分母(减少投资额)来增大投资报酬率，从而导致该指标失真。

7. 托宾Q值

托宾Q值由诺贝尔经济学奖得主詹姆斯·托宾(James Tobin)于1969年提出。托宾Q值是公司的市场价值对其资产重置成本的比率，反映的是一个企业两种不同价值估计的比值。其计算公式为：

$$Q = \frac{企业的市场价值}{企业资产重置成本}$$

当$Q>1$时，购买新生产的资本产品更有利，这会增加投资的需求；当$Q<1$时，购买现成的资本产品比新生成的资本产品更便宜，这样就会减少资本需求。由于在计算企业资产重置成本时，往往缺乏足够的数据信息，因此这种方法在实际运用中存在较大困难。

二、调整的财务指标

传统的以利润为核心的财务类指标存在一些明显的缺陷，比如难以反映企业绩效的全貌，容易被人为操纵等。因而，在绩效管理中出现了基于股东价值，通过对财务指标进行调整而形成的创新形式的指标。在这些指标中，最具代表性的是经济增加值。

(一)经济增加值的产生

1. 剩余收益

现代企业由于所有权和经营权的分离，导致企业的股东和经理人之间存在严重的信息不对称。经理人经常侵犯股东的利益，形成内部人控制。造成内部人控制的另一个重要原因，就是用于披露和反映上市公司的会计指标存在缺陷，我们一直以会计净收益或转化成的每股收益作为上市公司业绩评价的主要指标，证券市场和金融界更是如此。根据市盈率相对维持不变的假设，随着每股收益的增加，公司的股价会相应上涨，这种快速的价值评估方法有其相当的简便性，但不合理性也较突出。正因如此，人们转而用剩余收益对企业业绩进行评价和衡量，从而形成了经济增加值的理论基础。剩余收益的计算公式为：

$$剩余收益 = 部门利润 - 部门资产应计报酬$$

$$剩余收益 = 部门利润 - 部门资产 \times 资金成本率$$

该指标的直观含义是，在某一会计期间，企业是否赚到了足够的利润来满足债权人和所有者所要求的最低收益。但剩余收益是绝对数指标，不便用于不同部门之间的比较，这是因为规模大的部门更容易获得较大的剩余收益，而它们的投资效率未必就高。

应该说，剩余收益是一种评价企业投资责任中心的有用的财务指标，它克服了由于使用比率来衡量部门业绩带来的次优化问题，可以利用它来反映利润和投资之间的关系。

采用该方法的优点：①可以使业绩评价与企业目标协调一致，引导部门经理采纳高于企业整体资金成本的决策；②允许使用不同风险调整资金成本，从而使得不同部门或不同资产可以采用不同的资本成本率，使企业的业绩评价与企业目标协调一致，克服了投资报酬率指标的不足。

但剩余收益指标作为单一期间的业绩指标存在缺陷。如有关利息费用和资本配置方面，有人认为在对部门经理进行评价时，不应把利息包括在内。因为重大的投资决策是企业最高管理层做出的，这些决策的作用只能在将整个企业作为一个整体时才能看出来。对部门经理而言，机会成本只有在决策时才是相关的，因此在事后进行评价时把利息计算在内只会导致次优决策。而且，由于剩余收益指标的采用是与投资决策权的下放相联系的，而企业的资本是有限的，将重大决策权在企业层级中进行授权，忽视了部门与目标之间的相互作用，会导致资金配置上的浪费，造成价值损失。此外，将剩余收益指标作为单一期间的业绩指标，会导致管理行为短期化的缺陷。尽管项目剩余收益的现值之和等于净现值，但每个期间的剩余收益却无法与净现值模型保持一致。

在各期间的超额货币收益与剩余收益并不相等，剩余收益是以公认的会计原则为基础计算的，无法体现真正的经济现实，从而为经理人员通过减少资产基础来操纵收益或调节利润在各个期间的分布等提供了可能。因此，要使每个期间的超额货币收益等于剩余收益，一种方法是对会计账面价值进行调整，使其等于经济价值；另一种方法是不对会计账面价值调整而使剩余收益等于经济收益，这要求商誉价值必须和资本成本增长的速度相同，而这种情况很少存在。基于此，作为一种企业业绩评价指标，经济增加值（Economic Value Added，EVA）在剩余收益概念的基础上发展起来了。

▶ **2. 经济增加值**

确切地说，经济增加值的理论渊源出自经济学家莫顿·米勒和弗兰克·莫迪利安尼1958—1961年关于公司价值的经济模型的一系列论文，由美国思腾思特财务咨询公司（Stern Stewart & Co.）于20世纪80年代提出，此后在西方学术界和实务界受到了广泛的重视和采纳。思腾思特公司认为，企业经营的成功与否取决于其创造的经济价值是否超过投入资本的价值。

简而言之，经济增加值是企业扣除了为产生利润而投资的资本成本后所剩下的利润。它是一种集业绩评价、激励补偿、管理理念于一体的管理评价指标，也是基于会计系统的企业业绩评估指标。该指标不仅是一种有效的企业业绩度量指标，还是一个全面财务管理的架构，是经理人员和员工薪酬的激励机制，是决策与战略评估、资金运用、兼并或出售定价的基础理念该指标首先在美国得到迅速推广，以可口可乐、美国电话电报和美国邮政局等公司为代表的一批美国公司从20世纪80年代中期开始，就尝试将其作为衡量业绩的指标引入公司的内部管理之中，并以经济增加值最大化作为公司目标。

经济增加值的基本理念是投入资本获得的收益至少要能补偿投资者承担的风险，也就是说股东必须赚取至少等于资本市场上类似风险投资的平均收益率。经济增加值作为一种新型的企业绩效评价指标，能够比较准确地反映企业在一定时期为投资者创造的价值，因此，经济增加值又被称为经济利润。经济增加值的增长和市场增加值的增长之间有显著的关联，增长的经济增加值通常预示着市场增加值的增加，但是二者并没有一对一的相关性，因为股票市场的价格反映的不是当前的业绩，而是投资者对未来的预期。如果预期是不现实的，则说明当前的价格过高或过低。由于市场增加值的大小取决于未来经济增加值的折现值，因此，经济增加值被认为是在所有的企业业绩评价指标中与股东财富联系最为紧密的业绩评价指标，也是促进企业创造股东财富的战略管理工具。其基本公式为：

$$经济增加值＝税后利润－投入资本×加权资本成本$$

可见，经济增加值的计算结果取决于税后利润和资本总额两个变量。税后利润实际上是在不涉及资本结构的情况下由企业经营所获得的，反映企业资产的盈利能力。计算时需对某些会计报表科目的处理方法进行调整，以消除根据《企业会计准则》编制的财务报表对企业真实情况的扭曲。资本总额是指所有投资者投入公司经营的全部资金的账面价值，包括债务资本和股东资本，但不包括商业信用负债，因此，可以将其理解为公司全部资产减去商业信用负债后的净值。

资本成本既包括债务资本成本，也包括股权资本成本。资本成本的确定需要参考资本市场的历史数据。若经济增加值为正，则表示公司获得的收益大于其投入资本的加权资本，即经营者为股东创造了新的价值；若经济增加值为负，则损害了股东的利益。

用经济增加值指标评价企业业绩的基本思路是：投资者投入的资本是有成本的，只有当企业的收益超过其资本成本时，才能为股东创造价值。因此，投资者从企业至少应获得其投资机会成本。这意味着，从经营利润中扣除按权益的经济价值计算的资本机会成本后，才是股东从经营活动中得到的增值收益。这一评价指标与股东财富最大化联系较紧密，较好地体现了企业的财务目标，并且较好地评价了企业的业绩。

（二）经济增加值的激励系统

经济增加值的成功应用，主要在于精心设计一个经济增加值激励方案，这也是一种新的业绩评价指标的核心管理职能。

经济增加值中的准所有者观念是经济增加值理论的核心观念。将经理人转变为准所有者是通过经济增加值独特的奖金计划完成的。

在计算经理人员的奖金时，传统的奖励计划一般会规定一个基准的业绩水平和奖金上限。如果经理人员达不到最低基准业绩，则不能获得奖金；如果超过基本业绩，则奖金会随着业绩水平的增加而增加，但有一定的上限。之所以这么做，无非是因为如果经理人员知道一个期间的奖金支付额不受高点业绩的限制，则他们会有强烈的动机进行盈余操纵或牺牲未来业绩以提高目前的业绩。但这种奖金计划可能导致的问题是，当业绩明显超过最高奖金点的业绩，或当经理发觉即使付出努力再大也无法达到最低要求时，就不能激发管理者努力工作的潜力。这种奖励制度的后果必然导致与制度进行博弈的不良激励。管理者会与上司争取容易实现的计划目标，从而不利于业绩的改进。因此，经济增加值采取了将经理转变为准所有者的方式，这样不仅可以避免经理采取债权人的思维方式和行为，而且在经理人实际上不是企业所有者的情况下，仍可以促使经理人的利益和股东的利益取得一致。同时，经济增加值采取的是企业实体的业绩观念，这也迫使准所有者承受企业整个范围内的实体业绩变动的风险，在一定程度上可以缓解股东将企业的剩余风险转移给债权人的可能性。

从理论上讲，经济增加值可以解决传统奖金计划产生的盈余操控行为和投资管理行为的短期化问题。因为尽管会计期间的不同利润分布改变了利润及与其相关的奖金限制，但由于提前确认收益所带来的考虑货币时间价值的利益会被未来期间经济增加值计算的资本成本所抵消。因此，经济增加值的现值不会随着利润在会计期间的不同分布而发生变化。如果奖金与经济增加值直接挂钩，奖金的价值也不会因在会计期间进行的利润操纵而改变。但实际上单凭经济增加值指标本身无法解决盈余操控所导致的一系列问题。如假设经理人进行收益操纵而导致当前经济增加值为正，未来经济增加值为负，则从整个项目期间来说，经济增加值和奖金限制都不会由此发生改变。但若企业经理在负的经济增加值效应发生之前更换了工作，经济增加值作为一个最佳财务业绩评价指标的合理性也就不复存在了。由此可见，在经济增加值业绩评价系统中，经理人可能存在加速确认会计收益的强烈动机。

因此，在经济增加值系统中，通过设置奖金银行账户可以解决此类问题。具体做法是：将奖金计酬与奖金的支付分隔开来，根据经济增加值计算经理人当期的奖金并记入经理人的奖金银行账户。该期间奖金银行账户的期初余额为以前期间尚未支付的奖金数额。本期的奖金按奖金银行账户最新余额的一定比例支付。支付的比例一般为奖金银行账户余额的⅓，奖金银行账户的期末余额逐年结转下期。如果期末奖金银行账户的余额为负，则本年对经理人不进行奖金支付。经济增加值激励系统的实质在于它能够促进经济增加值衡量方案和整个经济增加值管理系统致力达到的目标，即实现股东价值目标。

相对于传统的奖金计划来说，经济增加值激励系统的特点：①由于考虑了资本成本，只对超过资本成本部分的增加值提供奖励，从而将奖金数量与管理者为股东创造的财富紧密联系起来，有利于引导经理人员的管理行为；②可以使经理人员的奖金真正与业绩挂钩，有效减少了经理人员的盈余管理动机；③按照计划目标设奖，可以比较有效地缓解经理人由于资本成本的杠杆效应而导致提前确认收入的动机；④可以减少经理人采取短期行为以体现良好的短期业绩和在收益操纵的不良后果出现之前更换工作的动机，避免离职的风险。同时，可以对那些通过某种手段使前期业绩优良而后期业绩不佳的经理人进行惩罚；⑤可以消除传统业绩评价系统中每年确定业绩目标时出现的讨价还价行为。

（三）经济增加值的优势与不足

▶ 1. 经济增加值的优势

经济增加值的应用不仅是一种理念，还是一种有效的员工激励制度，更是一种促进企业持续改进其经营和战略的管理体系。它不仅是财务上计算出的一种结果，用以说明企业的财务状况，而且涉及企业的各项管理工作，包括设计、生产、营销、财务业绩、组织结构的改进等，从而增加股东乃至所有企业利益相关者的价值。采用经济增加值指标的目的在于消除管理中的主观性，将预期的业绩由内部的预算标准转变为外部以市场为基础的价值增值要求；可以形成一个财务政策、财务程序、财务指标和计量方法相结合的财务管理系统，用于指导和控制企业的经营和战略，有助于追溯导致企业业绩变化的战略和经营方面的因素，为改进管理提供依据。

尽管经济增加值指标的应用有各种不同的争议，但与传统财务评价指标相比还是具有一定优势的。

(1) 考虑了资本的机会成本。如果企业的资金完全来自股东，那么资本成本就可以用必要的权益报酬率来衡量。但多数企业采用资本组合的方式，所以必须用加权平均资本成本来衡量资金的机会成本。经济增加值弥补了传统会计指标的缺陷，计量考虑了所有的资本成本，所以能够更准确地衡量企业为股东所创造的财富，以一种较易理解的方式促进经营者对投资收益、资产利用给予充分的关注，有助于促进经营战略和经营决策的协调。同时，也间接解决了委托和受托责任界定问题。

(2) 重视了股东的权益。经济增加值方法克服了股东财富最大化目标无法真正付诸实施的缺憾，为维护股东权益迈出了第一步。经济增加值能促使经营者更加关注企业资本的增值和股东财富的增加，从而有效地解决股东和经营者之间的代理冲突，为企业的可持续发展奠定坚实的基础。

(3) 遏制了企业经营者的短期行为。企业经理人的薪酬是与利润密切相关的，因此他们会高度关注企业的市场份额和会计利润，而忽视对企业营运资金的管理，因为营运资金的增长与他们的直接利益不挂钩。而企业的营运资金对于企业而言是个非常关键的问题，因为企业高速成长时，需要大量的资金投入，风险也随之增加。通常企业营运资本需求的增长率要快于销售和利润的增长率，当企业过度负债时，资本结构相对不稳定，企业随时会陷入现金流量和现金支付能力的危机。一旦企业经营获利能力低于企业的加权平均资本成本，就意味着经济增加值小于零，企业便不创造价值了，如果无法不断筹集到资金，企业马上会面临破产的风险。所以，应用经济增加值指标既能鼓励经营者在为企业的长远利益进行投资决策，又能防止经营者短期行为的发生，使之注重企业的可持续发展。

(4) 有利于提升企业价值。当以经济增加值作为评价企业经营业绩的主要指标时，会促使企业经理人必须考虑所有资本的回报，更为真实地反映企业的经营业绩，而经营业绩的好坏直接影响着企业的管理行为；以经济增加值作为企业的绩效评价指标，能使企业更为谨慎地使用资产，快速处理不良资产，减少消耗性资产的占用量，减少不必要的规模扩张，有利于企业提升自身的价值和创造能力。

(5) 将业绩评价由内部化推向市场化。当我们考虑所占用资本的机会成本时，必然要考虑投资的市场机会。采用经济增加值指标时，由于资产占用按市场价值计算，从而综合考虑了现有经营效益和未来发展能力，有助于提高市场化程度，使业绩评价更为全面和公正。

(6) 能够较好地解决上市公司分散经营中的问题。利用经济增加值不仅可以使企业的下属各部门根据各自的资本成本来确定各部门的经济增加值，而且公司总部也可根据公司的总体规划、总资产及部门的经济增加值指标综合制定公司的经济增加值目标，使上市公司分散经营中存在的问题得以解决。

▶ 2. 经济增加值的不足

(1) 容易刺激管理层的短期行为。根据经济增加值理论，如果某个部门目前的收益比较高，该部门将获得较高的奖励。未来即使亏损也可能与其经理人的奖励无关，从而刺激经理人采取一些短期行为。同时，由于经济增加值是一个计算数字，它依赖于收入实现和费用确认的财务会计处理方法。为了提高部门的经济增加值，部门经理可能通过设计决策的顺序操作指标，其结果会造成激励失灵。

(2) 不易准确地进行企业间的比较。经济增加值是绝对数，对于不同规模的企业来说，该指标不具有可比性。与净现值法相比，经济增加值很少能用于资本预算。

（3）无法解释企业内在的成长性机会。由于经济增加值在计算过程中对会计信息进行调整，这些调整可能影响到企业，使其不能正确地向市场传递有关企业未来发展机会的信息。一方面，经济增加值指标比其他指标更接近企业真正创造的财富；而另一方面，经济增加值指标降低了与股票市场的相关性。

（4）经济增加值对会计利润的调整存在不完全性，无法解决以剩余收益为基础的估价关系中存在的问题。

三、非财务指标

非财务指标大致可以分为市场、客户、员工、创新和社会责任等方面。

▶ 1. 市场占有率

市场占有率是指企业的某种商品销售量（额）占该种商品市场总量（额）的比率，其计算公式为：

$$市场占有率 = \frac{某种商品销售量（额）}{该种商品市场总量（额）} \times 100\%$$

市场占有率反映了某种产品所占市场份额的大小，也反映了该产品的竞争地位和对市场的控制能力。

▶ 2. 客户满意度

客户满意度对于企业的竞争能力具有重要的影响，只有努力提升客户满意度，才能不断扩大市场份额。客户满意度通常可以通过客户保持率、客户获得率、客户流失率及产品交货及时率等指标反映出来。

（1）客户保持率是指企业在一段时期内保留的客户与原有的客户量的比率。其计算公式为：

$$客户保持率 = \frac{期末客户量 - 本期新增客户量}{期初客户量} \times 100\%$$

一般情况下，客户保持率越高越好。如果客户保持率降低，应引起企业的高度重视。

（2）客户获得率是指企业在一段时期内新开发的客户与原有的客户量的比率。其计算公式为：

$$客户获得率 = \frac{期末客户量 - 期初客户量}{初期客户量} \times 100\%$$

客户获得率较高，说明该时期企业在开发新客户方面的业绩较好。如果客户获得率一直保持在较低的水平，就需要认真查找原因，并努力提升市场拓展能力。

（3）客户流失率是指企业在一段时期内流失的客户量与原有的客户量的比率。其计算公式如下：

$$客户流失率 = \frac{本期流失客户量}{期初客户量} \times 100\%$$

通常，客户流失率越低越好。如果客户流失率较高，说明企业的客户服务体系存在较大问题，需要尽快改进和提升。

（4）产品交货及时率表示指企业在一段时期内履行对客户所做承诺的程度。其计算公式如下：

$$产品交货及时率 = \frac{按时交货的数量}{需要交货的数量} \times 100\%$$

一般情况下，产品交货及时率越高越好。如果产品交货及时率较低，说明企业内部各部门沟通协调不畅或者客户服务体系存在一定的问题，需要及时改进。

3. 员工满意度

员工满意度主要是从员工的角度对企业的业绩做出评价，通常可以通过员工满意度、员工保持率、员工流失率等指标进行度量。

(1) 员工满意度是指员工在企业被满足程度的实际感受与其期望值的比率。其计算公式为：

$$员工满意度 = \frac{员工的实际感受}{员工对企业的期望值} \times 100\%$$

对员工满意度进行调查是人力资源管理工作的一项重要内容。不断提升员工满意度，对于保持经营管理团队的稳定性，留住人才，减少员工流失率具有重要作用。

(2) 员工保持率是指企业在一段时期内保留的员工数与员工总数的比率。其计算公式为：

$$员工保持率 = \frac{保留的员工数}{员工总数} \times 100\%$$

通常，员工保持率越高越好，但不能一概而论，因为该指标大小与企业所处的行业及企业所从事的具体业务性质有关。比如银行，通常其管理部门员工保持率较高，而市场部一线员工保持率较低。

(3) 员工流失率是指企业在一段时期内流失的员工数与员工总数的比率。其计算公式为：

$$员工流失率 = \frac{员工流失数}{员工总数} \times 100\%$$

显然，员工流失率越低越好。企业要发展，留住人才是关键，如何降低员工流失率，对于大多数企业来说是个重要的课题。

4. 创新指标

评价企业的创新能力，可以通过研发费用率、新产品研发费用率等指标来衡量。其中，研发费用率是企业在一段时间内研究开发费用与销售收入的比率，其计算公式为：

$$研发费用率 = \frac{研究开发费用}{销售收入} \times 100\%$$

企业的创新能力对企业的核心竞争力具有决定性的影响，而创新能力高度依赖研发费用。因此，研发费用率的高低，能够在一定程度上反映企业对创新能力的重视和企业创新能力的高低。当然，研发费用率的高低因行业不同而差异较大。

5. 社会责任指标

社会责任指标评价的目的是让企业与社会、与自然环境和谐发展，从而促进人类社会的可持续发展。由于工业化和城市化的发展，导致企业为了经济利益而产生了损害员工权益、浪费资源和污染环境等诸多社会问题。因此加强企业的社会责任势在必行。

随着现代社会的发展，在绩效考核中，非财务指标越来越受到重视，这是因为：有些非财务指标往往是影响企业成功的关键因素，比如员工的智力资本；有些指标虽然无法通过财务指标来衡量，如员工和客户对公司的满意程度等，但这些指标对于企业未来的财务业绩却有着重要的影响。当然非财务指标的使用也有一些不足之处，比如通常难以量化，缺乏统计上的可靠性，在考核中存在一定的争议等。

四、综合指标系统

(一) 杜邦分析法

杜邦分析法是利用各主要财务比率之间的内在联系，对企业的财务状况和经营成果进行综合分析评价的体系。该体系是一个多层次的财务比率分解体系，它以权益净利率为核心比率,将权益净利率分解为资产净利率和权益乘数的乘积,然后逐级向下分解,逐步覆盖企业经营活动的各个环节,系统全面地评价企业的财务和经营状况。杜邦分析体系及其分析方法首先由美国杜邦公司的经理创造,故称为杜邦财务分析体系。杜邦分析法基本的分解表达式为:

$$权益净利率=资产净利率×权益乘数$$
$$资产净利率=销售净利率×总资产周转率$$
$$权益净利率=销售净利率×总资产周转率×权益乘数$$

上面的公式将权益净利率分解为销售净利率、总资产周转率和权益乘数的乘积。权益净利率是股东投入和股东所得的比率,反映投资者投入资本的获利能力,是一个综合性很强的指标,概括了公司包括投资、筹资、资产运营等全部的财务成果和经营业绩。一般来讲,在完全的市场竞争条件下,同行业企业的权益净利率会比较接近。由于资本的逐利性,总是流向权益净利率高的企业。如果一个企业的权益净利率高于其他企业,就会引来竞争者,使企业的权益净利率降到平均水平。如果一个企业的权益净利率经常低于其他企业,没有足够的资金维持企业持续经营,企业会退出市场,幸存企业的权益净利率又会回到平均水平。权益净利率的高低取决于销售净利率、总资产周转率和财务杠杆比例,这三个比率分别反映了企业的盈利能力、资产管理能力和举债能力。

利用杜邦分析法进行综合分析时,可把各项财务指标间的关系绘制成杜邦分析图,如图 5-1 所示。

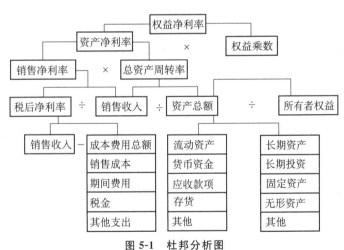

图 5-1　杜邦分析图

杜邦分析法将所有状况全面联系在一起,层层分解,逐步深入,构成一个完整的分析体系。它能较好地帮助管理者发现企业财务和经营管理中存在的问题,能够为改善企业经营管理提供十分有价值的信息,同时为投资者、债权人及政府评价企业提供依据,因而得到普遍的认同,并在实际工作中得到广泛的应用。

杜邦分析法的不足之处在于:传统的杜邦分析法通常局限于事后的财务分析,一般不具有事前预测、事中控制的作用,因而不能对决策、计划、控制提供广泛的帮助;传统的杜邦分析法数据来源于财务报表,没有充分利用内部管理会计系统的数据资料展开分析。

(二)沃尔评分法

沃尔评分法又叫比重评分法,由美国学者亚历山大·沃尔(Alexander Wole)提出。沃尔是财务状况综合评价的先驱者之一,他在20世纪初出版的《信用晴雨表研究》和《财务报表比率分析》中提出了信用能力指数的概念，即把若干财务比率用线性关系结合起来，以此评价企业的信用水平。他选择了 7 种财务比率，分别给定了其在总评价中所占的比重，总和为 100 分。然后确定标准比率，并与实际比率相比较，评出每项指标的得分，最后求出总得分，如表 5-2 所示。沃尔评分法的提出开创了企业综合财务评价的先河，它是利用财务指标综合评价企业业绩的里程碑。

表 5-1 沃尔评分法

财务比率	比重	标准比率	财务比率	比重	标准比率
流动比率	25	2.00	销售额/应收账款	10	6
净资产/负债	25	1.50	销售额/固定资产	10	4
资产/固定资产	15	2.50	销售额/净资产	5	3
销售成本/存货	10	8			

但沃尔评分法也存在诸多问题，如财务指标选择的缘由、赋予权重大小的依据、对某些指标异常值反应敏感等，在理论上仍有待证明。同时，沃尔评分法也没有对企业现金流量表数据进行分析，没有考虑企业收益质量的影响。尽管如此，沃尔评分法在实际中仍被广泛应用。

(三) 业绩金字塔模型

为了凸显战略性业绩评价中总体战略与业绩指标的重要联系，1990 年，凯文·克罗斯(Kelvin Cross)和理查德·林奇(Richard Lynch)提出了一个把企业总体战略与财务和非财务信息结合起来的业绩评价系统——业绩金字塔模型。

在业绩金字塔中，公司总体战略处于最高层，由此产生企业的具体战略目标。战略目标呈多级瀑布式向企业组织逐级传递，直到最基层的作业中心。在制定科学的战略目标后，作业中心就可以开始建立合理的经营业绩指标，以满足战略目标的要求，然后再将这些指标反馈给企业高层管理人员，作为企业制定未来战略目标的基础。

通过业绩金字塔可以看出，战略目标首先传递给事业部，由此产生了市场满意度和财务业绩指标。接着，战略目标再继续向下传给企业的运作系统，产生的指标有顾客满意度、灵活性、生产效率等。其中前两者共同构成企业组织的市场目标，生产效率则构成财务目标。最后，战略目标传递到作业中心层面。它们由质量、运输、周转时间和耗费构成。质量和运输共同构成顾客的满意度，运输和周转时间共同构成灵活性，周转时间和耗费共同构成生产效率。

业绩金字塔的意义在于强调了组织战略在确定业绩指标中所扮演的重要角色，反映了业绩目标和业绩指标的互赢性，揭示了战略目标自上而下和经营指标自下而上逐级重复运动的等级制度。这个逐级的循环过程揭示了企业持续发展的能力，为正确评价企业业绩作出了意义深远的重要贡献。

业绩金字塔模型最主要的缺点是，在确认组织学习的重要性上是失败的。在竞争日趋激烈的今天，对组织学习能力的正确评价尤为重要，因此，虽然这个模型在理论上是比较成熟的，但在实际工作中采用较少。

(四) 绩效棱柱模型

2002 年，英国的安迪·尼利(Andy Neely)、克里斯·亚当斯(Chris Adams)和肯尼尔利(Mike Kennerley)等编著的《战略绩效管理：超越平衡计分卡》一书，创造性地提出了一套更加完整、直观、实用，可以替代平衡记分卡的方法——绩效棱柱模型。其框架基础是利益相关者价值而非股东价值。它没有假定唯一要紧的利益相关者是股东和客户，也没有假定对于财务方法应该用一些非财务方法来补充，而是鼓励执行官把精力集中在关键问题上。绩效棱柱包括五个相互关联的方面。

▶ 1. 利益相关者的愿望

谁是企业的主要利益相关者？他们的愿望和要求是什么？一个组织的关键利益相关者应该包括投资者（股东和债权人）、顾客和中间商、员工和劳工协会、供应商和合作联盟、定规者和社团。企业战略决策时应该清楚要满足哪些利益相关者的愿望。

▶ 2. 利益相关者的贡献

企业从利益相关者那里获得什么？例如，顾客并不一定成为给企业带来盈利的顾客；同样，也存在希望员工或供应商的工作效率和贡献不断改善的问题。

▶ 3. 战略

企业需要什么战略来满足利益相关者的需求，同时也满足公司盈利和价值增值的要求？为此，计量方法与数据的取得变得特别重要，这些方法与数据必须能够帮助管理者了解自己所采取的战略是否得以有效实施。

▶ 4. 流程

企业需要什么样的流程才能执行既定的战略？许多组织从开发产品与服务、产生需求、满足需求、设计和管理企业四个方面来考虑它们的业务流程。

▶ 5. 能力

企业需要什么样的能力来运作这些流程？能力可以定义为一个组织的人力、实践、技术和基础结构的结合体，它们共同代表了组织通过多种运作方式为其利益相关者创造价值的能力。

绩效棱柱模型的优点在于以主要利益相关者价值取向为核心，使得企业利益和主要利益相关者的利益保持一致，从而有利于企业价值最大化的实现。该模型的不足之处在于涉及多个主要利益相关者，而且对于每个利益相关者都要从五个方面构建指标体系。因而，指标体系的构建较为复杂，实施难度大。

第三节　管理层激励

"激励"一词在《现代汉语词典》里解释得很简单——激发鼓励，在英文里通常对应"Motivation""Incentives"和"Inspire"等多个词汇。具体的学科领域则赋予了激励更加丰富的特殊内涵。心理学认为，人们的一切行动都是由某种动机引起的，激励就是有意识地激发人的某种行为动机，从而对人的行为起到激发、推动和加强的作用；从经济学角度讲，激励是指持续地激发人的某种行为动机，以实现社会资源的优化配置；在绩效管理领域，激励是指持续地激发员工努力工作的行为动机，消除员工心理上的各种顾虑和消极因素，变被动为主动，变不自觉为自觉，最大限度地调动员工的积极性。由于工作绩效是员工能力和激励水平的函数，因此，激励机制的设计对于企业激发和凝聚团队的战斗力，不断提升经营业绩，实现企业战略目标至关重要。

一、主要的激励理论

激励理论主要是从心理学、管理学和经济学的角度来研究的，大致可分为如下三类：需要理论、刺激理论和期望理论。

(一) 需要理论

需要理论指出，人有生理与心理上的各种需要，并且总在努力使这些需要得以满足。激励作为一种驱动力，来自需要的满足。在需要理论的体系中，又包括以下几个分支。

1. 马斯洛的需要层次论

美国心理学家马斯洛(A. N. Maslow)把人类的需要分为七个层次，即生理需要、安全需要、归属和爱的需要、尊重需要、求知需要、求美需要、自我实现的需要。他认为，只有当低层次需要得到满足后，才会产生高一层次的需要。需要的发展是交叠的，即一种需要只要得到某种程度的满足而不是100%的满足，便可以产生高层次的需要。有的人会在同一时间内存在几种需要，由于个人的动机结构发展状况不同，这些需要在体内形成的优势位置也就不同，对行为的支配作用也不同。但必定会有占优势地位的需要存在，并且对行为起着主导作用。

2. 奥尔德佛的 ERG 理论

美国学者克莱顿·奥尔德佛(Clayton Alderfer)认为，人的需要有三种，即生存(existence)、关系(relationship)和发展(growth)。ERG理论认为，这三个层次的需要中，任何一个环节的缺少不仅会促使人们去追求该层次的需要，也会促使人们转而追求高一层次的需要。人们的需要不一定严格按照由低到高的次序发展，可以越级出现，因而激励措施可以多样化。

3. 麦克莱兰的成就需要理论

美国管理学家大卫·麦克莱兰(David Mcclelland)认为，人的基本需要有三种：成就、权利和情谊。成就需要高的人，一般都很关心事业的成败，愿意接受挑战，对自己提出具有一定难度的目标。麦克莱兰的研究表明，对管理者来说成就需要比较强烈。

4. 赫茨伯格的双因素理论

美国著名管理学家弗雷德里克·赫茨伯格(Frederick Herzberg)通过大规模的实验研究提出了激励—保健因素理论，即双因素理论。他认为，导致员工对工作不满意的因素是彼此独立而不同的，但也并不是相互对立的。保健因素不能使人对工作产生积极的满意感，因为它本身的特性决定了无法给人以成长的感受；激励因素代表了工作因素，所以它是成长所必需的，它提供的心理激励促使每个人努力去满足自我实现的需要。赫茨伯格认为，只有当一个人自身产生了动力，才谈得上是受到了激励。

5. 马克思主义的需要理论

马克思主义认为，人的需要是客观存在的，并且可分为三大层次：生存需要、发展需要和享受需要。马克思、恩格斯、列宁、斯大林等对此有过大量论述。

(二) 刺激理论

刺激理论也称诱导条件理论。它所体现的是一种工作绩效与奖励之间的客观联系，得到奖励的行为倾向于重复出现，没有得到奖励的行为则倾向于不再重复。刺激理论主要包括活化理论和强化理论等理论分支。

1. 斯科特的活化理论

美国学者斯科特(Scott)根据巴甫洛夫的优势兴奋中心学说提出了活化理论。所谓活化是指从各方面来的刺激引起大脑的兴奋，活化强度是一个人工作表现的重要因素。激励的目的是要达到一定的成绩，成绩大小取决于个人能力和积极性，而积极性又取决于工作动机的强度，动机强度又与活化程度有关，活化程度又受激励水平的影响。

2. 斯金纳的强化理论

强化理论又称行为修正理论，由美国心理学家斯金纳(B. F. Skinner)创立。斯金纳提出了操作条件反射理论，认为人或动物为了达到某种目的，会采取一定的行为作用于环境。当某种行为的结果对他有利时，这种行为就会在以后重复出现；对他不利时，这种行为就会减弱或消失。人们可以用正强化或负强化的办法影响行为的后果，从而修正其行为。正强化是肯定或奖励，使其行为得以巩固、保持；负强化则是给予否定或惩罚，使其行为减弱、消退。

（三）期望理论

期望理论是美国心理学家埃里克·弗洛姆(Erick Fromm)于1964年在《工作与绩效》一书中提出来的。这一理论认为，要分析一个人的行为，应从行为追求目标的价值与其实现的可能性来考虑。用公式表示为：

$$激励水平(M) = 期望值(E) \times 目标价值(V)$$

式中，激励水平也称为激励力量，它表明动机的强烈程度，或者说是调动一个人的积极性、激发其内部潜力的强度；期望值是指人们对自己的行为能否导致其达到目标，得到奖励的主观概率；目标价值表示人们对某一目标的重视程度与评价高低，即人们在主观上认为这个目标对其价值的大小。

该公式说明，推动人们实现目标的动力是两个变量的乘积。如果一个人把目标的价值看得越高，估计能实现的概率越大，那么被激发的动机就越强烈；反之，动机就越微弱。假如其中的一个变量为零，那么动机的激发量就等于零，目标就无实现的可能。

当然除了这三种基本理论之外，还有其他一些有代表性的激励理论，如亚当斯的公平理论、波特—劳勒的期望概率理论、杜拉克(Peter Drucker)的目标激励理论、威廉·大内(William Ouchi)的文化激励理论等。但这些理论主要是对以上三种基本激励理论的延伸，其实质内涵与基本激励理论是相通的。

二、常见的激励方式

具体的激励方式丰富多样，大致可以分为物质激励和精神或情感激励两大类。在绩效管理实践中，通常是以物质激励为主，附加一定的精神或情感激励，而且精神或情感激励不易量化或比较，因此我们主要讨论物质激励。物质激励又可分为两类：一是现金激励，根据员工的业绩表现直接给予现金或现金类的物质奖励；二是股权激励，由于现金激励的时效短，不利于公司长期价值的增长，因而越来越多的公司开始实施股权激励，把员工的个人利益和公司的长期利益绑定在一起，以有利于公司长期战略目标的实现。

（一）现金激励

现金激励是一类最传统的、最常见的激励方式，在实践中形式变化多样而且不断创新，大致可分为偏重于短期的现金激励和基于业绩指标的未来激励计划两种类型。

偏重于短期的现金激励种类繁多，比如薪酬晋级、浮动薪酬、一次性奖金、在职消费、提供培训学习机会、提供旅游机会、增加生活福利及其他方面的物质激励等。这种奖励通常是阶段性的，或者是一次性的。在偏重于短期的现金激励中，最重要的是薪酬激励。一般情况下，薪酬是员工主要的生活费用来源，因而也是员工关注的重点。

此外，还有基于业绩指标的未来激励计划，比如利润分享计划，即根据企业未来公布利润的一定百分比来支付现金奖励的计划。多数情况下，用于分配的是剩余利润或者是经济增加值。公布的利润要先减去一个基础值，然后剩余部分在股东和员工之间分配。通常情况下在员工之间的分配还是要根据个人的业绩完成情况而定。除了以利润等财务指标作为激励指标外，还可依据其他业绩指标实施分享计划。

现金激励的优点是直观现实，效果立竿见影，是一种被市场广为认可的激励方式。虽然随着社会的进步和科技的大发展，现金激励存在激励时效短、不利于企业文化建设和长期战略实现等缺点，但时至今日，仍是一种主要的激励方式。

（二）股权激励

相对于公司的短期利益，企业的所有者更关注企业长期价值的增长。为了克服现金激励对长期激励的不足，出现了一类创新的激励方式——股权激励。股权激励是指以公司股权或股票为标的，对其高级管理人员、核心技术人员或者核心业务人员，以及公司认为对公司经营业绩和未来发展有直接影响的其他员工进行的长期性激励。股权激励通过员工持股将员工的个人效用最大化与企业的价值最大化一致起来，引导员工以股东的身份为促进企业长期价值的最大化和长期战略目标的实现而努力工作。但并非所有的公司都适合或能够实行股权激励，尤其对于上市公司而言，实行股权激励需要满足一定的条件。按照中国证监会发布的《上市公司股权激励管理办法》，激励对象不包括以下几类人：①独立董事和监事；②单独或合计持有上市公司5%以上股份的股东或实际控制人及其配偶、父母、子女；③其他具有违法违规或被法律法规排除在外的人员。

股权激励有许多具体的形式，主要包括限制性股票、股票期权、员工持股计划等。

▶ **1. 限制性股票**

限制性股票主要是对上市公司而言，是指激励对象按照公司股权激励计划规定的条件获得的、部分权利受到限制的本公司股票。《管理办法》对限制性股票的部分权利作了明确限制：在解除限售前不得转让、用于担保或偿还债务。此外，还对锁定期、解锁方式、解锁比例等作了规定：限制性股票授予日与首次解除限售日之间的间隔不得少于12个月，在限制性股票有效期内，上市公司应当规定分期解除限售，每期时限不得少于12个月，各期解除限售的比例不得超过激励对象获授限制性股票总额的50%。对于授予价格，《管理办法》规定不得低于股票票面金额，且不得低于以下两种价格中的较高者：①激励计划公布前1个交易日股票交易均价的50%；②公布前20个、60个或120个交易日股票交易均价之一的50%。

限制性股票设计的目的是为了吸引、激励和留住人才。一方面，并不是所有的员工都能获得限制性股票，只有那些能对公司的经营业绩和长期发展具有重要作用的员工才有机会，而且由于获得限制性股票的利益是相当大的，因此能够吸引真正的人才；另一方面，员工获得限制性股票需要通过购买的方式，是有机会成本的。为了让自己能够从中获得更高的收益，员工自然会努力创造价值，提升公司股价。因此限制性股票能够起到激励人才和留住人才的作用。

▶ **2. 股票期权**

股票期权通常是指上市公司授予激励对象在未来一定期限内，以预先确定的购买价格等条件购买一定数量的本公司股票的权利。与限制性股票类似，股票期权的权利也受到了一定程度的限制。《管理办法》规定股票期权同样不得转让、用于担保或偿还债务；也规定了类似的锁定期、解锁方式和解锁比例以及行权价格的确定方式。

股票期权类似看涨期权：①激励对象可以行使这种权利，也可以放弃；②激励对象在行权日之前不能获得任何收益；③只有当公司未来的股价超过行权价格，激励对象才能获得收益。而且，公司未来的股价上涨得越多，激励对象获得的收益越大。因此，股票期权能够起到留住人才，并激励获得股票期权的员工努力为提升公司的长期价值而工作。

▶ 3. 员工持股计划

员工持股计划是一种让符合条件的员工出资购买企业的部分股权，达到将员工利益和企业利益绑定，激励员工真正为企业利益而努力工作的目的。一般来讲，员工持股计划中的股份由员工持股会统一管理，员工持股会作为社团法人进入董事会参与企业管理。

员工持股计划作为一种重要的股权激励方式，在完善公司治理结构，增强员工的工作积极性，提升企业的凝聚力等方面具有重要的作用。通过员工持股，使得员工不仅有获取劳动报酬的权利，还能获得资本增值收益，这对于加强员工的主人公意识，留住和激励人才具有十分重要的意义。

拓展案例

平衡计分卡与华润集团的绩效管理

本章小结

关于绩效的概念主要有三种学说：绩效产出说、绩效行为说和绩效综合说。绩效考核和绩效管理这两个概念看似接近，实际上有本质上的区别。企业应该逐步地从绩效考核过渡到战略性绩效管理。

传统的企业绩效评价方式大多采用财务指标，但单纯地使用财务指标来衡量绩效会带来很多问题。因此，就需要将财务指标和非财务指标结合起来进行绩效评价，但财务指标在绩效管理指标体系中仍占有重要的地位。本章从单一财务指标、调整的财务指标、非财务指标和综合指标系统四个方面介绍了常见的绩效评价指标。

激励理论主要是从心理学、管理学和经济学的角度来研究的，大致可分为三类：需要理论、刺激理论和期望理论。激励方式大致可以分为物质激励和精神或情感激励两大类。物质激励又可分为现金激励和股权激励。股权激励有许多具体的形式，主要包括限制性股票、股票期权、员工持股计划等。

在线自测

扫描封底刮刮卡　获取答题权限

第六章　企业集团财务管理

> **学习目标**
> 1. 熟悉企业集团的概念与特点；理解企业集团的目标与作用
> 2. 理解企业集团的各种类型；明确各种组织结构的特点
> 3. 掌握企业集团财务管理特点
> 4. 理解企业集团财务公司运作的方法

案例导入

"头把交椅"六年来首次易主　浙江民企百强榜公布

2022年9月13日，浙江省市场监管局、浙江省工商业联合会对外公布"2022年浙江省民营企业100强"榜单。这是以2021年度企业营业收入为主要依据，参考其税后净利润、纳税总额等财务指标及企业信用信息公示系统年报数据而形成的榜单，继1997年以来已经发布了20次。

2022年浙江民企百强入围门槛再次提高，达到166.69亿元，较上年的149.83亿元增长11.25%。千亿军团从11家扩容到14家，5家企业达2 000亿元以上。值得一提的是，浙江荣盛控股集团有限公司（以下简称"荣盛"）打破了6年来浙江吉利控股集团有限公司第一的格局，登顶榜首。

而观察6年间榜单的变化，荣盛几乎是以每年2位的速度向上爬升，营收更是从不到900亿元，攀升至4483.18亿元，成为榜单中唯一一家营收突破4 000亿元的民营企业。梳理这几年荣盛的发展策略，适时分析市场，痛下决心转型，或许是荣盛今年登顶的重要原因。荣盛最开始的主要业务是织布，为了保障原料供给，慢慢从加弹、切片纺、聚酯直纺、PTA、芳烃（PX）延伸到炼油。这几年更是瞄准烯烃行业，斥巨资投资建设4 000万吨/年炼化一体化项目，正是该项目的投产让荣盛近几年营收大幅上涨。

除了荣盛，传化集团（以下简称"传化"）也是近几年通过转型升级，成功实现逆袭的典型案例。在2016年度浙江百强民企榜单中，传化列第25名，2022年已升至第8名。这也是近几年来，传化抓住新能源、新材料等未来趋势性高端应用领域，通过科技创新推动产业升级和结构优化的结果。

两家企业都是民企中的"领头羊"，它们的转型发展也启示我们，在当今越来越严峻的经济环境中，主动出击、迎头而上方能屹立不倒。

除了榜首变动，还有一个变化就是百强民企利润的大幅上涨。2021年，百强民企净利润总额2862.22亿元，较上年增长41.54%，增速比2020年加快17.74个百分点。其中，有76家企业的净利润实现正增长，比2020年多出8家，虽不如2019年的78家，但已经回到2018年的水平。这说明，浙江民企百强的抗风险能力正在增强。

引外,还有一家企业也十分引人注目——万向三农集团有限公司,列第100位,这也是榜单发布以来,入围浙江民营企业百强的首家慈善企业。听起来似乎很新鲜,但其实,万向三农的法定代表人和排名第7的万向集团一样,都是鲁伟鼎。公开资料显示,万向三农主要从事的还是三农业务和公益扶志,虽说目前排名在末位,但实力不容小觑。在今年百强民企利润总额排名中,万向三农增速排名第9,净利润增速第7名,营收增速第3名,可见其在三农业务上的经营卓有成效。

在浙江高质量发展建设共同富裕示范区的背景下,万向三农的上榜意义非凡,也反映出浙江民企龙头正主动扛起社会责任大旗,成为推动共同富裕的重要力量。

资料来源:"头把交椅"六年来首次易主 浙江民企百强榜公布.(2022-09-14)[2023-03-25].http://zj.news.cn/2022/09/14/c_1129000673.htm. 有删改。

案例思考:
1. 荣盛集团成为浙江民营企业榜单的主要原因在于什么?
2. 成立集团公司的优势和劣势分别是什么?

第一节 企业集团财务管理概述

一、企业集团的概念

(一) 企业、法人、公司

企业是指从事生产、流通或服务等经济活动,以营利为主要目的,实行独立核算,进行自主经营、自负盈亏、承担风险、依法设立的一种营利性经营组织。企业主要是指独立的营利性组织,并可进一步分为公司和非公司企业,后者如合伙制企业、个人独资企业等。

企业、法人、公司这些名词在概念上是有所区别的。判断一个组织是不是企业,主要分析其是否具备以下两个特征:①必须能够给社会提供服务或产品;②要以营利为目的,不以营利为目的的社会组织不能称为企业。例如,教会不是以营利为目的的,因此它不是一个企业。

按照我国《民法典》的规定,法人必须具备以下四个条件:①依法成立;②有必要的财产或者经费;③有自己的名称、组织机构和场所;④能够独立承担民事责任。法人可以分为四类:企业法人、机关法人、事业单位法人、社会团体法人。

具备法人资格的企业称为企业法人,这一概念的另一个含义就是存在不具备法人资格的企业,换句话讲,并不是所有的企业都是法人。

需要强调的是,企业法人和企业法定代表人是不同的,企业法人强调的是法人,是一个社会组织,而法定代表人是自然人。例如,有人说某企业的法人是张三,这种说法是不对的,张三是法定代表人,而不是企业法人。

公司与企业是完全不同的概念。公司是按照特定的法律程序设立的一个组织,在我国必须按照《公司法》来设立公司。目前,我国《公司法》规定,公司是指依法在中国境内设立的有限责任公司和股份有限公司。其中,公司必须是法人,这是其与企业的最大区别。公司一定是法人,而且企业不一定是法人,公司是比企业还要小的一个概念,公司制度和法人制度是市场经济的两大车轮,正是这两大车轮推动着市场经济不断前行。

(二) 企业集团

"企业集团"一词源于"第二次世界大战"后的日本。它是以资本(产权关系)为主要纽带，通过持股、控股等方式紧密联系、协调行动的企业群体。它是一种大型企业联合体，是若干个公司联合在一起，相互有着某种直接的或间接的经济利益联系的企业组织形式，一般是由众多具有法人资格的企业以资本相互渗透而形成的多层次、多法人的企业联合体。

我国《企业集团登记管理暂行规定》将企业集团定义如下：企业集团是指由多个经济法人在自愿互利的基础上，以追求规模经济效益为目的，以资本为主要联结纽带的母子公司为主体，以集团章程为共同行为规范的母公司、子公司、参股公司及其他成员企业或机构共同组成的具有一定规模的企业法人联合体。企业集团不具有企业法人资格。

企业集团应具备下列条件：①企业集团的母公司注册资本应在5 000万元人民币以上，并至少拥有5家子公司；②母公司和子公司的注册资本总和在1亿元人民币以上；③集团公司的成员单位均具有法人资格。

为落实《国务院关于取消一批行政许可等事项的决定》（国发〔2018〕28号）文件精神，市场监管总局在2018年8月发布《关于做好取消企业集团核准登记等4项行政许可等事项衔接工作的通知》（国市监企注〔2018〕139号），明确要求"取消企业集团核准登记后，集团母公司应当将企业集团名称及集团成员信息通过国家企业信用信息公示系统向社会公示。"企业法人可以在名称中组织形式之前使用"集团"或者"（集团）"字样，该企业为企业集团的母公司。各级工商和市场监管部门对企业集团成员企业的注册资本和数量不做审查，综合运用各种监管手段，依法对辖区内企业集团及其成员企业进行动态监测和核查。也就是说，各地工商和市场监管部门不再单独登记企业集团，不再核发《企业集团登记证》，而是强化了企业信息公示。可以看出，企业集团取消登记，只是简化行政许可的流程，并没有改变企业集团成立的条件和要求。

二、企业集团的形成原因

企业集团形成的原因是什么？为什么这些公司要联合成一个集团，而不是各自为政？下面从五个角度对企业集团形成的原因进行分析。

（一）控制权最大化

企业集团的所有权结构通常呈现金字塔形。在金字塔形的所有权结构中，一个公司控制另一个公司，而后者又控制其他公司，依此类推。对所有权链最顶端的公司拥有控制权，就意味着对整个金字塔中的所有公司都拥有控制权。一个投资者可以通过创建金字塔形所有权结构来增加所能控制的资产数量，金字塔形结构使通过较少的股权控制多个公司成为可能。也可以说，金字塔结构把拥有公司股权（现金流权）和控制公司（投票权）区分开来了。人们有时也把金字塔结构等同于某个间接控制的所有权结构，如通过控制一个以上其他公司来控制某公司，也正是这种间接控制使投票权和现金流权分离。尽管许多企业集团的所有权结构并非完全是金字塔形的，但它们大部分多少都呈现出对所属公司间接控制的特征。

（二）代替市场失灵

对企业集团形成的另一个观点是以交易成本理论为出发点。这一理论假设价格机制运行过程产生成本，它最先由科斯（Coase）于1937年提出。科斯认为：为了避免通过市场进行交易而产生的成本，这可以解释公司为何存在，内部管理决策决定因素的配置。根据这一理论，公司的最优规模和经营范围由市场交易成本决定。若市场交易成本高，则把交易内部化更为有效。例如，把多个经营企业合并到等级制的企业集团中去。

企业集团可以被看作是一个对不完备和失灵市场（如资本和劳动力市场）在组织结构上的反应。市场的有效运转从根本上是基于中介机构、管理框架和法规体系的有效性。这些制度体系缺失或运转失灵会带来高昂的交易成本，企业集团为了填补这些制度空缺而应运而生。例如，在消费者保护薄弱的产品市场中，企业集团可以依靠卓越的质量而获得声誉，由此，品牌成了有价值的资产，为所有集团成员公司所共用。而且，以整个集团的声誉作为担保，强制执行契约的交易成本会低得多。企业集团也可能进行内部交易，这时子公司机会主义行为的经济和社会成本都将十分昂贵。

我国企业集团大多数是以国有大中型企业为核心的联合体，企业集团的建立与发展更能形成群体优势和综合能力，加速新产品、新技术的开发和利用，使企业实现集约化经营，从而保证国家经济建设，满足市场的需要。

（三）资源基础观

企业集团调整和优化经济结构，需要让资产存量进行合理、有效的流动，进行资产重组，使其资源重新合理配置，发挥群体优势，从而增强集团整体的市场竞争实力。另外，企业集团还可以打破地区、部门、所有制的界限，通过兼并、资产重组等方式优化配置资源，实现企业间优势互补，充分发挥其现有的生产能力。

资源基础观强调企业集团有助于利用企业间共同或互补资源，只要发展能让未充分利用的资源产生更大利润，公司就有动力不断发展下去。如果资源体现的是规模经济和范围经济，那么，把不同公司集中到一个集团中去以充分利用这些资源是非常有效的。科技、品牌、声誉，还有诸如像分销体系、管理方法和企业家精神等这些都可以看作是资源。另外，企业集团建立的核心是企业家的特殊能力，正如其他一些无形资产一样，企业家的特殊能力即使是在完全市场情况下也很难公平交易。

实现规模经济性或追求规模经济效益是组建集团和集团资本营运的主要目标。通过集团资本营运，以产品或技术为龙头，以资本为纽带，将各相关企业联合起来，使企业规模不断扩大，规模经济性不断增强。

（四）政府影响观

企业集团是为规避政策的影响而自发产生的最优选择。不同公司捆绑在同一个集团旗下，可能是对国家产业或税收政策的反应。例如，一个产业政策旨在推动小企业发展，公司可能选择组成集团而不是合并成一家大型混合公司。其他可能促成集团组建的政策措施还有进口管制、执照政策、市场推出的法规限制和税收政策等。我国上市公司多元化的方向与政府的产业政策密切相关。

另外，企业集团的规模经营会有利于企业集团通过寻租行为从中获益。寻租行为具有规模经济和范围经济，因为只要有一个企业与政府建立起关系，这层关系就会被运用于谋取其他企业的好处，或是某些公司的共同利益上。因此，把这些公司的寻租行为捆绑起来效率可以大大提升。这也可以解释为什么各国企业集团总是不遗余力地搞好和政府机构间的关系。

（五）宽松的竞争环境

企业集团可以缓和竞争的激烈程度。首先，当不同集团在多个市场有业务联系时，更容易产生并保持某种默契的合作关系；其次，集团内相互持股使一个公司把它的产量决策对集团其他公司利润的影响给内部化了；最后，集团附属公司可以共同使用集团的一些资源。

目前，西方经济飞速发展的显著特征之一是企业集团国际化。我国组建的企业集团虽时间较短，但在借鉴西方经验的基础上，可以逐步赶超。通过组建集团增强经济实力，使其有能力逐步进入并扩大国际市场，成为参与国际竞争的主体。由于企业集团产生形式具有多样性，而且受环境的影响很大。因此，对于一个集团，它产生的原因往往是多方面的，而不仅仅是单一的原因。

三、我国企业集团发展的历程

（一）改革前的企业组织（1980年以前）

我国在20世纪80年代以前没有企业集团这种组织形式，我国企业集团的出现是1978年经济和工业改革的结果。改革开放以前，我国企业实际就是单一的生产工厂的组织形式，整个生产和经营处于计划统筹下。这种计划体制包括多个层次，从中央政府到省、市、县和镇等，企业的自主经营无从谈起，更没有扩张和形成经济联合体的权利和动力，单个企业组织效率低下。

1978年，党的十一届三中全会确定了改革开放的方针后，中国的经济改革大张旗鼓地进行，在中国企业组织领域发生的深刻改革变化之一是全新组织形式的大量涌现。全民企业（国有企业）、集体企业、合资企业（三资企业）、乡镇企业、民营企业等纷纷出现，它们当中许多成为今天企业集团的成员。事实上，我国改革开放前的工业局（或部委）管理体制为日后企业集团的迅速组建提供了一些便捷，许多国有企业集团正是在此基础上形成的，并逐渐将政府管理职能剥离。

（二）企业集团的产生（1980年至20世纪90年代初）

促使国内企业集团产生的原因主要有两个：一是中国政府注意到了日本企业集团的发展推动了日本经济的振兴，决策层决定采用类似的方式来推动我国工业化和经济发展；二是市场自发因素。自1978年实施改革开放以来，经济体制已逐步从计划经济改为市场经济，原来的国有企业受到了来自不同产权结构企业的竞争威胁，同时国有企业的许多弊端也迫切需要改革。在20世纪80年代早期，由于传统管理体制有所松动，企业的自主权扩大，一些大型骨干企业率先出现扩张动机，开始组建经济联合体，如长春第一汽车制造厂等。

国务院1986年发布的《关于进一步推动横向经济联合若干问题的规定》（以下简称《规定》）是这一时期的一个重要事件。《规定》中明确指出：通过企业之间的横向经济联合，逐步形成新型的经济联合组织，发展一批企业群体或企业集团。由此正式从官方的角度提到了企业集团的名称（但未做具体阐释）。在《规定》出台前，企业集团在我国无论是在政府官方，还是在企业实践中都没有概念。这段时间，企业集团的组建实际上先由企业在实践中探索，然后由政府政策予以规范。

1987年，国务院先后发布了《关于大型工业联营企业在国家计划中实行单列的暂行规定》和《关于组建和发展企业集团的几点意见》，后者对企业集团的含义、组建企业集团的原则，以及企业集团的内部管理问题第一次作出了明确规定。1986年的《规定》以及1987年的一系列文件出台之后，企业集团的组建遵循的是政府政策引导的发展路径。在这些政策和行为的推动下，全国掀起了组建企业集团的热潮。根据国家体制改革委员会的统计结果，截至1988年年底，全国经过地市级政府批准并在工商行政管理局注册的企业集团有1 630家（其中，广东有240家，上海有163家）。

国务院《关于组建和发展企业集团的几点意见》虽然对规范和促进企业集团的发展有一定影响，但是对企业集团的本质特征并没有真正明确。在政府经济管理人员以及企业人士中，企业集团仍然是一个模糊的概念。这些初级阶段产生的企业集团存在一些纽带不清、管理混乱、紧密性弱等问题，规范的企业集团还很少。

1989年，国家体改委印发了《企业集团组织和管理座谈会纪要》（以下简称《纪要》）。在这份《纪要》中，官方和企业人士一致认为，产权关系是企业集团母公司与紧密层、半紧密层企业之间主要的联结纽带。这一规定被认为是对前期组建的松散型企业集团所暴露出问题的纠正。此后，随着政府对企业集团的促进和支持以及学习学术界对企业集团的认识和研究，我国对企业集团这一特殊组织形式加深了理解，中国的企业集团开始进入蓬勃发展时期。在我国企业集团的产生和组建过程中，由于政策和市场是两种不同的推动力量，根据政府和企业在集团组建过程中的作用不同，我国企业集团组建大致有以下三种方式。

▶ 1. 政府主导组建方式

政府因素在集团组建中起主导作用，这类集团大多由原来的行政管理机构转变而成，集中在垄断产业或军工产业，例如，中国石油天然气集团、中国兵器装备集团、中国船舶工业集团等。它们原先都是国有企业，规模比较大，这种企业集团大多经历了工业部（局）—行政性总公司—集团公司的演变过程。这类企业集团在集团改组过程中起主导作用的是政府，所以又称为行政机构演变型企业集团。这些企业集团的具体组成方式有合并或者分离（将一个总公司分成两个或两个以上的公司，然后对其内部业务进行重组），前者如中国石油天然气集团公司，后者如中国兵器装备集团公司、中国船舶工业集团公司等，都是中央政府直接做出决策改组成立的。

▶ 2. 政府—企业联合改建方式

这种模式多集中在规模经济效益比较明显的行业，如钢铁、汽车、外贸等行业。在其形成过程中，由政府和企业共同起作用，所以也称为政府—企业主导型。这类企业原来大多也是由20世纪90年代初政府管理国有企业机制下的一些工业局管理，由原来一个经济效益好的大企业联合生产线上下游的一些中小企业共同组成，一般集中在规模效益明显的钢铁、汽车等行业，如宝钢集团、邯郸钢铁、一汽集团等；或者政府推动某个强势企业兼并一些小企业。这种方式的组建有许多特点，例如，组建企业集团后，原来一些归口管理的工业局可以撤销，有利于推动企业真正市场化运作，同时便于形成巨大的规模效益，但这些企业集团不像市场自发形成的企业集团一样，它们是先有子公司，然后才有母公司。

▶ 3. 企业成长的方式

企业通过市场运作发展成企业集团，其推动力量主要是母公司或核心企业的实力增长。这类企业一般集中在竞争性较强的行业，集团母公司（核心企业）自主权大，产品较早进入市场，市场化程度高，非国有资产占相当大的比重，例如，海尔集团、联想集团、方正集团、希望集团等。这种方式组建的企业集团成员间的关系清晰，基本上都是产权纽带，且基本上都是市场化竞争的结果。它们的形成有以下途径：①企业分裂，企业将原来属于自己的分支机构分离出去，成立独立的企业，形成母子公司体制；②企业根据发展的需要新设立子公司；③企业购并，企业通过兼并收购、参股、控股使其他企业成为集团的成员。其中，通过购并构建企业集团主要有以下三种模式。

(1) 纵向并购形成企业集团，即单体企业通过直接投资或并购主营业务的上游和下游企业及相关的运输、服务等行业的企业，组建成企业集团，并以此方式不断扩张。例如，美国在线与时代华纳的合并就是一起纵向并购；又如，中国石化开始通过一系列的并购重组，在上游不断加强石油勘探和开发业务，控股中原油气和石油大明，在下游通过并购重组扩大产品生产和销售，重组了湖北兴化和中国凤凰，收购了国内最大的炼化公司——镇海炼化，后来又陆续收购了齐鲁石化、扬子石化、中原油气等。而且，为进一步完善终端营销网络，从1999年开始，中国石化开始大量收购加油站，截至2000年年底，中国石化加油站总数就增加到了25 493座，其中直接经营的加油站有20 259座，比1999年增加77.1%。

(2) 横向并购形成企业集团，即单体企业通过直接投资或并购那些生产销售同类产品的其他企业而形成集团。这主要是企业采用专业化扩张战略的结果。如我国的啤酒业中的青岛啤酒和燕京啤酒，彩电业中的海信和 TCL 等企业集团，都是依靠横向一体化联合兼并大批同行企业而形成并不断扩张的。

(3) 多元化战略形成企业集团，这其实是大企业采用无关联多元化战略，靠综合兼并的方法向无关的行业扩张形成的企业集团。

要注意的是，企业集团的形成在很多情况下是纵向模式和横向模式混合采用的结果，具体模式是根据核心企业的经营性质、市场需求和竞争的状况等因素做出的选择。

(三) 企业集团的发展 (20世纪90年代初至今)

20 世纪 90 年代初期，企业开始面临国际和国内不同所有制的企业竞争，大部分加工工业出现了供过于求的现象，经济短缺时代已结束，在计划经济体制下建立的大量中小企业在经济短缺时代投产见效快、调整灵活等优势减弱，大企业在竞争中的优势开始显现。同时，国有企业在许多竞争性行业暴露出越来越多的问题，甚至失去竞争优势。面对这种形势，政府、企业界和学者们认为，组建企业集团是增强企业特别是国有企业竞争力、加快资产重组、促进国有企业改革的一项战略举措。同时，在企业集团组建和发展工作中，存在很大的盲目性和草率性，多数企业集团都没有突破原来行政性公司和一般经济联合体的格局。

1991 年 12 月，国务院《关于选择一批大型企业集团进行试点的请示》和随后的《试点企业集团审批办法》《乡镇企业组建和发展企业集团暂行办法》《关于国家试点企业集团登记管理实施办法(试行)》等一系列相关法规规定颁布。试点企业集团核心企业对紧密层企业的主要活动实行"六统一"：①发展规划、年度计划，由集团的核心企业统一对接计划主管部门；②实行承包经营的，由集团的核心企业统一承包，紧密层企业再对核心企业承包；③重大基建、技改项目的贷款，由集团的核心企业对银行统贷统还，目前实行有困难的要创造条件逐步实行；④进出口贸易和相关商务活动，由集团的核心企业统一对外；⑤紧密层企业中国有资产的保值、增值和资产交易，由集团的核心企业统一向国有资产管理部门负责；⑥紧密层企业的主要领导干部，由集团的核心企业统一任免。按照这项文件的要求，国家选取了 55 家集团进行试点，并让其享受计划单列和其他优惠政策。通过理顺集团的内部关系，强化内部联系纽带，深化内部改革，进行结构调整，逐步实现集团的规模经营，壮大集团的实力。在企业集团试点的示范带动下，以中央企业、地方企业，甚至许多集体企业、乡镇企业为依托，组建了一大批企业集团，有效带动了经济结构的调整和发展。1993 年年底，全国登记的企业集团达 7 500 多家，其中县级以上的有 3 000 多家。据估计，如果包括未登记的，这个数字将达到 10 000 多家。

1993 年 11 月，党的十四届三中全会通过《关于建立社会主义市场经济体制若干问题的决定》指出：发展一批以公有制为主体、以产权联结为主要纽带的跨地区、跨行业的大型企业集团，发挥其在促进结构调整，提高规模效益，加快新技术、新产品开发，增强国际竞争能力等方面的重要作用。1994 年，财税、金融、投资、外汇、外贸五大宏观体制改革顺利进行，《公司法》生效，又使企业集团内部成员之间的经营管理和相互关系有了基本的行为准则规定，从而为企业集团进一步规范经营管理行为奠定了基础。

从 1995 年起，国家开始实施"抓大放小"战略措施。一方面，把国有企业改革作为整个经济体制改革的重点，企业集团试点工作列为国务院确定的四大试点之一；另一方面，开始从政策上重点扶持大型企业集团。

1997 年 4 月，国务院批准了国家计委、国家经贸委、国家体改委《关于深化大型企业集团试点工作意见》，其中提出"建立以资本为主要纽带母子公司体制"的目标，要求进一步深化大型企业集团的试点工作，同时批准组建第二批国家试点企业集团。据统计，截至

1997 年年底,各类企业集团剧增到 30 000 多家,经省级以上单位批准的企业集团有 2 300 多家,列入国家试点的集体企业集团也从 56 家增加到 120 家。以上法律、文件的出台,明确回答了企业集团发展过程中的最基本、最核心的问题,使企业集团向真正意义上以产权联结为纽带的法人联合体转变。

1997 年 9 月,党的十五大通过的《中共中央关于国有企业改革和发展若干重大问题的决定》指出:"要着力培育实力雄厚、竞争力强的大型企业和企业集团,有的可以成为跨地区、跨行业、跨所有制和跨国经营的大企业集团。要发挥这些企业在资本营运、技术创新、市场开拓等方面的优势,使之成为国民经济的支柱和参与国际竞争的主要力量。"由此,明确了企业集团在我国的发展地位和意义,扫清了制度障碍,有力地推动了我国企业集团的发展,尤其是大企业集团得到了比较规范和理性的发展。党的十五大以后,在"以资本为纽带,通过市场形成跨地区、跨行业、跨所有制、跨国经营的大型企业集团"方针的指导下,一批大企业集团迅速成长了起来。

这段时期,我国企业集团在数量和规模不断增加的同时,在管理和规范上与产生时期相比有了许多质的变化。例如,绝大多数的企业集团的联结纽带是产权关系(控股或参股),代替了原来行政上划分的核心、紧密、半紧密和松散关系;在增长战略上,注重突出主业和建立核心专长,母子管理体制与治理结构完全不同于 20 世纪 80 年代的横向经济联合体或纵向经济联合体。

2001 年 12 月,中国正式加入世贸组织,此后的一年里,中国在政策层面进一步表明了改革开放的决心,财政部、经贸委、证监会等单位联合发布《关于向外商转让上市公司国有股和法人股有关问题的通知》和《利用外资改组国有企业的暂行规定》等重要文件,同时,中国经济的高速增长也为外资进入提供了良好的机遇,由此拉开了外资企业进入中国的序幕。从国内企业来看,一方面,经过 20 年的改革开放,已经形成了一批有实力的产业企业;另一方面,党的十六大报告明确指出,要深化国有企业改革,积极推行股份制,发展混合所有制经济,这就使得 2003 年成为民营经济大有作为的一年。同时,并购活动的加剧,促进了集团企业的形成与集团化管理的需要。

2008 年 9 月,国际金融危机全面爆发,中国经济面临硬着陆的风险。为应对这一危局,中国政府于 2008 年 11 月推出了扩大内需、促进经济平稳较快增长的十项措施,也就是通常所称"四万亿计划"。在政策的推动下,中国经济在全球经济萧条的背景下一枝独秀,由此也带来了新一轮的企业扩张,一方面是国有大型企业的规模化扩张,另一方面是民营企业的多元化发展,两类发展模式都伴随着大量的并购与资本运作,在一定程度上促进了企业集团的进一步发展。

2015 年是中国的全面深化改革年,在国有资产改革方面,国有资本投资与运营公司的改制或成立,使得国有集团型企业的数量显著增加,同时,国有集团企业的管控模式也更为丰富。到 2018 年底,最后一批全民所有制企业改制完毕,这使得国有集团企业的序列内又增加了一大批成员。在经济结构转型的过程中,一大批以互联网、新零售、新能源等为代表的新兴企业快速发展,迅速兼并传统企业,形成以新经济、新技术为核心的新兴产业集团,以上三个方面的趋势使得中国企业集团的队伍再次扩容,随着中国经济转型升级的加速,企业集团的排序也发生了很大的变化,以阿里、腾讯为代表的新经济产业集团正在逐步取代以钢铁、矿业、房地产等为主业的传统产业集团的领先地位。

党的二十大报告提出,建设现代化产业体系,坚持把发展经济的着力点放在实体经济上,推进新型工业化,加快建设制造强国、质量强国、航天强国、交通强国、网络强国、数字中国。报告进一步坚定了企业集团创新驱动提质增效、做强做优实体经济、加快实现高质量发展的信心和决心。新形势下我国传统产业要加速转型升级，加快推动数字经济与实体经济融合发展，更好提升企业发展的韧性与创新能力。特别是龙头企业集团，要从产业基础高级化、产业链现代化的高度来理解和响应国家战略，在各自所处行业内充分发挥示范引领作用，促进数字技术与制造业深度融合，以自主可控的高质量发展成果，确保产业链、供应链安全，为国家中长期发展构筑强有力的基石。

四、企业集团的类型

按内部联结纽带划分，企业集团大致有以下几种类型。

（一）契约型集团

契约型集团是以产品、资源、技术、生产协作、销售等为内容，通过契约形式组建的企业集团。从法律地位、组织形式、利益分配等方面来看，成员间是通过合同等契约形式进行的产品生产及销售的横向联合；参与联合的各成员企业拥有完全自主权，享有独立法人地位，原行政隶属关系、税收上缴渠道和方式都不改变这一般是企业集团初期采用的形式，成熟企业集团的松散型成员也用这种形式，我国大多数企业集团最初都是以这种形式组建的。

（二）财团型集团

财团型集团与母子型集团的法律特征基本相同，差异在于母子型集团的母公司也从事生产或经营活动，而财团型集团则是以庞大的银行、金融公司为核心，其在集团中只是处于控股地位，自身并不从事商品生产或经营活动，即除了资产联结外，没有其他联结纽带。如日本的三菱、三井、住友、富士、三和、劝银六大财团。目前，中国主要有四个财团型企业集团，即华润集团、保利集团、中信集团和招商局集团。

（三）母子型集团

母子型集团亦称股权型集团，母子型集团往往有一个大型产业公司作为核心，其核心通常被称为集团公司，亦即集团的母公司或支配公司，是企业集团核心经济实体。母公司通过对其他企业、公司的控股，掌握集团控制权，营造起由子公司、孙公司等层级组成的金字塔式的企业组织结构，处于塔尖的母公司通过派往子公司的董事（监事）贯彻其经营目标；子公司用相同的方法控制孙公司。在这种类型的集团中，各成员单位仍是独立的法人，自主经营。但由于被控股的原因，成员企业的决策受母公司影响和支配，所有集团成员最终共同实现集团整体的战略目标。如无特别说明，本文所研究的企业集团指的都是母子型企业集团。

集团公司是企业集团中居绝对控制地位的控股公司，在企业集团中起主导作用，通过多种联结纽带决策、影响、引导众多企业的经营方向、发展战略、产品类型、市场定位，乃至对一个国家、地区、产业的经济发展起到重大的影响作用。企业集团本身并不是法人，但集团公司必须是具有企业法人地位的经济实体，对外代表企业集团。集团公司不同于企业集团，两者不能混淆。集团公司是独立的法人，它具有投资中心的功能。在我国，集团公司规模必须达到国家大型企业标准，或注册资本达到1亿元以上；拥有的控股子公司必须在五个以上；其必须具有较强的经济实力或产品、技术、管理、信息、融资等优势，能够对集团的统一经营活动起主导和控制的作用。

企业集团内部各成员根据控股、参股的程度以及经济技术协作关系，一般可以分为核心企业、紧密层企业、半紧密层企业和松散层企业等不同的层次。其中，集团公司又称集团总部、母公司或控股公司，为核心企业；集团公司完全控股的子公司（母公司占其股份总额的50%以上）为紧密层企业；集团公司参股的公司（母公司占其股份总额低于50%）为半紧密层企业；而通过契约连接的企业为松散层企业。企业集团成员间还有产品、经营等联结纽带，而非单纯产权纽带。

在母子型企业集团中，集团成员可分为四个层次：第一个层次为集团公司，即核心企业，法律地位为母公司，公司内部有若干分公司或分厂；第二个层次为子公司，也称核心层、紧密层企业，与集团公司是母子关系；第三个层次是参股、合伙性质的成员企业，也称半紧密层企业，在集团统一管理下，与集团公司是参股或合伙关系；第四个层次为契约（合同）型企业，也称松散型企业，在集团统一管理下，与集团公司是契约、合同关系。

企业集团可能由母公司和很多子公司、孙公司组成，母公司与子公司、孙公司的联系往往都是以资本为纽带。根据母公司在子公司资本中的投入比例不同，子公司可以分为以下四种类型。

▶ 1. 全资子公司

全资子公司，即子公司的资产100％来自集团，这类子公司实际上是集团从事具体经营活动的部门，它必须完全贯彻集团的意图。所以，这种类型的母子公司关系具有高度的集权性，集团的权限很大，不仅具有一般《公司法》规定的股东权限，而且集团还掌握子公司的一切人事、财务、分配和经营管理方面的控制权和监督权，子公司实际上是集团经营的延伸。但是，过度的集权控制会使子公司经营者失去积极性，因此即便是在全资子公司的体制下也应该处理好集权与分权的关系。否则，面对竞争激烈、变化多端的外部环境，子公司的适应性和灵活性就显得不够。

▶ 2. 控股子公司

控股子公司，即集团持股50％以上的子公司，它是集团经营的主要承担者，体现集团的主要业务方向，与全资子公司一起承担企业的主营业务，由于控股公司是由两个以上的利益主体投资形成的，因此在处理集团与控股全资子公司的关系时，还必须兼顾其他股东的利益。一般来说，集团对这种子公司的控制体现在重大投资决策、资产收益分配、资产重大变动、总经理的任免和企业改制等方面。

▶ 3. 参股子公司

参股子公司，即集团持股20％～50％的子公司，它是集团进行多元化经营经常采取的形式，主要体现集团纵向的产业一体化经营和横向的多元化扩张思路，这种类型的子公司同上述子公司比较起来具有更大的经营自主权。要注意的是，在股权结构较分散的情况下，少量的股权比例就可以实现控股或重大影响。在这种情况下，如果企业集团以掌握众多股东中最大股份的方式实现了控股，参股子公司其实是相对控股子公司而言的，其功能作用就类似于控股子公司。

▶ 4. 关联子公司

关联子公司，即集团持股20％以下的企业，它是集团内松散型的企业群体，体现出集团对外延伸的范围，并同其他关联企业一起组成集团多元化经营的一部分。关联子公司与集团的关系不是那么紧密，主要按照公司法、公司章程和双方的意愿进行合法的协作经营，关键是集团应派股东代表出任子公司的董事、监事和其他的管理人员，履行法定的权利和应尽的义务，同时注意处理好与关联子公司控股股东的关系，从而争取己方的最大利益。一般而言，母公司可根据子公司生产产品特点、经营领域，以及对母公司或对集团公司的重要程度来决定其投入到各子公司的股本比例。显然，那些对母公司或集团有重要影响的子公司，可考虑全资控股或控股；而对关联程度相对低一些的子公司，可考虑相对控股和参股。此外，母公司还需要根据自己实力来通盘考虑其投入下属公司的整个投资额以及投资的分散程度。

在集团第一层母子公司关系的基础上，子公司同样可以投资于其他企业，从而形成下一个层次的母子公司关系，并以此类推。从集团整体来看，就形成了母公司、子公司、孙公司，乃至曾孙公司等一个以资本为纽带的整体。

五、企业集团的基本特征

企业集团的具体特征与其所在国家、产业特性、所有制结构、内部组织结构等密切相关，但从最基本的层面来看，企业集团有以下特征。

（一）企业集团有多个法人组成

企业集团是由多个法人组合而成的经济实体，但其本身不具有法人资格，集团内各成员保持各自独立的法人地位。由于企业集团本身是以营利为目的的企业利益共同体，既不是行政性公司，也不是经济管理机构，其整体在法律上不具备法人资格，也没有法律地位，因此不需要统一纳税、统负盈亏。

组成企业集团的成员可以多种多样，包括工商企业、科研单位、金融组织等，一般集团成员都是具有法人地位（企业法人或事业法人）、在法律上独立核算的单位，但作为整体的企业集团却不具有法人地位。即使核心企业对下属企业具有经营管理的特权，每个成员企业的管理仍是自主的、自立的。

（二）企业集团的组织结构具有多样性与开放性

企业集团组织结构的开放性和多样性是由以下几个方面决定的：①集团内部的联结纽带是各种经济利益，包括资本、契约、产品、技术等，联结关系的多样性决定了集团内部组织的复杂性和多层次性；②企业集团的组建有合并、兼并、收购、分立、相互持股，乃至直接新建等方式，多种组建形式最终必然形成多样化的组织结构；③由于企业集团不是独立的法人，因此集团内部不存在行政隶属关系，下属事业部或子公司是在集团共同的发展目标和规划下独立经营，对于企业集团的管理，也就不可能采取固定的方式和强制的关系，这更加促成了集团组织结构的多样化；④根据企业集团的具体经营情况、承接项目的要求和安排生产的情况，企业集团内部协作的形式也是多样化的，由此可能形成多种形式、纵横交错的组织结构，并不断调整变动；⑤组成企业集团的各种经济利益在不断地变化之中，旧的经济利益会调整或消亡，新的经济利益会产生，经济利益的大小和重要性也不相同，因此企业集团的组织结构与单位企业相比更加多变，其边缘部分也存在模糊性（如某个法人企业有可能同时是两个企业集团的成员）。

（三）企业集团的规模巨大

这里既指整个集团的规模，也指集团中核心企业的规模。企业集团产生的原因就在于通过联合产生多方面的规模经济和聚合力，具有更好的稳定性和风险分散性，以更好地参与激烈的市场竞争。因此，无论在西方发达国家还是在国内，企业集团的平均规模都大大超出了可比的单体企业的平均规模。

从经营来看，企业集团的庞大规模和资金融通实力使其不仅可以形成从技术开发、产品生产到产品销售的有机整体，而且必要时可以通过多元化经营来分散经营风险和获取多种机会，所以企业集团的经营范围往往跨行业、跨国界。

从目的来看，企业集团有更高的获利能力和更多的获利方式。因为，企业集团有着内部、外部融通资金的便利条件，有着跨行业、跨地区、大范围、多角度经营的特殊功能和有进出口业务的经营权力，乃至跨国经营等特定内容。这些特征使企业集团相对于单个大企业的优势十分明显。

（四）企业集团的生产经营具有连锁性和多元性

企业集团内部的生产经营联合既有纵向联合，又有横向联合。集团关系既可能是多家生产同类产品的企业的联合关系，也可能是由原料供应、生产加工、销售供应等企业组成的高度连锁相关的关系，还可能是多家企业共同处于一家控股公司控制之下，业务间几乎没有联系，当然也有不少企业集团是几者皆备。当企业集团形成以后，在外界环境压力下可能有实力向相关领域不断扩展，也有可能有动力向其他不相关行业进军。

六、企业集团的组织结构

按照集权、分权程度，企业集团的组织结构主要分为过度集权的组织架构（U型结构）、过度分权的组织架构（H型结构）、集权与分权有机结合的组织架构（M型结构）三种形式。

（一）U型结构：过度集权的组织架构

U型结构（united structure），也称为一元结构，是由泰勒（Taylor）首先提出的，是现代企业最基本的一种组织结构形式。它将管理工作按职能划分为若干个部门，各个部门只有很小的自主权，权力主要集中在企业的最高决策者手中，其基本框架如图6-1所示。

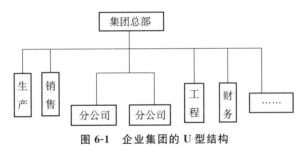

图6-1　企业集团的U型结构

U型结构的优点是：有利于集中领导，统一指挥，便于调配人、财、物；有利于落实总部的战略部署，加强对分部的控制，使整个企业有较高的稳定性。

U型结构的缺点是：高层领导者陷于日常的经营活动，无力顾及长期发展战略决策与控制；由于企业的行政机构越来越庞大，各部门之间的协调也越来越困难，管理成本逐渐上升；下级部门的主动性、积极性不能有效发挥。

从企业集团的发展历程看，U型结构主要适合处于初创期且规模相对较小的企业集团，或者业务单一型的企业集团。

（二）H型结构：过度分权的组织架构

H型结构（holding company），也称为控股公司结构，集团总部持有子公司部分或全部股份，下属各子公司具有独立的法人资格，所从事的产业一般关联度不大，从而形成相对独立的利益中心和投资中心。控股公司依据其所从事的活动内容，可分为纯粹控股公司（pure holding company）和混合控股公司（mixed holding company）。

纯粹控股公司是指其控股目的只是掌握子公司的股份，支配被控股子公司的重大决策和生产经营活动，而本身不直接从事生产经营活动的公司。混合控股公司是指其控股目的是既从事股权控制，又从事某种实际业务经营的公司。

H型结构是与U型集权结构形成鲜明对照的分权结构形式，其基本框架如图6-2所示。

H型结构的优点是：子公司作为独立的法人和利润中心，对其经营管理享有高度的自主权，有利于调动其积极性；子公司的经营业务可以分布于完全不同的行业，有助于分散集团的经营风险；集团总部可以摆脱日常经营管理事务，专注于整个集团发展战略的规划与推进。

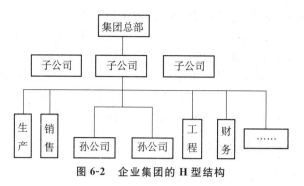

图 6-2 企业集团的 H 型结构

H 型结构的缺点是：集团总部不能直接对子公司行使行政指挥权，必须通过股东大会和董事会，加大了控股公司的管理成本；子公司拥有很大的独立性和自主权，集团总部在资源调配方面比较困难；母子公司为独立的纳税单位，相互间的经济往来和盈利需双重纳税。

（三）M 型结构：集权与分权有机结合的组织架构

M 型结构（multidivisional structure），也称为事业部制或多部门结构，是 U 型结构和 H 型结构两种结构的进一步演化。在这种结构中，各个事业部拥有一定的经营自主权，实行独立经营、独立核算，通常是半自主的利润中心，按产品、区域和服务等来设立。各事业部通常下设职能部门来协调、管理分部的生产经营活动，各事业部虽然以利润为中心，但其利润的计算并非完全依赖市场，而只能在企业统一发展战略的框架内谋求自我发展，其基本架构如图 6-3 所示。

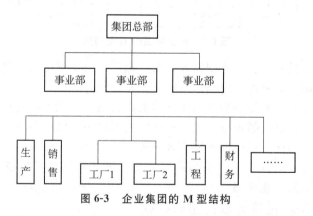

图 6-3 企业集团的 M 型结构

M 型结构的优点是：各事业部虽不是独立的法人，但却是相对独立的利益主体，在利润分配和投资决策等方面有较大的自主权，能灵活自主地适应市场变化；有利于高层领导者摆脱日常事务，集中力量用于重大事项的决策；实现了集权和分权的适度结合，既调动了各个事业部发展的积极性，又能通过统一协调与管理，有效制定和实施集团公司的整体发展战略，能做到上下联动，互相有效配合，反应速度更加敏捷。

M 型结构的缺点是：事业部之间的横向联系差，容易产生本位主义，影响各成员企业之间的协调；管理层次增加，协调和信息传递困难加大，从而在一定程度上增加了内部交易费用。

M 型结构有利于企业集团实行向前、向后一体化，对供应商和客户先前有可能在市场上完成的交易进行内部化，把越来越多的业务活动置于一个企业之中，从而扩大了生产线的规模和产业组织的范围。因此，这种结构适合规模较大、多元化经营的控股公司。

第二节 企业集团财务管理体制与内容

一、企业集团财务管理的特点

企业集团的财务管理并没有改变企业财务管理的本质和企业价值最大化的目标，因此从长远来看，企业集团的价值最大化与集团成员的价值最大化是内在一致的。但是，从集团的基本特征中可以看到，企业集团既可以看作企业组织的最高形式，也可以看作企业外部组织的一种形式。所以，企业集团的财务管理与单体企业的财务管理相比有不同的特点。

(一) 企业集团的财务管理主体复杂化

企业集团呈现为一元中心下的多层次复合结构特征。企业集团财务关系涉及面广，既涉及各个企业内部即集团内部各成员企业的财务关系，又涉及企业集团作为整体对外发生的财务关系。

单体企业的财务管理与企业集团的财务管理相比，变成了微观层面上的管理。子公司的财务管理活动既具有独立性，又对集团公司具有服从性。一方面，子公司是独立法人，应具有独立的经营管理权和理财自主权；另一方面，子公司应遵循总部统一的财务战略、财务政策与基本财务制度。

企业集团的核心层(核心企业或集团公司)有两个不同范围的管理主体：集团公司本身的财务管理；集团公司作为母公司或控股公司针对所属不同类型的成员公司所进行的财务管理。

由于企业集团组建模式和组织形式的不同，财务管理的主体大大复杂化了，可以是集团公司、控股公司、集团总部、事业部、超事业部、子公司等。而且，构成企业集团的成员在所有制、产权形式、行业、规模，甚至国别上都不一样，这种差别使得财务管理主体更具复杂性。

(二) 企业集团财务管理活动复杂

在筹资方面，企业集团筹资与单体企业筹资的不同之处主要表现在以下两个方面。①企业集团筹资的内涵增大。单体企业的内部筹资主要是指企业的积累，而企业集团的内部筹资除了通常意义上的自我资金积累之外，还包括集团内部企业之间的资金融通，即母公司与子公司、子公司与子公司之间的资金相互融通。集团内部企业之间相互提供资金融通的方式是多种多样的，可采取相互持股、发行债券、短期商业信用等形式。集团内部筹资的优势在于筹资成本相对较低，交易费用较少。②债务筹资的财务杠杆效应更为显著。企业集团内以股权联结的多层次结构使得财务杠杆效应更为明显：一方面，母公司资本具有一定的负债能力；另一方面，在母公司向子公司投资，形成子公司资本后，又产生新的负债能力，这就从整体上放大了集团资本的负债能力，使企业集团筹资的杠杆效应明显高于单体企业。财务杠杆效应的存在显著扩大了企业集团的融资能力，同时也加剧了企业集团的财务风险。

在投资方面，与单体企业相比，企业集团的投资管理具有更重要的意义：从对外投资来看，不仅投资规模大，投资方范围广，而且投资活动将带来整个企业集团的重组，其复杂程度远比单体企业的投资活动要大得多；从内部投资来看，企业集团内部的相互投资，以及由此带来的资产重组活动也相当频繁。此外，由于集团内委托代理关系的存在，使得企业集团投资管理活动更加复杂。

在收益分配方面，企业集团内部有多种分配方式，如利润上缴、投资分成、提取管理费、内部转移价格等。利润上缴方式适用于集团内部的分公司和全资子公司；投资分成适用于集团下属的控股子公司、联营企业和参股企业；提取管理费用方式是在集团公司内部运作尚不规范的情况下，解决集团公司管理费用来源的办法，适用于集团内部的分公司和全资子公司；内部转移价格也是调节集团内部利润的一种方式。

（三）企业集团财务管理的基础是控制

企业集团的财务管理是企业集团的基本手段，核心层对企业集团其他层次的控制是管理的基础。企业集团的控制有两个层面：一是对集团中成员的经济控制；二是对企业集团经营业务的实际控制。前者其实是指组织架构和权力分配的问题；后者则是指控制的实际操作以及确定标准、衡量业绩、纠正偏差的过程。两者都反映在目标控制、过程控制与结果控制之中。企业集团财务控制的核心是资本控制，主要通过权限控制、组织控制和人员控制来实现。

企业集团是一种较为密集的企业外部组织形式，它具有相对的稳定性，因此企业集团比其他企业联合形式更易于控制。从另一个层面上看，财务控制是企业集团内的母公司或核心企业对众多处于不同层次的子公司或非核心企业进行实质性控制的重要方面，企业集团的财务控制在难度上显著增加。这既体现于上述集团财务管理在管理对象、管理层次、管理职能和管理方法上的复杂性，更体现于企业集团的财务体系（财务实行分权管理和集权管理的两难选择）及集团组织结构和财务人员的职能设置。

（四）企业集团财务管理以产权管理为核心

在企业集团这种现代企业组织形式中，集团总部通过直接投资形成被投资企业的法人资本，通过资本控制关系实际控制成员企业的全部资产，实现由资产到资本的转化，并通过这一过程控制企业集团的全部财务资源。对于成员企业来说，母公司是资本的投入者，享有出资人所拥有的全部权力，包括资产收益权、重大经营决策权和财务决策权等，形成基于产权资本的管理。产权管理与业务经营是两种不同性质的管理活动，尤其是产权管理具有相对的独立性和系统性，包括资本投资的决策、资本关系的调整（如调整投资比例）、资本的考核与控制。随着产权管理成为企业集团财务管理的一项重要内容，企业集团的财务管理也开始集业务经营与资本经营于一体。对母公司来讲，财务管理偏重于资本经营；对各个子公司来讲，财务管理偏重于业务经营。

对于企业集团财务管理中的产权管理，要特别处理好资本运作与企业集团产业发展的关系。从经济发展的历史来看，金融资本仅为产业资本的发展创造条件，产业资本才是决定经济发展的最终力量，因此企业集团的发展应以产业资本经营为主。也就是说，企业集团应致力于实体资产的长期经营，并以核心产业的发展壮大和实现协同效应为根本。企业集团的长期投资以及收购、兼并等资产重组行为，必须围绕着如何盘活企业集团的存量资产和增量资产，增强集团核心竞争力，有效实现企业集团的战略转移。这与以从事金融型投资，通过证券投资组合规避风险、获取收益，以及以从事企业"买进-短期经营-卖出"等业务为主的投资银行有根本的区别。

（五）企业集团财务管理突出战略性

战略一般是指重大的、关系事物全局的、涉及时间相对较长的，同时又决定或严重影响事物发展前途和命运的重大谋划。战略与企业集团的生存发展息息相关，企业集团的财务管理具有明显的战略相关性。

首先，企业集团的形成本身就是战略选择的结果。母公司选择集团成员，是根据自身实力、发展方向、双方的优劣势等情况而定的。集团成员的联结方式，如相互持股、控股、参股、协议等，都是战略的实施和体现。

其次，企业集团的日常经营和竞争也离不开集团战略。企业集团成员众多，职能地位不一，为了协调一致，真正发挥企业联合的规模效应和范围效应，取得与单体企业和其他企业集团相比的竞争优势，必须从整体与局部、短期与长期等多个角度出发来考虑集团的生产经营。

最后，企业集团的成长必须有战略指导。集团的规模大小、专业化与多元化的发展方向、自我发展或者以多种兼并或协议的方式成长，都属于集团战略的范畴。

（六）企业集团内部的财务管理同时带有强制性和非强制性

所谓强制性，是指企业集团财务管理制度一经制定，集团内部成员企业必须遵守执行。前提是集团在制定这些财务管理制度时，要求各成员企业必须参与，对于共同认可的制度性内容，必须贯彻执行。

强制性的财务管理制度内容如下：对外融资的担保及抵押办法；集团内部融资的办法及利率；内部转移价格的制定与执行；各成员企业较大的投资项目或涉外经营的批准程序；各成员企业主要负责人的职责及薪酬水平；资产负债率水平等。

所谓非强制性，是指企业集团成员企业在不违背企业集团财务管理制度的前提下，可以对某些财务事项自行决策。自行决策的内容包括资产处置权、对外融资权、职工工资及福利等。

二、企业集团的财务管理体制

企业集团虽然不是法律主体，但却是一个财务主体和特殊的会计主体。作为以资本为纽带、由核心层和其他成员企业形成的企业集团，其有独立的财务活动，且有集团特殊的财务关系，因此，它是一个财务主体。企业集团虽然不是一个独立核算的主体，但是也需要编制以集团公司为中心的合并会计报表，因此它又是一个特殊的会计主体。所以，企业集团在行使财务管理职能时，需要一套与单体企业不同的财务管理体制来支撑。

（一）企业集团财务管理体制的类型

财务管理体制是指企业在处理财务活动中的组织框架和管理机制，主要包括组织框架的安排、财务管理权限的划分和财务管理机构的设立等内容。企业集团内复杂的产权关系、多元的财务主体等特征，使选择一种适合企业集团的财务管理体制成为必然，建立企业集团财务管理体制的核心是决策权和控制权的划分问题，即解决集权和分权的关系问题。企业集团财务管理体制按管理权限的集中程度可分为集权型、分权型、混合型三种类型。

▶ 1. 集权型财务管理体制

在集权型财务管理体制下，财务管理决策权高度集中于母公司，母公司对子公司实行严格的控制，实施统一核算，统一调配资金，并实行集中管理。其特点如下：财务权力高度集中于母公司，对子公司人、财、物和产、供、销实行统一经营、管理、决策和核算，各成员单位只是执行集团总部的财务决策。

集权型财务管理体制的优点：①财务管理效率较高，企业信息能实现较充分的纵向沟通，有利于在重大事项上迅速果断地决策，并使各子公司与母公司总体财务目标保持一致；②有利于母公司发挥财务调控功能，便于整体协调，能较好地发挥整体资源的整合优势，提高整体资源的利用效率；③通过集团产品结构和组织结构的整体优化，有利于降低成本、统一调剂集团资金，从而取得规模效益。

这种模式是基于对子公司经理层不信任的假设上，其最大缺陷在于无法调动子公司经理层的积极性，具体体现在以下五个方面：①因决策信息不灵导致低效率，最高决策层（母公司）远离经营现场，信息掌控不完整易造成决策低效甚至失误；②制约了子公司理财的积极性和创造性，部分剥夺了子公司的理财自主权，甚至侵犯了其独立法人的地位；③不利于母公司专心从事战略管理，母公司事无巨细地对子公司的日常经营活动与财务活动进行管理，不利于企业整体的长远规划和发展；④难以应付复杂多变的环境，由于决策集中、效率降低，因此应付市场变化的能力大大降低；⑤难以对子公司的经理人员的业绩进行评价和考核，子公司的经理人员实质上只是起到母公司"临时工"的角色，对子公司的经理人员的业绩也就无从评价和考核，因此不可能使企业集团管理行为真正规范。另外，在子公司的破产或清算中，无法清理母子公司间的财务利益关系。由于母公司指挥的失败导致子公司破产或清算，会在很大程度上破坏"有限责任"这一原则，也会使母公司财务陷入困境，导致无法厘清母子公司间的财务利益关系。

因此，这种模式主要适用于下列三种情况：①企业集团的规模不大，且处于组建初期，需要通过集权来规范子公司的财务行为；②子公司在集团整体的重要性使得母公司不能对其进行分权，如子公司是母公司的原料供应或采购单位，或是母公司产品的销售对象；③子公司的管理效能较差，需要母公司加大管理力度。

▶ 2. 分权型财务管理体制

在分权模式下，母公司只保留对子公司重大财务事项的决策权或审批权，不干预子公司日常的生产经营、财务事项的决策权与管理，其对于公司的管理强调的是结果控制，即对子公司完成受托责任的情况进行考核与评价。

分权型财务管理体制的主要优点：①企业集团高层能够将有限的时间和精力集中于最重要的战略决策；②各子公司拥有充分的理财权，财务决策周期短，应对市场变化能力较强，减少了集团公司的决策压力；③有利于激发成员单位的工作热情和创造性，从而提高经济效益。

分权型财务管理体制也有其明显的缺陷：①易造成诸侯割据、各自为政的局面，不利于整个集团资源的优化配置，可能难以产生财务协同效应；②难以统一指挥，由于纵向沟通不及时或不通畅，信息分散化和不对称现象较常见，重大事项的决策速度被减缓；③监督难以到位，容易导致经济活动不规范、成本开支失控、财务监控不力、资金分散等问题，增加了企业集团的资金风险，降低了资金使用效率，不利于及时发现成员单位面临的风险和可能出现的重大经营问题。

综上可知，这种模式主要适用于资本经营型企业集团和某些对集团没有重要影响的子公司。

▶ 3. 混合型财务管理体制

混合型财务管理体制是指集权与分权相结合的财务管理体制，其强调在分权基础上的集权，不仅发挥各成员单位的积极性和主动性，而且从严理财，是一种自下而上的多层次决策的体制。其特点如下：母公司对成员单位在所有重大问题的决策与处理上实行高度集权，子公司对其他一切经济活动具有较大的自主权。此模式的优点如下：有利于综合吸收集权和分权的优点，克服或最大限度地消除过度集权或过度分权的弊端；由母公司对重大问题统一领导，有利于提高企业集团的整体经济利益，增强其在竞争中的实力和应变力；各子公司对其他经营活动拥有相对独立的自主权，能有效地调动其工作积极性并实现其自我约束。但是，往往会造成母公司管理链条较长，相关的监督成本较高，而且难以把握集权和分权的尺度等问题。

企业集团财务管理体制从总体上要解决和面临的最大问题是集权与分权的关系问题。在体制上，它关系着组织结构的设置与权责利的明确；在管理战略上，它关系着集团总部对成员企业积极性的判断与专业分工和团队协作机制的塑造。

集权和分权是相对的，没有绝对的集权，也没有绝对的分权，集权和分权没有一个绝对的定量指标来衡量。企业集团应根据外部环境和竞争的需要，结合集团自身生产经营和组织机构的特点以及财务运行模式和环境的差异，创造适合自身特点的财务控制模式。一般来说，集权型财务管理体制能发挥企业集团的整体优势，便于集团宏观调控与指导；而分权型财务管理体制可使下属企业结合自身特点灵活决策，有助于调动下属企业的积极性和创造性。而且，并不是集团内的每一个企业都享有完全的财务管理权利，而是集团公司将其直接控股的子公司的权利分散给它们，然后这些子公司又在各自的下属企业之间选择集权、分权或放权的管理体制。

（二）企业集团财务管理体制选择的影响因素

企业集团究竟应采取哪种财务管理体制来扬长避短，实现优势互补？在集权与分权财务管理体制的选择上，虽没有统一的标准，但是有一些影响因素，需要在选择时加以考虑。这些因素是多方面的，既有集团内在的，也有集团外部的因素；既有主观的因素，也有客观的因素及历史的原因。主要包括以下两个方面。

▶ **1. 财务权利的划分**

财务权利的划分是企业集团财务管理体制选择的关键考虑因素从管理的角度来看，企业集团与单体企业管理的不同之处主要在于以产权为基础的管理，主要反映在重大项目的投资决策、重大的筹资决策、产权收益分配权和主要领导干部的任免权等上面。财务目标决定了财务资源的配置和利用，资源配置的好坏直接影响到企业当前和未来的经济利益。围绕财务目标产生的不同层次和角度，财务权利大致可以划分为以下四种，它们是企业集团进行财务体制选择时，需要重点考虑的。

（1）财务决策权。财务决策权是宏观上经营者财务权力的最高层次。财务决策权还可以分解为财务战略决策权和财务运作决策权，其主要内容包括投资决策权、筹资决策权、财务收益分配权、会计政策决策权、财务领导任免权、资产处置权等。

投资决策权可以由集团总部统一运用，集团可以选择明确规定由企业集团把握集团投资方向、投资规模，各子公司一律没有投资权；也可以针对不同性质的子公司，按照一定限额或者子公司自有资本的一定比例适当下放投资决策权，调动子公司管理的积极性，但是这种限额或比率在整个企业集团的资本总额中是微不足道的。

在筹资决策权方面，可以由母公司对外筹资，多渠道筹集资金，再通过内部投资或贷款向子公司提供资金，从而严格控制财务风险；也可以按子公司经营状况制定不同的筹资政策并给予其不同的筹资权限。

在财务收益分配权方面，子公司有权按《公司法》的规定，公司从税后利润中提取法定公积金后，经股东会或者股东大会决议，还可以从税后利润中提取任意公积金。对于集团化的公司，余下的可分配利润由母公司统一支配调度或采用较高利润上缴比率等办法进行处置。

在会计政策决策权方面，集团母公司可以对子公司的成本费用核算和管理等会计政策的制定、审批权限的设置以及实施过程进行把控。

在财务领导任免权方面，集团母公司按照出资比例任免派驻子公司的董事会成员或直接任免子公司的董事长，为加强对子公司的控制可以采取对子公司的财务主管人员由母公司统一委派的制度。

在资产处置权方面，子公司的关键设备、成套设备、重要建筑物和权限以上的资产处置报集团总部批准，其余资产处置可由子公司自主决定。

(2) 财务资源调配权。财务资源调配权是指依据具体项目和生产情况调动财务资源的权利，是由财务决策权分化出来的权力。这种权力在分布上依据生产特点和项目性质而异；在分配上依据职务等级而异，如预算审批权、流动资金调配权等。

(3) 财务资源使用权。财务资源使用权是最低一级的财务权利，是财务资源调配权行使后的体现，也是保证财务资源真正发挥作用的权利，如购买办公用品、工资奖金分配等。母公司可以统一制定集团的财务资源使用分配比例，子公司在不违背分配原则的前提下，自行决定财务资源的使用总额和分配形式。

(4) 财务监控权。财务监控权是对其他几个层次的财务权力的分配过程和行使过程进行监督和控制的权利。在较低层面上，财务监控权是财务决策权派生出来的监督财务资源调配和使用情况的权利；在更高的层面上，它是企业所有者监督企业经营者的财务权利，如对现金流量的监控和成本费用控制等。在现金流量的监控方面，集团总部通过财务公司、内部结算中心等方式对整个集团的现金流转实施严密监控。在成本费用控制方面，集团总部对子公司的成本费用管理制度的制定、审批权限的设置以及实施过程进行把控。

▶ 2. 财务环境因素

财务环境即财务管理环境，是指对企业财务活动产生影响作用的企业内外各种环境因素的总和。由于财务环境对财务管理目标、财务管理方法、财务管理内容具有非常重大的影响，因而其关系到财务管理体制的构建。财务环境分为宏观财务环境和微观财务环境两方面。其中，宏观财务环境主要是指企业理财所面临的政治、经济、法律和社会文化环境；微观财务环境主要是指企业自身的组织形式、所处发展阶段、行业性质和规模等。

对企业集团而言，从宏观角度来看，主要包括社会文化环境、政治法律环境和经济环境，虽然它们对企业集团的财务管理体制有着重要的影响，但真正影响企业集团财务管理体制形成的因素主要来自企业内部微观的财务环境。

(1) 企业集团的发展战略。发展战略是企业集团发展的总设计和总规划。企业的投资战略是其发展的总纲，使之能兼顾当前工作和长远发展，正确处理一系列关系，从而使企业始终保持长盛不衰的局面。企业发展战略可按不同标准进行分类，如按发展战略的性质可划分为稳定型战略、扩张型战略、紧缩型战略和混合型战略。企业集团在某一阶段采取的具体战略的差异必然要求以不同的集权分权管理模式来支撑。例如，在实施扩张型战略阶段，过分强调集权是不明智的，应该积极鼓励子公司开拓外部市场，形成集团内新的经济和利润增长点，此时分权程度就应该大一些；在稳定型战略下，集团总部必须从严把握投资融资权力，而对有关资金运营效率方面的权力可以适当分离；在紧缩型战略下，必须强调高度集权；在混合型战略下，可能有必要对不同的子公司实行不同的管理模式。如果企业发展战略要集中大量资金，扩大母公司的生产规模，母公司就要集中资金管理和投资决策；如果发展战略采取集约经营的方针，量力而行改善品种，提高质量，同时积极鼓励子公司开拓外部市场，建立多个新的产业发展和利润增长点，分权程度就应高一些。

(2) 企业集团的产品（产业）选择。从理论上分析，企业集团产业定位的差异是明显的。按照多元化程度的差异，可以把企业集团产品（产业）定位划分为四种类型：①单个产品密集型定位，是指企业集团在以单一产品为投资经营的条件下采取积极措施，开辟新的业务领域，增加花色品种，提高市场占有率，从而全面扩大生产和销售；②一体化产业定位，是指企业在某产品供、产、销三方面的投资与经营实现一体化，使原料供应、加工制造、市场销售实行联合，从而扩大生产和销售能力；③相关联多元化定位，是指多元化扩展到其他相关领域后，没有任何单项产品的销售收入能占到销售总额的70%；④无关联多元化定位，是指企业进入与原来业务无关的领域，如钢铁企业进入了食品行业。

如果集团行业和产品比较单一、生产流程衔接紧密、产品必须统一面向外部市场实行垄断竞争，集权程度就应该高一些；如果集团行业和产品众多，生产流程无紧密联系，各种产品面对市场情况不同且经常变化，分权程度就应该高一些。

(3) 企业集团的规模和总部的控制能力。不同规模的企业集团，在财务管理制度上有明显差别。根据管理幅度和管理层次论，管理者受其时间和精力等限制，在企业规模扩大到一定程度后，就有必要实行分层次的授权管理。因此，当企业集团规模不大、经营范围较小、业务比较单一、子公司数量不多，而集团内部关系较为简单时，财务管理就可以相对集权；而若企业集团规模较大、经营业务多样化或子公司数量较多，且集团内部关系较为复杂，集团公司总部难以统一管理子公司财务或统一管理的效率较低，那么，就应采取相对分权的财务管理体制。

首先是决策体制问题。对于一个规模较大的企业集团来说，单一领导人的重要性正在下降，一个配合默契、相互制衡且由不同知识结构的专业人士组成的管理团队的重要性正在上升。规模的扩大意味着信息量的增加，知识面的拓展会使任何单个人感到力不从心，力不从心而又要决策，就必然会发生失误。所以，建立决策层、管理层和经营层三权分立的集体决策体制，相互补充、相互独立又相互制衡，用集体的智慧弥补个人素质的不足是企业规模扩大后的正确选择。这种体制可能会损失一些效率，但它能避免巨大的隐患。

其次是管理能力的问题。规模的扩大意味着层次的增加。管理学一般认为，一位管理者所能直接管理的下级人员不超过 $5\sim 8$ 人。所以，企业集团做大后，必须建立专业化的管理组织，实行多层次授权代理，由此要建立一系列监督管理制度，正确处理好控制与授权代理之间的关系，用完善的制度规范人的行为，把管理由"人治"引向"制度治"。总之，如果总部适应市场的能力十分健全，集权可以实现"管而不死"；反之，集权过度难免造成"一管就死"。

(4) 分支企业对企业集团财务战略影响的重要程度。对于集团而言，并非所有的企业都处于同等重要的地位。从确保资本杠杆的功能、实现集团的战略结构、维护和增强集团的核心能力，以及扩大核心产业的市场优势的立场出发，集团公司通常会对与集团核心能力、核心业务密切相关的子公司的经营活动实施高度的统一管理与控制，倾向于采取集权型财务管理模式，因为这关系着企业集团的前途命运与生死存亡；而对于那些与核心能力、核心业务关系一般甚至没有影响的成员企业，从提高管理效率、发挥各自的积极性，以及增强市场竞争的应变性角度，集团公司通常对其实行分权管理。换言之，集团总部对核心企业和控股层企业的控制要明显严于参股层、协作层企业。

(5) 企业集团的发展阶段。企业集团的孕育形成、成长、成熟和蜕变的生命过程，也是财务管理体制自我控制性与灵活性的矛盾发展过程。在孕育形成初期，为实现创业构想，财务管理体制的自我控制性占优势地位，母公司财权高度集中；在成长阶段，为了追逐更大的利润，客观上要求牺牲部分控制权利，以获得更大的灵活性，因此财务管理体制的集权度降低，子公司获得充分的经营、资金运用权和一定的决策权，财务的组织化、制度化建设开始发挥效用，企业集团走向成熟；在成熟阶段，企业集团形成了垄断优势，财务体制的灵活性要求继续上升，分权度进一步扩大，财务管理体制的控制力和灵活性达到了平衡，规模经济效益达到最大；在成熟转向衰退的时期，企业集团转向追求稳定的收益，而不是最大的利润，灵活性要求开始降低，自我控制性要求渐渐占上风，但财务体制开始僵化，从而内在地要求变革。

(6) 体制本身的成本—效益权衡因素。从理论上分析，一个体制的构造应该考虑以下因素：①利益因素。财务体制的选择过程是集团各利益群体实现自己目标的过程，是一个利益调整和利益分配的过程。各种利益关系的相互作用，制约着体制选择和体制演进。②成本因素。财务体制运行的组织费用既包括市场的组织运行费用，也包括企业或各级层的组织运行费用。③体制绩效。财务体制在组织企业集团财务和经济运行方面的功效，可用企业集团生产经营发展的各项指标加以衡量。

从体制的成本—效益因素分析，如果集团采用集权管理体制，即管理权集中于管理总部，那么在集团内部则需要一个能及时、准确地传递信息的系统，同时还要充分考虑信息传递过程的控制问题，以保证信息的质量。如果这些要求能够达到的话，集权管理的优势便有了充分发挥的可能性。但与此同时，信息传递及过程控制有关的成本问题也会随之产生。分权管理实质上是把决策管理权在不同程度上下放到比较接近信息源的各层次的成员企业或组织机构，这样便在相当程度上缩短了信息传递的时间，解决了信息传递过程中的控制失效问题，从而使信息传递与过程控制等方面的相关成本得以节约。并且，随着分权程度的增加，分权管理信息利用价值的优势与代理成本也都有不断增加的趋势。由此可见，在成本与效益方面，集权与分权都有着不同的利弊。对相关成本与效益进行分析权衡，对企业集团做出集权或分权的决策选择无疑有着一定的参考价值。

(7) 管理文化结构的差异。管理文化的不同对企业集团的管理模式也产生着一定的影响。一般来说，先个人价值而后社会价值的西方文化结构，使得西方企业集团更易于采用分权制管理模式。在西方文化看来，无论是子（孙）公司抑或是其他成员企业，与母公司一样，在法律上有着平等的法人权利地位及独立的社会人格特征。因此，采用分权管理体制，既是对子公司行为能力的尊重，也是对其积极创造性的保护与人格价值的社会认同。相反，在先社会价值而后个人价值的东方文化结构下，企业集团在管理上更易于采用集权制。

三、企业集团的财务机构及其职责划分

尽管由于企业集团规模、业务性质和文化背景等的不同，不同的企业集团财务机构及其职责划分具有各自不同的特点，但是一般来说，企业集团的财务机构及其职责是按以下模式划分的。

（一）集团总部的财务机构

企业集团财务管理总部是集团财务系统的综合管理部门，由首席财务官（CFO）直接领导，总部的财务管理机构一般由会计、财务、审计、资金管理等部门组成。

▶ 1. 集团总部会计部门的职责权限

作为集团总部日常会计核算工作与会计信息归集、整理与对外财务会计信息披露的唯一提供者，会计部门主要负责以下工作。

（1）集团总部日常会计核算工作。
（2）集团统一拟定会计政策及会计制度。
（3）集团财务信息化建设。
（4）控股企业报表管理与合并、对外信息提供及对外信息披露。
（5）集团下属公司财务报表分析；配合外部审计对集团会计报表鉴证等。

▶ 2. 集团总部财务部门的职责权限

作为集团财务战略具体实施中心、财务政策传达中心、预算管理中心、财务风险预警中心和财审团队管理中心，财务部门主要负责以下工作。

(1) 集团及控股企业财务战略的运行态势监控和维护。
(2) 财务通则及制度拟定与监督。
(3) 预算及财务计划实施监控。
(4) 风险预警与防范。
(5) 投资项目管理、税收筹划、资产管理、内部转移价格、股票和期权管理、股利分配政策。
(6) 内部管理报表分析。
(7) 财审团队建设与管理等。

▶ 3. 集团总部资金管理部门的职责权限

作为集团全系统内资金分配、使用、管理、结算、调剂的职能管理部门，资金管理部门主要负责以下工作。

(1) 统一集团内结算账户和存款。
(2) 办理集团各下属单位的贷款审查、发放、收回。
(3) 集团内现金结算、内部资金调剂和企业授信管理。
(4) 统一管理融资内的担保和贴现业务。
(5) 集团内票据的统一保管和管理；汇总各下属单位资金使用情况的旬报表，并提出分析意见。
(6) 负责与银行搞好公共关系，保障融资渠道的畅通。

(二) 集团总部财务管理机构与其他职能机构的职责界定

尽管财务管理机构的职责是集团财务工作的运行与实施，但伴随着企业各种管理职能交叉与混合的趋势，财务管理与会计正向战略、人力资源等领域渗透，例如，企业薪资激励系统便是这种渗透和融合的产物。因此，如何清晰地界定财务管理机构与总部其他职能机构(如人力资源部、战略规划部门等)的职责权限似乎越来越困难。

▶ 1. 财务管理机构与人力资源部门的职责协调

按照传统的职责分工，人力资源部门主要负责人员的招聘、培训、绩效评价、薪酬系统设计等工作，但随着"EVA红利"和股票期权等激励方式的出现，纷繁复杂的考核数据的计算与调整似乎非人力资源部门能力所及。实务中，不少企业将绩效评估与薪酬系统设计等工作委托给财务管理部门。

事实上，绩效评估主要涉及两个方面的内容：在公司治理结构层面，涉及所有者对经营者的绩效评估；在公司内部经营管理层面，涉及经理层对责任中心和员工个体的绩效评估。具体而言，主要是集团总部经营者和下属责任中心的绩效考评，其所属的总部财务预算管理控制领域，通过财务预算系统设定的财务指标和非财务指标来予以反映，而总部普通员工个体工作绩效评估，则更多地属于人力资源管理领域。

至于薪酬系统的管理，财务管理部门主要侧重于数量上的分析与控制(如EVA指标的计算等)，并以此为基础建立一个具有竞争力、行之有效的薪酬激励系统，而人力资源部门的出发点则是管理学、心理学的观点(如衡量员工的精神能力、态度或士气等)。

此外，在人员的招聘与培训方面，财务管理机构应该要求总部的人力资源管理部门针对集团财务人员情况做出详尽的计划，对集团财务人力资源管理做出系统的规划和安排。对于保有、培养、发展等关键环节，财务管理机构应该提出明确的要求，并应根据实际情况亲自把握。

2. 财务管理机构与战略管理部门的职责协调

通常，大型企业集团的战略管理委员会由财务、战略、法律等各个不同领域的专家组成，同时由于战略实施的本身就需要全部门、全员的共同参与，因此理想的集团战略管理应该是各职能部门通力合作的结果，而并非战略规划部门"孤军奋战"的结果。一些持"财务至上"观点的人认为，应该将战略规划的工作全部囊入财务管理机构中，理由如下：从战略眼光看，股东或出资人的目标是公司价值最大化，要实现这一财务目标，必须充分发挥财务调控生产经营和资本经营的功能，而资本经营本身就是一种战略行为，从某种意义上看也是一种财务运作的战略行为。所以，公司战略由财务战略与财务管理机构负责是非常有利的。

完整的战略管理过程包括资源分析、战略和业务规划，以及战略的实施与反馈。财务管理机构在战略与业务规划过程的不同阶段的确能承担不同的职责：在资源分析和核心竞争管理中，财务管理机构要积极参与，并使之成为集团价值管理的一个有机组成部分；在战略规划过程中，财务管理机构履行支持性职责，协助 CEO 完成企业分析、战略规划和实施管理；而在业务规划阶段，财务管理机构的角色和分量逐渐加大，起着支持甚至主导性的作用；至于协助完成战略的实施与反馈工作，财务管理机构更是责无旁贷，因为衡量集团战略完成情况所需的财务数据只可能源自财务部门。

集团管理在很大程度上是由母公司（集团总部）的定位来体现的。可以说，从资产关系的观点分析，母公司对子公司管理的主要内容应是对其资金、财务活动的调控，以实现集团战略、确保投资回报这个终极目标。

归纳西方多年的集团公司财务管理经验，并结合我国现实，集团管理总部的财务管理职责主要定位于以下几个方面。

（1）战略预算的编制、实施与监控。

（2）确定最佳的集团资本结构，以保证为实施战略预算所需要的资本，并规划其资本来源渠道。

（3）协调与外界的财务关系，包括股东、银行、审计师和资本市场等；建立与实施集团公司财务政策。

（4）负责经营性财务计划的落实，包括资本预算、现金流转化等；风险管理，包括确定债务总量、债务结构和财务杠杆的控制。

（5）业绩衡量标准化的建立，并通过预算考评等方式实施业绩评价。

（6）集团内部财务政策的制定与报告制度（包括报告的标准、时间与内容设定，报告质量控制与会计标准等）。

为此，母公司还要设置专门的职能机构、部门具体行使母公司权利。例如，设立公司股权管理办公室并将其作为集团公司行使股东权利的办事机构，其主要职责包括：负责管理集团公司在参股企业中的股权，并制定相应的股权管理规定及有效措施；负责协调集团同参股企业董事会的工作和与股东之间的关系，研究改进董事会运行机制，正确推行董事会领导下的经理负责制；掌握参股企业股权结构，并根据集团董事长、执行董事的指示和集团有关制度规定，参加、协商、办理有关股权的变更事宜；掌握参股企业资产划分、资产构成、资产变更，为集团领导提供动态信息。

（三）子公司的财务机构设置

子公司的财务机构设置既要有独立性，又要符合与上一级财务部门有效控制的要求。由于集权与分权形式的不同，子公司的财务机构设置可能有很大差别。

一般来说，如果子公司与母公司设有同样的财务部门，那么这个部门应归属母公司的相应部门进行对口管理。在母公司内行使财务职能的同时，其决策权限由上级部门授予，并要向上级汇报本公司的预算以及提交财务报告。

(四) 财务总监委派制

财务总监(CFO)是企业集团日常财务工作的直接发动者、组织领导者和最高负责者。财务总监委派制是指集团母公司将子公司的财务总监列为母公司财务部门的编制人员，由母公司直接委派并接受其考评，负责子公司的会计核算和财务管理工作，参与子公司的经营决策，并认真执行母公司制定的各项财务管理制度。该制度实际上是两权分离的产物，是在财务监督制度基础之上的创新，其最终目的就是维护作为所有者的母公司的权益，在集团内部母子公司之间形成相互制衡的监督约束机制，它在减少子公司投资失误、防范经营风险、避免资产流失等方面发挥着不可或缺的作用。

▶ 1. 财务总监委派制的优点

财务总监委派制的优点体现在以下三个方面。

(1) 降低了财务总监与总经理"合谋"的风险，使所有者监督能够落实到企业的日常经营活动与财务收支之中，从而更具有及时性、经常性、有效性和自觉性。

(2) 通过巧妙的制度设计，财务总监委派制形成了子公司的董事会、财务总监和总经理之间三权相互制约、相互牵制的内部权力制衡机制，抑制了任何一方权力的无限膨胀。

(3) 严格的选拔制度也在一定程度上减少了财务总监失职或滥用职权的风险。较高的思想、业务素质与工作经验，保证了财务总监在执行监督、参与决策时以保证集团整体经济利益最大化为最高行动纲领。

▶ 2. 财务总监的职责类型

财务总监的职责类型主要有以下两种。

(1) 监督稽核型。在这种类型下，集团委派的财务总监由集团财务部统一调度、任命、管理和考核，工资奖金全部由总部统一发放，其根本职能就是进行财务监督，强化产权约束。具体行使的职权主要有以下几方面：①审核子公司的重要财务报表和报告；②参与制定子公司的财务管理规定，监督检查子公司各级财务运作和资金收支情况；③财务总监与经理联签批准规定限额范围内的企业经营性、融资性、投资性、固定资产资金支出和汇往境外资金及担保贷款事项；④参与拟订子公司的年度财务预、决算方案；⑤参与拟订子公司的利润分配方案和弥补亏损方案；⑥参与拟订子公司发行公司债券的方案。⑦审核子公司新项目投资的可行性。

(2) 决策管理型。决策管理型财务总监由母公司委派，经子公司董事会任命；委派的财务总监属于子公司高管人员，接受集团和子公司的双重管理与考核奖惩。具体行使的职权主要有：①主持子公司日常财务工作，建立、健全子公司自身财务监控系统，积极配合、支持子公司总经理做好各项重大的经营决策与财务决策事宜，从财务角度对子公司业务部门的活动发挥专业作用；②从集团整体利益出发，与子公司总经理一起对子公司决策项目或行为与公司管理决策、管理目标、制度章程的符合性做出分析与判断，使子公司的财务政策与集团公司的总体政策、目标或章程相一致，以保证子公司财务制度的建立、健全和有效贯彻。

这两种制度各具特色，前者监督职责单一、身份独立、监督到位，保持着对子公司经营班子十分严格的财务监督。其不足之处是由于委派的财务总监专司监督职能，子公司经营中必须还要有一个财务主管型的人物，从监督和被监督的天然对抗性而言，他将孤立财务总监的监督。而后者集监督、决策与管理于一身，寓监督于管理之中，制度效率高，其弊端是要面对两种职能和接受双层考核，具体操作起来财务总监实在难以兼顾上下的要求，在利益的驱动下，很容易与子公司总经理形成"合谋"，导致有悖于推行财务总监委派制的初衷。

▶ 3. 推行财务总监委派制的注意事项

（1）财务总监委派制最终应落实到公司治理结构的加强。为了充分贯彻母公司意图，必须从形式和实质上保证财务总监在子公司治理结构中的权威和地位；同时，为了避免法律上的障碍，财务总监最好称为财务董事，并由集团产权管理部和投资部负责、管理、委派。

（2）财务总监不仅应该是子公司董事会成员，受董事会任命，对董事会负责，在董事会闭会期间代行董事会的财务审批职能和监控职能，同时还应是子公司管理层或经营班子的成员，由子公司总经理（总裁）直接领导，组织指挥公司财务运作。具体来说，就是做好总经理决策参谋，为有效的投资决策项目筹集所需资金，利用财务信息强化企业管理。已委派财务总监的子公司就不能再另设总会计师、财务总裁等岗位和人员。

（3）对委派的财务总监实行双层考核，工资奖金也就不能由集团总部全部发放，主要应该由子公司负责。

（4）为了防范"合谋"，财务总监应该实现定期轮岗制度，并禁止同一总经理与同一财务总监长期共事制度，或依靠集团建立有效的内部审核审计机制来防止"合谋"行为。

在有些企业集团，还采用一种与委派制密切相关的制度，即联签制。财务总监与子公司总经理联签事项包括：①公司提供贷款担保，公司对外单位及下属企业提供贷款担保；②公司提供现金；③公司通过银行办理转账结算；④公司通过银行办理对外投资的转账结算；⑤公司通过银行办理商品及物料购入业务；⑥对采取托收承付和委托收款结算方式的商品及物料购买合同实行联签；⑦公司办理的信用卡，每月对银行报来的对账单实行联签；⑧公司本部或内部财务结算中心对所属单位借款金额；⑨公司呆账、烂账处理；⑩公司超过管理规定标准的费用支出和超过年度预算的费用支出实行联签。

四、财务共享服务中心

（一）财务共享服务中心的定义

财务共享服务中心（financial shared service center，FSSC）是近年来出现并流行起来的会计和报告业务管理方式。所谓财务共享服务中心，即将企业各种财务流程集中在一个特定的地点和平台来完成，通常包括财务应付、应收、总账、固定资产等等的处理。这种模式在提高效率、控制成本、加强内控、信息共享、提升客户满意度以及资源管理等方面，都会带来明显的收效。它将不同国家、地点的实体会计业务拿到一个SSC共享服务中心（shared service center，SSC）来记账和报告，这样做的好处是保证了会计记录和报告的规范、结构统一，而且由于不需要在集团的每个公司和办事处都设会计。节省了系统和人工成本，但这种操作受限于某些国家的法律规定。

财务共享服务中心作为一种新的财务管理模式正在许多跨国公司和国内大型集团公司中兴起与推广。财务共享服务中心是企业集中式管理模式在财务管理上的最新应用，其目的在于通过一种有效的运作模式来解决大型集团公司财务职能建设中的重复投入和效率低下等弊端。财务共享服务（financial shared service，FSS）最初源于一个很简单的想法：将集团内各分公司的某些事务性的功能（如会计账务处理、员工工资福利处理等）集中处理，以达到规模效应，降低运作成本。众多《财富》500强公司都已引入、建立财务共享服务运作模式。根据埃森哲公司在欧洲的调查，30多家在欧洲建立财务共享服务中心的跨国公司平均降低了30%的财务运作成本。

财务共享服务中心一般为人员素质较高的制造业企业所属各分支机构、办事处服务。这些分支机构、办事处往往只承担销售任务，而无复杂的财务核算需求。例如戴尔公司在中国各个地区的销售网点，这些网点仅由一个销售团队及相关服务人员构成，通过设在厦门的总部完成标准订单统一处理业务，财务则可以共享至厦门。

适合建立财务共享服务中心的企业包括金融企业、服务企业、制造业的销售网点、连锁企业、通信服务业。技术条件下不适合建立财务共享服务中心的企业包括制造业的工厂、勘探业、信息化程度较低的企业等。

(二) 财务共享服务中心的发展

随着中国经济强有力的增长，在华跨国企业、地区总部在逐年增加，同时，中国企业的国际竞争力也日益凸显。而这些企业的内控、管理以及运营的优化逐渐浮出水面，由此应运而生的信息技术(IT)、人力资源管理(HR)，尤其是财务共享服务中心开始悄然风行。GE、ABB、麦当劳等诸多在华企业都已经建立了共享服务中心。在各类共享服务中心中，国际上最流行的就是财务共享服务中心，通俗地说就是财务文件管理外包服务。

随着财务共享服务中心在欧美等发达国家的应用逐渐成熟，以及中国市场的快速成长与发展，在华的跨国公司和国内的大型企业对这项服务的需求也日渐增多。以一家在华的知名国际餐饮巨头为例，它同样通过富士施乐的外包服务建立了财务共享服务中心。利用这一数字化财务管理平台，这家餐饮巨头的会计中心开始了全新的工作方式。其中，负责应付账款的财务人员每天只需将票据扫描成电子文件，加上检索关键字，上传至管理平台，系统就会生成相应的电子凭证，进入财务审批流程。各地分店还能独立、快捷地通过该数字化财务管理平台查询发票信息和付款进程，不但工作效率得以大幅提升，也简化了部门及异地公司的查询流程。通过资源整合，财务共享服务中心将对资源进行更有效的分配，避免了在原先传统的分散处理模式下资源闲置的现象。此餐饮巨头建立财务共享服务中心之后，原先以录入为主的工作人员由25人降至5人，发票归档人员从6人降至1人。同时，企业还可将包括人力资源在内的各种资源优化配置。例如，在会计中心内部，可以按照实时的工作量变化灵活地调配财务人员，满足及时处理的需求。

国内某大型建筑企业也正在逐步建设自己的财务共享服务中心，已经上线部分局集团单位，建设规模已经在国内处于绝对的领先。财务共享服务给其带来的效应也正逐步显现。

由于财务共享服务中心解决了企业所面临的共同问题，在为企业提高效率、优化运营的同时，令企业专注于核心业务的拓展，因此近些年的发展格外迅速。

(三) 财务共享服务中心的优点与缺点

▶ 1. 财务共享服务中心的优点

与普通的企业财务管理模式不同，财务共享服务中心的优势在于其规模效应下的成本降低、财务管理水平及效率提高和企业核心竞争力上升。具体表现为以下几方面。

(1) 运作成本降低。对此可进行量化计算与比较，如分析一个财务共享服务中心人员每月平均处理凭证数、单位凭证的处理费用等。这方面的效益主要通过减少人员数目和减少中间管理层级来实现。如果财务共享服务中心建立在一个新的地点，通常成本的降低效果更显著，因为新地点的薪资水平会较低；通过在共享服务中心建立新型的组织结构和制定合理的激励制度，能显著地提高员工的工作效率，并形成不断进取的文化。

(2) 财务管理水平与效率提高。例如，对所有子公司采用相同的标准作业流程，废除冗余的步骤和流程；财务共享服务中心拥有相关子公司的所有财务数据，数据汇总、分析不再费时费力，更容易做到跨地域、跨部门整合数据；某一方面的专业人员相对集中，公司较易提供相关培训，培训费用也大为节省，招聘资深专业人员也变得可以承受；财务共享服务中心人员的总体专业技能较高，提供的服务更专业。此外，财务共享服务中心的模式也使得IT系统（硬件和软件）的标准化和更新变得更迅速、更易用、更省钱。

（3）支持企业集团的发展战略。公司在新的地区建立子公司或收购其他公司，财务共享服务中心能马上为这些新建的子公司提供服务。同时，公司管理人员更集中精力在公司的核心业务，而将其他的辅助功能通过财务共享服务中心完成，从而使更多财务人员从会计核算中解脱出来，能够为公司业务部门的经营管理和高层领导的战略决策提供高质量的财务决策支持，促进核心业务发展。财务共享服务中心将企业管理人员从繁杂的非核心业务工作中解放出来。

（4）向外界提供商业化服务。有些公司开始利用财务共享服务中心（一般为独立的子公司）向其他公司提供有偿服务。例如，壳牌石油（Shell）建立的壳牌石油国际服务公司每年约8％~9％的收入来自向外界提供的服务。

▶ 2. 财务共享服务中心的缺点

（1）财务人员脱离业务，可能沦为辅助岗位。财务人员不再与公司的销售人员直接接触，面对的仅仅是一堆冰冷的数字，这些数字往往无法确切表达公司所面临的各项财务状况，财务分析师也无法将销售业绩的感性情况表达出来。

（2）急速增加的差旅费。一般建立财务共享服务中心的企业往往面临高额的差旅费，而最初创立财务共享服务中心的美国及欧洲公司拥有大量廉价航空公司，一二百美元的航空机票相对于数千美元的人工成本来说是非常便宜的，所以往往选择财务共享服务中心模式；

（3）臃肿的总部机关造成机关作风。设置财务共享服务中心的企业往往仅仅"共享"而不"服务"。例如将各分支机构原本的财务人员编制抽调为总部机关的编制，而不是相应的增加财务共享服务中心的编制。同时，由于大量人员集中在机关，造成服务意识淡漠，机关作风严重。

（4）人工成本不降反升。在我国，一方面存在东西部地区收入差距极大的事实。而一般大中型企业总部均设在北京、上海等发达城市，同时财务共享服务中心也设在这些城市。这些发达城市人工成本极高，虽然通过财务共享服务中心的模式达到降低50％人员的目标，但是因为这些区域人工成本几倍于西部城市，反而增加了人工成本。另一方面中国人工成本相对于其他成本来说仍然很低，财务共享中心的一台普通影印机往往够原财务人员一年的薪水。

（5）信息管理与信息系统成本的极大提高。为了满足财务共享服务中心的需要，必须指派专人负责设计财务共享服务中心的信息管理模式及提升信息系统管理功能，这些花费都非常巨大，甚至给企业造成严重的负担，更有甚者，有的企业因为盲目推崇昂贵的国外大型信息系统而导致破产。

（6）巨大的税务风险及税务机会成本。一方面，财务人员不再直接接触子公司及分支机构所在地税务局，对税务风险的敏感性极大地降低；同时，为了满足税务人员的约谈、询问、审计等工作而疲于奔命。另一方面，由于税务人员与公司财务人员的沟通不畅，导致各项税收优惠政策申请的困难程度不断加大，使得企业失去大量税收优惠机会成本。

（7）财务共享服务中心员工有可能沦为弱势群体，人员流动率大幅度提高。财务共享服务中心员工是否沦为弱势群体取决于集团对财务共享服务中心的定位。在一些企业中财务共享服务中心若被定位成与原财务部同一级别的机构，则不会沦为弱势群体；若被定位为原财务部下属机构,则很可能沦为弱势群体,从而造成财务共享服务中心员工离职率较高。财务共享服务中心往往是求职者的"离职陷阱",应聘者进入该中心即意味着需要在较短的时间内离职。

第三节　企业集团筹资管理

一、企业集团筹资的特点与方式

(一) 企业集团筹资的特点

▶ 1. 筹资内涵扩大

对于单体企业而言,内部筹资主要是指企业的积累,而对于企业集团的内部筹资除了通常意义上的自我资金积累,还包括集团内部企业之间的内部融资,即母公司与子公司、子公司与子公司之间相互提供资金的融通。

集团内部企业之间相互提供资金融通的方式是多种多样的,可采取相互持股、发行债券、短期商业信用等形式。

▶ 2. 筹资聚合效应显著

一个集团公司是否具有财务优势,最主要的不是业已占有或拥有财务资源的规模,而在于是否拥有或创造出更多、更顺畅的融资渠道,以及有无足够的能力去有效地利用这些渠道筹措资金。在这一点上,集团公司的能力要远远大于单一成员企业。

▶ 3. 筹资决策多层化

在企业集团中,母公司作为核心企业,与其属下各级子公司处于不同的管理层次,各自的融资决策权利、内容大小也各不相同,导致在企业集团内融资决策的多层次化。

母子公司的融资决策权的界定,取决于集团财务管理体制的不同,企业集团在牢牢确立母公司主导地位的基础上,必须充分考虑不同产业、地区、管理层次企业的不同情况,合理处理集权与分权的关系,从而最大限度地减少内部矛盾,真正调动集团各层次成员企业的积极性和创造性,保证集团发展规划和经营战略的顺利实施。

▶ 4. 财务主体多元化

企业集团的一个重要特点是母公司与被控股的子公司之间在法律上具有彼此独立的法人资格,以及以资本的结合为基础而产生的控制与被控制机制。这是企业集团与事业部机制的重大区别。

事业部机制虽然是大公司所采取的高度分权的体制,但是每个事业部一般没有独立法人资格;企业集团的各子公司均为独立法人,都是利润管理中心或投资管理中心,是较为彻底的分权单位,各子公司具有独立的经营管理机构并独自负有利润责任,拥有独立筹资能力,形成"公司内的公司",所以企业集团本身就意味着多个理财主体。

(二) 企业集团筹资的方式

▶ 1. 外部资金融通

依据筹资决策主体又可分为集中型筹资和分散型筹资两种形式。集中型筹资,即由集团公司统一对外筹资,然后以一定方式投入各成员企业使用;分散型筹资,即由成员企业根据规定直接对外筹资。

▶ 2. 内部资金融通

内部资金融通是指企业集团利用自身拥有的资金和各成员企业的闲置资金在集团内部进行资金融通使用。

企业集团内部资金调剂和融通的主要方式有成员企业之间的借款、相互担保、股权转让或调拨、内部资产重组和内部产品交易等。

利润留存也是集团内部融资的主要方式。

二、内部资本市场

（一）内部资本市场的概念

最早提出内部资本市场概念的是阿尔奇安（Alchian）和威廉姆森（Williamson）。阿尔奇安在描述通用公司的管理时，提出通用公司内部的投资资本市场是高度竞争性的，并以高速度出清市场来运营，这使得借贷双方的信息有效程度远比一般外部市场高。

威廉姆森认为，企业为了整体利益最大化将内部各个经营单位的资金集中起来统一配置，具有普通投资机会的成员单位围绕内部资金进行争夺的市场称为内部资本市场。威廉姆森还认为，企业通过兼并形成内部资本市场，可以降低企业与外部资本市场之间由于严重的信息不对称造成的高昂换置成本。

本书所界定的内部资本市场，是相对于外部资本市场而言的、存在于企业集团内部的、非正式的资本市场，是企业集团总部和各成员企业参加的集团企业内部的资本融通市场。它能够为企业集团母公司与子公司之间、子公司与子公司之间，以及集团内公司与其他关联企业之间提供资金融通、资产配置服务。

（二）内部资本市场的特征

内部资本市场的特征表现如下。

（1）内部资本市场基于企业集团的内部资本配置机制，该资本配置机制是计划与市场的结合体，与外部资本市场单一的市场价格配置机制相比显得更为灵活。

（2）内部资本市场的资本配置是基于信息对称的情况，因此，资本成本低、效率高。

（3）内部资本市场运作的主体是集团总部，集团总部是筹资和投资活动的主体。

（三）企业集团的内部资本市场的功能和运作方式

自阿尔奇安和威廉姆林提出内部资本市场概念以来，内部资本市场中的资本配置效率一直是财务和金融学界关注的焦点问题之一。许多研究发现，借助企业总部的行政权威或控制权，内部资本市场可以以较低成本复制外部资本市场的资源配置功能，促使资本向经济效益较高的内部单元流动。在降低交易成本、避免交易摩擦、缓解外部融资约束、提高项目投资效率等方面，内部资本市场在企业运营中发挥着重要作用。

▶ 1. 内部资本市场的功能

（1）缓解融资约束。主要是指内部资本市场刻意规避外部融资由于信息不对称等因素造成的高成本，并可以通过资本整合缓解内部成员企业的投资和对本部门现金流的依赖性，增强成员企业的融资承受能力，提高集团整体的财务协同效应，降低公司陷入财务困境的可能性。

（2）资本配置功能。主要体现在内部资本市场能根据市场环境变化调整资本结构的方向及数量，从而将资本配置到效率最高的环节。

（3）监督激励作用。主要体现在集团总部能通过有效的监督和激励降低股东和经理之间的代理成本，提高资本使用效率。

▶ 2. 内部资本市场的运作方式

围绕上述三大功能的发挥，不同企业集团往往会采用不同的内部资本市场运作方式，按照交易对象大体可以分为以下两类。

(1) 资金融通型运作方式。从内部资本市场的本质来看，资金融通型运作方式是内部资本市场产生初期最主要的运作方式。企业集团作为一个命运共同体，各成员企业相互之间有着密切的伙伴关系，在资金使用上互助互济，体现了互惠互利的精神。更重要的是，集团的各成员企业间在资金使用、周转需要上往往存在一个时间差，从而为集团资金融通使用提供了物质基础。企业集团根据生产经营、对外投资和调整资金结构的需要，把集团各成员企业可利用的资金在一定程度上汇总起来，在集团内融通使用是有必要的。凡是企业集团中任意法人主体之间以获取资金为主要目的的交易都可以归纳为资金融通型运作方式。按资金来源不同，企业集团资金融通的方式主要有内部的资金分配、企业集团内部借贷关系、交叉担保、内部产品或服务的购销、资产买卖、融资租赁、票据融资、股权转让、其他内部交易等。

(2) 资产配置型运作方式。很多时候，虽然企业集团各主体之间通过内部资本市场发生的交易都伴随着资金的转移，但交易的主要目的却是实现交易资产的合理配置，这种运作方式称为资产配置型。这里的资产包括实物资产、无形资产，各种股权和期权。目前，在企业集团内发生的各种资产置换、股权转让、资产租赁等行为都可以看作是资产配置型内部资本市场运作方式。

(四) 内部资本市场的意义

我国企业集团大多采取多层次法人结构，组织结构和层次复杂、管理链条长，使得集团财务管理问题相对复杂，而资金管理是财务管理的核心，资金管控是提高企业集团财务管理水平、控制财务风险的关键内容。

集团资金管控与单体企业资金管控的不同之处在于集团可以构造出一个较大的内部资本市场，内部资本市场通过其运作平台、运作机制及相对于外部资本市场的功能优势在集团资金管控中实现其超过价值（集团通常运用内部资本市场资源取得的大于各分部独立运作资源产生效益之和的超额收益）。

▶ 1. 内部资本市场运作平台有利于加强集团资金的安全性

企业集团内部资本市场的存在可对集团资金进行金融管理，国外跨国公司的经验也表明，要降低集团资金管理的风险就必须进行资金的集中管理，即将整个集团的资金全集中到总部，由总部统一调度、统一管理和统一运用。将银行管理机制引用到企业，集团总部设立专门的资金管理机构，统筹整个集团的融资、结算、调度、预算、计划、监控。这种借鉴银行管理机制，在集团内部成立的资金集中管理机构实际上就是内部资本市场的运作，现阶段我国企业集团较为成功的内部资本运作平台主要是结算中心和财务公司。

结算中心和财务公司都是集团资金的集中管理机构，相对于证券市场和银行的外部资本市场运作平台，结算中心和财务公司能够按集团公司的规定，监督约束参加资金结算各方的行为、严明结算纪律、维护正常的结算秩序，从而使整个集团的资金风险得到有效控制。

在实际中，还存在集团公司与结算中心并存的方式，即以财务公司为载体，设立资金结算中心，实行一套班子两块牌子，发挥财务公司在集团资金管理中的作用。财务公司对内行使资金结算中心的职能,对外借助商业银行的功能。其优点在于:①财务公司与其他公司利益的一致性;②财务公司办理资金结算业务有利于协调银行与银行之间、企业与银行之间的关系;③财务公司办理资金结算有外部商业银行无法代替的优势条件——集支付、协调、监督于一体;④有助于加强收支两条线管理。

▶ 2. 内部资本市场的多钱效应和活钱效应使集团资金管控具有效益性

内部资本市场的多钱效应是指把多个业务单位纳入统一母公司的控制下,以得到比作为独立企业来经营更多的外部资本。

在资金管理过程中,资金链的连续性是一个不容忽视的问题,有许多企业都是由于资金链的断裂而破产的,若企业不能及时筹集到所需资金进行周转,则会引起一系列的负面连锁反应,使资金运作的效率大打折扣。在外部资本市场不完善的情况下,融资问题已成为各企业不得不面对的问题。理论和实践研究表明,内部资本市场的多钱效应具有放松融资约束的功能,可以缓解由于融资约束而导致的投资不足,使企业更多地利用净现值为正的投资机会,提高资金运作的效率。内部资本市场的活钱效应是指内部资本市场能更好地在不同项目之间配置既定量的资本。当公司总部拥有多个相关经营单位时,内部资本市场有利于自己重新配置,将经营不善的投资企业与公司内部所控制的其他资产进行有效重组。另外,公司总部可以把资金从一个投资机会相对不好的项目转移到投资机会较好的项目,从而提高投资的整体效率。

▶ 3. 内部资本市场具有监督激励功能

内部资本市场有利于资金使用效率的提高。在内部资本市场上,总部或者母公司对于下属部门或项目经理具有监督激励的功能,而且在内部资本市场的融资方式下,出资者(企业总部)对资金的使用部门拥有剩余控制权。

而在外部资本市场中,出资者(如银行)则没有剩余控制权(所谓剩余控制权是指合同中未明确规定的对象的控制权)。因此,内部资本市场上的总部有更多的意愿对项目经理资金使用效率进行监督。

三、企业集团资金集中管理

所谓资金集中管理,就是指母公司借助资本纽带或契约纽带等,控制成员单位的资金运营,聚集资金资源,以利于提高集团整体的资金使用效率。

(一) 集团资金集中管理的必要性

企业集团实施资金集中管理的必要性,具体表现在以下几个方面。

(1) 企业集团发展壮大的需要。资金是企业的血液,资金充足和流转顺畅是企业集团得以发展壮大的前提和基础。

(2) 企业集团防范风险的需要。为防范风险,企业集团对各成员单位的重大投融资活动和日常资金调度进行必要的监管和控制。为此,集团资金信息的收集、整理、分析、控制和调度就显得尤为重要。

(3) 企业集团资源整合的需要。为了最大限度地发挥企业集团各项资源的协同效应,就必须进行企业资源整合。资金是企业资源的主要形态。集团母公司能够站在集团整体的角度,在子公司及其他成员单位之间进行合理的资金调配,方能实现集团整体利益的最大化。

(4) 企业集团提高内部运行效率的需要。企业集团往往存在大量的内部交易,产生大量的内部资金结算业务。通过对集团成员单位的资金进行适度的统一调配和集中管理,能够有效地减少资金在途时间、汇划成本和不必要的内部结算手续，从而提高集团公司内部资金的使用效率。

（5）企业集团内部调剂余缺的需要。资金集中管理后，集团母公司以吸收存款的方式将企业集团内各成员单位的暂时闲置和分散的资金集中起来，再以发放贷款的形式分配给企业集团内需要资金的企业，从而充分挖掘内部潜力，起到内部资金相互调剂补充、减少外部贷款、降低整体财务费用的作用。

（6）企业集团发挥规模优势和增强整体信用能力的需要。通过实行集团资金的集中管理，企业集团统一对外开户，统一调度资金，用企业集团的整体信用进行融资，其整体偿债能力和信用能力大大增强。

企业集团作为一个命运共同体，各成员企业相互之间有着密切的伙伴关系，在资金使用上互助互济，体现了互利的精神。更重要的是，集团各成员企业间在资金使用、周转需求上往往存在一个"时间差"，从而为集团资金融通使用提供了基础。企业集团根据生产经营、对外投资和调整自己结构的需要，在一定程度上，把集团成员企业可利用的资金汇总起来，在集团内融通使用是有必要的。

(二) 企业集团资金集中管理的基本原则

资金是集团公司财务控制的主要财务资源，也是财务控制的直接对象。而保证现金有适度的流动性，提高现金使用效率，又是资金控制的重点。企业集团在实施资金集中管理的过程中，处理好集权与分权的关系，是决定资金集中管理效果的最为重要的因素。一般而言，在处理集权和分权关系时，需要充分考虑和遵循以下三条基本原则。

（1）应与集团组织架构相匹配。资金管理集团的分权的程度，首先依赖于集团组织架构，而集团组织架构及其变革又取决于企业集团整体实力。一般来说，企业集团的实力越强，可选择的资金控制方式就越多；实力越弱的企业集团变革企业组织架构带来的相对成本越高，可选择的资金控制方式就越少。

（2）应以资金合理配置为基本追求。资金集中管理不应该演化为对成员单位资金的简单粗暴的"掠夺"，而应该是在集团资金供给总量既定情况下的合理配置。企业集团资金是否得到了合理配置，其唯一的判断标准就是资金是否投向了集团内部最有效率的方面，从而使得企业集团总体的资金回报率得以最优化。

（3）应有助于控制集团整体财务风险。企业资金的集中管理不仅要有助于促进资金效益的提高，同时还应有助于控制和降低集团整体的财务风险。因此，必须充分了解集团各成员单位的经营和财务状况及其所处的发展阶段，从而采取适当的资金控制模式，控制财务风险，避免财务风险在集团内部蔓延。

(三) 企业集团资金集中管理的模式

▶ 1. 统收统支模式

统收统支模式是指企业的一切现金收付活动都集中在企业的财务部门，各分支机构或子公司不单独设立账号，一切现金支出都通过财务部门，现金收支的批准权高度集中在经营者或者经营者授权的代表手中。

统收统支模式有助于企业实现全面收支平衡，提高现金的流转效率，减少资金的沉淀，控制现金的流出，但不利于调动各层次开源节流的积极性，影响各层次经营的灵活性，以致降低集团经营活动和财务活动的效率。

▶ 2. 拨付备用金模式

拨付备用金模式是指企业按照一定的期限统拨给所属分支机构和子公司一定数额的现

金,以备使用。在各分支机构或子公司发生现金支出后,持有关凭证到企业财务部门报销以补足备用金。

与统收统支模式相比,拨付备用金模式使得集团所属的各分支机构有了一定的现金经营权。集团所属的各分支机构或子公司在集团规定的现金支出范围和支出标准之内,可以对拨付的备用金的使用行使决策权,但是集团所属的各分支机构或子公司仍不独立设置财务部门,其支出的报销仍要通过集团财务部门的审核,现金收入必须集中到集团财务部门,超范围和超标准的支出必须经过经营者或其授权的代表批准。

拨付备用金的优点是有助于企业实现资金预算管理,达到减少内耗的目的。其缺点是资金整合力度偏弱,无法解决资金过多占用的问题。

▶ 3. 内部银行模式

内部银行模式是将社会银行的基本职能与管理方式引入企业内部管理机制,从而建立起来的一种内部资金管理机构,其主要职责是进行企业或集团内部日常的往来结算和资金调拨与运筹。

该模式要求企业内部所有的单位都必须在内部银行设立账户,各单位遵照内部银行统一制定的结算制度进行日常现金结算及往来核算,内部银行实施银行化管理,对下属各单位统一发放贷款、对外统一筹措资金,实施对企业资金的统一监控。

这种模式的优点是子公司之间通过内部银行的资金调度解决了内部资金盈缺失衡的问题,使得集团整体的对外债务规模降低,提高集团公司整体的信贷信誉等级。

其缺点是内部银行不是独立的机构,集团内公司与集团外公司通过内部银行进行结算很不方便;内部银行只是模拟银行职能,与真正的市场化运作还有一定差距;相比投资职能,内部银行更关注融资职能,其投资管理职能有待加强。

▶ 4. 资金结算中心模式

资金结算中心模式通常是由企业集团内部设立的,办理内部各成员或分公司的现金收付和往来结算业务的专门机构。它通常设立于财务部门内,是一个独立运行的职能机构。

在资金结算中心模式下,企业集团需要在银行开设一个集中账户,要求各成员企业在此账户下向其所在地的商业银行实名开设两个账户,一个收款账户,一个付款账户,用于收支两条线。成员企业还要在结算中心开设虚拟账户,用于内部往来结算及内部计息。集团总部、成员企业、开户银行应就账户的开设、管理及资金结算签订相关的协议。

资金结算中心的五个主要功能:账户管理、内部结算、内部资金配置、外部资金往来业务和投资融资。

资金结算中心模式通过账户管理,实现资金融通、资金流动和投资等决策过程的集中化,各子公司仍然拥有较大的经营权和决策权,母公司也能及时掌握子公司的资金状况和经营情况。该模式能够促进集团内部资金管理专业化,发挥规模优势,提高管理效率。

该模式的缺点是作为企业集团的内部管理机构通过行政手段约束子公司的行为,不是完全市场化的资金管理模式;同时结算中心缺乏丰富的融资手段,资金的投资管理力度较弱。

结算中心模式主要适用于成长速度较快、资金管理要求较低且集团管控力强的大中型企业集团。

▶ 5. 财务公司模式

财务公司模式是一种经营部分银行业务的非银行金融机构,其经营范围除抵押放款以外,还有外汇、联合贷款、包销债券、不动产抵押、财务及投资咨询等业务。

我国的财务公司大多是集团公司发展到一定水平后,由人民银行批准,作为集团公司的子公司而设立的,所以,它还担负着集团公司的理财任务。

财务公司与资金结算中心的区别是财务公司是一个独立的法人企业,与其他企业的关系是一种等价交换的市场竞争关系,承担集团公司募集资金、供应资金和投资的功能,并且为集团所属子公司寻找项目供应资金,因而财务公司也行使对子公司和对投资项目资金使用的监控功能。

财务公司在投融资和理财方面的功能体现为:①对外融资功能;②进行资金调剂和对外投资;③提供金融中介服务。

财务公司模式的优点是实现了完全的市场化运作,资本运作能力和风险防范能力更强;运用多种融资手段,结合集团优势,可进一步优化融资结构,降低融资成本;通过合理的投资,可使集团的闲置资金得到充分有效的利用。其缺点是需要大量高素质的人才,且需要经过人民银行的审批,设立比较困难;此外,财务公司模式对子公司的资金监控职能较弱,需要子公司具有健全的公司治理能力。

资金集中管理模式对比如表 6-1 所示。

表 6-1 资金集中管理模式对比

资金集中管理模式	资金集中管理程度	权利配置	机构设置	账号设置	功能
统收统支模式	高度集中	成员企业无现金经营权和决策权	成员企业不独立设置财务部门,资金管理部门为集团总部财务部门	成员企业不单独设立账号	报账中心
拨付备用金模式	高度集中	成员企业以集团规定的支出范围为限,具有少量现金经营权与决策权	成员企业不独立设置财务部门,资金管理部门为集团总部财务部门	成员企业不单独设立账号	报账中心
内部银行模式	相对集中	成员企业有现金经营权与决策权,但超出核定限额要申请	成员企业设置财务部门,内部结算中心是设立于集团总部财务部门内的独立的职能机构	成员企业有独立账号,一般为二级账号	结算中心 监控中心
资金结算中心模式	相对集中	成员企业有现金经营权与决策权,对贷款也有权自行安排	成员企业设置财务部门,内部银行是内部资金管理机构	内部银行统一开立账号,成员企业在内部银行开立存款账户和贷款账户	结算中心 监控中心 借贷中心
财务公司模式	相对集中	成员企业有现金经营权和决策权	成员企业设置财务部门,财务公司是独立的法人企业,是非银行金融机构	成员企业有独立账号	结算中心 融资中心 信贷中心 投资中心 信息中心

四、企业集团财务公司

▶ 1. 财务公司的概念

财务公司是指以加强企业集团资金集中管理和提高企业集团资金使用效率为目的,依托企业集团、服务企业集团,为企业集团成员单位(以下简称成员单位)提供金融服务的非银行金融机构。

财务公司又称金融公司,是为企业技术改造、新产品开发及产品销售提供金融服务,以中长期金融业务为主的非银行机构。

在中国,财务公司是指依据《公司法》和《企业集团财务公司管理办法》设立的,为企业集团成员单位技术改造、新产品开发及产品销售提供金融服务,以中长期金融业务为主的非银行机构。财务公司在我国分为两类,一是非金融机构类型的财务公司,是传统遗留问题;二是金融机构类型的财务公司,正确的称谓是企业集团财务公司。

国际上,财务公司一般可分为企业附属财务公司和非企业附属财务公司。企业附属财务公司由企业(主要是大型制造业)设立,为本企业服务,但服务范围可能不完全局限于本企业。非企业附属财务公司包括银行附属财务公司、银企合资财务公司和独立财务公司。银行附属财务公司是由银行控股,因规避监管、实现金融创新和弥补银行的不足而设立,同时也为企业和个人提供金融服务。银企合资财务公司是银行和企业出于金融创新、规避监管或促进产融合作的考虑而设立,为企业和个人提供金融服务。独立财务公司一般是没有母公司的财务公司,规模较小,比较灵活,在某一方面提供融资服务。

财务公司是20世纪初兴起的,主要有美国模式和英国模式两种类型。

(1) 美国模式

美国模式财务公司是以搞活商品流通、促进商品销售为特色的非银行金融机构。它依附于制造厂商,是一些大型耐用消费品制造商为了推销其产品而设立的受控子公司,这类财务公司主要是为零售商提供融资服务的,主要分布在美国、加拿大和德国。美国财务公司产业的总资产规模超过8 000亿美元,财务公司在流通领域的金融服务几乎涉及从汽车、家电、住房到各种工业设备的所有商品,对促进商品流通起到了非常重要的作用。

(2) 英国模式

英国模式财务公司基本上都依附于商业银行,其组建的目的在于规避政府对商业银行的监管。因为政府明文规定,商业银行不得从事证券投资业务,而财务公司不属于银行,所以不受此限制,这种类型的财务公司主要分布在英国、日本和中国香港。

▶ 2. 财务公司的特点

据《2022—2026年财务公司行业现状调研与发展前景研究报告》显示:我国财务公司的产生既是我国企业集团发展到一定程度的客观要求,又是我国经济体制改革和金融体制改革的必然产物。自1987年5月我国第一家企业集团财务公司成立以来,全国能源电力、航天航空、石油化工、钢铁冶金、机械制造等关系国计民生的基础产业和各个重要领域的大型企业集团几乎都拥有了自己的财务公司。

(1) 业务范围广泛,但以企业集团为限。财务公司是企业集团内部的金融机构,其经营范围只限于企业集团内部,主要是为企业集团内的成员企业提供金融服务。财务公司的业务包括存款、贷款、结算、担保和代理等一般银行业务,还可以经人民银行批准,开展证券、信托投资等业务。

(2) 资金来源于集团公司,用于集团公司,对集团公司的依附性强。财务公司的资金来源主要有两个方面：一是由集团公司和集团公司成员投入的资本金，二是集团公司成员企业在财务公司的存款。财务公司的资金主要用于为本集团公司成员企业提供资金支持，少量用于与本集团公司主导产业无关的证券投资方面。由于财务公司的资金来源和运用都限于集团公司内部，因而财务公司对集团公司的依附性强，其发展状况与其所在集团公司的发展状况相关。

（3）接受企业集团和人民银行的双重监管。财务公司是企业集团内部的金融机构，其股东大都是集团公司成员企业，因而其经营活动必然受到集团公司的监督。同时，财务公司所从事的是金融业务，其经营活动必须接受银保监会监管。

（4）坚持服务与效益相结合、服务优先的经营原则。财务公司作为独立的企业法人，有其自身的经济利益，但由于财务公司是企业集团内部的机构，且集团公司成员企业大都是财务公司的股东，因此，财务公司在经营中一般都应较好地处理服务与效益的关系，在坚持为集团公司成员企业提供良好金融服务的前提下，努力实现财务公司利润的最大化。

▶ 3. 申请设立财务公司的企业集团应当具备的条件

（1）符合国家政策并拥有核心主业。

（2）具备2年以上企业集团内部财务和资金集中管理经验。

（3）最近一个会计年度末，总资产不低于300亿元人民币或等值的可自由兑换货币，净资产不低于总资产的30%；作为财务公司控股股东的，最近一个会计年度末净资产不低于总资产的40%。

（4）财务状况良好，最近2个会计年度营业收入总额每年不低于200亿元人民币或等值的可自由兑换货币，税前利润总额每年不低于10亿元人民币或等值的可自由兑换货币；作为财务公司控股股东的，还应满足最近三个会计年度连续盈利。

（5）现金流量稳定并具有较大规模，最近二个会计年度末的货币资金余额不低于50亿元人民币或等值的可自由兑换货币。

（6）权益性投资余额原则上不得超过本企业净资产的50%（含本次投资金额）；作为财务公司控股股东的，权益性投资余额原则上不得超过本企业净资产的40%（含本次投资金额）；国务院规定的投资公司和控股公司除外。

（7）正常经营的成员单位数量不低于50家，确需通过财务公司提供资金集中管理和服务。

（8）母公司具有良好的公司治理结构或有效的组织管理方式，无不当关联交易。

（9）母公司有良好的社会声誉、诚信记录和纳税记录，最近2年内无重大违法违规行为。

（10）母公司最近一个会计年度末的实收资本不低于50亿元人民币或等值的可自由兑换货币。

（11）母公司入股资金为自有资金，不得以委托资金、债务资金等非自有资金入股。

（12）银保监会规章规定的其他审慎性条件。

▶ 4. 财务公司的业务范围

财务公司可以经营下列部分或者全部本外币业务：

（1）吸收成员单位存款；

（2）办理成员单位贷款；

（3）办理成员单位票据贴现；

（4）办理成员单位资金结算与收付；

（5）提供成员单位委托贷款、债券承销、非融资性保函、财务顾问、信用鉴证及咨询代理业务。

拓展案例

核心创始人——部门 leader——员工

本章小结

企业集团是由许多独立法人组成的经济联合体，它具有主体多元性、多层次性、以产权为主要联结纽带、资源配置效率化和多元化经营方式的特征。

根据权利在母子公司配置的不同，企业集团财务管理体制分为集权型财务管理体制、分权型财务管理体制和混合型财务管理体制三种基本类型。

内部资本市场是企业集团内部形成的，由企业集团总部和各成员企业参加的集团企业内部的资本融通市场。在内部资本市场中，公司总部是资金使用部门资产的所有者，拥有剩余控制权；在外部资本市场中，出资者则不是资金使用部门资产的所有者。

资金集中管理是指将整个集团的资金归集到集团总部，在集团总部设立专职部门代表集团公司实施对资金的统一调度、管理、运用和监控。通过资金的集中管理，企业集团能够实现集团范围内资金的整合与调控，充分盘活资金存量，有效提高资金使用效率，降低财务成本和资金风险。

企业集团资金集中管理有多种模式，包括传统的统收统支模式、拨付备用金模式，以及现代的内部银行模式、资金结算中心模式和财务公司模式等。

在线自测

扫描封底刮刮卡　　获取答题权限

第七章　国际财务管理

> **学习目标**
> 1. 了解跨国公司财务管理的概念、体系和特点
> 2. 正确理解国际投资、筹资管理的方法
> 3. 掌握外汇管理和跨国公司内部资金转移管理方法

案例导入

字节跳动、阿里等资本巨头齐聚东南亚

中国资本巨头已陆续加强对东南亚电商的布局。

TikTok是有史以来增长最快的社交媒体平台，在过去5年中，用户数量增长了18倍。东南亚可以称作TikTok电商业务的重要战场。早在2021年，TikTok Shop就在印度尼西亚推出，随后陆续扩大到越南、泰国、菲律宾、马来西亚和新加坡。截至2022年第三季度，TikTok Shop的店铺数量已经突破13万家。强大的用户群体和短视频的流行化，正是其快速发展的重要土壤。2022年10月，市场研究机构Populix发布的报告显示，86%的受访者表示曾使用社交媒体平台进行购物，45%的受访者表示TikTok Shop是最受欢迎的社交媒体购物平台。

阿里布局东南亚的时间还要更早。其凭借先发优势，再加上本身强劲的资本助力，在东南亚电商市场成绩斐然。

一份数据显示，东南亚6个热门国家电商平台排名前10分别为Shopee、Lazada、Tokopedia、Bukalapak、Blibli、Carousell、Tiki、Sendo、Zalora和Qoo10。其中排名第二的Lazada是阿里系。值得注意的是，紧跟其后的Tokopedia平台，其实也有阿里控股。

成立于2009年的Tokopedia，是印度尼西亚最大的电商平台，也是访问量最大的印尼网站，2018年12月，阿里完成对Tokopedia的G轮领投，继Lazada后进一步深化对东南亚印尼市场的耕耘。

相较于欧美国家，中国卖家对于东南亚国家的文化习俗会更加了解，因此中国卖家布局东南亚电商具有天然的优势。

另据市场研究机构eMarketer发布的最新报告显示，东南亚和拉美跨境电商市场位列全球电商市场规模第一和第二，是2022年全球仅有的两个电商销售额增长幅度超过20%的市场。在全球十大电商增速最快的国家中，东南亚国家占了5席（印度尼西亚、马来西亚、菲律宾、泰国、越南）。

资料来源：字节跳动、阿里等资本巨头齐聚东南亚.（2022-12-03）[2023-3-26]. https://mp.weixin.qq.com/s/lcI2UE8HaswirSrOofL6qA.

案例思考：
1. 中国企业为什么要投资东南亚市场？
2. 跨国公司在发展中会面临哪些优势和劣势？

第一节 国际财务管理概述

国际财务(international finance)是从微观的角度，以企业为主体来研究企业，特别是跨国公司如何在国际财务环境下筹资、投资、分配及控制风险的学科。

国际财务管理(international financial management)主要涉及跨国公司的国际融资、投资活动，国际结算与外汇汇兑业务，国内母公司与国外分公司、子公司的内部财务管理体制，向外国政府的纳税业务，制定公司内部转移价格，处理好关联交易等。

一、跨国公司的定义与经营特征

(一) 跨国公司的定义

跨国商业活动由来已久，早在几百年前就产生了跨国境的贸易，但是从第二次世界大战结束后，跨国商业活动经历了一次重大变革，这次变革也许是20世纪后半叶最重要的经济现象，就是跨国公司的产生。

跨国公司(multinational corporation)是指致力于多个国家生产和销售产品及劳务的公司，它通常包括一个设于本国的母公司和至少四五个海外机构。在这个联合体中存在着战略上的深层次合作。跨国公司经营活动并不仅仅局限于产品市场的开拓，也包括生产要素的获取、配置和管理使用。只有经营活动的各个方面均跨越国境，才能称为跨国经营。因此，跨国公司在全球范围内进行资源配置，采取全球化的生产、市场、融资及投资战略和策略，以期获得公司整体价值最大化，而不是各个独立子公司价值最大化。

(二) 跨国公司的经营特征

▶ 1. 跨国公司具有全球战略目标和高度集中统一的经营管理

跨国公司作为在国内外拥有较多分支机构、从事全球性生产经营活动的公司，与国内企业相比较，是有一些区别的。①跨国公司的战略目标是以国际市场为导向的，目的是实现全球利润最大化，而国内企业是以国内市场为导向的。②跨国公司是通过控股的方式对国外的企业实行控制，而国内企业对其较少的涉外经济活动大多是以契约的方式来实行控制。③国内企业的涉外活动不涉及在国外建立经济实体问题，国内外经济活动的关系是松散的，有较大偶然性，其涉外经济活动往往在交易完成后就立即终止，不再参与以后的再生产过程；而跨国公司则在世界范围内的各个领域，全面进行资本、商品、人才、技术、管理和信息等交易活动，这种"一揽子"活动必须符合公司总体战略目标并且处于母公司控制之下，其子公司也像外国企业一样参与当地的再生产过程。所以，跨国公司对其分支机构必然实行高度集中的统一管理。

▶ 2. 跨国公司从事多种经营

(1) 横向型多种经营。此类公司主要从事单一产品的生产经营，母公司和子公司很少有专业化分工，但公司内部转移生产技术、销售技能和商标专利等无形资产的数额较大。

(2) 垂直型多种经营。此类公司按其经营内容又可分为两种。一种是母公司和子公司生产和经营不同行业但却相互有关的产品，是跨行业的公司，主要涉及原材料、初级产品的生产和加工行业，如开采种植→提炼→加工制造→销售等行业。另一种是母公司和子公司生产和经营同一行业不同加工程度或工艺阶段的产品，主要涉及汽车、电子等专业化分工水平较高的行业。如美国的美孚石油公司就是前一种垂直型的跨国公司，它在全球范围内从事石油和天然气的勘探、开采，以管道、油槽和车船运输石油和天然气，经营大型炼油厂，从原油中精炼出最终产品，批发和零售几百种石油衍生产品。而法国的珀若—雪铁龙汽车公司则是后一种垂直型的跨国公司，公司内部实行专业化分工，它在国外的子公司和销售机构，分别从事铸模、铸造、发动机、齿轮、减速器、机械加工、组装和销售等各工序的业务，实现了垂直型的生产经营一体化。

（3）混合型多种经营。此类公司经营多种产品，母公司和子公司生产不同的产品，经营不同的业务，而且它们之间互不衔接，没有必然联系。如日本的三菱重工业公司即是如此，它原是一家造船公司，后改为混合多种经营，经营范围包括汽车、建筑机械、发电系统产品、造船和钢构件、化学工业、一般机械和飞机制造等。

▶ 3. 以开发新技术推动跨国公司的发展

第二次世界大战后，全世界的新技术、新生产工艺、新产品基本上都掌握在跨国公司手中，这是跨国公司能够几十年不衰反而不断发展壮大的根本原因之一。通常跨国公司都投入大量人力、物力开发新技术、新产品。例如，20世纪80年代中后期，美国电话电报公司研究与开发中心平均每年的研究经费高达19亿美元，并聘用了1.5万名科研人员，其中2 100人获博士学位，4人曾先后获得4项诺贝尔物理奖。又如著名的3M公司，1994年夏季就上市了近400种半组合式五金类用品，新产品层出不穷，其原因就在于：该公司每年营业额的7%用在研制新产品上，业务宗旨是每年必须有30%的销售收入来自4年前尚未上市的新产品。由此可见其研究的超前。跨国公司不仅注重开发新技术，而且非常善于通过对外转让技术获得高额利润及实行对分（子）机构的控制。

▶ 4. 竞争是跨国公司争夺和垄断国外市场的主要手段

在国际贸易中，传统的竞争手段是价格竞争，即指企业通过降低生产成本，以低于国际市场或其他企业同类商品的价格，在国外市场上打击和排挤竞争对手，扩大商品销路。而今，由于世界范围内尤其是发达国家生活水平的提高，耐用消费品支出占总支出比重的增大，世界范围内的通货膨胀造成物价持续上涨，产品生命周期普遍缩短等，在这些因素影响下，价格竞争已很难为跨国公司争取到最多的顾客，取而代之的是非价格竞争。事实证明，非价格竞争是当代跨国公司垄断和争夺市场的主要手段。非价格竞争是指通过提高产品质量和性能、增加花色品种、改进商品包装装潢及规格、改善售前售后服务、提供优惠的支付条件、更新商标牌号、加强广告宣传和保证及时交货等手段，来提高产品的素质、信誉和知名度，以增强商品的竞争能力，扩大商品的销路。目前，跨国公司主要从以下几个方面提高商品非价格竞争能力：①提高产品质量，逾越贸易技术壁垒；②加强技术服务，提高商品性能，延长使用期限；③提供信贷；④加速产品升级换代，不断推出新产品，更新花色品种；⑤不断设计新颖和多样的包装装潢，注意包装装潢的个性化；⑥加强广告宣传，大力研究改进广告销售术。

二、国际财务管理体系

20世纪以来，特别是20世纪80年代以后，由于高科技的发展，特别是信息技术的发展，信息成本逐步下降，信息交流更加顺畅，跨国公司市场变成一个"地球村"，因此企业跨国经营迅速发展。跨国公司面对的外部环境更加复杂，必须着重解决特殊问题，国内财务管理理论已经不能适应跨国公司的需要,建立完整的跨国公司财务管理体系是当务之急。同时,跨国公司面对跨国公司经济环境,从事跨国性生产经营活动,需要解决企业在跨国公司市场的资金运动及其财务管理的相关问题。因此,跨国公司财务管理是传统财务管理向跨国公司领域的延伸。

(一)生产分工的跨国公司化

当社会分工跨越国界,在世界范围内形成分工关系,就会产生分工的跨国公司化,推动世界经济的发展。

企业在各国之间的交易关系一旦突破流通领域,进入生产领域,会导致全球化生产经营领域的分工协作。正是由于全球化的分工协作,传统企业打破国家界限,走向跨国公司市场,建立更合理的经济活动体系。企业无论是原材料供应,还是生产、销售和技术,一切都是在全球范围内进行,跨出本国范围,在跨国公司范围形成各自生产、相互依赖、相互补充的格局。

(二)资本的跨国公司化

当企业集团的生产经营走向跨国公司市场,必然会造成本企业的资本越出一国国界,在跨国公司间流动,从而形成金融领域的跨国公司化。

正是由于跨国公司金融中心的崛起,促进了企业借贷资本的跨国公司化,产生了借贷资本的跨国公司间流动。主要表现为:全球信贷市场不断扩张;融资规模急剧上升,债券类别、币种结构均发生变化;跨国银行成为借贷资本跨国公司化的重要力量。

特别是第二次世界大战以来,资本的跨国公司化趋势不断扩大,跨国公司资金借贷日益频繁,跨国公司资本流动达到空前规模,极大地促进了跨国公司金融市场的发展,主要表现在以下方面。

(1)跨国公司外汇市场率先实现单一市场形态的运作,其显著标志是全球外汇市场价格的日益单一化,主要货币的交叉汇率与直接兑换汇率的差距明显缩小。

(2)在资本市场上,资金跨过国界自由流动,各类债券和股票在跨国公司市场上的发行与交易不断扩大。

(3)债券市场信息传递渠道、风险和收益评估方式,以及不同类型投资者的行为差异逐渐缩小。

(4)很多跨国公司金融中心发行大量的海外资产衍生证券,并形成了一定的市场规模。

(三)营销模式的跨国公司化

全球市场一体化进程的深入是企业集团无法回避的现实,提高本企业的跨国公司化意识和营销运作水平成为新营销的重要内容。企业集团必须着眼于从跨国公司大市场的角度考虑问题,以跨国公司化竞争的要求开展自己的营销活动。在营销模式向跨国公司化转变过程中,需要传统企业打破以往的营销模式。

全球市场需求量的迅速扩大,必然会使交易商品的种类和数量大大增加,商品结构和地域布局发生重大改变。在跨国公司营销过程中,必然引起外汇资金的收支结算等一系列问题。传统企业的财务管理理论并不能解决这些问题,需要引入跨国公司的管理观念,重新定位跨国公司财务管理的目标。

三、国际财务管理的特点

(一)国际市场及其不完全性

由于各国经济结构、法律、政策以及地理位置、交通、通信、资源禀赋等不同,跨国公司所面临的金融市场比任何国家的内部市场具有更大的不完全性。国际市场的不完全性主要体现在产品市场、要素市场、金融市场和信息市场等的不完全性。这些方面的市场不完全性既来自自然条件的限制，也来自政治和经济方面的限制。产品市场的不完全性来自政府对市场的各种干预、政府所设置的关税和非关税壁垒、货源以及价格的垄断等因素，使得产品流动受到限制；要素市场不完全性是指劳动力、设备、技术力量、知识产权和资金等方面要素在各个国家之间存在差别；金融市场也具有不完全性，各国法律、法规存在差别，利率、税收和金融管制也有差别；信息市场的不完全性由于各个市场不同的政策和管理及经济的垄断性，经济信息不会平等、及时地反馈给交易各方，获取和传播信息也需要费用，市场参与者在不同程度缺乏信息的情况下进入市场。全球市场的不完全性为跨国公司的出现和持续存在提供了理由，同时也为国际财务管理提供了方向和挑战。由于市场存在种种不完全性，跨国公司有可能利用各个市场之间的各种差异套利、降低风险、降低经营成本，或投资于多个市场以降低成本、降低风险。跨国公司可以利用内部交易中的转移价格获取特殊利益，可以利用内部资金市场降低运用成本和资金使用成本，还可以利用上述条件规避外汇管制风险等。

（二）国际税收环境

跨国公司在不同的国家进行投资，投资收益要按照不同国家的税收规定纳税。当跨国公司母公司收回投资收益时，还面临向母公司所在国政府纳税的义务，可能导致双重征税。跨国公司要明确各国之间签订的双边税收协定，充分利用本国政府提供的税收抵免优惠及国际避税地等进行税收筹划。

（三）财务管理风险多样性

跨国公司经营环境的复杂性决定了其风险性与国内企业有很大差别。跨国公司除了国内企业所具有的风险外，还面临国际上政治、经济变化的各种风险。如在经济和企业经营方面面临汇率变动风险、利率变动风险、通货膨胀风险、经营风险和财务风险等。在政治风险上面临政府变动风险、战争风险、法律与政策变动风险。这就要求财务管理工作要认真分析风险，采用科学的方法来回避和防范风险，减少损失，提高管理水平。

（四）财务管理体制的双重性

跨国公司的财务活动和财务管理内容涉及母公司所在国和诸多东道国，财务关系既反映母国与总公司的财务关系，又反映跨国公司内部总公司与各子公司的财务关系。为适应这种财务关系，跨国公司财务管理制度要建立双重财务管理体制。

（五）资金筹集方式多样性

与国内企业相比，跨国公司既可以从子公司所在东道国筹集资金，又可以从母公司所在国筹集资金，还可以从国际金融市场筹集资金。资金筹集的渠道和方式都有其独特性，如公司内部调拨资金、公司提供贷款资金、公司投资入股等。

第二节　外汇风险管理

外汇管理是跨国公司财务管理的一项重要内容，跨国公司财务管理中的资金筹集、投资管理、营运资金管理，都涉及外汇问题，而汇率的变化常给交易带来一定的不确定性，这就产生了外汇风险。

一、外汇的含义及其内容

外汇(foreign exchange)是"国际汇兑"一词的简称。其动态的含义是把一个国家的货币兑换成另一个国家的货币,借以清偿国际间债权债务关系的一种专门性的经营活动;其静态的含义是指它是以外币表示的用于国际结算的支付手段。财务管理中的外汇一般都是指其静态含义。

外汇一般需要具备三个条件:必须是以外币表示的资产;必须可以兑换成其他形式的资产或以外币表示的支付手段;必须能被实行一定货币制度的一国政府所控制。

外汇是以外币表示的信用工具和有价证券,主要包括:①外国货币,包括纸币、铸币;②外币有价证券,包括外国政府发行的公债、国库券,外国公司发行的债券、股票和息票;③外币支付凭证,包括外国银行的存单,外国的邮政储蓄凭证、商业汇票、银行汇票、银行支票等;④其他外汇资本,包括特别提款权、欧洲货币单位等。

二、外汇汇率

汇率是两种货币兑换的比率,即一国货币用另一国货币表示的价格。

汇率又称为汇价或外汇行市。通过银行将本国货币按汇率购买外汇或将外汇按汇率兑换成本国货币,就是进行外汇买卖,汇率是外汇买卖的兑换标准。

(一)外汇汇率的标价方法

▶ 1. 直接标价法

直接标价法是指以一定单位(1个单位或100个单位)的外国货币作为标准,折算成若干本国货币来表示其汇率的标价方法。在直接标价法下,外国货币数额固定不变,汇率涨跌都以相对的本国货币数额的变化来表示。

一定单位外币折算的本国货币增多,说明外币汇率上涨或本币汇率下跌,即外国货币币值上升,或本国货币币值下降;相反,一定单位外币折算的本国货币减少,说明外币汇率下跌或本币汇率上涨,即外国货币币值下降,或本国货币币值上升。

除英国和美国外,世界上绝大多数国家和地区都采用直接标价法。同国际上绝大多数国家一样,我国的人民币外汇牌价也采用直接标价法。

▶ 2. 间接标价法

间接标价法是指以一定单位的本国货币为标准,折算成若干数额的外国货币来表示其汇率的标价方法。在间接标价法下,本国货币的数额固定不变,汇率涨跌都以相对的外国货币数额的变化来表示。

一定单位的本国货币折算的外币数量增多,说明本币汇率上涨或外币汇率下跌,即本国货币升值或外国货币贬值;相反,一定单位的本币折算的外币数量减少,说明本币汇率下跌或外币汇率上涨,即本国货币贬值或外币升值。

英国一向采用间接标价法,美国在第二次世界大战之前长期使用直接标价法,从1978年9月1日起改为间接标价法,以便与国际上美元交易的做法一致,但美元对英镑的汇率,仍沿用直接标价法。

(二)外汇汇率的种类

▶ 1. 从银行买卖外汇的角度划分

从银行买卖外汇的角度划分,可以分为买入汇率、卖出汇率、中间汇率和现钞汇率。

买入汇率又称买入价,是指银行向同业或客户买入外汇时所使用的汇率。卖出汇率又称卖出价，是指银行向同业或客户卖出外汇时所使用的汇率。买入汇率和卖出汇率相差的幅度一般为1‰～5‰，两者之间的差额即商业银行买卖外汇的利润。买入和卖出都是从银行角度出发的，所以客户到银行用本币兑换外汇时，适用的是银行的卖出价，而用外币兑换本币时，适用的是买入价。买入汇率和卖出汇率的平均数，即为中间汇率。中间汇率又称中间价，是买入与卖出价的平均数。中间汇率适用于商业银行之间买卖外汇，对一般客户不适用。现钞汇率又称现钞买卖价，是指银行买入或卖出外币现钞时所使用的汇率。从理论上讲，现钞买卖价同外币支付凭证、外币信用凭证等外汇形式大额买卖价应该相同。

▶ 2. 按照制定汇率的方法划分

按照制定汇率的方法划分，可以分为基本汇率与套算汇率。

基本汇率是指一国货币对某一关键货币的比率。关键货币是指在国际上普遍接受的可兑换货币或在国际收支中使用最多的货币，或本国外汇储备中占比最大的货币。由于美元是国际支付中使用较多的货币，一般情况下，各国都把美元当作制定汇率的主要货币，即常把本国货币对美元汇率作为基本汇率。

套算汇率又称交叉汇率，是指两种货币以第三种货币为中介推算出来的汇率。在实际中，第三种货币往往是关键货币。由于国际主要外汇市场只公布按美元标价计算的外汇汇率，人们要想知道美元以外的两种货币之间的比率，就必须借助于套算汇率来计算。

▶ 3. 按照外汇交易的期限划分

按照外汇交易的期限划分，可以分为即期汇率与远期汇率。

即期汇率是指外汇买卖成交后，买卖双方在当天或两个营业日内进行交割所使用的汇率。所谓交割是指外汇交易双方一手交钱一手付汇的过程。远期汇率是指外汇买卖双方约定在未来一定时期内(通常以30～90天为期)进行交割的汇率。到了交割日，由买卖双方按预计的汇率、金额进行钱汇两清。

远期汇率与即期汇率往往不相等，其差额称作远期差价。远期汇率超过即期汇率，称为升水(premiums)；远期汇率低于即期汇率，称为贴水(discounts)；远期汇率等于即期汇率，称为平价(flat 或 at par)。升水或贴水常用百分比表示，以反映与即期汇率差异的相对程度。

▶ 4. 按照银行外汇汇兑的方式划分

按照银行外汇汇兑的方式，可以分为电汇汇率、信汇汇率与票汇汇率。

电汇汇率(telegraphic transfer rate，T/T rate)是银行卖出外汇时，以电信方式通知其国外分行或代理行付款时所使用的汇率。由于以电汇方式付款速度快，因客户在途资金的时间较短，同时国际电信费用较高，所以电汇汇率较一般汇率高。但电汇调拨资金速度快，可加速国际资金周转，因此电汇在外汇交易中占有绝对比重，电汇汇率已经成为基础汇率，其他汇率都是以电汇汇率为基础计算出来的。各国公布的外汇牌价一般都是电汇汇率。

信汇汇率(mail transfer rate，M/T rate)是银行卖出外汇时开具付款委托书，以信函方式通知国外分行或代理行付款时所使用的汇率。由于信汇的邮寄时间较长，因客户在途资金的时间较长，在途期间银行可以占用客户的资金获取利息，因此信汇汇率较电汇汇率低。信汇汇率在中国主要用于港澳地区，其他地区很少使用。

票汇汇率(demand draft rate，D/D rate)是银行卖出外汇时，开具以其在国外分行或代理行为付款人的汇票时使用的汇率。汇票开立后，交付给汇款人，由汇款人自带或邮寄给收款人，收款人拿到汇票后，即可向付款银行提示或取款。由于用票汇方式解款，银行占用客户在途资金的时间较长，所以票汇汇率也比电汇汇率低。票汇有即期票汇汇率(on demand rate)和远期票汇汇率(on forward rate)之分,其汇率也不同,远期票汇汇率较即期票汇汇率为低。

▶ 5. 按外汇管制的宽严程度划分

按外汇管制的宽严程度,可以分为官方汇率和市场汇率。

官方汇率又称法定汇率,是指由国家货币当局所规定并公布的汇率。在外汇管制比较严格的国家,官方汇率就是外汇买卖的实际汇率。

市场汇率是指在自由外汇市场上买卖外汇自发形成的汇率。

▶ 6. 按国际汇率制度划分

按国际汇率制度,可以分为固定汇率、浮动汇率与联合浮动汇率。

固定汇率(fixed rate)是指两国货币的汇率只能在规定的幅度内波动。当实际汇率波动超出规定的幅度,中央银行有义务进行干预,使汇率波幅维持在规定的上下限内。由于在这种制度下汇率一般不轻易变动,具有相对稳定性,故称为固定汇率。固定汇率制主要是布雷顿森林货币体系下实行的汇率制度。

浮动汇率(floating rate)是指一国货币对另一国货币的比率,任其根据外汇市场供求关系变化自发形成。实行浮动汇率制时,中央银行不规定汇率波动幅度的上下限,原则上也没有义务维持汇率的稳定,任凭汇率根据市场的变化而自由波动。目前世界上大多数国家都采取浮动汇率制,只不过多数是有管理的浮动。

联合浮动汇率(joint floating rate)是联合浮动成员国(欧洲联盟成员)货币之间的汇率。或者说是欧盟国家所实行的汇率制度。对联合浮动成员国之间的货币实行固定汇率,即相互间汇率波动不得超过规定的界限,各成员国中央银行有义务为维持这个波动幅度进行市场干预,对非成员国的货币则实行浮动汇率。

▶ 7. 按外汇市场营业时间划分

按外汇市场营业时间,可以分为开盘汇率和收盘汇率。

开盘汇率(opening rate)又称开盘价,是外汇银行在一个营业日开始进行外汇买卖时使用的汇率。

收盘汇率(closing rate)又称收盘价,是外汇银行在一个营业日外汇交易终了时使用的汇率。

▶ 8. 按外汇买卖对象划分

按外汇买卖对象,可以分为银行同业汇率和商业汇率。

银行同业汇率(inter-bank rate)是外汇银行与外汇银行同业之间买卖外汇的汇率。银行同业汇率的形成与变化由外汇市场供求关系决定,因此银行同业汇率就是外汇市场汇率。银行同业汇率以市场的银行电汇汇率为基础,买卖之间的差价很小。

商业汇率(merchant rate)是银行与商人即客户之间买卖外汇的汇率。商业汇率是根据同业汇率适当增大一些差价决定的,一般高于银行同业汇率,因为银行要赚取一定的外汇买卖收益作为银行的经营收入。

三、外汇市场

(一) 外汇市场的定义

外汇市场(foreign exchange market)是指从事外汇买卖的交易场所,或者说是各种不同货币彼此进行交换的场所,是金融市场的重要组成部分。

外汇市场的形态有两种:一是表现为外汇交易所等形成的固定的有形市场;二是绝大

部分交易是在无形的抽象市场上进行的,这种无形市场表现为电话、电报和电传等各种现代通信工具所构成的交易网络,它联系着无数的外汇供给者和需求者。目前,世界各国的外汇交易均通过现代通信网络进行,无形市场已成为外汇市场的主导形式。

在外汇市场上,外汇交易的参与者主要有以下四类。①外汇银行(foreign exchange bank)。外汇银行是外汇市场的主体,主要包括专营或兼营业务的本国商业银行和开设在本国的外国商业银行分支机构。②外汇经纪人(foreign exchange broker),即介于外汇银行之间或外汇银行与顾客之间,为买卖双方接洽外汇交易而收取佣金的汇兑商。③顾客。外汇银行的顾客包括交易性的外汇买卖者、套期保值者和外汇投机商。④中央银行。基于管理外汇市场的重任,中央银行经常通过参加外汇市场的交易来干预市场,把汇率保持在目标水平上。

(二) 外汇市场的交易种类

外汇市场的主要交易方式分为即期(spot)交易和远期(forward)交易。即期交易是指交易双方在达成交易合约后,在近几个工作日内立即进行交割,即付出要卖出的货币,收进要买入的货币。一般情况下,即期交易的外汇交割日是在即期合约达成之后的第二个工作日。如星期一达成合约,应在星期三进行交割。中间如遇休息日则交割日顺延。远期交易是指交易双方在达成交易合约后,不立即进行交割,而是规定在将来的某个日期进行交割。在国际外汇市场中,约有60%的外汇交易是以即期形式进行的,10%是以远期形式进行的,另外30%是即期和远期的一揽子合约。

(三) 市场套利

所谓市场套利(arbitrage)是指套利者在外汇市场上利用不同市场之间报价的差别进行交易,从而获取无风险收益的行为。由于信息的不完全性,在不同的交易中心,同一种外汇的报价或套算汇率可能会不同,这种市场的不完全性为套利提供了条件。套利者就是在这样的不完美市场中低买高卖,以获取利润。套利行为的直接结果是套利者盈利,其间接结果是促进了全球各个市场之间的一致性,加快了信息的流动,在一定程度上消除了信息的不对称性。

▶ 1. 市场均衡汇率的决定

均衡汇率是在外汇市场上由外汇供给和外汇需求这两种相反力量的相互作用共同决定的。外汇供应是指出口商、套期保值者和投机者等外汇交易者在一定时期内在各种可能的价格条件下愿意并能够出售的该种外汇的数量;外汇需求则是指进口商、套期保值者和投机者等各类外汇交易者在一定时期内在各种可能的价格下愿意并能够购买的该种外汇的数量。当外汇需求量等于外汇供给量时,整个外汇市场处于均衡状态,均衡状态下的汇率为均衡汇率,与均衡汇率相对应的外汇供求数量为均衡数量。

均衡汇率是外汇市场上外汇供给和外汇需求这两种力量共同作用的结果,是在市场供求力量的自发调解下形成的。当市场汇率偏离均衡汇率时,市场上就会出现超额外汇供应或需求,改变市场供求状况,而市场机制的执法调节作用会使市场汇率自动恢复到均衡汇率水平。

在外汇汇率不变的条件下,若某种因素的变动引起外汇供给数量增加,则外汇供给曲线右移,移动后的外汇供给曲线与外汇需求曲线相交将形成新的均衡点;在外汇汇率不变的条件下,若某种因素的变动引起外汇供给数量减少,则外汇供给曲线左移,移动后的外汇供给曲线与外汇需求曲线相交亦形成新的均衡点。同理,在外汇汇率不变的条件下,若某种因素的变动引起外汇需求数量的增加或减少,则外汇需求曲线向右或向左移动,移动后的外汇需求曲线与外汇供应曲线相交,均将形成新的均衡点。

2. 市场均衡汇率的变动

市场均衡汇率不时地发生变动,引起供求曲线移动的因素主要包括国际收支、通货膨胀、市场利率和经济增长率等。

(1) 国际收支。国际收支即一国对外经济活动中所发生的收入与支出。从短期看,一国国际收支是影响该国货币对外比价的直接因素。当一国的国际收入大于支出时,即一国国际收支出现顺差时,在外汇市场上则表现为外汇(币)的供应大于需求,因而本国货币汇率上升,外国货币汇率下降;相反,当一国国际支出大于国际收入时,该国出现国际收支逆差,在外汇市场上则表示为外汇(币)的需求大于供给,因而本国汇率下降,外国货币汇率上升。

(2) 通货膨胀。通货膨胀是由于一个国家货币供给超过商品交易对于货币的需求,因而引起该国产品价格普遍上涨的现象。当一个国家出现通货膨胀时,会导致该国货币相对贬值。当两个国家均出现通货膨胀时,通货膨胀率更高的国家的货币在汇率结算中相对贬值。

通常,一个国家货币升值或贬值的程度可以用汇率变动百分比来表示,计算公式为

$$\%\Delta S = \%\Delta P - \%\Delta P^* \tag{7-1}$$

式中,$\%\Delta S$ 表示直接标价法下的汇率变动百分比;$\%\Delta P$ 表示国内通货膨胀比率;$\%\Delta P^*$ 表示国外通货膨胀比率。

如果汇率变动百分比为负数,则表明该国货币相对升值;反之,则为相对贬值。假设国内通货膨胀率为 2%,美国通货膨胀率为 5%,则汇率变动百分比为 -3%,若当前汇率为 1 美元 = 6.89 元人民币,那么人民币升值,变动之后汇率为 1 美元 = 6.89 × (1 - 3%) = 6.68 元人民币。

(3) 市场利率。从资金使用者的角度来看,市场利率反映了资金使用成本的高低;而从投资者的角度看,市场利率反映了投资收益率的高低。市场利率越高,投资收益率越高。在风险相近的情况下,投资者总是趋向于高收益。因此,当一个国家的市场利率高于另外一个国家时,高利率会吸引资金流向该国市场,从而导致该国市场上外币供给的增加,即本币需求的增加。例如,如果美国市场利率高于中国,那么投资者会倾向投资于美国市场从而获得高回报,其结果是人民币流入美国,人民币的供给增加,最终导致美国市场上人民币以美元表示的价格下降。因此,利率高的国家货币趋向于升值,而利率低的国家货币趋向于贬值。

值得注意的有两点:第一,这里所说的利率对汇率的影响是指相对利率水平。如果本国利率上升,但上升的幅度低于外国利率上升的幅度,或低于本国通货膨胀,则不会导致本国货币汇率的上升。第二,与国际收支、通货膨胀、总需求等因素不同,利率变动对短期汇率的影响更大,利率对长期汇率的影响是十分有限的,因为利率在很大程度上属于政策工具范畴。

(4) 经济增长率。当一国实际经济增长率提高时,一方面反映该国经济实力增强,其货币在外汇市场上易被依赖,货币地位提高,使该国货币汇率有上升趋势;另一方面经济高速增长,其国民收入提高,可能加大该国对进口原料、设备等生产资料及消费品的需求,在该国出口条件不变的条件下,将使该国进口大量增加,导致国际收支逆差,造成该国货币汇率下降。但如果经济以出口导向为主,经济高增长则意味着出口的增加,从而使经常项目产生顺差,导致该国货币汇率上升。同时,一国经济增长势头好,一国的利润率也往往较高,由此吸引外国资金流入本国,外国货币相对本国货币贬值。

(5) 财政、货币政策。一国政府的财政、货币政策对汇率变化的影响虽然是间接的，但也是非常重要的。一般来说，扩张的财政、货币政策会造成巨额财政收支逆差和通货膨胀，使本国货币对外贬值；紧缩的财政、货币政策会减少财政支出，稳定通货，而使本国货币对外升值。但与国际收支等其他因素一样，财政、货币政策对汇率的影响也不是绝对的。它们在相对短的时期内可能会起到立竿见影的政策作用，但对汇率的长期影响则要看这些政策对经济实力和长期国际收支状况的影响。如果扩张的政策最终增强了本国经济实力，促使国际收支顺差，本币对外价值的长期走势必然得到提高，即本币升值；如果紧缩政策可能导致本国经济停滞不前，国际收支逆差扩大，从而本币对外价值必将逐渐削弱，即本币贬值。

(6) 政府的市场干预。尽管"第二次世界大战"之后西方各国政府纷纷放松了对本国的外汇管制，但政府的市场干预仍是影响市场供求关系和汇率水平的重要因素。各国中央银行为维护经济稳定、避免汇率变动对国内经济造成不利影响，往往对外汇市场进行干预，其主要通过在外汇市场买卖外汇，改变外汇的供求，从而改变汇率走势来达到其政策目的。例如，当一国货币汇率处于较高水平而影响该国国际收支平衡和经济发展时，该国中央银行就会向外汇市场抛出本币而收购外汇，从而使本币汇率下跌，以达到扩大出口和推动国内经济发展的目的；相反，当一国货币汇率水平过低而影响该国货币的国际信誉时，中央银行则向市场抛出外汇而收购本币，从而使本币汇率上升。政府干预汇率往往是在特殊情况下，比如市场汇率剧烈波动、本币大幅度升值或贬值等，或者为了特定的目标（如促进出口、改善贸易状况等）而进行的，因而它对汇率变化的作用一般是短期的，无法从根本上改变汇率的长期走势。

综上所述，影响汇率变动的因素有很多，它们之间相互联系，相互制约，甚至相互抵消。因此，我们在分析汇率变动时，不能只从某一角度和某一因素进行，而要从不同角度全面综合剖析。

四、汇率决定理论

汇率平价关系能够为汇率预测服务，而汇率预测是跨国公司财务管理人员应该负责的重要工作之一。因为对汇率进行预测是企业外汇风险管理决策的需要，是对外长期投资进行财务可行性研究的需要，也是制订企业经营计划的需要，因此，财务管理人员必须了解汇率变动的趋势和幅度，必须进行汇率预测。

如果汇率是完全自由浮动的，即完全没有政府的干预，则有一系列的经济关系理论可以用于解释汇率的变化。这些经济关系理论包括购买力平价理论、费雪效应、国际费雪效应、利率平价理论、无偏差理论等。

(一) 购买力平价理论

购买力平价理论(theory of purchasing power parity, PPP)是关于汇率决定的一种理论。最初由英国经济学家桑顿(Thornton)在1802年提出，其后成为李嘉图(Ricardo)的古典经济理论的一个组成部分。在这种背景下，以克里斯蒂尔尼(Christilni)为代表的非官方经济学家提出了汇率贬值是因货币购买力下降所致的观点。这是购买力平价的早期观点。瑞典经济学家卡塞尔(Gustav Cassel)在1922年出版的《1914年以后的货币和外汇》一书中，以较成熟的形式提出了汇率如何决定的购买力平价：两国货币的购买力之比是决定汇率的基础，汇率的变动是由两国货币购买力之比变化引起的。这一理论被称为购买力平价理论。它已成为当今汇率理论中最具影响力的理论之一。

购买力平价理论讨论的是汇率变化与货币购买力变化之间的关系。该理论认为：一个国家的货币之所以有价值，是因为它具有一定的购买力。任何人只要持有该国货币，就能够在该国市场上购买商品和服务。一个国家的货币价值由其在该国国内所能购得商品及劳务的量，即购买力来决定，因此人们对本国和外国货币比价的衡量主要取决于两种货币的购买力。

人们对外国货币的需求是由于用它可以购买外国的商品和劳务，需要本国货币也是因为用它可以购买国内的商品和劳务。因此，本国货币与外国货币相交换，就等于本国与外国购买力的交换。所以，用本国货币表示的外国货币的价格也就是汇率，决定于两种货币的购买力比率。由于购买力实际上是一般物价水平的倒数，因此两国之间的货币汇率可由两国物价水平之比表示，这就是购买力平价理论。从表现形式上来看，购买力平价理论有两种定义，即绝对购买力平价(absolute PPP)和相对购买力平价(relative PPP)。

▶ 1. 绝对购买力平价

绝对购买力平价认为，一国货币的价值及对它的需求是由单位货币在国内所能买到的商品和劳务的量决定的，即由它的购买力决定的，因此两国货币之间的汇率可以表示为两国货币的购买力之比。

绝对购买力平价认为，如果一价定律有效，在物价指数中各种可贸易商品所占的权重相等，那么，一国货币对外汇率主要是由两国货币在其本国所具有的购买力决定的，两种货币购买力之比决定了两国货币的兑换比率。由于货币的购买力主要体现在价格水平上，所以，若以 P 表示本国的一般物价水平，P^* 表示外国物价水平，S 表示汇率（直接标价法），则有：

$$S = P/P^* \tag{7-2}$$

这就是绝对购买力平价的一般形式，它意味着汇率取决于不同货币衡量的可贸易商品的价格水平之比，即取决于不同货币对可贸易商品的购买力之比。

▶ 2. 相对购买力平价

如果一国发生了通货膨胀（假设为英国），而另一国（假设为美国）的物价水平保持不变，那么，英镑的购买力就会相对降低。如果两国都发生通货膨胀，则两国的货币购买力都下降，此时英镑与美元的相对购买力的变化取决于两国物价上涨程度。如果美国物价上涨程度小于英国，则英镑的价值相对美元下降；反之，则上升。

以上原理可以用公式表示为：

$$\frac{S_t}{S_0} = \frac{1+P_d}{1+P_f} \tag{7-3}$$

或

$$S_t = S_0 \times \frac{1+P_d}{1+P_f} \tag{7-4}$$

式中，S_t 表示以直接标价法表示的一段时间以后的即期汇率；S_0 表示当前的即期汇率；P_d 表示当前本国的通货膨胀率；P_f 表示当前外国的通货膨胀率。

假设英国的通货膨胀率为 3.6%，美国的通货膨胀率为 2.3%，则有 $S_t = 1.013 S_0$，这说明年末时一个外币所能兑换的本币数将为年初时的 1.013 倍，这意味着年末时英镑相对于美元贬值了。也就是说，通货膨胀提高引起货币购买力降低，从而导致了货币贬值。

如果将 Δ 定义为 $0 \sim t$ 期间汇率的预计变化率，则有

$$\Delta = \frac{S_t - S_0}{S_0} = \frac{P_d - P_f}{1 + P_f} \tag{7-5}$$

实践表明，一般来说，各国之间汇率的长期趋势符合购买力平价理论，而在短期内汇率的变化具有更大的随机性。

（二）费雪效应

费雪效应（Fisher effect）是美国经济学家费雪（Irving Fisher）提出并以他的姓氏命名的。费雪效应阐明的是国家之间利率与通货膨胀率之间的关系。其基本思想是：各国名义利率可以简单分为投资获得的真实利率和预期通货膨胀补偿率两部分。资本可以在国际间自由流动的条件下，两国名义利率的相对差别可大体上反映两国一般价格水平的预期相对变动，名义利率（i）、真实利率（r）与预期通货膨胀率（P）之间的关系为：

$$1+i=(1+r)(1+P) \tag{7-6}$$

费雪效应认为，世界上每个国家的真实利率是相同的，即世界上只有一个真实利率，记作 r_w。这是因为如果一个国家货币的真实利率高于其他国家，那么大量的资本就会流入这个国家。只要政府不加干涉，这种套利活动就会持续进行，直到达到真实利率为止。因此根据上述公式，两国（本国记为 d，外国记为 f）之间就会存在下列关系：

$$1+r_w = \frac{1+i_d}{1+P_d} = \frac{1+i_f}{1+P_f} \tag{7-7}$$

$$\frac{1+i_d}{1+i_f} = \frac{1+P_d}{1+P_f} \tag{7-8}$$

费雪效应所表明的两国名义利率与通货膨胀率之间的关系是成立的，也可以对费雪效应进一步简化，表示为

$$i = r + P + rP \tag{7-9}$$

由于真实利率和通货膨胀率都小于 1，两者相乘之积（rP）就更小，因此可以忽略公式中的 rP，则可以得到以下公式：

$$r = i - P \tag{7-10}$$

同样，由于各个国家的真实利率相等，因此可有：

$$r_w = i_d - P_d = i_f - P_f \tag{7-11}$$

$$r_w = i_d - i_f = P_d - P_f \tag{7-12}$$

式（7-1）表明两国名义利率之差反映了两国预期通货膨胀率之差，高通货膨胀率货币应该比低通货膨胀率货币具有更高的利息率。这种效应就是费雪效应。

然而，在推导费雪效应时有一个隐含的假设，即各个国家的投资风险是相同的。实际上，这一假设明显不符合现实。

（三）国际费雪效应

把购买力平价理论与费雪效应结合起来，可以得到利率和汇率之间的平价关系，这就是国际费雪效应（international fisher effect）。购买力平价理论建立了汇率与预期通货膨胀之间的关系，而费雪效应反映的是名义利率与预期通货膨胀之间的关系，它们之间存在着一个共同因素，即预期通货膨胀差异，根据式（7-3）和式（7-8）则有

$$\frac{S_t}{S_0} = \frac{1+P_d}{1+P_f} = \frac{1+i_d}{1+i_f} \tag{7-13}$$

将式（7-13）中的中间项忽略不计，就可得到国际费雪效应公式为

$$\frac{S_t}{S_0} = \frac{1+i_d}{1+i_f} \tag{7-14}$$

$$\Delta = \frac{S_t - S_0}{S_0} = \frac{i_d - i_f}{1 + i_f} \tag{7-15}$$

当公式中的 i 足够小时，国际费雪效应可以近似表示为

$$\Delta = \frac{S_t - S_0}{S_0} = i_d - i_f \tag{7-16}$$

国际费雪效应的含义是：即期汇率的变化率（直接标价法下的外币升值率或贬值率）应等于两国的利率之差。

例如，中国和美国的名义利率分别为 2.3% 和 2%，而当前的即期汇率为 RMB670/100USD，如果国际费雪效应成立，与利率对应期限相同的未来即期汇率将上升 0.3%，达到 RMB672/100USD。

根据国际费雪效应，利率低的货币倾向于升值，而利率高的货币倾向于贬值。在实际测试国际费雪理论时，发现这一理论所构造的平价关系是成立的，但在短期内偏差较大。影响汇率变化的因素除了利率之外，还应考虑其他因素，如政治、经济等的影响，在一般情况下，即期汇率的预期变化大于利率的差异。

（四）利率平价理论

利率平价理论讨论的是外汇市场与货币市场的平衡关系，具体来说就是即期汇率、远期汇率和利率之间的一种均衡关系。不同国家的利率差异必然引起利息套汇，大量的利息套汇者不断地进行利息套汇，就会出现利率平价。根据利率平价关系，两国之间远期汇率相对于即期汇率是升水还是贴水，取决于两国的利率之差。如果外汇市场是没有交易成本的有效市场，则两国的利率之差近似等于远期汇率对于即期汇率的升贴水，低利率的货币倾向于远期升水，高利率的货币倾向于远期贴水。

一旦市场力量使利率和汇率形成的关系导致抛补套利不再可行时，就处于一种均衡的状态，叫作利率平价。

【例 7-1】假设日本某一投资者拥有 100 万日元（本金记为 I），投资期为 1 年，假定外汇市场和货币市场的有关资料如下。

(1) 即期汇率为 111.1 日元/美元，1 年远期汇率为 108.9 日元/美元；

(2) 日元投资利率为 1.8%，美元投资利率为 3.7%。

这位投资者有两种选择：

(1) 投资于本国银行，赚取银行利率；

(2) 将货币在现货市场上以即期汇率 S_0 兑换成外币美元，再投资于美国银行赚取美国银行汇率，同时为了降低美元投资风险，现在要签订一个卖出美元的期货合同，以便锁定美元在 1 年后可兑换的日元数额。

要求：分别计算两种投资的收益率。

【解析】(1) 投资于日本银行，1 日元本币 1 年后会变成 $1 + i_d$ 日元，其投资收益率为 $[(1 + i_d) - 1]/1 = i_d$，1 年后 100 万日元的投资收益率为 $i_d = 1.8\%$，变为 101.8 万日元。

(2) 投资于美国银行：

第一，将日元兑换成美元：

$$\frac{I}{S_0} = \frac{1\,000\,000}{111.1} = 9\,001（美元）$$

第二，将美元存入美国银行，1 年后收到：

$$\frac{I}{S_0}(1 + i_f) = 9\,001 \times (1 + 3.7\%) = 9\,334（美元）$$

第三,签订卖出美元期货合约,以便1年后将美元本金及利息转换为日元。

第四,假设 F_0 为1年远期汇率,1年后,履行美元期货合约得到日元数为:

$$\frac{I}{S_0}(1+i_f)F_0 = 9\,334 \times 108.9 = 1\,016\,473(日元)$$

第五,投资国外的收益率 R 为:

$$r = \frac{\frac{I}{S_0}(1+i_f)F_0 - I}{I} = \frac{(1+i_f)F_0}{S_0} - 1 = 1.65\%$$

投资者到底选择哪一种投资,不但取决于两国的利率水平,而且取决于两国货币之间的相互实力的变化。

如果两种投资者收益相等,则有:

$$i_d = \frac{(1+i_f)F_0}{S_0} - 1$$

$$i_d + 1 = \frac{(1+i_f)F_0}{S_0}$$

$$\frac{1+i_d}{1+i_f} = \frac{F_0}{S_0} \qquad (7\text{-}17)$$

$$\frac{F_0 - S_0}{S_0} = \frac{i_d - i_f}{1+i_f}$$

i_f 相对较小,则有:

$$\frac{F_0 - S_0}{S_0} = i_d - i_f \qquad (7\text{-}18)$$

利率平价理论认为两个国家利率的差额等于远期兑换率及现货兑换率之间的差额。

由凯恩斯(Keynes)和爱因齐格(Einzig)提出的远期汇率决定理论认为,均衡汇率是通过国际抛补套利所引起的外汇交易形成的。

在两国利率存在差异的情况下,资金将从低利率国流向高利率国以谋取利润。但套利者在比较金融资产的收益率时,不仅考虑两种资产利率所提供的收益率,还要考虑两种资产由于汇率变动所产生的收益变动,即外汇风险。套利者往往将套利与掉期业务相结合,以避免汇率风险,保证无亏损之虞。

大量掉期外汇交易的结果是,低利率国货币的现汇汇率下浮,期汇汇率上浮;高利率国货币的现汇汇率上浮,期汇汇率下浮。远期差价为期汇汇率与现汇汇率的差额,由此低利率国货币就会出现远期升水,高利率国货币则会出现远期贴水。随着抛补套利的不断进行,远期差价就会不断加大,直到两种资产所提供的收益率完全相等,这时抛补套利活动就会停止,远期差价正好等于两国利差,即利率平价成立。因此,利率平价理论的基本观点是:远期差价是由两国利率差异决定的,并且高利率国货币在期汇市场上必定贴水,低利率国货币在期汇市场上必定升水。

(五)无偏差理论

无偏差理论说明了远期汇率与未来即期汇率之间的关系。将国际费雪效应式(7-14)和利率平价式(7-17)结合起来,就可以得到:

$$\frac{F_0}{S_0} = \frac{1+i_d}{1+i_f} = \frac{S_t}{S_0} \qquad (7\text{-}19)$$

$F_0 = S_0$，即目前的远期汇率等于一定时期（一年）后预计的即期汇率。

$$\frac{F_0 - S_0}{S_0} = \frac{S_t - S_0}{S_0} \qquad (7-20)$$

即外汇远期升水或贴水等于预计的外汇升值或贬值。

五、外汇风险概述

（一）外汇风险的概念

所谓外汇风险（foreign exchange risk）是指在国际经济、贸易和金融活动中，由于各国货币的国际汇价的变动而引起的企业以外币表示的资产价值、负债、收入、费用的可能增加或减少产生的收益或损失，从而影响当期的利润和未来的现金流的风险。外汇风险的根本原因是汇率的变动，其结果是不确定的。通常情况下，跨国公司只要有外汇业务的发生，就必然离不开外汇风险。

广义的外汇风险包括信用风险、利率风险和汇率风险。

狭义的外汇风险是指在现行的浮动汇率制下，由于汇率的波动而使外汇交易者或外汇持有者遭受损失的可能性，因此也叫汇率风险。

（二）外汇风险的种类

外汇风险主要包括交易风险、会计折算风险和经济风险。

▶ 1. 交易风险

交易风险（transaction explore）也称为交易暴露风险。它是在以外币结算的交易中，从买卖成立到货款收付结算的期间内，因汇率变动而产生的可能给企业带来收益或损失的外汇风险。如一出口商若持有外币应收账款则会因外币对本币贬值而发生损失，而持有外币应付账款的进口商则会因外币对本币升值而发生损失。交易风险存在于应收款项和所有货币负债项目中。

（1）以外币偿付的资金借款或贷款业务。当发生跨国公司间的外币借贷业务，偿还时的汇率与借贷发生时的汇率有所变动，产生交易风险。另外，如果企业借贷采取浮动汇率，还会造成利率的不确定，形成汇率和利率的双重风险。

（2）以外币计算的商品及劳务的赊购和赊销业务。当跨国企业在跨国公司间交易时，以信用为基础，即以延期支付为条件的进出口贸易，当赊购和赊销以外币计价的商品，如果汇率发生变动就会造成交易风险。

（3）尚未履行的期货外汇合约。利用远期外汇契约避免交易风险是很多跨国公司避险的主要方法。与金融企业的投机动机不同，一般来说，企业购买远期外汇合同是为了消除目前交易上的汇率风险。

（4）以其他方式取得的外币债权或应承担的外币债务。相对来说，如果本国货币是硬通货，持有外币资产将会有损失，持有外币负债将会获得利益。

▶ 2. 会计折算风险

会计折算风险（accounting translation risk），是指公司财务报表中的外汇项目，因汇率变动而引起的转换为本币时价值跌落的风险。如按规定，公司期末决算编制利润表和资产负债表时，所有的外币资产和负债都要按照期末汇率另行折算，由此引起与原账面价值不一致；又如，本国公司设在国外的子公司，按合并报表原则，也应折算为本国货币，由于汇率在不断变动,按不同汇率折算财务状况大不相同。但事实上,公司在期末或编制合并报表时并未发生外汇交易,因此会计折算风险并不影响企业的现金流量,仅仅是会计上的一种折算而已。

3. 经济风险

经济风险(economic explore)也称经济暴露风险,是指由于未能预料的汇率波动,引起公司未来收益和现金流量发生变化的潜在性风险。这种风险可能给公司带来收益,也可能带来损失,主要取决于汇率变化对未来销售量、价格和成本影响的方向和程度。由于预计到的汇率变化已反映在公司的经营计划之中,所以经济风险只包括那些始料未及的汇率变化所产生的影响。

上述三种风险对公司来说,重要性程度是不同的。一般来说,经济风险比交易风险和会计折算风险更重要,必须格外重视,因为它对公司财务的影响是长期性的,会计折算风险与交易风险是一次性的。同时,经济风险涉及供、产、销以及企业所处的领域等各个方面,因此,对经济风险的管理除了企业财务部门参与外,往往需要总经理直接参与决策。

(三) 外汇风险管理的概念

外汇风险管理(foreign exchange risk management)是指外汇资产持有者通过风险识别、风险衡量、风险控制等方法,预防、规避、转移或消除外汇业务经营中的风险,从而减少或避免可能的经济损失,实现在风险一定条件下的收益最大化或收益一定条件下的风险最小化。

外汇风险管理的目标是:防止出现短期支付困难而造成的破产等风险;资产的现金流和负债的现金流相匹配;稳定降低融资成本或稳定未来收益;合理地预测企业现金流量。

(四) 外汇风险管理策略

1. 交易风险管理

1) 交易风险测定

要对交易风险进行管理,首先要测定交易风险的大小。交易风险暴露主要指当汇率发生变化时,跨国公司交易额中受到汇率波动影响的那部分交易额。交易风险暴露分不同货币种类进行计算。对于任何一种货币,交易风险暴露等于所有交易额相抵消后剩余的差额。例如,3 个月后中国某跨国公司在美国的子公司有一笔 500 万欧元的应收账款,同时拥有一笔 300 万欧元的应付账款,两者相抵后剩余 200 万欧元,就是该子公司 3 个月后欧元的交易风险暴露。在交易风险暴露的计算中,结算结果为正,为多头交易风险暴露;结果为负,为空头交易风险暴露。

【例 7-2】我国某中外合资企业从日本进口一批材料,以日元计价结算,货款 15 000 万日元,该企业只有美元,用美元支付该笔货款;成交时的汇率为 1 美元=150 日元,1 美元=7.0 元人民币,付款时的汇率为 1 美元=120 日元,1 美元=7.1 元人民币。

根据这些资料,计算外汇风险损益。

成交时:15 000÷150×7.0=100×7.0=700(万元人民币)

假设美元与日元汇率已变,美元与人民币汇率不变:

15 000÷120×7.0=125×7.0=875(万元人民币)

付款时:15 000÷120×7.1=125×7.1=887.5(万元人民币)

外汇风险损失:由于美元与日元汇率变动引起的风险损失=875-700=175(万元人民币),由于人民币与美元汇率变动引起的风险损失=887.5-875=12.5(万元人民币),合计 187.5 万元人民币。

2) 交易风险的管理策略

对于交易风险的管理策略可以分为四类，分别是风险转移、风险分担、提前或延期进行外汇结算和套期保值。

(1) 风险转移(risk shifting)是指估计汇率变化会给当前的交易带来不利时，设法将风险转移给交易的对方。例如，公司设法选择有利的计价货币，尽量做到付汇用软货币，收汇用硬货币。所谓"硬币"(hard money)，是指在外汇市场上汇率呈现升值趋势的货币。所谓"软币"(soft money)，是指在外汇市场上汇率呈现贬值趋势的货币。出口商或债权人如果争取以硬币作为合同货币，当合同货币的汇率在结算或清偿时升值，就可以兑换回更多数额的本国货币或其他外汇；当合同货币的汇率在结算或清偿时下降，就可以少支付一些本国货币或其他外币。这一方法的目的在于将汇率变动所带来的损失转移给对方。但由于各种货币的"软"或"硬"并不是绝对的，其局面往往会出现转变。严格来说，这种方法并不能保证经济实体免遭汇率变动的损失。

(2) 风险分担(risk sharing)是指交易双方在签订交易合同时，签订有关汇率风险的分担协议。从理论上讲，出口商或债权人应争取使用硬币，而进口方或债务人应争取使用软币，但在一笔交易中，交易双方都争取到对己有利的计价货币是不可能的。当一方不得不接受对己不利的货币作为计价货币时，还可以争取对谈判中的价格或利率做适当调整，要求适当提高以软币计价结算的出口价格，或以软币计值清偿的贷款利率；要求适当降低以硬币计价结算的进口价格，或以硬币计值清偿的借款利率。另外，也可以在协议中规定一个外汇风险的分担比例计算方法，如果付款之日的即期汇率处于双方都能接受的范围之外，那么，双方应按此法计算出来的比例分担外汇交易产生的风险。

(3) 提前或延期结汇是指在国际支付中，通过预测支付货币汇率的变动趋势，提前或延期支付有关款项，即通过更改外汇资本收付日期来抵补外汇风险或得到汇价上升的好处。例如，美国母公司预测未来的英镑对美元汇率下降，就要求在英国的子公司对产品、劳务、利息、分期偿还的债务和红利等提前支付给母公司。与此同时，母公司还把子公司扩展业务所需要的美元贷款推迟到贬值以后再贷款，英镑提前支付，使等量英镑兑换美元的数额多于预测支付期所得；美元推迟贷款使所兑换的英镑多于预测支付期所得。提前或延期结汇，即通过由软币到硬币国家的加速支付或通过由硬币到软币国家的推迟支付，使公司减小在硬币国家的外汇风险。

(4) 防范交易风险的套期保值策略一般包括远期外汇市场套期保值、货币市场套期保值和外汇期权套期保值等策略。

使用远期外汇市场套期保值进行交易风险管理时，首先需要确认交易风险暴露，在此基础上签订适当的外汇远期合约。如果公司的外汇风险暴露是多头，则应出售远期外汇；如果公司外汇风险暴露是空头，则应购买远期外汇。

【例 7-3】星海跨国公司预期 6 个月后收到货款 200 万美元，在应收账款发生时按 6 个月的远期外汇报价卖出 200 万美元的远期合约，汇率为 1 美元＝8.223 元人民币，6 个月后公司将香港客户支付的 200 万美元在远期市场上交割，获得 200×8.223＝1 644.6(万元人民币)。

货币市场套期保值的合约是贷款协议。采用这一保值方法的公司可以借入一种货币，然后换成另一种货币进行投资，债务到期时偿还借款本息的资本可以是来自公司的经营收益，如应收账款，也可以在即期外汇市场上购买该种货币用于还贷。与远期外汇市场套期保值不同的是，货币市场套期保值主要与两国之间的利率之差有关。

【例7-4】星海跨国公司借入一定的欧元，年利息为10%，然后将其转换成美元，6个月后偿还的欧元正好等于收到的货款，即100万欧元。假设首先借入的欧元为A，则$A(1+6/12\times10\%)=1\,000\,000$，可得$A=952\,380.95$(欧元)。

星海跨国公司将借到的欧元在即期外汇市场上按照即期汇率1欧元＝1.5美元，兑换成1 428 571.425美元。

如果投资时在美国投资年利率为6%；在欧洲投资年收益率为8%；在中国投资年收益率为12%。最终发现只有在中国投资，获得年收益率大于开始借入的年利息率10%。

外汇期权套期保值是通过买卖外汇期权来回避外汇交易风险。其基本方法是：当交易中有外币的应收账款时，可以在期权市场上买进执行价格较高的、该外币的出售权；当交易中有外币的应付账款时，可以在期权市场上买进执行价格较低的、该外币的购买权。

【例7-5】假设星海跨国公司对未来欧元的变化不太明显，公司希望确定一个收入下限，但又希望在欧元升值时仍可受益。公司购买6月后到期的欧元看跌期权200 000欧元，交易合约金额为10 000欧元/份，协定价格1欧元＝1.5美元，期权费0.025美元/欧元，每份合约佣金100美元。

每份期权的价格＝10 000×0.025＝250(美元)，佣金为100美元，成本为350美元，所需合约数＝200 000/10 000＝20(份)，总成本＝20×350＝7 000(美元)。

6个月后公司收到200 000欧元的货款，其美元价值依赖于当时的即期汇率。

当即期汇率大于协定价格1∶1.5时，公司放弃期权，按照市场汇率兑换美元。

当汇率为1∶1.5时，则公司在即期市场上可兑换美元。

当即期汇率小于协定价格1∶1.5时，公司行使期权，按照协定价格购买美元。

另外，还有外汇期货(foreign futures)与外汇掉期(foreign swaps)等也可以用来回避外汇交易风险。

3) 交易风险的决策过程

(1) 企业集团首先测定本企业交易风险存在状况。一般做法分两步走：首先，由子公司经理提供预期流入量和流出量的信息；其次，母公司合并各子公司的信息，确定出整个企业集团在未来期间内各种货币的预计净头寸。

(2) 确定是否应该对本交易风险进行套期保值。经过测定风险之后，企业集团决策进行套期保值是否适当，主要是比较货币的即期汇率与远期汇率。

(3) 如果进行套期保值，选择适当的套期保值方法。套期保值的管理方法很多，企业集团应根据自身情况，选择适当的方法。

▶ 2. 会计折算风险管理

1) 折算方法

如果在外汇汇率稳定不变的情况下，外币折算是相当简单的。但是，在现实经济生活中，汇率是不断变动的。由于跨国公司的资产负债表的不同项目性质各异，人们对不同项目是否都面临折算风险的看法不一致，由此也产生了不同的折算方法，主要有以下四种方法：

(1) 流动/非流动折算法。使用流动/非流动折算法(current/non-current method)，国外子公司资产负债表的流动资产和流动负债项目使用现行汇率折算(即资产负债表编制日的现行汇率)，其他资产和负债按历史汇率折算。按照这种方法折算，非流动资产和负债不面临折算风险。

按照这种方法，除了与非流动资产和负债相关的收益和成本外，利润表的折算按照折算期的平均汇率折算。例如，折旧作为一项成本，其在利润表中的折算汇率与资产负债表使用的折算汇率相同。因此，在利润表中，不同的项目使用了不同的折算率。

(2) 货币/非货币折算法。货币/非货币折算法(monetary/non-monetary method)把资产负债表项目分成货币性资产与负债和非货币性资产与负债两类。前者如现金、应收应付款、长期借款等用现行汇率折算；后者指固定资产、长期投资和存货等，用历史汇率计算。

按照这种方法，除了与非货币性资产和负债相关的收益和成本外，利润表的折算按照折算的平均汇率折算。与非货币性资产和负债相关的成本主要是折旧成本和产品销售成本，其在利润表中的折算汇率与资产负债表使用的折算汇率相同。

(3) 时态法。时态法(temporal method)是货币/非货币折算法的一种改进形式，它们的区别在于对存货的处理。货币/非货币折算法将存货成本按历史汇率折算。不同的是，如果存货以现行市场价格表示，使用时态法可以按当前汇率折算；如果存货以历史成本表示，则仍按历史汇率折算。

按照这种方法，利润表的折算通常使用折算期的平均汇率。当然，使用历史成本表示的折旧费、摊销费和产品销售成本等，仍然使用历史汇率。

(4) 现行汇率法。现行汇率法(current rate method)是将跨国公司子公司的资产负债表和利润表的全部项目均按现行汇率折算。显然，现行汇率法对所有账项简单地乘上一个统一的系数，从而能够确保子公司会计报表原来各项金额的比率关系，不至于改变原来外币报表上的任何财务比率。

现行汇率法目前应用非常广泛。我国目前也采用现行汇率法进行折算。

上述四种不同的折算方法使资产负债项目产生各不相同的计算结果。如在流动/非流动法下，反映公司的财务状况有赖于流动资产减流动负债后的净营运资本是多少；在货币/非货币法和时态法下，公司的财务状况是用货币性资产减去货币性负债后的净资产或负债来衡量；现行汇率法下，公司的财务状况是用公司的资产减负债后的净资产来衡量的。

2) 折算风险的计算

在现行汇率法下，折算损益的计算公式如下：

$$折算损益 = 子公司记账货币的权益总额 \times (当前汇率 - 历史汇率)$$

从公式中可以看出，尽管资产负债表中有很多项目，但由于汇率变化导致折算损益的项目只有一个，即子公司权益总额。或者说，子公司权益受汇率变化的影响导致了跨国公司子公司的折算风险，因此，此时的子公司权益也被称为折算风险暴露(accounting exposure)。

这样，计算折算风险的公式可以改写成：

$$折算损益 = 折算风险暴露 \times (当前汇率 - 历史汇率)$$

这里的折算风险暴露，就是跨国公司中受到汇率变化影响的那部分价值。

在现行汇率法下，资产负债表中的所有项目都是风险性资产或风险性负债。上述计算折算损益的公式，不仅适用于当前汇率折算法，也适用于其他折算方法。只是对于其他折算方法，折算风险暴露不再是子公司记账货币的权益总额。折算损益的确定如表 7-1 所示。

表 7-1 折算损益的确定与不同折算方法比较

项　　目	流动/非流动	货币/非货币	现行汇率法	时　态　法
现金	现行	现行	现行	现行
应收账款	现行	现行	现行	现行
存货（成本）	现行	历史	现行	历史
存货（市价）	现行	历史	现行	现行
投资（成本）	历史	历史	现行	历史
投资（市价）	历史	历史	现行	现行
固定资产	历史	历史	现行	历史
其他资产	历史	历史	现行	历史
应付账款	现行	现行	现行	现行
长期借款	历史	现行	现行	现行
股本	历史	历史	历史	历史
利润表				
销货成本	平均	平均	平均	平均
折旧费用	历史	历史	平均	历史
其他项目	平均	平均	平均	平均

3）折算风险管理策略

为防止折算风险，跨国公司通常采用资产负债表保值方法以轧平净风险资产头寸。资产负债表保值的基本原理就是使公司的合并资产负债表中的外币风险资产与外币风险负债相等。如果达到了这种状态即净风险资产等于零，那么汇率变化引起的风险资产价值变化恰好被风险负债的价值变化抵销。在实务操作中，如果公司预测今后一定时期内汇率将发生变动，而公司的资产负债表存在净风险资产时，就可以通过分别调整国外资产和负债来进行资产负债表保值。此外，远期外汇市场交易和货币市场交易等合约保值方法也是折算风险管理中可以采用的手段。

需要说明的是，会计折算风险所造成的损失或收益并没有真正实现，而只是反映在公司的财务报表上，因此，折算风险对公司的影响相对比较小。根据重要性原则，一般不需采取措施抵补这种账面损失。

▶ 3. 经济风险管理

经济风险影响企业的现金流量，并且最终影响企业的价值。由于经济风险的作用是多方面的，而且是长期的，所以经济风险的管理是一种重要的管理技巧。经济风险涉及生产、销售和财务等各个领域，相互联系，相互影响。经济风险管理的目标是对未能预料的汇率变化对公司未来现金流量的影响做出预测并采取相应措施。管理经济风险的最有效方法，就是通过多角化经营，使有关各方面的不利影响能相互抵消。

1）经济风险管理的策略

企业集团的高层管理者针对经济风险的策略有两种类型：

（1）当经济风险发生时，企业集团的高层管理者积极从事分散风险的工作，最大限度地避免不必要的损失或获得利益。

（2）高层管理者事先设定一个投资组合，如果风险发生，其损益会自动冲减，也就是说，管理者只要在经济风险发生时能予以关注，并不需要采取进一步的行为来避免。

2）避免经济风险的对策

（1）当生产产品时，跨国公司在生产产品时需要做到尽可能地降低产品生产成本，保证产品利润的一定比例；下属的生产厂不能只局限于一个国家或地区，还应该在众多拥有有利生产条件的国家设立工厂，不仅会有接近原材料市场的优势，也可以分散币值变动的风险。

（2）当企业营销时，跨国公司管理者在产品营销时，必须事先预测汇率风险发生的可能，并采取相应的策略。

（3）当财务处理时，跨国公司如果有长期外币借款，必须正确估计可能面对的风险。

三种外汇风险的比较如表 7-2 所示。

表 7-2　三种外汇风险比较

项目	交易风险	折算风险	经济风险
内容	汇率变动引起的，对现行活动的短期现金流量（货币性资产和负债）的影响，导致外汇损益，由已经达成的合约决定。交易风险是基于过去发生的，但是在未来结算	由汇率变动引起资产负债表中资产和债务以及收益表中各项账面价值的变化所导致的外汇损益，由会计准则确定，损益只在账面上	汇率变动引起未来经营现金流的变化而导致的外汇损益，由公司未来竞争状况决定。它是实际发生的
影响	追溯性和前瞻性	资产负债表和利润表项目，具有追溯性	与未来销售有关的收入和成本，具有前瞻性

第三节　跨国公司内部资本转移管理

出于经营和管理上的需要，跨国公司通常需要进行内部资本转移。其实，类似的内部资本转移，在进行国内经营的集团公司中也存在。然而，由于跨国公司所面临环境的特殊性、所面临市场的更不完全性，使得这种机制的作用更为明显。

一、跨国公司内部资本转移概述

（一）跨国公司内部资本转移的概念

跨国公司内部资本转移是指通过对跨国公司的资本资源进行有效配置，以实现公司价值最大化。跨国公司内部资本转移的形式通常有内部贷款（inter-company loans）、转移价格（transfer price）、应收应付管理、特许权使用费和管理费及股利汇出等。

（二）跨国公司内部资本转移的类型

跨国公司内部资本转移有三种类型：第一，母公司向子公司转移的资本，包括对子公司的股权投资、向子公司提供贷款和按转移价格购进商品等；第二，子公司向母公司转移的资本，包括偿还母公司的贷款本息，向母公司支付的股利，向母公司支付的各种专利权使用费、许可证费、管理费和出口佣金，母公司抽回部分投资的资本，支付按转移价格收进的货物等；第三，子公司之间转移的资本，包括相互间贷款的发放与回收、利息的收入与支付和按转移价格买卖货物时转移的资本等。

(三) 跨国公司内部资本转移的限制因素

在跨国经营中，公司面临着大量的资本转移障碍或限制。

▶ 1. 政治限制

东道国政府实行外汇管制，使该国货币不可兑换，将资本转移完全封锁；对外资公司的股利汇回征收带有没收性质的税款；通过种种制度拖延向外资公司发放必要的许可证明或实施索要高额费用等法律性限制等。

▶ 2. 税务限制

一方面，东道国政府可以对资本流出课以重税；另一方面，许多国家税种繁多，税务部门重叠交叉，纳税程序错综复杂，也使资本流出十分困难，有时甚至出现外资的同一笔收入已被多次征税。

▶ 3. 交易成本

交易成本不但包括通过银行进行外汇交易和资本转移时所需要支付的费用，还包括当地管理部门的一些规定，诸如要求国际资本的转移必须交由当地指定银行办理，或禁止跨国公司对内部成员公司之间应收、应付账款的国际冲兑等。

▶ 4. 流动性限制

在跨国经营中，母公司通常对子公司或分公司资本的流动性提出要求，以确保母公司将来及时收回自己的贷款。这种流动性要求在很大程度上降低了子公司或分公司将自己的流动资本以最佳的币种存放于最安全地方的能力。

(四) 跨国公司内部资本转移的套利效应

虽然跨国经营给公司内部资本转移带来了许多限制因素，但也为跨国公司套利提供了条件。跨国公司可以通过建立资本内部转移机制获取三种套利机会。

(1) 税收套利(tax arbitrage)，是指跨国公司利用内部转移机制，从整体的角度节约所得税和关税等支出。由于各国税制和税率不同，当跨国公司将利润从高所得税地区转移到低所得税地区时，通常可以实现所得税节约。另外，将利润从那些处于应税状态的子公司转移到处于亏损状态的子公司，跨国公司可减轻其税负。

(2) 金融市场套利(financial market arbitrage)，是指跨国公司在防范外汇管制情况下，利用内部资本转移机制为母公司或子公司的过剩资本寻找投资场所、为资本不足的子公司寻找新的资本来源。

(3) 管制套利(regulatory system arbitrage)，是指跨国公司为规避东道国的各种非金融性管制或者制约而采取的一系列措施。例如，当子公司的产品受当地政府部门的价格限制，进而限制跨国公司的利润水平时，跨国公司通过内部转移价格等方式重新分配利润，掩盖其真实的获利情况，以加强与当地政府讨价还价的能力。跨国公司利用内部资本转移机制进行套利，对于东道国可能产生不利的影响，如减少税收收入。

因此，很多国家对于跨国公司进行资金转移都有较为严格的限制，如限制转移价格，限制跨国公司内部应收、应付的随意性管理等。但无论如何，都会出现规避管制的行为。当然，出现规避管制的行为后，也总会引致新的管制措施出台。对于一般产品而言，公允的转移价格容易鉴定，而对于某些无形产品，公允的转移价格很难确定。因此，尽管可能存在严格的管理措施，内部资本转移机制仍然存在着实施的可能性。

二、跨国公司内部资本转移的一般方式

（一）股利汇出

股利汇出是跨国公司的子公司向母公司转移资本最重要的手段。股利汇出通常占全部汇出资本的一半。跨国公司采用股利汇出资本时，应着重考虑以下几个因素。

▶ 1. 税收因素

东道国和本土国的税法都影响着跨国公司的股利政策，在有效税率不同的情况下，改变各子公司的股利支付比例可以使跨国公司减轻其总的税负。

▶ 2. 外汇风险因素

如果可以预见汇率变动的趋势，跨国公司就能通过股利政策的调整将资本从弱币区转至强币区。当子公司所在国货币即将贬值时，增加股利汇付的数量可以减少当地的货币资产；反之，当子公司所在国货币即将升值时，则采用减少股利汇付数量和推迟股利发放时间的策略。

▶ 3. 外汇管制因素

通常，国际收支发生困难的国家会采取一定措施限制外资公司支付股利，如只允许按注册资本的一定百分比汇付股利等。为了降低外汇管制的危害，一些跨国公司采取相对稳定的股利汇付率，以表明股利支付是既定股利支付计划的一部分而并非是对东道国货币的投机。即使股利不能汇出，也照常宣布分配，这样就可以建立一个将来放松或取消管制时汇出股利的基础。如果一国发生政局变动或外汇危机，母公司会要求子公司尽快转移剩余资本，这时一般都通过增加股利汇付实现资本转移。

▶ 4. 筹资因素

在确定股利支付政策时还应考虑各子公司资本的机会成本和筹资能力。例如，一个必须借入资本的子公司通常较持有剩余资本的子公司具有更高的机会成本。也就是说，有些子公司拥有低成本筹资来源，而另一些子公司则只能按相对较高的利率借入资本。一般情况下，母公司要给资本机会成本相对低的子公司确定一个较高的股利支付比例，同时只从借入成本较高或面临有利投资机会的子公司提取较少的股利。

（二）特许权使用费和管理费

相对于转移价格和股利来说，特许权使用费和管理费作为资本内部转移方式对跨国公司更为有利。特许权使用费和管理费可以看作是无形资产要素的转移价格，但无形资产要素与有形物质产品不同的是它们往往没有相应的市场价格作为参考。因此，跨国公司运用特许权使用费和管理费就更便于对付东道国税务机关的监督和检查。对于股利，当东道国的税率高于母国税率时，特许权使用费和管理费又有节税的好处。因为股利汇付必须在所得税缴纳之后，而各种费用却可以作为税基的减项在所得税之前扣除。

（三）内部信贷

内部信贷是指境内母公司与境外子公司之间以及各子公司之间相互提供的信贷。跨国公司进行内部资本转移的一种主要方式是内部贷款。所谓内部贷款，是指跨国公司母公司与子公司以及子公司之间相互提供资金，或者一方提供贷款担保，使得另一方获取资金，从而在跨国公司内部相互调剂资金余缺。在很多情况下，也是跨国公司唯一合理的资本转移方式。

跨国公司内部贷款的方式主要有三种：直接贷款、背对背贷款和平行贷款。

▶ 1. 直接贷款

所谓直接贷款，是指跨国公司不通过任何中介，母公司向子公司、子公司向母公司或

子公司向另一子公司直接提供贷款的方式。借贷的货币可以是任何一方或第三国的货币。直接贷款的利率即为资本的转移价格。贷款的币种可以有多种选择，如美元、欧元、日元等。究竟使用哪种货币，取决于各种货币之间相对利率的高低，以使跨国公司在整体上支付的利息成本最低。使用直接贷款与向银行贷款一样，也要向资金提供者支付利息。很多国家为了避免外汇和税收的流失，规定跨国公司之间的直接贷款利率要使用当时贷款的市场利率。

直接贷款的优点是简便易行，并且由于贷款利息率可以高于或低于市场利息率，使得跨国公司可以有效利用转移价格的优势。其缺点是可能存在资金汇回限制和外汇风险。

直接贷款方式适用于资金移动不受限制或很少受到限制以及外汇风险较小的情况。当预测资金移动将受到限制，并且外汇风险较大时，跨国公司可以选择使用以下各种间接贷款的方式。

▶ 2. 背对背贷款

背对背贷款不是跨国公司母公司对子公司或者子公司对子公司直接提供贷款，而是通过利用商业银行或其他金融机构做中介，间接地向资金需求方提供资金。以母公司向子公司贷款为例，背对背贷款通常是母公司把资本存放在中介银行，银行把等值的资本以当地货币或母公司货币借给当地子公司银行，按协商好的利率对母公司的存款支付利息，借款子公司向银行支付利息，如图7-1所示。中介银行的利润来自这两个利息的差额。采用这种贷款方式，贷款与还本付息的货币相同，货币收付不跨越国界，因而避免了上述的外汇风险和转移风险。

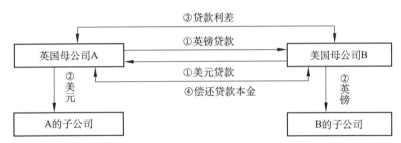

图 7-1 背对背贷款

▶ 3. 平行贷款

平行贷款涉及两对以上的公司。以两对公司为例，平行贷款是指两个不同国家的两家跨国公司，其各自拥有设在对方所在国的子公司，这两家公司各自给对方所在国的子公司以同等数量的贷款，而各自子公司同时分别得到以所在国货币计算的、同等数量资本的一种贷款方法，如图7-2所示。

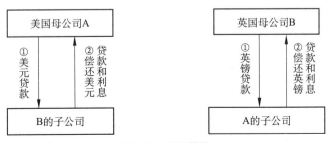

图 7-2 平行贷款

平行贷款的资金不跨越国界，因而也可以避免外汇风险和转移风险。

两对平行贷款关系中所涉及的货币种类可以一致，也可以不一致。在平行贷款下，资本没有跨越国界，各自的子公司在未受到东道国外债管制及外汇管制的情况下，筹到了所需要的资本，实现了不同国家之间的资本转移。其贷款利息将通过合同规定，转移到两家跨国公司的母公司，两家子公司支付的贷款利息还可以作为纳税抵扣项。

平行贷款概念虽然简单，但困难的是如何找到交易的另一方。好在很多国际性银行提供这种服务。在平行贷款中，如果有银行参与的话，实际上就是一种外汇互换（currency swap）。银行提供互换服务通常要从互换双方收取服务费，服务费通常占互换本金额的0.25%～0.50%。

▶ 4. 存贷调换

当母公司预计向境外子公司贷款而本息汇回将受到限制时，可以采用存贷调换的方式。也就是说，母公司向境外子公司提供资金时，不是由母公司直接贷款给子公司，而是由母公司事先在某国的国际金融机构存入一笔资金（等于是向该国际金融机构提供贷款），再由该国际金融机构向子公司提供相应金额的贷款。期满时，先由子公司向金融机构还本付息，再由金融机构向母公司归还存款的本金和利息，如图7-3所示。

图7-3 存贷调换

存贷调换既能及时满足境外子公司对资金的需求，又保障了母公司的资金本息能够顺利收回，避免受到子公司所在国的限制。由于上述存贷款都不经过外汇市场，因此也避免了外汇风险。由于在向子公司提供贷款之前国际金融机构已有母公司的存款作为保证，因此这种贷款也叫作前向贷款。这种贷款方式也可以不通过金融机构，而是通过子公司所在国的银行，或该银行在母公司所在国的分行来进行。

（四）转移价格

▶ 1. 转移价格的概念

转移价格是指跨国公司以其全球战略为依据，以跨国公司整体价值最大化为目标，在母公司与子公司或者子公司之间进行商品、劳务等交易时所采用的内部价格，其中包括租金、技术转让费和管理费等。

转移价格是跨国公司经营中的一种很常见的现象。例如，德国在中国的子公司生产家用不锈钢厨具，但其主要原材料18/10号钢是由德国的子公司生产提供的，这样德国跨国公司在中国的子公司和在德国的子公司之间就存在着内部的商品交易。跨国公司总部为两个子公司之间商品交易所确定的交易价格就是内部转移价格。

▶ 2. 转移价格的作用

对跨国公司来说，转移价格既可以加速跨国公司内部的资本转移，也可以降低整个公司的税负和保持外汇平衡，从而提高跨国公司整体价值，而不是子公司的价值。其作用主要表现在以下几个方面。

（1）优化资本配置。母公司或其他子公司为了实现从某一子公司吸收或转移资本，可以通过转移价格将其所赚的利润调回母公司或其他子公司。如果母公司要从某国转出资本，母公司可以提高卖给该国子公司产品的价格；反之，母公司也可以通过压低价格的方式来为子公司提供资本。同样，资本的这种配置方式还可通过调节子公司卖给母公司的产品价格以及各子公司之间的交易来实现。

(2) 降低整体税负。降低税负是跨国公司在制定转移价格时需要考虑的一个主要问题。跨国公司希望利用转移价格尽可能地减少或逃避有关主权国课征的税收(包括所得税和关税)。转移价格的所得税效应主要取决于各国的税率差别,跨国公司可利用转移价格把高税率国家(地区)子公司的利润转移到低税率国家(地区)的子公司,从而减少整个公司的纳税额。为降低所得税税负,跨国公司还可在避税港设立象征性的分支机构,有计划地利用转移价格,将各子公司的利润调入避税港,以逃避东道国的税收。按惯例,进口货物的公司必须缴纳进口税,一般项目的进口税是从价征收的。转移价格越高,进口税负越大;反之,则越小。为降低关税,通常跨国公司向设在高关税国家的子公司出口商品或劳务时,可以制定较低的转移价格;反之,则应制定较高的转移价格。事实上,关税因素的引入对所得税效应起一定的抵消作用。制定较低的转移价格,可以少缴关税,但会使子公司进口商品成本较低,导致了较高的所得税计税基础。如果制定较高的转移价格,虽可减少所得税的缴纳,但要多缴关税。因此,在决策时要权衡两者的利弊得失,决定取舍。

(3) 调节利润水平。跨国公司根据经营需要,通过调高或调低转移价格来影响子公司的利润水平。如果某一子公司在当地获得较高的利润,这不但会引起东道国政府的注意或反感,也可能会导致更多的竞争对手进入同一市场,跨国公司可利用调整转移价格,降低利润的方法,掩盖该子公司获利的真实情况。又如,跨国公司为使其在某国的新建子公司在竞争中具有较高的资信水平,在东道国树立良好的形象,易于在当地出售股票和债券或谋取信贷,往往通过调整转移价格使该子公司显示出较高的利润率。

▶ 3. 对转移价格的管制

跨国公司按照内部转移价格进行公司内部交易,可能会减少某些相关国家的税收收入,因此很多国家对跨国公司内部转移价格制定了专门的措施进行管制。这些管制措施一般是根据某些办法确定跨国公司内部交易的公允价格,并使用公允价格衡量跨国公司是否进行了利润转移。公允价格的确定方法通常有以下三种。

(1) 成本加成法。成本加成法(cost-plus method)以跨国公司内部交易产品出售方的成本,加上合理的利润边际,作为衡量转移价格的标准。这种方法通常在跨国公司内部交易的产品接受方并不直接再出售产品的情况下使用。在实际使用中,成本加成法常遇到一些困难:①准确计算产品全部成本很困难;②如果公司生产的不是单一产品,在几种产品之间准确分摊成本也存在一定困难;③很难准确估计公司的利润边际是多少。

(2) 市场价格法。市场价格法(comparable uncontrolled price method)是使用无关交易双方进行类似商品交易时的价格,或者称为独立的市场价格作为基准,判断跨国公司内部交易价格是否公平合理。从理论上讲,这种方法最简单,所确定的价格标准也最为合适。然而,在实际操作中却会遇到很多困难,产品标准化程度不高或者市场化程度不高的产品比较难找到可比产品。

(3) 再销售法。再销售法(resale price method)是以跨国公司最终对外销售产品时的价格为基础,扣除最终对外销售子公司的利润边际,来计算跨国公司内部的交易价格。但是,这种方法同成本加成法一样,很难确定利润边际是多少。

(五) 应收应付管理

▶ 1. 提前与延期结汇

跨国公司内部资本转移的一个重要原因是公司内部有商品的交换。母公司通过修改子公司间的信用期限以便提前与延迟结汇(leads and lags),也是子公司间资本转移的一个重要手段。一般来说，提前结汇相当于把资本从买方子公司转移给卖方子公司，而延迟结汇则相当于把资本从卖方转移到买方。从理论上讲，提前或延迟结汇可为跨国公司内部资本转移提供较大的灵活性。

▶ 2. 多边冲销与再开票中心

多边冲销（netting）是指多家子公司之间进行相互交易的账款抵销结算。多边冲销技术给跨国公司带来两方面的好处。第一，收支冲销技术能降低资本的实际转移额。实际资本转移量的减少可以节省资本费用，包括外汇市场的买卖差价、资本转移过程中的机会成本损失以及银行收取的佣金等。第二，由于冲销一般是以固定汇率在确定的日期统一进行的，因此就给跨国公司外汇风险管理和现金需求预测带来了更大的迫切性。同时，系统的冲销还可使公司建立有规则的支付渠道和银行渠道，使公司本身的业务以及与银行的关系趋向牢固和稳定。

许多建立冲销系统的跨国公司发现，成立再开票中心（re-invoicing center），来处理公司内部交易是非常有用的。再开票中心是公司的一个资本经营子公司，在各子公司之间进行商品交换时，生产型子公司把货物卖给再开票中心，再开票中心再转售（一般以稍高的价格）给销售型子公司。但实际上货物是直接由卖方子公司运到买方子公司的，并未经过再开票中心。因此，再开票中心只是负责为交易双方处理发票和结算，而不是实际货物。再开票中心一般设在低税率国家，即所谓避税港，该中心所获得的利润被课征较低的税率。

冲销系统和再开票中心的建立可使公司迅速发现需要资本支持的子公司，并且能够通过提前与延迟支付技术向该子公司提供资本。再开票中心的主要缺点是公司为建立这一中心而需支付一定的额外费用。

第四节　国际筹资管理

一、跨国公司资金来源

与单一国内企业相比，国际企业有更多的资金来源，最主要的资金来源包括四个方面。

（一）跨国公司内部资金

跨国公司的经营规模大、业务多，常常在其内部形成国际性的资金融通体系。一些著名的跨国公司有几十个子公司，甚至可达上百个分支机构，这样，跨国公司内部的经营实体在日常经营活动中都可能产生或获得大量的资金，从而构成了内部资金的广泛来源，主要包括母公司或子公司本身的未分配利润和折旧基金，以及公司集团内部相互提供的资金。

（二）母公司本土国资金

跨国公司的母公司可以利用它与本土国经济发展的密切联系，从母公司本土国的金融机构和有关政府组织获取资金。

（三）子公司东道国资金

东道国是跨国公司补充资本的重要来源。跨国公司可以根据东道国的经济状况和金融环境筹集所需要的资本。如通过当地的证券市场进行股权或债券融资，或通过当地银行取得借款等。

通过东道国融资的优点是政治风险低、支付利息扣税、外汇风险小，可与当地公司或其他金融机构建立良好的关系。缺点是东道国的资本可供量有限、母公司对子公司的控制权较弱。

（四）国际资金

除集团内部、母公司本土国、子公司东道国以外的任何第三国或第三方提供的资金，都可以称为国际资金。国际资金主要包括以下三个方面：①向第三国银行借款或在第三国资本市场上出售证券；②在国际金融市场上出售证券；③从国际金融机构获取贷款。

二、跨国公司筹资方式

跨国公司可以采取发行国际股票、发行国际债券、国际银行信贷、国际贸易筹资等方式筹资。

（一）发行国际股票

发行国际股票即在国际金融市场或国外金融市场上发行股票，也称境外上市。只要能够满足各国市场上市要求，大部分股票交易所都允许外国公司发行股票，例如纽约证券交易所、伦敦证券交易所、东京证券交易所、法兰克福证券交易所、巴黎证券交易所和多伦多证券交易所等。我国公司目前接触比较多的国际股票主要有在中国香港地区发行的H股，在纽约发行的N股和在新加坡发行的S股等。

互联网的出现以及发展为投资者和筹资者提供了便利，他们可以很容易地了解全球经济状况，了解各地金融市场情况。电子交易的出现大大降低了跨越国境进行投融资的成本，对资本跨越国境的流动起到了推动作用。

公司发行国际股票筹资的主要动因是：①规避筹资风险，发行国际股票可以使公司进入分散化的股权市场，规避当一个市场状况不好时筹资可能出现的困难；②扩大资本来源。发行国际股票不仅可以筹集更多的资本量，而且可以筹集所需的外币资本；③扩大知名度，国际金融市场有着广泛的投资者基础，在国际市场上进行权益筹资，能够获得投资者的关注，扩大公司在国际市场的知名度；④境外上市有利于企业跨国并购的实施。

当然，进行跨国权益融资，必须遵守国际惯例，遵守有关国家的金融法规，因此，发行程序比较复杂，发行费用也比较高。

（二）发行国际债券

国际债券是指各种国际机构、各国政府及企事业法人，按照一定的程序在国际金融市场上以外国货币为面值发行的债券。

国际债券大致可分为外国债券（foreign bonds）、欧洲债券（European bonds）和全球债券（global bonds）。

▶ 1. 外国债券

外国债券是指在发行者所在国家以外的国家发行的，以发行地所在国的货币标明面值的债券。其中，比较著名的有扬基债券（yankee bonds）、武士债券（samurai bonds）和龙债券（dragon bonds）。

扬基债券是指在美国债券市场上发行的外国债券，即美国以外的政府、金融机构、工商企业和国际组织在美国国内市场发行的、以美元为计值货币的债券。武士债券，是指在日本债券市场上发行的外国债券，即日本以外的政府、金融机构、工商企业和国际组织在日本国内市场发行的、以日元为计值货币的债券。武士债券均为无担保发行，典型期限为3～10年，一般在东京证券交易所交易。龙债券是指以非日元的亚洲国家或地区货币发行的外国债券。龙债券是东亚经济迅速发展的产物。从1992年起，龙债券得到了迅速发展。龙债券在亚洲地区（中国香港或新加坡）挂牌上市，其典型偿还期限为3~8年。龙债券对发行人的资信要求较高，一般为政府及相关机构。

外国债券相对于本国国内发行的债券而言，要求有较严格的信息披露标准，并会面临更严格的限制。结果是欧洲债券市场的增长大大快于外国债券市场。

▶ 2. 欧洲债券

欧洲债券是指一国政府、金融机构、工商企业或国际组织，在国外债券市场上以第三国货币为面值发行的债券。在这里，"欧洲"不再是一个表示地理位置的概念，而是意味着境外的意思。例如，德国企业在法国证券市场发行的美元债券属于欧洲债券。欧洲债券的发行人为一个国家，发行地在另一个国家，债券面值使用的是第三个国家的货币或综合货币单位（如特别提款权）。目前，欧洲债券选用最多的是美元。

▶ 3. 全球债务

全球债券是20世纪80年代末产生的新型金融工具，是指在世界各地的金融中心同步发行，具有高度流动性的国际债券。世界银行在1999年首次发行了这种债券，并一直在该领域占主导地位。全球债券的发行面值主要使用美元、日元等。

（三）国际银行信贷

国际银行信贷是指一国借款人在国际金融市场上向外国金融机构借入货币资金的一种信用活动。国际银行信贷是国际间资本流动和转移的表现，反映了国际借贷资本的流动，是国际经济活动的一个重要方面。国际银行信贷按贷款的期限分为短期贷款（1年以内）和中长期贷款（1年以上）。中长期贷款金额大，时间长，银行风险较大。因此，借贷双方要签订贷款协议，对贷款的有关事项加以详细规定。另外，借入中长期贷款一般要提供担保财产。国际银行信贷按其贷款方式有独家银行信贷与银团信贷两种。独家银行信贷又称为双边中期信贷，贷款金额最多为1亿美元。银团贷款又称为辛迪加贷款，它是由一家贷款银行牵头，由该国或几国的多家贷款银行参加，联合起来组成贷款银行集团，按照同一条件共同对另一国的政府、银行及企业提供的长期巨额贷款。银团贷款期限一般为5~10年，贷款金额为1亿~5亿美元，有的甚至高达10亿美元。目前，国际中长期巨额贷款一般都采用银团贷款方式，以便分散风险，共享利润。

（四）国际贸易筹资

国际贸易筹资是最传统的外汇资金融通渠道，该融资的具体方式很多，如进出口押汇、打包贷款、票据贴现、应收账款保理、出口信贷和福费廷等。

▶ 1. 进出口押汇

进出口押汇（bill purchased）是银行向出口商提供资金的一种方法，由出口方银行和进口方银行共同组织。进出口商进行交易时，出口商将汇票以及提单、报单和发票等全套货运单据向银行抵押，借取汇票金额一定百分比的资金。由银行凭全部货运单据向进口商收回货款的本息。在汇票由受票人偿付后，银行留下预付的金额，加上利息和托收费，其余的贷记给出口商。进出口押汇按承做地点的不同分为进口押汇和出口押汇，前者是指进口方银行所承做的押汇，后者是指出口方银行所承做的押汇。

▶ 2. 打包贷款

打包贷款（packing credit）又称为出口信用证抵押贷款，是指出口企业用收到的正本信用证作为还款凭据和抵押品向银行申请的一种装船前融资。银行向出口商提供的这种短期贸易贷款用于支持出口商按期履行合同义务和出运货物。由于早先该贷款用于解决包装货物之需，故俗称打包贷款。从形式上看，打包贷款的抵押品是正本信用证，而实质是处在打包中的待装船出运的货物。

▶ 3. 票据贴现

在进出口贸易中，很多情况下使用远期汇票的付款方式。如果远期汇票得到银行的承兑，出口商可以通过出售银行承兑汇票进行融资。如果远期汇票没有得到银行承兑，出口商仍然可以利用远期汇票进行融资，即汇票贴现。

汇票贴现是指出口商将汇票交给愿意接收的银行或者其他金融机构，得到汇票面额与利息和其他成本之差额。汇票贴现有追索性贴现和非追索性贴现。所谓追索性贴现，是指贴现汇票后，如果汇票到期不能兑现，贴现银行有权向出口商索赔。非追索权贴现，是指贴现汇票后，如果汇票到期不能兑现，贴现银行无权向出口商索赔，也就相当于汇票卖断给贴现银行。

▶ 4. 应收账款保理

应收账款保理是指出口商出售货物获得应收账款而不是现金后，将应收账款转让给应收账款保理商。保理商一般为商业银行或其他金融机构的分支机构。应收账款保理商持有应收账款，而出口商获得现金收入。出口商所获得的现金收入等于应收账款面额与贴现利息和应收账款保理费之差。应收账款让售通常是无追索性的，即出口商将应收账款出售给保理商后，不再承担任何出口商不能到期付款的风险，而是由保理商承担这种风险。

保理商为了避免代理风险，接受应收账款保理业务时，一般是接受一个公司的全部应收账款，而不是一部分，以免出口商有选择地出售应收账款，将风险大的应收账款出售给保理商，风险小的不出售，加大保理商的风险。

▶ 5. 出口信贷

出口信贷是一国政府为支持和扩大本国大型设备等产品的出口，增强国际竞争力，对出口产品给予利息补贴、提供出口信用保险及信贷担保，鼓励本国的银行或非银行金融机构对本国的出口商或外国的进口商（或其银行）提供利率较低的贷款，以解决本国出口商资金周转的困难，或满足国外进口商对本国出口商支付货款需要的一种国际信贷方式。出口信贷名称的由来就是因为这种贷款由出口方提供。

出口信贷主要包括卖方信贷和买方信贷。

（1）卖方信贷。卖方信贷是出口方银行向该国出口商提供的商业贷款。出口商（卖方）以此贷款为垫付资金，允许进口商（买方）赊购自己的产品和设备。出口商（卖方）一般将利息等资金成本费用计入出口货价中，将贷款成本转移给进口商（买方）。

一般做法是在签订出口合同后，进口方支付 5%～10% 的定金，然后在分批交货、验收和保证期满时再分期付给 10%～15% 的货款，其余的 75%～85% 的货款则由出口厂商在设备制造或交货期间向出口方银行取得中、长期贷款，以便周转。在进口商按合同规定的延期付款时间付讫余款和利息时，出口厂商再向出口方银行偿还所借款项和应付的利息。所以，卖方信贷实际上是出口厂商由出口方银行取得中、长期贷款后，再向进口方提供的一种商业信用。

出口信贷的特点和优势如下：①相对于打包放款、出口押汇、票据贴现等贸易融资方式，出口卖方信贷主要用于解决该国出口商延期付款销售大型设备或承包国外工程项目所面临的资金周转困难，是一种中长期贷款，通常贷款金额大，贷款期限长。如中国进出口银行发放的出口卖方信贷，根据项目不同，贷款期限可长达 10 年。②出口卖方信贷的利率一般比较优惠。一国利用政府资金进行利息补贴，可以改善该国出口信贷条件，扩大该国产品的出口，增强该国出口商的国际市场竞争力，进而带动该国经济增长。因此，出口信贷的利率水平一般低于相同条件下资金贷放市场利率，利差由出口国政府补贴。③出口卖方信贷的发放与出口信贷保险相结合。由于出口信贷贷款期限长、金额大，发放银行面临着较大的风险，所以一国政府为了鼓励该国银行或其他金融机构发放出口信贷贷款，一般都设有国家信贷保险机构，对银行发放的出口信贷给予担保，或对出口商履行合同所面临的商业风险和国家风险予以承保。在中国主要由中国出口信用保险公司承保此类风险。

（2）买方信贷。买方信贷是出口国政府支持出口方银行直接向进口商或进口商银行提供信贷支持，以供进口商购买技术和设备，并支付有关费用。出口买方信贷一般由出口国出口信用保险机构提供出口买方信贷保险。出口买方信贷主要有两种形式：一是出口商银行将贷款发放给进口商银行，再由进口商银行转贷给进口商；二是由出口商银行直接贷款给进口商，由进口商银行出具担保。贷款币种为美元或经银行同意的其他货币，贷款金额不超过贸易合同金额的 $80\%\sim85\%$。贷款期限根据实际情况而定，一般不超过 10 年。贷款利率参照经济合作与发展组织（OECD）确定的利率水平而定。

出口方银行直接向进口商提供的贷款，在出口商与进口商所签订的成交合同中则规定为即期付款方式。出口方银行根据合同规定，凭出口商提供的交货单据，将货款付给出口商，同时计入进口商偿款账户内，然后由进口方按照与银行订立的交款时间，陆续将所借款项偿还出口方银行，并付给利息。所以，买方信贷实际上是一种银行信用。

▶ 6. 福费廷

福费廷（forfaiting）是一种类似于保理的无追索权应收账款让售业务。所不同的是，福费廷常用于中期资本性商品买卖所形成的应收账款。买方在购买资本性商品时，通常需要一段时间、一定数额的融资，有时长达 3~7 年。在购买商品时，进口商开出以出口商为受益人的本票（promissory notes），出口商即可以将本票出售给福费廷商。与保理商一样，福费廷商一般也是商业银行或金融机构的分支机构。由于福费廷业务涉及的应收账款数额较大、时间较长，福费廷代理商不像保理商那样容易分散风险，因此在福费廷业务中通常要求进口商银行提供付款担保或者开立信用证作为质押。也正是福费廷业务的这种担保或者质押特性，使其获得了快速发展，尤其在欧洲。福费廷所涉及的金额通常超过 50 万美元，贴现率一般等于标值货币市场利率加上 1.25%。当数额过大时，通常由几家银行形成一个辛迪加（syndicate），共同承担一项业务。

三、跨国公司筹资风险管理

由于国际筹资环境的复杂性，跨国公司面临多种风险，所以跨国公司必须加强其筹资风险管理。

（一）降低国家风险

国家风险也称政治风险，是指由于东道国或投资所在国国内政治环境或东道国与其他国家之间政治关系改变而给外国企业或投资者带来经济损失的可能性。尤其在一些发展中国家，这种风险更大。跨国公司在进行国际投资时要评估和防范国家风险。由于国际筹资与国际投资等国际经营活动紧密相关，跨国公司为了降低最终的国际筹资成本，应将国际筹资与相应的国际投资等经营活动的国家风险防范一起考虑。所以跨国公司在制定国际筹资战略时必须认真评估国家风险并制定防范措施。

▶ 1. 尽可能在政治稳定的国家投资

政治稳定、法制健全的国家，一般都会非常注重国家信誉，不会轻易采取没收或冻结外国公司资产、突然实行严厉的外汇管制等极端措施。外国公司在当地的投资利益会较有保障，不会使跨国公司因资产损失而发生破产风险。否则，一旦跨国公司在当地投资失败，将给跨国公司的国际筹资带来严重困难。为了确保资金使用的安全，跨国公司一般向本国或国际金融机构寻求保险或担保。

▶ 2. 尽量利用负债筹资

在一些风险较大的国家，可尽量利用公司外部资金，减少公司的股权筹资。当这些国家或地区当局要求企业必须提供一定比例的内部资金时，母公司应尽量以贷款的形式向子公司提供资金，这样，一旦东道国采取不利于跨国公司的过激行动，影响到这些大金融机构的利益，他们便会利用自己的地位向东道国政府施加压力，迫使其放弃某些做法。

▶ 3. 坚持以国外投资项目或子公司的生产盈利归还贷款，减轻对母公司的依赖关系

这就使各类债权人，不论是来自东道国还是东道国之外的，都来关心项目或子公司的经营活动，关注东道国履行合约的信誉状况，从而使东道国处于各类关系人的监督之下。国外投资项目与子公司被纳入一个由银行、政府机构及客户组成的全球利害关系网中，东道国的任何过激行动都会遭到国际社会的谴责，对东道国起到遏制作用。所以，从这个角度讲，跨国公司还应使其项目或子公司的债务结构多元化，尤其是要尽可能在当地筹资，强化东道国政府与子公司或投资项目有关的自身利益。

（二）避免外汇风险和利率风险

外汇风险是指一个金融公司、企业组织、经济实体、国家或个人在一定时期内对外经济、贸易、金融、外汇储备的管理与营运等活动中，以外币表示的资产（债权、权益）与负债（债务、义务）因未预料的外汇汇率的变动而引起的价值增加或减少的可能性。利率风险主要是指在实行浮动利率的情况下，如果利率上升，将会使企业的利息支出增加、借款成本提高的风险。跨国公司在进行国际筹资时必须注意避免外汇风险和利率风险，加强风险管理。

▶ 1. 国际筹资的外汇风险和利率风险的管理原则

在国际筹资过程中控制与防范外汇风险和利率风险，最重要的原则就是均衡原则。

（1）筹资货币结构要均衡，币种组合要合理，如软硬货币搭配得当，筹资货币与使用货币、偿还货币的币种应尽量一致。

（2）总体利率结构要均衡，尽量以优惠利率为主，固定利率与浮动利率搭配得当。

（3）期限结构要均衡，长期与短期负债搭配得当。

（4）筹资市场结构要均衡，避免过于集中。

（5）筹资总体成本结构要均衡，即考虑利率、汇率和费用等成本因素。

▶ 2. 国际筹资过程中外汇风险管理策略

在管理外汇风险时，公司必须能够确定计划期内的外汇风险头寸净量，并采取一定的防范措施。按照筹资者对筹资风险的态度，可以分为根本不保留外汇风险头寸、保留一定比例的外汇风险头寸及保留100%外汇风险头寸三种策略。第一种策略是把风险控制在最小限度内，不承担任何筹资风险，将利率与汇率风险100%定下来，不留任何风险头寸。这种策略虽然安全，但是有时成本过高，而且也很难做到。第三种策略是过度投机的办法，由于金融市场变幻莫测，这种做法是十分冒险的，不应提倡。最合适的就是第二种策

略，保留一定比例的外汇风险头寸，根据借款成本制订一段时期的保值计划。如果市场朝不利方向变化，筹资者寻找机会平掉风险头寸部分；如果市场朝有利方向变化，则保留风险头寸，甚至扩大风险头寸。这种方法既安全又具有灵活性，尤其适用于金额大、期限长的债务筹资，但是实行这种方法往往需要一定金额的准备金。

拓展案例

推动形成更高水平跨国公司本外币一体化资金池

本章小结

汇率的决定理论包括购买力平价理论、费雪效应、国际费雪效应、利率平价理论和无偏差理论等。外汇风险主要包括交易风险、折算风险和经济风险。

跨国公司资本来源包括跨国公司内部资金、母公司本土国资金、子公司东道国资金及国际资金等；在举债融资中，要权衡利率水平和外汇风险水平之间的关系，还要对跨国融资风险进行管理。跨国公司可以采取发行国际股票、发行国际债券、国际银行信贷和利用国际贸易信贷等筹资方式。

跨国公司内部资本转移管理在很大程度上影响着资本的配置和使用效益。跨国公司内部资本转移的方式有很多，主要包括股利汇出、特许权使用费和管理费、内部信贷、转移价格和应收应付管理等。

在线自测

第八章 企业并购财务管理

> **学习目标**
>
> 1. 理解并购的概念,掌握并购的方式和类型,熟悉并购的流程
> 2. 掌握企业并购估值的方法
> 3. 了解企业并购交易结构设计的原则,熟悉并购交易结构设计的主要形式
> 4. 熟悉企业并购重组的内容,掌握反并购措施

案例导入

比亚迪 1.65 亿元低价收购西沃汽车 捆绑承诺投资西安高新区 50 亿元

2022 年 11 月 23 日,西安公共资源交易中心发布成交公示:比亚迪汽车有限公司成功受让西安高科集团有限公司持有的西安西沃客车有限公司 100% 股权,成交价格为 1.65 亿元,成交公示期至 11 月 29 日。

要知道,西安西沃客车并非被"低价转让"。一方面是因为西安西沃客车近年来经营困难、亏损不断,公司净资产与估值持续缩水;另一方面是因为本次收购的受让方比亚迪需要接受西安高科集团的附加协议。

从标的公司业绩来看,2020 年西安西沃客车公司主营业务收入为 493.68 万元,净利润为 -1 056.78 万元。2021 年前三季度,西安西沃客车公司主营业务收入为 -658.94 万元,净利润为 -1056.78 万元。截至 2021 年 9 月 30 日,西安西沃客车公司的总资产为 2.45 亿元,总负债为 8 615.93 万元,净资产仅剩余 1.59 亿元。

另外,从并购协议来看,比亚迪作为此次交易的买方需要按照高新区产业用地规划进行新能源汽车生产基地建设,投资规模不低于 50 亿元人民币,用于进行整车生产。

比亚迪的此次收购与注资带来的不仅仅是金融支持,更是助力目标公司核心技术的发展与下游市场的开拓。因此,比亚迪的介入很可能使西沃客车"重获新生"。

比亚迪收购西安西沃客车所获的区位优势也不容忽视。

自 2003 年比亚迪收购西安秦川汽车厂后不断扩大投资,相继布局了乘用车、商用车、电子、汽车金融、轨道交通和动力电池等全产业链业务,西安已成为比亚迪的北方总部基地。历经了近 20 年的深耕与布局,西安已然成为比亚迪除总部深圳以外,布局最全、业务合作最广的城市。

同时,陕西政府也十分注重汽车全产业链的发展。2022 年 1—10 月,陕西汽车产量达到 100.1 万辆,同比增长 63.3%,高于全国 55 个百分点,产值增长 23.6%,增加值增速 17.2%。陕西汽车产量提前两月完成全年百万辆目标,迈入全国汽车大省之列。近期,西安市印发了《关于加快推动新能源汽车产业高质量发展的实施意见》,明确"十四五"发展目标,并提出力争到 2030 年全面实现电动化,成为我国首个提出汽车全面电动化的大城市,

更加坚定了企业在陕进一步发展壮大的信心。

正是在政策支持与产业生态的双重加持下,比亚迪的产能在西安迅速扩张:比亚迪在西安的新能源汽车生产能力,已达日产1700~2000台,年产能力已达60万台;刀片电池生产能力已达到年产20 GWH。截至2022年,西安地区比亚迪总产值将达到1 000亿元。这意味着,产值上西安比亚迪将相当于2021年的上海特斯拉。西安基地有望成为比亚迪首个年产破100万辆的超级工厂。

比亚迪在当地的积极扩产与研发也为陕西经济建设带来了明显的正向作用:截至2021年10月,比亚迪在陕西已累计投资315亿元,实现工业总产值3 841亿元,上缴税金131亿元,解决就业超6万人。

综合来看,比亚迪接手西沃客车是目标公司正确的归宿,也是汽车产业生态融合的必然选择。与西沃客车十年前停产与衰退的状况相比,现在的全球客车市场格局已经发生了翻天覆地的变化,在国内纯电汽车不断"弯道超车"的背景下,合资车正在淡出国内的汽车市场,"中国制造"正在走向世界,国内汽车的出海已成为中国厂商的必然选择。

相信在全球新能源汽车蓬勃发展的背景下,西沃客车的发展历程不会就此终结。恰恰相反,相信在"黑科技"、产业集群与政策规划的多重赋能下,西沃客车即将迎来新生。与其说是比亚迪拯救了西沃,不如说是"中国制造"的发展与进步给予了企业更多的机会。

资料来源:重磅!比亚迪斥1.65亿收购西沃客车,捆绑承诺投资最低50亿.(2022-11-29)[2023-3-26]. https://baijiahao.baidu.com/s?id=1750811053679430614&wfr=spider&for=pc.

案例思考:
1. 比亚迪为什么要并购西沃客车?是善意并购还是恶意并购?
2. 企业并购对双方有什么影响?

第一节　企业并购财务管理概述

一、企业并购的概念

企业并购(mergers and acquisitions,M&A)包括兼并和收购两层含义、两种方式。国际上习惯将兼并和收购合在一起使用,统称为M&A,在我国称为并购。企业之间的兼并与收购行为,是企业法人在平等自愿、等价有偿的基础上,以一定的经济方式取得其他法人产权的行为,是企业进行资本运作和经营的一种主要形式。

狭义的并购是指我国《公司法》所定义的吸收合并与新设合并。如果一家公司吸收其他公司,被吸收的公司法人主体资格不复存在,即为吸收合并;如果两个以上的公司合并成立一家新的公司,合并后原来的公司解散,即为新设合并。

广义的并购是指一家公司将另一家公司纳入其集团,目的是借此来扩大市场占有率、进入其他行业或者将被并购的企业分割出售以谋取经济利益。广义的并购不仅包括狭义的并购,还包括以控制或者施加重大影响为目的的股权购买或资产购买,这种购买并非是为了取得被并购方的全部股份或资产,而是以取得能够施加控制或重大影响的部分股权或资产为目的。

本书所采用的是广义的并购概念，即包括吸收合并和新设合并，以及以控制或施加重大影响为目的的股权收购或资产购买。

二、企业并购方式

(一) 股权并购

▶ 1. 股权并购的概念

股权并购是指投资公司作为股权收购方，通过与目标公司股东进行有关目标公司权益的交易，使投资公司成为目标公司的控股股东的投资并购行为。这种投资并购行为可以表现为股权受让、增资入股和公司合并等具体操作方式。

▶ 2. 股权并购的优点

(1) 与新设合并方式和资产并购相比，股权并购无须履行新公司的设立程序，仅须履行对目标公司的股权变更程序即可以完成投资行为。一般来说，股权并购要求投资者继续使用目标公司这个经营平台，目标公司将存续下去。

(2) 与新设合并方式相比，产品销售和业务开展的起步点高。这是因为在股权并购的情况下，公司名称不变，公司主体不变，仅仅是公司股东的变化，产品销售的市场主体不变，仍是目标公司。公司投资后很容易就继承了目标公司原有的产品销售渠道和市场份额以及业务关系，产品销售和业务开展无须从零开始。技术、管理员工队伍和普通员工队伍是现成的，省去了大量的培训时间和培训经费。这是因为在股权并购的情况下，除目标公司的高管人员会有所调整外，其他员工与目标公司的劳动合同将会继续有效，除双方协议解除，否则将继续履行下去。

(3) 与资产并购相比，股权并购通常可以节约税负。股权并购涉及转让方的所得税（企业所得税或个人所得税）和双方的印花税。而在资产并购的情况下，目标公司除需要缴纳企业所得税和印花税外，还需要根据被转让资产的性质、转让价款的高低等分别缴纳增值税、土地增值税、城市维护建设税和教育费附加等多项其他税费。因此，股权并购通常税负较小。

(4) 投资的现金流相对较小。这是因为股权并购是投资公司与目标公司股东之间对目标权益的交换，而权益则相当于目标公司总资产额减去总负债额。因此，在投资公司向目标公司投资之前，目标公司已经为投资公司准备了借贷资金，因此无须投资公司再去融资大量的现金。而在新设合并方式下，可能需要子公司融资或者需要投资公司注入大量资金。

▶ 3. 股权并购的缺点

(1) 由于并购前后目标公司作为民事主体是持续存在的，有关民事权利义务是延续的。因此，基于出让方披露不真实、不全面，导致目标公司遭受或然负债从而使投资公司遭受间接损失的风险普遍存在。这也是采用股权并购方式对投资公司最大的风险。

(2) 由于目标公司与员工之间的劳动合同继续有效，并购后往往面临目标公司冗员的处理，这不仅容易激化劳资矛盾，而且会增加目标公司的经济负担。

(3) 股权并购程序复杂，受让股权需要征得目标公司存续股东的同意，修改目标公司的章程，需要与存续股东进行谈判，需要进行大量的尽职调查工作，因此股权并购的工作成本要比资产并购高。

(4) 并购后的整合难度大，投资公司对目标公司行使管理权的阻力大。在股权并购过程中，目标公司原管理团队会承继到并购后的企业中，对原管理团队的整合难度大于资产并购方式，在资产并购中，新企业的管理团队往往由资产收购方重新任命，其整合难度较小。

▶ 4. 股权并购适用的条件

（1）目标企业必须是公司类型的企业，而不能是合伙企业或私营企业。因为只有公司类型的企业才有完全独立的人格，股东才对公司债务承担有限责任，股东对公司的权益才表现为股权，才可适用股权并购。而非公司类型的企业（包括一人有限责任公司），企业并没有完全独立的人格，投资人对企业的权益不表现为股权，故无股权并购可言。另外，这类企业的投资人（或称股东）对企业负连带责任，公司不能成为这样企业的投资人。所以，公司不能对这样的企业进行股权并购。

（2）对管理不规范的公司也不适宜采用股权并购。虽然凡是公司类型的企业都可以适用股权并购这种投资方式，但是如果目标公司管理不规范，特别是没有规范、严谨的财务制度、财务记录、财务核算，或者资产、财务、纳税、合同管理混乱，最好不要使用股权并购而应使用资产并购。如果对这样的公司使用股权并购，对投资公司的风险太大。

（3）出让方无法或不愿意对目标公司进行披露，而投资公司又不能从其他渠道获得足够的信息资料，且在目标公司的股份没有公允市价的情况下，也不适宜采取股权并购。这是因为股权交易实质上是股东之间对其享有的对目标公司权益的交易，如果投资公司不能充分占有目标公司的信息资料，在目标公司的股份没有公允市价的情况下，就没法对出让股份者对目标公司享有的权益做出正确的判断，也无法进行股权并购。

（4）目标公司的股东特别是出让股权股东不存在虚假出资和出资违约的情况，不存在依法应当对公司债务承担连带责任的情况。如果存在这类情况，投资公司并购后将处于风险中。

（5）目标公司的产品、市场份额、销售渠道、品牌、机器设备和场地等应当对投资者有利用价值，如果没有利用价值，投资公司就没有并购的必要。当然，如果投资公司需要目标公司的壳，则当属别论。

（6）在某些情况下，目标公司的资产横跨几个行业，其中有投资公司不需要的，或者投资公司不能持有的，或者有些已经是垃圾资产的。在这种情况下，如果投资公司拟对目标公司进行股权并购，就应当要求目标公司对没有利用价值的资产或投资公司不能持有的资产、业务进行剥离，或者采用资产并购的方式将垃圾资产甩掉。

▶ 5. 股权并购的再分类

从实务中看，股权并购可以通过三种基本操作方式来实现：受让股权并购、增资并购和合并并购。

（1）受让股权并购是指投资公司通过向目标公司的股东购买股权的方式，使自己成为目标公司的控股股东的一种股权并购的操作方式。

（2）增资并购是指投资公司通过向目标公司投资增加目标公司注册资本，从而使投资公司成为目标公司新股东的一种股权并购操作方式。

（3）合并并购是指投资公司或者投资公司安排自己的子公司与目标公司合并，从而取得对目标公司控制权的一种股权并购操作方式。

（二）资产并购

▶ 1. 资产并购的概念

资产并购是指投资公司通过受让目标公司资产的方式，取得目标公司的业务，取代目标公司的市场地位，从而实现并购目标公司的一种并购方式。应注意的是，在资产并购的情况下，虽然交易的标的直接表现为目标公司的资产，但是取得资产只是手段，通过取得资产取得目标企业的业务，进而取代目标企业的市场地位才是目标。如果不能达到通过取得资产实现取得目标企业业务，并取得目标企业市场地位的目标，并购对投资公司将失去意义。

▶ 2. 资产并购的优点

（1）资产并购的对象即目标企业不受企业类型的限制。股权并购要求目标企业必须是公司类型的企业，而资产并购可以适用于各种类型的企业，合伙企业、私营个体企业、未改制的国有企业和未改制的集体企业均可采用资产并购的并购方式，只要这些企业可以有效地出售资产即可。

（2）可以不要求目标企业对其经营状况做出全面的披露。

（3）资产并购一般不会遭受目标企业或然负债的损失，这是资产并购方式的最大特点，也是最大优点。

（4）资产并购与股权并购一样可以减少目标市场的竞争对手，改变目标市场的竞争态势。

（5）并购后整合的难度大于新设合并方式，但小于股权并购方式。

（6）在采用资产并购的操作方式下，即使目标公司的资产和业务有投资公司不需要的或者不能持有的，也无须像股权并购那样必须进行剥离。

▶ 3. 资产并购的缺点

（1）资产并购一般需要履行投资公司设立新公司作为受让主体和新公司受让资产两个法律程序。

（2）在大多数情况下，出让资产的目标公司需要履行清算程序。

（3）税务负担比股权并购重。

（4）资产并购一般不能继承目标公司的资质。

（5）一般情况下，员工需要与目标公司解除劳动合同，与接收资产的公司另行签订劳动合同。

（6）资产并购与股权一样也要受到反垄断法的限制。

▶ 4. 资产并购适用的条件

（1）适用对象可以是公司制企业，也可以是非公司制企业；可以是管理规范的企业，也可以是管理不规范的企业。

（2）关于对出让方披露的要求：出让方对目标公司做出全面披露的可以适用；出让方未对目标公司做出全面披露，仅对资产做出全面、如实披露的也可以适用。

（3）目标企业的资产能够适用投资公司的需要。

（4）限制竞争。

▶ 5. 资产并购再分类

资产并购可以再细分为间接资产并购和直接资产并购。

（1）间接资产并购是指投资公司在资产并购谈判结束后，在目标企业的所在地设立一家子公司，由该子公司受让并由该子公司并购资产的操作方式。

从实务中看，多数资产并购采用新设公司受让目标公司资产的操作方式。这是因为多数目标企业和投资公司不在一个工商、税务辖区，投资公司不能将并购资产移回投资公司所在地从事生产经营，只能在并购资产的原地从事生产经营活动，因此，必须在并购资产所在地新设立企业平台。

投资公司为接受和运营并购资产而设立的公司,可以是投资公司的全资子公司投资公司控股的合资公司,也可以是投资公司的分公司,可以合法运营并购资产为准。

(2) 直接资产并购是资产并购的另一种操作方式。直接资产并购是指投资公司直接受让并购资产,而不借助新设立的公司。直接资产并购的操作方式,实务中一般只适用并购停产企业或者破产企业。

三、并购的类型

公司的并购活动,根据不同的标准,可以划分为不同的类型。

(一) 按双方所处行业划分

按照并购公司与目标公司所处行业的相互关系,公司并购分为横向并购、纵向并购和混合并购。

▶ 1. 横向并购

横向并购是指从事同一行业的企业之间所进行的并购,例如,两家家电生产企业之间的并购或两家航空公司的并购等。横向并购的结果是资本在同一生产、销售领域或部门集中,优势公司吞并劣势公司,扩大生产、销售规模以达到新技术条件下的最佳经济规模。

▶ 2. 纵向并购

纵向并购是指从事同类产品的不同产销阶段的企业之间所进行的并购,例如,对原材料生产厂家的并购,对产品购买者的并购等。纵向并购即优势公司将与本公司生产紧密相关的,从事生产、营销等业务的公司收购过来,以形成纵向生产一体化。纵向并购的结果是可以加强生产过程各环节的配合,利于协作化生产,加速生产流程,缩短生产周期,节约运输、仓储、资源和能源等。

▶ 3. 混合并购

混合并购是指与企业原材料供应、产品生产、产品销售均没有直接关系的企业之间的并购。通过混合并购可以实现多元化经营,向本公司的非主导行业投资或开辟新的业务部门,以减少经营局限性、分散投资风险,以及扩大企业知名度。

(二) 按出资方式划分

根据出资方式的不同,并购可以分为现金购买资产或股权、股票换取资产或股权,以及通过承担债务换取资产或股权,如表 8-1 所示。

表 8-1 按出资方式划分并购类型

支付方式	购买对象	
	资　产	股　权
现金	现金购买资产	现金购买股权
股票	股票换取资产	股票换取股权
承担债务	承担债务换取资产	承担债务换取股权

▶ 1. 现金购买资产或股权

现金购买资产或股权,一是并购方筹集足额的现金购买目标公司全部或部分资产;二是并购方以现金通过市场、柜台或协商购买目标公司的股票或股权,一旦拥有其大部分股本或全部股本,目标公司就被并购了。

2. 股票换取资产或股权

股票换取资产或股权，一是以股票换资产，并购公司向目标公司发行自己公司的股票，以换取目标公司的资产，并购公司在有选择的情况下承担目标公司的全部或部分责任，目标公司也要把拥有的并购公司股票分配给自己的股东；二是以股票换股权，这是指并购公司向目标公司的股东发行自己公司的股票，以换取目标公司的大部分或全部股票，达到控制目标公司的目的。

3. 承担债务换取资产或股权

承担债务换取资产或股权，即在被并购企业资不抵债或资产债务相等的情况下，并购方以承担被并购方全部或部分债务为条件，取得被并购方的资产所有权和经营权。

(三) 按并购企业行为划分

按照并购企业行为来划分，企业并购方式分为善意并购和非善意并购。

善意并购是指并购公司与被并购公司双方通过友好协商确定并购诸项事宜的并购。这种方式一般先由并购方公司确定被并购公司即目标公司，然后设法与被并购公司的管理当局接洽，商讨并购事宜。通过讨价还价，在双方可接受的条件下，签订并购协议，最后经双方董事会批准，股东大会 2/3 以上表决通过。

非善意并购又称为敌意并购，是指当友好协商遭拒绝时，并购方不顾被并购方的意愿而采取非协商性购买的手段，强行并购对方企业。并购方在得知并购企图之后，出于不愿接受较为苛刻的并购条件等原因，通常会做出拒不接受并购的反应，并可能采取一切反并购的措施，如发行新股以分散股权或收购已发行的股票等。而并购方可能会采取获取委托投票权或收购被并购公司的股票等方式达到并购目的。

获取委托投票权是指并购方设法收购或取得被并购公司股东的投票委托书，如果并购方能够获得足够的委托投票权，使其能够以多数地位胜过被并购公司的管理当局，就可以设法改组被并购方的董事会，最终达到并购的目的。

收购被并购公司的股票，是指并购公司在股票市场公开买进一部分被并购公司股票后，宣布直接从被并购公司的股东手中用高于股票市价的价格（通常比市价高 10%～50%）收购其部分或全部股票。从理论上说，并购公司能够持有被并购公司 51% 的股票就可以达到并购的目的。但在实务中，由于股权比较分散，有时拥有 20% 甚至 10% 的股票，也能达到控制的目的。

四、企业并购的流程

一项成功的投资并购需要三个条件，即正确的投资决策、顺利的投资并购过程和对目标企业的有效整合，三位一体，缺一不可。因此，企业并购流程可以概括为投资前的决策阶段、并购过程中的交易阶段及并购完成后的整合阶段。

(一) 投资前的决策阶段

公司投资并购前的决策阶段从制定公司发展规划开始，到选定投资并购的目标市场和目标企业结束。

1. 制定公司发展规划

发展规划是公司对外投资的目标和路线，只有在规划的引领下才能有计划、有步骤地实现公司的发展壮大。制定发展规划是公司对外投资决策工作的起点。

2. 选择目标市场

公司对外投资并购的目标是由行业和区域两个要素构成的，选择什么行业投资，在哪个区域进行投资,公司必须在这个阶段确定。通过调查研究选择合适的目标市场进行投资是公司对外投资并购决策阶段的第二步。

> 3. 收集目标市场内有关企业的各种信息

目标企业能否选择好,对并购的成败至关重要,投资方式能否选择好,对投资的成败至关重要,而能否选择好目标企业和投资方式又主要取决于信息收集工作如何。收集研究各种信息,确定投资方式及筛选目标企业是公司对外投资决策阶段的第三步。

> 4. 了解有关目标企业的意向,确定谈判对象

在得知某些比较合适的目标企业有合作意愿时,投资公司应当主动利用各种机会和方式传达信息,并且力争尽早与对方直接面谈。从实务中看,这种接触可能是进行一次就进入谈判,也可能是数次接触之后,双方才进入正题。了解目标企业的意向,确定谈判对象是公司对外投资决策阶段的第四步。

(二) 并购过程中的交易阶段

本阶段又可以划分为交易结构的设计阶段及交易文本的拟订和签署阶段。

> 1. 交易结构的设计阶段

交易结构的设计阶段包括投资方式的选择、交易路径的设计、支付方式的协商和融资方式的确定。

投资方式的选择是指采取股权并购方式还是采取资产并购方式。

交易路径的设计是指根据目标公司公司章程、股东之间协议中的限制性条款和交易需要,确定由投资公司直接进行并购或由投资公司设立子公司或分公司后进行并购,目标公司直接出让股权、重组后设立子公司将资产注入子公司后进行并购或通过由投资公司对目标公司增资实现并购等方式,其目的在于通过交易结构的设计,达到交易结构的合法、交易风险的可控及交易成本的最优。

支付方式的协商是指交易双方对并购中并购对价的支付种类、方式、期限的协商。可以用于支付的包括现金、股权、固定资产、无形资产及债权等。

融资方式的确定是指投资公司对支付并购对价所进行的融资筹划,包括权益性融资和借贷性融资两大类。

> 2. 交易文本的拟定和签署阶段

交易文本的拟定和签署,是指在确定了交易结构后,对整个交易结构进行文字性固化的过程。其中包括最初文件的签署、谈判备忘录的签署,以及交易文件的拟定和签署。

最初文件一般是指在进入实际正式的谈判之前,为保障并购的顺利进行所需要签署的一系列文件,主要包括保密协议、投资协议(在新设投资过程中与当地政府或开发区、工业园区签订的预先安排性质的协议)和投资主体之间的合作协议等。

谈判备忘录是指在正式并购合同签订之前,在谈判过程中签署的意向协议、会谈纪要、会议纪要和备忘录等,这些文件多数是在披露调查、商务谈判之前产生的,也有的是在谈判过程中产生的,大多数是不具备法律约束力的文件。

交易文件的拟定和签署是指在通过谈判确定交易结构后,对交易结构进行文字固化的正式签署的并购协议,这个过程包括交易文件的起草、多次协商修改后直至签署完毕的过程。

(三) 并购完成后的整合阶段

并购完成后的整合阶段自正式的并购协议签订后开始,至并购资产交割完成后终止。其中包括对并购资产(股权)接收的准备阶段、并购资产(股权)的接收与整合阶段。

对并购资产（股权）接收的准备阶段是指根据具体项目的实际情况，对目标企业资产或股权进行接收前，投资公司进行接收前的准备工作阶段，如组建接管团队、确定接收流程及接收人员，在资产收购的情况下可能还涉及在资产所在地新设资产接收法人主体等。

对并购资产（股权）的接收与整合阶段是指对并购资产（股权）按既定的接收程序进行所有权移交、对管理层进行替换、劳动关系的变更、公司对外公章的变更等，以及公司间经营战略的统一、企业文化的逐渐融合的过程。

五、企业并购的历史演进

（一）西方企业的并购简史

西方发达国家的企业成长史实质上就是一部并购史，以英国、美国、德国、日本等发达国家为代表的并购活动按历史进程可以分为五个阶段。

▶ 1. 第一次并购浪潮

工业革命的进行和资本主义由自由竞争进入垄断阶段以及社会化大生产的发展，对资本集中提出了进一步的要求，第一次并购浪潮发生在19世纪与20世纪之交，这一阶段的并购以横向并购为主，并购后形成了一批具有大规模、大垄断特点的公司。通过同行业优势企业对劣势企业的并购，组成横向托拉斯，从而集中同行业的资本，并使企业在市场上获得了一定的市场势力。一方面，生产规模的扩大和新技术的采用，有利于企业达到最佳生产规模，取得规模经济效益；另一方面，并购产生的垄断组织降低了市场竞争的程度，垄断者可以凭借其垄断地位获得超额垄断利润。

英国在这一时期发生了一系列的企业并购，这些并购大多数分布在纺织业，并购使原先效益较低的卡特尔被新设公司所取代。例如，1897年11家企业合并组成大英棉织品公司，1899年31家企业合并组成优质棉花纺织机联合体，1899年由46家企业合并组成棉花印花机联合体。在其他行业，通过大规模的横向并购，产生了联合帕特拉水泥公司、帝国烟草公司、壁纸制造商联合体、盐业联合体和联合碱制品公司等大公司。这段时期的并购规模在当时来讲不小，但是与以后的公司并购规模相比仍然是较小的。

1895—1904年，美国大约有75%的企业由于并购而消失，铁路、矿业、通信和制造业等行业的并购最为活跃。这次并购使美国经济集中度大大提高，产生了一些后来对美国经济结构有着深远影响的垄断组织，如美国钢铁公司、杜邦公司、美国烟草公司和美国橡胶公司等。例如，美国火柴业在1880年之前共有30家企业，均属于小型分散的企业，这些企业通过横向并购形成了四大火柴企业，占据了美国火柴市场80%以上的份额；1990年，经过进一步并购，最后形成了美国钻石火柴公司，独家垄断美国火柴业。

这一时期，德国也通过并购产生了许多垄断组织，包括西门子公司、克虏伯公司在内的600多个卡特尔，极大地提高了德国工业的集中度。

▶ 2. 第二次并购浪潮

第二次并购浪潮发生在两次世界大战之间的20世纪20年代，这一时期，第一次世界大战刚刚结束，资本主义进入一个稳定发展时期。英国、美国、德国、法国等资本主义国家的经济有了较大的增长，除了战后恢复因素外，这些增长在很大程度上归功于科学的发展、新技术的应用及产业合理化政策的实行。这一时期出现了多种并购形式，其中以纵向并购居多，同时还有产品扩展型混合并购和市场扩展型混合并购。通过纵向并购，一方面使生产或生产与销售一体化，有助于生产的连续性并减少商品流转的中间环节、节约销售费用等；另一方面加强了垄断，建立了更多的行业进入壁垒，有利于获得更多的垄断利润。另外，工业资本与银行资本开始并购、渗透，这成为这一阶段并购活动的另一重要特征，洛克菲勒控制了花旗银行，摩根银行则创办了美国钢铁公司。这一时期还产生了国家干预下的企业并购，即由国家并购一些关系国计民生和经济命脉的企业，形成国家垄断资本，提高国家对经济的直接干预和宏观调控能力。

大规模生产给英国企业带来了规模经济效益，许多新兴企业，如化工、汽车、化纤、造纸和电机行业都得到了长足的发展。这次并购浪潮涉及许多新兴行业，并产生了许多著名的大公司，如电机制造业的三大企业——英国电器、GCE和电器行业联合体就是在这一时期通过并购形成的。1926年，四家经过同业并购已在炸药、燃料和碱制品行业中占重要地位的大公司——诺贝尔工业公司、布鱼诺姆德公司、不列颠燃料公司和联合碱制品公司合并组成了ICI公司。

美国第二次并购浪潮中发生的并购数量远远超过第一次并购浪潮，1919—1930年，有将近12 000家公司被并购。虽然这一阶段由于克莱顿法的作用，大企业的并购交易有所减少，但因投资银行的经纪作用，繁荣的证券市场仍然促进了并购的发展，尤其是小型企业并购交易极为活跃。

值得注意的是，这一时期德国的并购与资本集中有了较大的变化。与其他国家不同的是德国的资本集中不是通过市场形成的，而是在政府调控和干预下进行的。到20世纪20年代末，德国国家出资控股的国有垄断资本已占全国股份资本的13.2%，为了满足当时希特勒推行的国民经济军事化的需要，还强制实行卡特尔政策，通过强制手段提高德国资本的集中度。

▶ 3. 第三次并购浪潮

第三次并购浪潮发生在第二次世界大战结束后的20世纪五六十年代的资本主义经济繁荣时期，并在20世纪60年代后期形成高潮。第三次并购浪潮中，并购的主要形式是混合并购，无论是并购规模还是并购速度都远远超过前两次。并购企业与被并购企业分别属于不同的产业部门，且这些部门之间没有生产技术联系，进行并购的主要目的是寻求生产经营多样化，分散经营风险。

英国这一时期的并购仍以横向并购为主，但是混合并购无论在并购企业数量还是并购资产量上均呈现迅速上升趋势。英国制造业各部门受到日益增长的国际竞争的强烈影响，并购活动日益加剧。

该时期美国同样掀起了并购浪潮，仅在1967—1969年，被并购资本占了资产存量的42.6%。从被并购的资产总额来看，从1960年的15.3亿美元增至1968年的125.5亿美元，增长了8倍多；从大公司的并购来看，在这次并购浪潮中混合并购逐渐成为主要并购类型。例如，国家电报电话公司原是一家专营电信设备和电信劳务的公司，在第三次并购浪潮中，该公司通过混合并购，进行多元化经营。通过兼并美国最大的生产工业用泵的贝尔—戈赛特等公司，使得机械工业成为公司的重要组成部分；通过兼并生产各种自动控制仪表的通用控制公司、进行研究与发展先进电子元件的电子技术研究所，以及生产电子元件的全国计算机产品公司，从而进入了高科技技术和国防工业领域；通过兼并美国三大旅馆之一的谢拉顿旅馆，进入旅游服务业；通过兼并克利夫兰汽车公司，进入汽车维修业；通过兼并巴布斯—梅里尔出版公司、美国三大广播公司之一的美国广播公司，进入文化宣传领域；通过并购哈德福特火险公司、大国际人寿保险公司、埃特纳金融公司、索普金融公司，进入金融业。除此之外，还兼并了住宅建筑行业及其他众多行业的中小企业。

▶ 4. 第四次并购浪潮

第四次并购浪潮发生在20世纪70年代中期至20世纪80年代末，并在20世纪80年代形成高潮。这次并购规模比以往任何时候都大。1978年以前，10亿美元以上的大型并购甚是罕见，而在1983—1985年分别发生了6起、17起和37起。第三次并购浪潮中混合并购的弊端开始显现，通过并购活动，调整多样化经营企业的内部结构，消除混合并购带来的弊端，成为20世纪80年代并购中的一个重要任务。第四次并购浪潮的另一个特点是杠杆并购开始流行，出现了大量小企业并购大企业的现象，而金融界为了支持杠杆并购，开始发行"垃圾债券"。垃圾债券最早起源于美国，早期被一些小公司用于筹资开拓业务的资本，由于小公司资信状况较差，信用等级较低，发行债券融资时，就以较高的收益来补偿其高风险。当高收益高风险的债券被市场吸纳后，越来越多的资信状况较差的公司也加入进来，致使20世纪80年代垃圾债券危机四伏。垃圾债券的运用，使得此次浪潮中出现了小企业并购多元化发展的大公司，即出现了"小鱼吃大鱼"的现象。

在第四次并购浪潮中，跨国并购不断增多，并一直延续到第五次浪潮。到1988年，外国公司以并购形式在美国的投资占投资总额的92.3%，并且呈上升趋势。到1991年，外国公司并购美国公司的金额达到197亿美元。英国企业在这次并购浪潮中的数量和规模要明显大于前几次，这与英国政府对并购采用较为宽松的政策密切相关。这一时期，大规模的分拆活动成为英国企业并购活动中的一个重要方面，公司把非核心业务或附属企业分离出来，卖给其他公司，或者以管理层收购（MBO）的形式卖给这些分离出来的部门或附属企业原来的管理者。日本的跨国并购对象主要在美国，以住友、三菱、三井和芙蓉集团为代表的日本大企业对美国的电脑、半导体等高科技企业特别感兴趣。1990年，日本企业在美国用于并购的资金总额占其在整个国际并购市场上投入额的82%，日本用于并购和收购美国企业的资金由1988年的127亿美元增加到1990年的139亿美元。

▶ 5. 第五次并购浪潮

第五次并购浪潮开始于20世纪90年代初，主要特征是"强强联合"和"跨国并购"。并购双方规模巨大，本身大多数都是优秀的大公司，它们之间的并购通常以自愿合作的友好方式进行，而合并后存续的企业大多数成为业界的"巨无霸"。其中，跨国并购占很大比重，出现了像波音—麦道公司那样的世界性行业垄断集团。此次并购浪潮的并购支付方式不是现金支付而是采用股票的形式，因为股票收购不仅可以避税，而且能够减轻大规模收购中对现金的需求压力。

美国工商企业在1995年的并购总额创下了4 580亿美元的最高纪录，自20世纪90年代中期以来，全球企业的并购规模呈上升趋势，进入21世纪以后，第五次并购浪潮仍在继续。

（二）中国企业并购发展简史

中国企业并购的发展大致可以分为两个时期：第一时期为1993年以前，这一时期中国的并购主要是通过政府无偿划拨或通过产权交易市场进行的；第二时期以1993年的"宝延风波"为起点，中国的企业并购进入了以公司形态为主，通过股权交易进行并购的阶段。

▶ 1. 第一时期（1993年以前）

第一时期的企业并购带有浓重的行政色彩，大多数企业并购是在政府的推动下实施和完成的。这一时期，最有名的并购模式是"保定模式"和"武汉模式"。"保定模式"采取自上而下的程序，由政府依据产业政策，以所有者代表身份直接参与并购，进行干预和引导，推动企业并购。"武汉模式"采取自下而上的程序，企业在双方自愿自主的基础上充分协商并达成协议，报双方主管部门批准即可。"保定模式"偏重产业政策，"武汉模式"强调自愿互利，但本质上都是通过政府推动的。1989年2月，国家体改委、国家计委、财政部和国家国有资产管理局联合发布了《关于企业兼并的暂行办法》，这是我国规范企业并购的第一个正式法规。

▶ 2. 第二时期(1993年以后)

第二时期的企业并购按照相关法律制度的建立和完善可以划分为四个阶段。

(1) 第一阶段(1993—1999年)。

1993年4月22日,国务院发布了《股票发行与交易管理暂行条例》,在第四章专门规范了"上市公司的收购",正式确立了上市公司并购的相关法规。1993年10月,深圳宝安集团在上海证券交易所通过购买股票方式,收购了上海延中实业16.8%的上市流通股票;1994年4月,宝安集团完成了对延中实业公司的控股。这是中国第一起通过国内证券市场进行的股权收购,标志着我国企业并购活动进入了一个新的阶段。1994年4月,珠海恒通集团股份有限公司收购上海棱光股份有限公司1 200万股国有股,成为棱光第一大股东,完成收购后,恒通集团将其下属全资子公司恒通电能仪表有限公司转让给棱光公司,不仅开启了国有股权转让的先例,而且完成了中国第一例完整意义上的"买壳上市"。此后,许多因政策限制而被排除在证券市场之外的民营企业,开始通过"买壳"的方式间接上市。1998年,民营科技型企业成为并购重组的主角,出现了清华同方吸收合并鲁颖电子、申能股份国有股回购等一系列市场运作的实践创新,到1999年,中国证券市场的并购模式创新已基本成熟。

(2) 第二阶段(1999—2002年)。

2000年,共有100多家上市公司的控制权发生转移。政府在企业并购中的作用仍然比较突出,如2000年下半年公布的PT红光、ST郑百文等上市公司并购重组方案中,地方政府都发挥了不可或缺的关键作用。主要体现为给予收购人一定的优惠政策,如税收、债务本息的减免和无偿划拨土地等。2001年以后,市场监管力度明显加强,通过将PT股和连续三年亏损的ST股直接退市的机制,加速了对绩效差的公司的并购。

(3) 第三阶段(2002—2008年)。

第三次并购浪潮以2002年中国加入世贸组织(WTO)为起点,是在国有经济结构实施战略性调整及鼓励并购政策出台的时代背景下产生的。2003年上半年,我国并购交易量达490笔,同比增长100%;涉及交易金额362.2亿元人民币,同比增长190%,并购交易的活跃程度要远远高于上年同期水平。2005年内地上市公司发生的并购案已超过500宗,并购金额也达到600多亿元。2002年12月1日实施的《上市公司收购管理办法》和《上市公司股东持股变动信息披露管理办法》,以及2002年11月发布的《关于向外商转让上市公司国有股和法人股有关问题的通知》等规定文件标志着我国上市公司收购的法律框架基本完成。

(4) 第四阶段(2013—2016年)。

第四次并购浪潮发生于国家"一带一路"、国企改革、多层次资本市场等改革大背景下,尤其在2012年11月国内IPO暂停后,我国的并购市场开始呈现出火爆的局面,大量的并购事件不断涌现。这一轮的并购重组浪潮由国有企业与民营企业共同参与,规模和影响都远超越前三次并购浪潮。并且,2014—2015年的牛市,推动大量A股上市公司开展并购。2014年A股上市公司公告的交易案例数量超过4 450起,披露交易规模1.56万亿元,涉及上市公司超过1 783家,较2013年同期(5 023亿元、1 189起)分别增长274%和210%。上市公司并购重组在2015年更为活跃。根据统计,当年上市公司并购重组交易2 669单,交易总金额约为2.2万亿元、同比增长52%。

(5) 第五阶段(2018—2021年)。

第五次并购浪潮是由国资主导的,主要是收拾上一轮并购浪潮的遗留问题。由于在上一轮并购浪潮中 A 股上市公司习惯于通过并购方式增厚收入和利润，进而推高股票的市值。但是，这种缺乏坚实底层商业逻辑的并购最终导致绝大部分的上市公司的市值都被打回到并购之前，更为严重的是很多上市公司由此背上巨额的商誉，当经济环境叠加资本市场环境同时发生负面变化的时候，巨额的商誉减值对上市公司产生了巨大的影响，甚至不少实控人因此丧失了对上市公司的控制权。恰逢国资从"管企业"到"管资本"的重大转型期，催生了最近几年的国资大量收购 A 股上市公司控制权的并购交易，正是因为国资的强大资金实力，2020 年中国的并购活动交易金额增长了 30%，达到 7 338 亿美元，是自 2016 年以来的最高水平。除了收购 A 股上市公司之外，国资也进行各种形式的投资并购，以深圳国资委为例，2 600 亿元收购荣耀，660 亿元收购万科，250 亿元投资恒大、148 亿元入局苏宁……其总资产高达 4.1 万亿元。而合肥国资、珠海国资也表现亮眼。

从以上几次的并购浪潮来看，推动并购、形成小浪潮的根本原因主要是经济体制改革、股市涨跌、资本市场改革和成熟，并非主要在于生产力高度发达，企业因此能够通过并购输出先进的管理、人才、技术等生产要素，进而寻求资本的增殖的原因所推动的。这几次并购浪潮还有一些特点就是，收购方缺少驾驭和整合被收购标的的抓手，更难以对被收购标的进行整合，导致并购的效果不理想。有些上市公司甚至仅仅因为做市值而进行并购，而中介机构也因为持有牌照这个黄金"拐杖"而皆以通道业务为主，几乎丧失了操盘产业并购的能力。但是，随着形势的变化，所有并购市场的参与者都需要调整自己，提早做出应对，顺应大势。

（三）中国并购发展趋势

近年来，中国资本市场所处的大环境以及相关政策的实行，对中国并购市场的发展趋势有着重要影响。目前中国经济发展处于转型加速期阶段，产业发展处于新旧秩序更替之际，一方面传统行业产能过剩，亟须转型；另一方面新兴行业飞速发展，中国并购市场发展呈现如下趋势。

▶ 1. 要约收购的比重将会增加

上市公司股东分散而且诉求差异大；收购人意向是取得控股权，担心最终交易只收购部分股权但没有达到控股的程度；对于国资收购方而言，价格的合理性也是需要面对的问题。因此，要约收购的比重一定会扩大。

▶ 2. 鼓励政策的持续

资本市场日渐成为并购重组的主渠道、存量盘活的主战场，资本市场在优化资本形成机制、健全产权制度、激发创新活力等方面发挥了不可替代的作用。国内的市场交易将会保持高水平的稳定，相关鼓励政策持续进行，再加上法律的逐步完善，市场会更加健康，市场参与的主体会更加理性，也会更多地关注国内经济以应对各种挑战。

▶ 3. 并购交易动机从市盈率套利转向提升核心竞争力、产业链整合或转换赛道

注册制实施后，我国股市投资的基本逻辑将逐渐和国际接轨。我国的上市公司并购将更多围绕提升自身核心竞争力进行"补偿式并购"，围绕产业链上下游进行"整合式"并购，或围绕构筑新利润增长点、打破行业赛道天花板进行"破局式"并购。

第二节　企业并购价值估值

目标公司的估价，就是并购公司根据相关因素对目标公司的价值进行评估，反映了并

购公司为收购目标公司而愿意付出的代价。对目标公司进行价值评估的主要方法一般包括市场比较法、成本法、换股估价法和贴现现金流量估价法。

一、市场比较法

市场比较法是将股票市场上与目标公司经营业绩较为相似的公司或者类似交易的实际价格作为估算目标公司价值参照的一种方法。市场比较法是根据证券市场真实反映公司价值的程度（市场效率）来评定公司价值的方法，因此，并购公司在运用市场比较法时，首先要清楚目标公司所处资本市场的效率状况。

财务理论一般将市场效率分为三种类型：弱式效率、次强式效率和强式效率。运用市场比较法的前提是假定证券市场为次强式效率市场，在此假设下，证券市场将处于均衡状态，因此股价反映投资人对目标公司未来现金流量与风险的预期，市场价格将会等于市场价值。根据比较标准不同，可采用以下两种方法。

▶ 1. 可比公司分析法

可比公司分析法，首先需要在市场上选择一组与目标企业在规模、主要产品、经营目标、市场环境，以及发展趋势等方面类似的企业组成一个样本群；其次通过计算得出样本群中各企业的市场价值和其他相关指标的比率及其平均值，参照目标企业相应指标，来判断目标企业市场价值。具体步骤如下。

（1）选择与目标企业具有可比性的样本群。

（2）计算样本群中各企业市场价值与相关指标的平均值，需要计算的指标视评估者的需要而定，一般可以计算股权乘数和总资本乘数。在股权乘数的计算中，分子是参照公司的普通股股价乘以其发行在外的普通股股数。常见的股权乘数有市盈率、价格对净现金流比率和价格对有形资产账面价值比率。在总资本乘数计算中，分子是按照公司股权的市场价值加上未清偿的长短期债务。常见的总资本乘数有总资本对息税前利润的比率、总资本对息税前净现金流量的比率和总资本对包括债务的有形账面价值的比率。在实务中选用何种乘数，取决于目标企业的财务特征及所在行业的特点。

（3）根据所计算的样本公司比率的平均值，结合目标企业的相应指标推算出目标企业的市场价值。为客观计算，分析人员应该根据乘数对公司市场价值影响的大小对各个公司估值赋予权重，并采用加权平均法计算。

▶ 2. 可比交易分析法

可比交易分析法是从类似的收购事件中获取有用的财务数据来求出一些相应的收购价格乘数，据此评估目标企业。该种方法不对市场价值进行分析，而只是统计同类企业在并购时并购方支付价格的平均溢价水平，再用这个溢价水平计算出目标企业的价值。市场溢价水平是指并购方在证券市场上的并购中公开上市公司的收购价格，超出收购要约发出前目标企业股票市场价值的水平。其理论基础是并购所带来的所有后果，如现金流量的增加、成本的降低、经营协同效应、财务协同效应，以及并购的风险等，都由市场通过溢价水平完全表现出来。

二、成本法

成本法适用于并购后目标企业不再继续经营，并购方意图购买目标公司某项资产或其他生产要素的情况，常见的估价方法如下。

▶ 1. 账面价值法

账面价值法是指在会计核算中账面记载的资产价值，也就是资产负债表上总资产减去负债的剩余部分，即所有者权益、股东权益或净资产。这种估价方法不考虑现时资产市场的波动，也不考虑资产的收益状况，因而是一种静态的估价标准。这种估价标准只适用于该资产的市场价格变动不大或不必考虑其市场价格变动的情况。

▶ 2. 清算价值法

清算价值法是指在企业作为一个整体已经丧失增值能力情况下的一种资产评估方法。其中，清算价值是指目标企业出现财务危机而导致破产或停业清算时，把企业中的实务资产逐个分离而单独出售得到的收入。它可以用作定价基准，即任何目标企业的最低实际价值。

▶ 3. 重置价值法

重置价值法是通过确定目标企业各单项资产的重置成本，减去其实体有形损耗、功能性贬值和经济性贬值，来评定目标企业各单项资产的重估价值，以各单项资产评估价值加总再减去负债作为目标企业价值的参考。基本思路是任何一个潜在的投资者，在购置一项资产时，它所愿意支付的价格不会超过建造一项具有相同用途的替代品所需的成本。这种评估目标公司价值的方法适用于并购企业以获得资产为动机的并购行为。

三、换股估价法

如果并购是通过股票进行的，则对目标公司估价的任务就是确定一个股票交换比率。股票交换比率是指为换取一股目标公司的股份而需付出的并购方公司的股份数量。

(一) 基于股票价格确定股票交换比率

在市场经济条件下，股票的市场价格体现了投资者对企业价值所做的评价，所以人们通常用股票的市场价格来代表企业价值或股东财富。一般来说，股票市场价格反映了企业目前和未来的盈利能力、时间价值和风险报酬等方面的因素及其变化，因此，股票市场价格最大化在一定条件下成为企业追求的目标。股票并购也服从这个目标，只有并购后的股票价格高于并购前并购方和目标公司的股票价格，并购方和目标公司的股东才能接受。

假设 a 公司计划并购 b 公司，并购前 a、b 公司的股票市场价格分别为 P_a 和 P_b，并购后 a 公司的市盈率为 β，那么并购后 a 公司的股票价格为：

$$P_{ab} = \beta \times (Y_a + Y_b + \Delta Y) \times \frac{1}{S_a + \mathrm{ER} \times S_b} \tag{8-1}$$

式中，P_{ab} 是 a 公司并购 b 公司后的股票价格；Y_a 是并购前 a 公司的总盈余；Y_b 是并购前 b 公司的总盈余；S_a 是并购前 a 公司普通股的流通数量；S_b 是并购前 b 公司流通股的流通数量；ΔY 是由于协同效应产生的协同盈余；ER 是换股比率。

对于并购方 a 公司股东来说，需满足的条件是 $P_{ab} \geqslant P_a$，即并购后 a 公司股票市场价格大于等于并购前 a 公司股票的市场价格；对于 b 公司的股东来说，又必须满足 $P_{ab} \geqslant P_b / \mathrm{ER}$，即并购后拥有 a 公司的股票价值总额大于等于并购前拥有 b 公司的股票价值总额。

因此，由 $P_{ab} \geqslant P_a$，得出最高的股权变换比率为：

$$\mathrm{ER}_a = \frac{\beta \times (Y_a + Y_b + \Delta Y) - P_a \cdot S_a}{P_a \times S_b} \tag{8-2}$$

此时，$P_{ab} = P_a$。

由 $P_{ab} \geqslant P_b/ER_b$，得出最低的股权变换比率为

$$ER_b = \frac{P_b \cdot S_a}{\beta \times (Y_a + Y_b + \Delta Y) - P_b \times S_b} \tag{8-3}$$

此时，$P_{ab} = P_b/ER_b$。

从理论上来讲，换股比例应在 ER_a 与 ER_b 之间。实际工作中，股票交换比率最终确定为多少，取决于双方的谈判过程。

【例 8-1】假设 a 公司并购 b 公司，两家公司的有关资料如下：$\beta = 20$，$Y_a = 800$ 万元，$Y_b = 400$ 万元，$\Delta Y = 200$ 万元，$S_a = 1\,000$ 万股，$S_b = 800$ 万股，$P_a = 16$ 元，$P_b = 10$ 元。根据资料，计算股票交换比率范围。

【解析】$ER_a = \dfrac{\beta \times (Y_a + Y_b + \Delta Y) - P_a \cdot S_a}{P_a \times S_b}$

$= \dfrac{20 \times (800 + 400 + 200) - 16 \times 1\,000}{16 \times 800} = 0.937\,5$

此时，$P_{ab} = P_a = 16$（元）。

$ER_b = \dfrac{P_b \cdot S_a}{\beta \times (Y_a + Y_b + \Delta Y) - P_b \times S_b}$

$= \dfrac{10 \times 1\,000}{20 \times (800 + 400 + 200) - 10 \times 800} = 0.5$

此时，$P_{ab} = P_b = ER_b = 10 \div 0.5 = 20$（元）。

因此，股票交换比率应在 $0.5 \sim 0.937\,5$。

(二) 基于每股收益确定股票交换比率

以公司并购前各自的每股收益为基础确定换股比例的方法，其理论基础是股票的价值取决于公司的盈利能力，而每股收益是公司盈利能力的反映，按照此换股比例进行合并，可以保证合并后双方每股收益不被稀释。

考虑并购对每股收益的影响时，对并购方而言：

$$每股收益 = \frac{并购后两企业的税后净利之和}{并购企业的股数 + 被并购企业的股数 \times 股票交换比率} \tag{8-4}$$

对被并购方而言：

$$每股收益 = 并购方每股收益 \times 股票交换比率 \tag{8-5}$$

【例 8-2】假设 A 企业计划以发行股票方式收购 B 企业，并购时双方相关财务资料如表 8-2 所示。

表 8-2 并购双方财务资料

项　　目	A 企业	B 企业
净利润（万元）	1 000	250
普通股股数（万股）	500	200
每股收益（元）	2.00	1.25
每股市价（元）	32	15
市盈率	16	12

若 B 企业同意其股票每股估价 16 元，由 A 企业以其股票相交换，则换股比率为 16/32，即 A 企业以每 0.5 股换取 B 企业的 1 股，A 企业需发行 100（200×0.5）万股股票

才能收购 B 企业所有股份。假设两企业并购后收益能力不变,则并购后存续 A 企业的盈余总额等于原 A、B 两企业盈余之和,由此 A 企业实施并购后每股收益=1 250/(500+100)=2.083(元),比原来提高了 0.083 元,但原 B 企业股东的每股收益 2.083×0.5≈1.042(元),较原来却降低 0.021 元。

现假定 A、B 两企业并购后收益能力不变,求:①保持 A 企业每股收益不变的股票交换比率;②保持 B 企业每股收益不变的股票交换比率。

【解析】① 1 250/(500+200×ER_a)=2,解出 ER_a=0.625,即 B 企业股票作价为 32×0.625=20(元)。

② 1 250/(500+200×ER_b)×ER_b=1.25,解出 ER_b=0.625。

假定 A 企业实施并购后能产生较好的协同效应,估计每年增加净收益 202 万元,如要求存续的 A 企业每股收益提高 10%,达到 2.2 元,可计算 A 企业所能接受的股票交换率=(1 250+202)/(500+200×ER)=2.2,解出 ER=0.8。

四、贴现现金流量估价法

贴现现金流量估价法的基本前提是持续经营,是把企业未来特定期间内的预期现金流量还原为当前价值。由于企业价值主要取决于它未来盈利的能力,只有当企业具备这种能力时,它的价值才会被市场认同,因此理论界通常把贴现现金流量法作为企业价值评估的首选方法,在评估实践中也得到了大量的应用,并且已经日趋完善和成熟。

这一方法由美国西北大学的阿尔弗雷德·拉巴波特(Alfred Rabaport)创立,是用贴现现金流量方法确定最高可接受的并购价格。其基本原理是假设任何资产的价值等于其预期未来现金流量的现值之和。

$$V = \sum_{t=1}^{n} \frac{CF_t}{(1+r)^t} \tag{8-6}$$

式中,V 为资产的价值;n 为资产的寿命;r 为与预期现金流量相对应的贴现率;CF_t 为资产在 t 时刻产生的现金流量。因此,使用贴现现金流量法估价要解决三个问题:确定各期的现金流量、确定反映预期现金流量风险的贴现率、确定资产的使用寿命。

贴现现金流量法具体又分为两类:①股权资本估价,公司股权价值可以通过股权资本成本对预期股权现金流量进行折现获得;②公司整体估价,公司整体价值包括公司股东、债权人、优先股股东等利益相关者的权益,公司整体价值可以使用公司加权平均资本成本对公司预期现金流量折现获得。

(一) 自由现金流量的计算

▶ 1. 股权(普通股)自由现金流量及其计算

股权自由现金流量是指满足债务清偿、资本支出和营运资本等所有的需要之后剩下的可作为股利发放的现金流量。其计算公式为:

股权自由现金流量=净收益+折旧−债务本金偿还−营运资本追加额−资本性支出+新发行债务−优先股股利 (8-7)

如果公司的负债比率保持不变,仅为增量资本性支出和营运资本增量进行融资,并且通过发行新债来偿还旧债,且假定公司没有优先股,上面的公式还可以改写为:

股权自由现金流量=净收益−(1−负债比率)×增量资本性支出−(1−负债比率)×营运资本增量 (8-8)

资本性支出是指厂房的新建、改建，设备的更新、购置，以及新产品的试制等方面的支出。本期资本性支出和折旧的差额就是增量资本性支出。对于一个高速成长的企业来说，增量资本性支出往往很大，而对于一个成熟企业来说增量资本性支出往往很小，甚至为零。营运资本增量也与公司所处的发展阶段有关，高速成长期所需金额较大，而成熟稳定期一般则需求较少。

▶ 2. 公司自由现金流量

公司自由现金流量计算方法有两种。

（1）将公司所有权利要求者的现金流量加总，公式为：

公司自由现金流量＝股权自由现金流量＋利息费用×（1－税率）＋偿还债务本金－发行的新债＋优先股股利　　　　　　　　　　　　　　　　　　　（8-9）

（2）以息税前净收益为出发点进行计算，公式为：

公司自由现金流量＝息税前净收益×（1－税率）＋折旧－资本性支出－营运资本净增加额

＝经营性现金净流量－资本性支出－营运资本净增加额　　（8-10）

（二）自由现金流量估值的稳定增长模型

稳定增长模型假设企业以一个固定的增长率增长，在这种情况下，只需要预测出第一期的自由现金流量以及公司的增长率就可以。

$$V = \frac{FCF_1}{r - g} \tag{8-11}$$

式中，V 为企业价值；g 为增长率；FCF_1 为预期下一期的自由现金流量；r 为折现率。

这种模型只适用于自由现金流量处于稳定增长阶段的公司，事实上很难满足这样的条件，尤其当公司利润经常变化时。因此，一般当一家公司的平均增长率接近稳定增长率，那么该模型的使用便认为是合理的。但是当增长率趋近于折现率时，公司的价值将趋于无穷大，因此，稳定增长模型最适合增长速度小于折现率的公司。

（三）自由现金流量估值的二阶段模型

二阶段模型适用于增长率呈现两个阶段的公司，即初始阶段增长率很高，后续阶段增长率相对稳定，且持续时间长久。通常的做法是首先预测超常增长率 g 的时间段 n 年，以后公司则以一个相对稳定的增长率 g_n 进行发展，则计算公式为：

$$V = \sum_{t=1}^{n} \frac{FCF_t}{(1+r)^t} + \frac{FCF_{n+1}}{(r_n - g_n)(1+r)^n} \tag{8-12}$$

式中，FCF_t 为第 t 年的自由现金流量；FCF_{n+1} 为第 $n+1$ 年的自由现金流量。公式第一部分是超常增长阶段逐年对现金流量折现求和，第二部分是稳定增长阶段的贴现值。

运用二阶段模型的关键是确定超常增长阶段的预测期，从理论上讲，可以根据产品的生命周期和项目机会等来确定这一时间段的长度，但事实上很难确定具体的时间。运用该模型的另一个问题，是公司从超常增长阶段到稳定增长阶段似乎是一夜之间完成的，但是这种突然的转换在现实中并不普遍存在。因此，建立在传统二阶段模型基础上的 H 模型似乎更接近现实。

H 模型也是二阶段模型，与传统二阶段模型的区别在于该模型超常增长阶段的增长率不是恒定的，而是随着时间的推移逐渐线性地减少，并最终达到稳定增长阶段的增长率，如图 8-1 所示。

第八章 企业并购财务管理

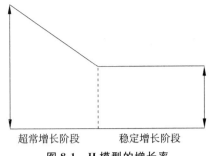

图 8-1 H 模型的增长率

【例 8-3】若某公司 2016 年的每股营业收入为 12.4 元,每股净收益为 3.10 元,每股资本性支出为 1 元,每股折旧为 0.6 元。预期该公司在今后 5 年内将高速增长,预期每股收益的增长率为 30%,资本性支出、折旧和营运资本以同比例增长,收益留存比率为 100%,β 值为 1.3,国库券利率为 7.5%,2016 年营运资本为收入的 20%,负债比率保持为 60%。5 年后,公司进入稳定增长阶段,预期增长率为 6%,即每股收益和营运资本按 6% 的速度增长,资本性支出可以由折旧来补偿,β 值为 1。该公司发行在外的普通股共 5 000 万股。市场平均风险报酬率为 5%。请计算该公司的股权价值。

【解析】第一步,计算公司超常增长阶段的股权自由现金流量。

FCF = 净收益 − (资本性支出 − 折旧)(1 − 负债比率) − 营运资本增量(1 − 负债比率)

FCF_{2017} = 3.1 × (1 + 30%) − (1 − 0.6) × (1 + 30%) × (1 − 60%) − [12.4 × 20% × (1 + 30%) − 12.4 × 20%] × (1 − 60%) ≈ 4.03 − 0.21 − 0.30 = 3.52(元)

FCF_{2018} = 4.03 × (1 + 30%) − 0.21 × (1 + 30%) − 0.30 × (1 + 30%) ≈ 5.24 − 0.27 − 0.39 = 4.58(元)

同理:FCF_{2019} = 6.81 − 0.35 − 0.50 = 5.96(元)

FCF_{2020} = 8.85 − 0.46 − 0.65 = 7.74(元)

FCF_{2021} = 11.51 − 0.60 − 0.85 = 10.06(元)

第二步,估计公司超常增长阶段的股权资本成本。

超常增长阶段的股权资本成本 = 7.5% + 1.3 × 5% = 14%

第三步,计算超常增长阶段股权自由现金流量的现值。

超常增长阶段 FCF 的现值 = 3.52/(1 + 14%) + 4.58/(1 + 14%)^2 + 5.96/(1 + 14%)^3 + 7.74/(1 + 14%)^4 + 10.06/(1 + 14%)^5
= 20.43(元)

第四步,估算第 6 年的股权自由现金流量。

FCF_{2022} = 11.51 × (1 + 6%) − 12.4 × 20% × (1 + 30%)^5 × 6% × (1 − 60%)
= 12.20 − 0.22 = 11.98(元)

第五步,计算公司稳定增长阶段的股权资本成本。

稳定增长阶段的股权资本成本 = 7.5% + 1 × 5% = 12.5%

第六步,计算稳定增长阶段股权自由现金流量的现值。

稳定增长阶段 FCF 的现值 = [11.98/(12.5% − 6%)] × (P/F, 14%, 5) = 95.66(元)

第七步,计算公司股权的价值。

V = (20.43 + 95.66) × 5 000 = 580 450(万元)

第三节　企业并购交易结构设计

企业并购过程通常包括六大环节：制定目标、市场搜寻、调查评价、结构设计、谈判签约和交割接管。所谓制定目标，就是勾画出拟并购企业的轮廓，如资产规模、生产能力、技术水平和市场占有率等。收购企业在市场搜寻、捕捉拟并购的对象，并对可供选择的企业进行初步的比较。当选定适当对象后，开始深入调查了解，并就该企业的资产、财务、税务、技术、管理、人员和法律等方面进行评价。根据评价结果、限定条件（最高收购成本、支付方式等）及被收购方意图，对各种资料进行深入分析、统筹考虑，设计出一种购买结构，包括收购范围（资产、债权、债务、合同权利义务等）、价格、支付方式和附加条件等。然后，以此为核心制成收购计划书，作为与对方谈判的基础，若结构设计将买卖双方利益拉得很近，则双方可能进入谈判签约阶段；反之，若结构设计远离对方要求，则会被拒绝，并购活动又重新回到起点。所以，如果把企业并购作为一个系统，那么结构设计就是核心环节，是关键程序。

一、企业并购交易结构设计的原则

（一）综合效益原则

兼并企业开展并购活动，虽然有政策要求的原因，但基本目的却是明确的，即通过企业并购，实现业务、资源并购，以达到综合效益最大化，包括规模经济、财务税收、品牌、开发能力、管理经验和营销网络等。所以，并购的成功与否不只是交易的实现，更在于企业的整体实力、盈利能力是否提高了。因此，在为企业设计并购结构时，不单要考虑资本的接收，更要顾及资本结合后资源、业务的并购目标能否实现。

（二）系统化原则

结构设计通常要涉及六大方面：①法律，包括并购企业所在地的法律环境（包括并购相关的法律、行政法规、地方法规、部门规章、地方规章等）、不同并购方式的法律条件、企业内部法律（如公司章程等）；②财务，包括企业财务（资产、负债、税项、现金流量等）和并购活动本身的财务（价格、支付方式、融资方式、规模、成本等）；③人员，包括企业的高级管理人员、高级技术人员、熟练员工等；④市场网络（营销网、信息网、客户群等）；⑤特殊资源，包括专有技术，独特的自然资源、政府支持等；⑥企业所处的环境（股东、债权人、关联企业、银行等）。

法律和财务通常是结构设计的核心。事实上，在有些收购活动中，人员、市场或专有技术亦可能成为结构设计的最关键内容。例如 1989 年年底，中国航空技术进出口公司（简称中航公司）收购美国西雅图 MAMCO 公司旗下一家生产商用飞机配件的企业，因财务设计较好，双方很快签约。但不久后，该交易被美国政府所属的外国人投资调查委员会以涉及尖端技术为由，引入"危及国家安全"的法案予以否决，并强迫中航公司出售已购得的股票。又如，一家日本公司收购一家有政府订货的美国公司，但因对此"特殊资源"未做深入调查，买后方知该公司必须为 SCORP（小型企业）才能承接政府合约，但外国企业任股东的公司不符合"小型企业"的资格。因此，并购后该公司不但失去了"特殊资源"（政府订货），且还可能要赔偿对政府的违约金。

（三）稳健原则

并购活动不仅仅是企业经营发展中的战略性行为，其成败得失对交易双方均有重大影响，甚至决定公司的存亡。因此，企业设计并购结构方案时，一定要把握稳健原则，把风险控制到最低水平，保证兼并重组的成功率。一般而言，战略性并购活动属于处心积虑的行为，往往处置慎重，考虑周详，务求圆满成功。而机会性并购活动常常会因为某一方面的利益诱因（财务、技术等某一方面有利可图）而忽略了潜在的风险，例如台湾宏碁电脑以 2 亿台币收购美国康点（Counter Point）以取得该公司的群用电脑技术和国际行销网络。但因事前对康点产品本身的竞争力及市场行销能力了解不够，加之业务整合中因缺少共识，导致技术开发人员流失，康点公司在收购后经营状况一路下滑，终至关闭，宏碁电脑因此而遭受重大损失。值得一提的是，日本富士通公司欲收购美国安代尔（Amdanl）公司，但对企业的技术开发能力把握不准，鉴于此，接受财务顾问建议，先购买该公司 30% 股份，但不参与经营只学习技术，待摸清情况后才买下了全部股权。通常并购活动中，在未完全搞清目标企业真实情况或交易双方对未来经营策略可能难以达成共识的情况下，结构设计一般考虑分段购买或购买选择权的方案，以有效控制交易风险。

（四）创新原则

企业参与并购的目的不尽相同，目标企业的状况各异，不同国家、地区和行业的企业所处的法律环境亦存在很大差异，许多企业对并购具有防备之心，因此，结构设计中创新就显得尤为重要。所谓创新就是在复杂条件约束下，找出买卖双方的契合点，或在现有的法律结构的缝隙中寻找出实现并购的最佳途径或构建反并购的屏障。目前存在的一些并购模式或反并购模式，都是以往投资银行专业人员在结构设计中创新的结果，如间接并购、杠杆并购，以及反收购中的"毒丸计划"等。

二、结构设计的主要形式

企业并购的常见交易结构设计一般有以下几种。

（一）购买企业财产

虽然企业并购通常被理解为企业的买卖，但在现实中，存在两种不同的情况：一种最终交割的是企业；另一种最终交割的是企业资产。收购企业和购买资产不仅在法律上是两个不同的概念，在财务、税务、操作程序中亦有很大区别。

从法律角度来看，所谓购买企业就是将企业或公司作为一个整体来购买。作为法人，企业或公司不仅拥有一定法人财产，同时也是多种契约的承担者，购买企业不仅是法人财产产权的转让，也是有关契约之权利、责任的转让。购买资产一般只包括企业的固定资产、工业产权、专有技术、经营许可和营销网点等。购买财产时，契约的转让要经过认真选择。若收购过程中，法律评价认为该企业在某些合同或契约中处于不利地位，可能会导致法律纠纷或涉及诉讼，收购方就应该选择购买财产而不是购买企业。购买财产后重新注册一家公司即可有效规避与原公司相关的法律诉讼。

从税务角度来看，购买企业与购买资产的主要差别在所得税上。若购买企业原则上可享受原来的累计亏损，使之冲减利润，减少现期所得税支出。在中国，所购买企业若保留法人地位，则其累计亏损要用以后多年经营利润抵补，而不能用收购企业的利润抵补，因此，所得税方面的好处不能在现期实现。企业资产评估的增值部分在产权转让中形成的净收益或净损失计入应纳税所得额，征收所得税。此外，折旧计提基数的变化会影响税务，因为购买企业是按原企业账面净资产核定计提基数；而购买资产则按成交价格重新核定折旧基数。

总体来看，购买企业通常要涉及很多复杂的财务、税务及法律问题，需要投入较多的时间、费用，购买资产则相对简单。

（二）购买股权

通过购买股份兼并企业是市场经济常用的方式，收购方既可以从股东手中购买股份，又可以通过购买企业新发行的股份来获得股权，但两种购买结构对收购方有不同的影响。

首先购买股份可以买控股权，也可以全向收购。而购买新股（即增资）控股权则不能全向收购。从收购方支付的资金情况来看，同样是收购控股权，通过购买新股比购买现股东卖出的股份要多花一倍的钱，且日后公司再发新股或股东增股，收购方还要相应投入，否则股权将被稀释，可能由此丧失控股权。但购买新股对收购方的益处在于投入的资金落在企业，仍由自己控制和使用，而购买原股份，则收购方投入的资金落在股东手中。因此，购买原股东手中的股份易为大股东接受，购买新股则比较受小股东的欢迎。

购买股份模式的一种特殊方式是吸收兼并。所谓吸收兼并是指被兼并企业以净资产作为股金投入收购方，原企业以"壳"公司的形式存在并成为收购方的股东，或者被吸收的企业消失。

对比而言，股权收购的主体是收购公司和目标公司的股东，客体是目标公司的股权。而资产收购的主体是收购公司和目标公司，客体是目标公司的资产。

股权收购后，收购公司成为目标公司控股股东，收购公司仅在出资范围内承担责任，目标公司的原有债务仍然由目标公司承担，但因为目标公司的原有债务对今后股东的收益有着巨大的影响，因此在股权收购之前，收购公司必须调查清楚目标公司的债务状况。对于目标公司的或有债务在收购时往往难以预料，因此，股权收购存在一定的负债风险。

股权收购中，影响最大的是目标公司的其他股东。根据《公司法》，股东向股东以外的人转让股权，应当经其他股东过半数同意。股东应就其股权转让事项书面通知其他股东征求同意，其他股东自接到书面通知之日起满30日未答复的，视为同意转让。其他股东半数以上不同意转让的，不同意的股东应当购买该转让的股权；不购买的，视为同意转让。经股东同意转让的股权，在同等条件下，其他股东有优先购买权。两个以上股东主张行使优先购买权的，协商确定各自的购买比例；协商不成的，按照转让时各自的出资比例行使优先购买权。

资产收购中，影响最大的是对该资产享有某种权利的人，如担保人、抵押权人。对于这些财产的转让，必须得到相关权利人的同意，或者必须履行对相关权利人的义务。

此外，在股权收购和资产收购中，都可能因收购相对方（目标公司股东或目标公司）的债权人认为转让价格大大低于公允价格，而依据《合同法》中规定的撤销权，主张转让合同无效，导致收购失败。因此，债权人的同意对公司收购行为非常重要。

因此，股权收购与资产收购涉及的第三方权益不同。

（三）利润分享结构

利润分享结构是一种类似分期付款的购买结构。由于买卖双方所处地位不同，对企业的现状和未来做出的评价与判断会存在很大差别。由此导致买卖双方对企业的价值认定相去甚远，此时宜采用利润分成的收购方式来解决双方的分歧。此种结构安排的内容是，双方首先对基础价格达成共识，并于成交时支付这部分款项，对于使用不同假设条件而产生的分歧部分，采用与实际经营业绩挂钩，分期付款的方式。

我国此前已经存在一种类似利润分享结构的企业并购方式"效益补偿式"兼并，其做法是：收购方以某一基础价格收购地方国有企业，在承担被收购方债权债务的同时，对地方政府给予被收购企业的投入，按双方约定数额，用被收购企业未来实现的利润逐年偿还，偿完为止。这种方式实质上也不属于分期付款的购买结构，而属于有附加条件的购买结构，即将政府的支持包含在购买条件之中。

对于收购双方对企业收购价格争议较大的情况下，可以考虑参考这种模式，实际相当于有条件的分期付款方式。

(四) 资本性融资租赁结构

针对企业并购过程中，收购方可能面临的收购资金紧张的局面，可以考虑采取资本性融资租赁结构进行兼并收购。

所谓资本性融资租赁结构是由银行或其他投资人出资购买目标企业的资产，然后出资人作为租赁方把资产出让给真正的投资者，投资人作为承租方负责经营，并以租赁费形式偿还租金。就法律意义而言，在租金及残值全部偿还之前，租赁方是资产的所有者；租赁费偿清后，承租方才能成为资产所有者。但事实上，承租方从一开始就是资产的实际拥有者，并拟成为最终所有者，甚至租赁方也清楚地知道这一点。之所以采用租赁结构，一方面可能其不具备一笔支付全部资产价格的能力；另一方面，可能是最重要的，即希望从这种结构安排中得到税务方面的好处，因为租赁费于税前支付可计入成本，这相当于税前归还贷款本金，投资人无疑可从中获得很大利益。

(五) 承担债务模式

被并购企业存在较大对外债务并且债务与资产相当的情况下，收购一方也可以考虑采取承担债务并购的模式。

其做法是在目标企业资产与债务等价的情况下，收购方以承担目标企业债务为条件接受该企业资产，被收购方全部资产转入收购方，法人主体消失。这种购买结构就其本质而言是零价购买企业，其设计的初衷是保障债权人利益。从现实来看，这种结构对收购方而言可能存在巨大利益差别。若目标企业设立时资本充足，因经营不善造成资不抵债，那么收购方以承担债务方式购买所支付的价格可能远远高于企业的真实价值。另一种情况下，企业原有资本不足，几乎单纯靠银行贷款发展起来，企业早处于负债经营状况，流动资金不足，若按自有成本或市价法评估，企业资产价值可能远远大于其债务额，此时以承担债务方式收购，收购方获利很大。因此，收购方应当充分考量两方面的利害得失，聘请专业法律、财务人员对企业的债务、资产做出科学、客观地评估，并遵循并购结构设计原则，谨慎为之。

(六) 债权转股权模式

债权转股权式企业并购，是指最大债权人在企业无力归还债务时，兼并方通过购买目标企业的债权，并且将债权转为投资，从而取得目标企业的控制权。此种方式优点在于，既解开了债务链又充实了企业自有资本，增加了管理力量，可能使被兼并企业从此走出困境。事实上，由于企业之间债务连锁的日益加重，债权转股权已成为现阶段中国最常见的一种并购方式。但此方式可能有害于兼并方，当企业严重资不抵债时，以1∶1的比例将债权转股权，就会损失很大的一块利益；换言之，债权转成股权时，债权人已损失了大部分本金。

承担债务模式和债权转股权模式都属于特定经济环境下的企业购买结构，从发展趋势看，它们将逐步让位于更规范、更合乎市场经济要求的购买结构。

三、企业并购支付方式

企业并购交易结构设计,很重要的一方面就是确定并购支付方式,这也是决定并购成功与否的重要因素。企业并购支付方式主要包括现金支付、股票支付和混合证券支付。

(一)现金支付

现金支付是由并购方向目标企业支付一定数量的现金,从而取得目标企业的所有权。现金支付是并购活动中最清楚而又最快捷的一种支付方式,在各种支付方式中最为常见。对并购方而言,现金支付最大的好处是不会改变现有的股权结构,股东控制权不会被稀释,现金支付中只涉及目标企业的估价,简单明了,支付金额明确,不会发生变化,如果现金流问题不大,便于交易尽快完成。但是完全使用现金支付会给并购方造成巨大的现金压力,在全球性竞争日益激烈,并购交易金额越来越大的现实中,完全使用现金支付来完成交易的案例越来越少。而且对于在证券市场处于活跃期(股价可能上涨期)的企业来说,现金支付的吸引力并不大。对目标企业的股东而言,现金支付可以使他们即时获得确定的收益,而其他非现金支付方式给股东带来的收益受市场状况、并购方的经营业绩,以及交易成本等多种因素的影响,具有较大的不确定性。但是现金支付会给目标企业股东带来较重的税务负担。现金并购的分年兑付方式可以减轻现金并购给股份制企业带来的短期内大量现金需求的负担,也可以给目标企业股东带来税收收益。一般认为,现金支付适合小规模公司的并购交易和敌意并购,也常用于组合支付方式。

并购公司采用现金支付方式时,通常需要考虑以下影响因素。

▶ 1. 短期流动性

由于现金支付要求并购公司在确定的日期支付一定数量的货币,立即支付大量的现金必然会使公司现金流紧张,因此,是否有足够的即时付现能力是并购公司选择现金支付方式时首先要考虑的因素。

▶ 2. 中长期流动性

由于有些公司可能较长时间内难以从大量现金流出中恢复过来,因此并购方必须认真考虑现金回收率及回收年限。

▶ 3. 货币的流动性

在跨国并购中,并购方还必须考虑自己拥有的现金是否为可以直接支付的货币或者可自由兑换的货币,以及从目标公司回收的是否为可自由兑换的货币,以及目标公司所在国是否实行外汇管制等问题。

▶ 4. 目标企业所在地有关股票销售收益的所得税法

不同国家或地区对资本收益征税的规定是不一样的,例如,澳大利亚的资本收益税税率高达45%,而意大利、新西兰及百慕大等地则不课征资本收益税。因此,目标企业所在地的资本收益税水平将影响并购企业现金支付的出价。

▶ 5. 目标企业股份的平均股本成本

因为资本收益税是对资本利得(低买高卖资产所获收益)征税,如果目标企业股东得到的价格并不高于平均股本成本,即使现金支付,也不会产生任何税收负担。如果并购企业确认现金支付会导致目标企业承担资本收益税,则必须考虑可能减轻这种税收负担的方案。通常情况下,一个不会引起税收负担的中等水平的出价,要比一个可能导致较高税收负担的高出价更具有吸引力。

（二）股票支付

股票支付是指并购企业通过增加发行本企业的股票，以新发行的股票替换目标企业的股票，从而达到并购目的的一种支付方式。采用股票支付方式，并购交易不需巨大现金流，甚至被称为"无本买卖"，但是并购企业的股本结构会发生变化。并购完成后，目标公司的股东持有存续公司的股票，股票价格可能上涨带来额外收益。股票支付方式可合法规避更多的交易税收、费用，合法规避所得税（出让方出售股票获利前），目标公司股东的所有权没有丧失，只是发生了转移。股票支付的不足之处是所需手续较多，耗时耗力，不像现金支付简捷迅速。

一般认为，并购交易中的股票支付方式比较适合大规模公司并购和善意并购，避开或减少现金支付，尤其是证券市场活跃、股价可能上涨期间为并购支付的最佳选择，有利于为接受新股份的股东提供增值机会而获得支持，有利于实现强强联合。

采用股票支付方式时，需要考虑以下几个方面。

▶ 1. 股票并购与反向并购

股票支付会使并购企业的股本结构发生变动，极端的结果就是目标企业的股东通过并购企业增加发行的股票取得了对并购企业的主导控制权，因此，并购方在采用股票支付方式时，需要考虑并购完成后的控股比例。

▶ 2. 股票并购与股权结构

股权结构的变动会直接影响原有股东的控制权，因此并购企业必须事先确定主要的大股东在多大程度上会接受股权的稀释。

▶ 3. 股票并购与当前股价

当前股价水平是并购企业决定现金支付还是股票支付的一个主要影响因素。一般来说，在股票市场处于上升过程中，股票的相对价格较高，这时以股票作为支付方式可能更有利于并购企业，增发新股对目标企业也会有较强的吸引力。因此，并购企业应考虑本企业股价水平，同时还要预测增发新股对股价的影响。

▶ 4. 股票并购与财务指标

增发新股会对每股收益产生不利影响，如果目标企业的盈利状况较差，或者是支付的价格较高，则会导致每股收益的减少，新股的发行可能还会减少每股净资产。每股收益和每股净资产的减少都会给股价造成不利影响，因此，并购企业在选择股票支付时，要确定是否会产生这种不利情况，是否被原有的股东所接受。新股的发行与并购企业的股息政策有一定的联系。在股息收益率较高的情况下，发行固定利率较低的债券可能更为有利；反之，如果股息收益率较低，增发新股就比借贷更有利。

▶ 5. 股票并购与财务杠杆比率

财务杠杆使企业能够控制大于自己权益资本的资源。对于上市公司来说，如果投资回报率高于负债成本，财务杠杆的增加就会提高企业的净资产收益率。因此，采用股票支付方式，需要考虑对企业财务杠杆比率的影响。

（三）混合证券支付

混合证券支付是指并购方不仅采取现金、股票作为支付方式，还采取公司债券、优先股、认股权证和可转换公司债券等多种形式的支付。单一的支付工具有着不可避免的局限性，通过把各种工具组合在一起，能集中各种支付工具的长处，避免它们的短处。近年来，混合证券支付在各种支付方式中的比例呈现逐年上升的趋势。

四、企业并购融资方式

收购企业应该利用何种金融工具筹集用以实施并购所需的资源,即并购融资问题。在公司并购中,融资问题是决定并购成功与否的关键因素之一。按照上述三种支付方式,分别介绍与之相对应的筹资方式。

(一) 现金支付时的筹资方式

现金支付通常会给并购企业带来沉重的现金负担,如果并购企业有足够的流动资产,那么首先可以考虑使用自己的流动资产支付给目标企业。但是,通常情况下,并购一家企业需要的资金数量相当庞大,在采用现金支付方式时,并购企业通常需要寻求外部筹资。常见的筹资方式有发行股票、向金融机构贷款、发行公司债券、发行认股权证或几项筹资方式的综合使用。

▶ 1. 发行股票

并购企业在选择通过发行股票取得现金时,最重要的就是考虑对并购企业股权结构的影响。但是大多数情况下,股东更愿意增加借款或发行债券而不愿扩股筹资。

▶ 2. 向金融机构贷款

在向银行或其他金融机构贷款时,首先要考虑的是偿还贷款的能力,即要考虑贷款将用什么资金来偿还。一般情况下,至少有一部分贷款的偿还需要目标企业未来的现金流入。这种现金流入包括目标企业生产经营所产生的收益和变卖目标企业部分资产所获得的现金。

▶ 3. 发行公司债券

我国《公司法》第153条规定,公司债券是指公司依照法定程序发行、约定在一定期限还本付息的有价证券。公司发行公司债券应当符合《中华人民共和国证券法》规定的发行条件。同时,还规定上市公司经股东大会决议可以发行可转换债券等。这些规定为并购企业通过发行债券筹资实现并购提供了可能。

近年来,高风险、高利率的垃圾债券成为美国企业并购中的重要筹资方式。1983年,美国德雷塞尔银行首先提出把垃圾债券用于企业并购,使用这些垃圾债券为并购筹集资金,银行按照目标企业所拥有的资产而不是按照借款人拥有多少资金来放款。垃圾债券在企业并购融资中的运用,在一定程度上增加了并购的范围,增大了并购的规模。大多数杠杆并购都通过发行垃圾债券的方式筹资,然后以目标企业的现金流入或变卖目标企业部分资产进行偿还。

▶ 4. 发行认股权证

认股权证又称认股证或权证,是一种约定该证券的持有人可以在规定的某段期间内,有权利(而非义务)按约定价格向发行人购买标的股票的权利凭证。认股权证通常和企业的长期债券一起发行,以吸引投资者来购买利率较低的长期债券。由于认股权证代表了长期选择权,所以附认股权证的债券往往对投资者有较大的吸引力。从实践来看,当企业处于信用危机边缘或处于金融紧缩时期,利用认股权证能够促进有价证券的发售。

(二) 股票支付及混合证券支付时的筹资渠道

▶ 1. 发行普通股

并购企业可以通过将以前的库存股重新发售或者增发新股给目标企业的股东,换取目标企业的股权。普通股支付有两种方式:①由并购企业出资收购目标企业的全部或部分股权,目标企业取得资金后,认购并购企业的股票,并购双方不再另筹资金即可完成并购交易；②由并购企业收购目标企业的全部或部分资产，目标企业认购并购企业的股票，这样也达到了股权置换的目的。

2. 发行优先股

发行优先股可能是并购企业更好的选择。由于优先股股息率事先固定，所以优先股的股息一般不会根据公司经营情况而增减，而且优先股股东不参加公司的红利分配，无表决权和参与公司经营管理权。例如，目标企业原来的股利政策是发放较高的股息，为了保证目标企业股东的收益不会因并购而减少，目标企业可能会提出保持原来的股利支付率的要求。对于并购企业来讲，如果原来的股利支付率低于目标企业的股利支付率，则意味着新老股东的股利都要增加，这会给并购企业带来财务压力。这时，发行优先股就可以避免这种情况。

3. 发行债券

并购企业向目标企业的股东发行普通公司债券或可转换公司债券，以保证企业清算解体时，债权人可先于股东得到清偿。债券的利息一般会高于普通股的股息，这样对目标企业的股东就会有吸引力。而对并购企业而言，收购了一部分资产，股本额仍然保持原来的水平，增加的只是负债，从长期来看，股东权益未被稀释。因此，发行债券对并购双方而言都是有利的。

五、杠杆并购

杠杆并购（leveraged buy-outs），是指收购者用自己很少的本钱为基础，从投资银行或其他金融机构筹集、借贷大量足够的资金进行收购活动，收购成功后再以目标公司的收益或者出售其资产来偿还，这样能达到以少量资金赚取高额利润的目的。杠杆并购是并购企业通过负债筹集现金以完成并购交易的一种特殊情况，杠杆并购的实质是以现金支付并购对价的一种特殊的融资方式。

杠杆并购的特点主要包括：①资金绝大部分为借入资金，其用于并购的自有资金远远少于完成并购所需要的全部资金；②用目标企业的资产或现金流来偿还债务；③杠杆并购中通常存在一个由交易双方之外的第三方担任经纪人，这个经纪人在并购过程中起推动和促进作用。

从融资方式来看，杠杆并购的融资结构呈倒金字塔形，与普通收购显著不同，如图8-2所示。收购资金的50%～60%通常是由银行提供的以企业资产为抵押的贷款；20%～30%的资金通常是夹层债务，是指在风险和回报方面介于优先债务和股本融资之间的一种融资形式，一般是由银行提供的过渡贷款、垃圾债券等构成；剩余的10%～20%是并购方的自有资金。

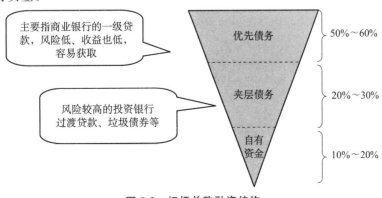

图 8-2 杠杆并购融资结构

杠杆收购融资能够增强财务杠杆效应，带来很高的股权回报率，同时因大量负债融资，产生的大量利息具有抵税的作用，可使企业获得税收优惠。但是，大量的债务筹资，给并购者带来极大的还款压力和极高的风险，容易出现财务危机。

要保证杠杆并购成功，需要目标企业满足以下特征。

（1）具有稳定连续的现金流量。由于杠杆并购中巨额的利息支付及本金的偿还，需要目标企业的收益和现金流来支持，所以目标企业的收益及现金流的稳定性和可预测性是非常重要的。目标企业的收益及现金流的质量是债权人关注的重点。

（2）拥有人员稳定、责任感强的管理者。考虑到贷款的安全性，债权人往往对目标企业的管理人员要求很高。管理人员的稳定性，通常根据管理人员任职时间的长短来判断，时间越长，管理人员越稳定，并购完成后留任的可能性越大。

（3）被并购前的资产负债率较低。由于杠杆并购以增加大量的负债为本质特征，并购完成后，企业的资产负债率会大大提高。如果并购前目标企业的资产负债率低，一方面增加负债的空间相对较大，另一方面有较多可抵押资产，可以增加债权人的安全感。

（4）拥有易于出售的非核心资产。杠杆并购中，巨额负债的偿还途径主要是目标企业的未来收益或者出售目标企业的部分资产。如果目标企业有易于出售的非核心资产，必要时可以出售这些资产来偿还债务。

六、管理层收购

管理层收购（management buy-outs，MBO），是指目标企业的管理层利用借贷所融资本购买本企业的股份，从而改变本企业的所有者结构、控制权结构和资产结构，进而达到重组本企业的目的，并获得预期收益的一种并购行为。严格地说，管理层收购是杠杆并购的一种。

（一）管理层收购的作用

从理论角度来讲，管理层收购有助于降低代理成本、有效激励和约束管理层，提高资源配置效率。

与所有权和经营权分离不同的是，管理层收购是所有权和经营权合一。管理层收购后，管理层拥有企业的股权，企业的经营绩效与管理者的个人报酬直接相关，管理者有动力挖掘企业的潜力，有利于降低管理者与股东之间的代理成本。另外，管理层收购常常借助于高负债的财务杠杆得以完成，高负债可以进一步约束管理层的经营行为，有利于公司现金流量的及时收回。

从激励角度来讲，管理层收购有利于激发企业家充分发挥管理才能。控制权和报酬是企业家的两大激励因素。控制权可以满足其施展才能、自我实现的心理需求，也能满足其处于负责地位的权力需求；而报酬则满足其物质需求和价值实现的心理需求。

管理层收购有利于企业内部结构优化，进行产业转换，实现资源优化配置。通过管理层收购，企业可以更为方便地转移经营重点或进行产业调整，集中资源，开展核心业务。

（二）管理层收购的特点

管理层收购的主要特点如下。

（1）管理层收购的主要投资者是目标公司的经理和管理人员，他们往往对该公司非常了解，并有很强的经营管理能力。通过管理层收购，他们的身份由单一的经营者角色变为所有者与经营者合一的双重身份。收购结果为管理层控制目标公司，通常会将其转为非上市公司。

（2）管理层收购主要通过借贷融资来完成，因此管理层收购的财务结构由优先债（先偿债务)、次级债(后偿债务)与股权三者构成。目标公司存在潜在的管理效率提升空间。管理层是公司全方位信息的拥有者,公司只有在具有良好的经济效益和经营潜力的情况下,才会成为管理层的收购目标。

(3) 通常发生在拥有稳定的现金流量的成熟行业。管理层收购属于杠杆收购,管理层必须首先进行债务融资,然后再用被收购企业的现金流量来偿还债务。成熟企业一般现金流量比较稳定,有利于收购顺利实施。

(4) 收购的目的是获得预期收益。收购完成后,管理者的身份发生了变化,成为公司的所有者。为了增加利润和现金流量,他们通常会削减成本,调整生产设备,加强库存管理,应收账款管理,调整员工结构等。

(5) 收购通常伴随着目标公司结构的重组。

第四节 企业并购重组与反并购

一、企业并购重组

公司并购重组具有广义和狭义两种含义,广义的公司并购重组泛指公司之间、股东与公司之间、股东之间依据私法自治原则,为实现公司资源的合理流动与优化配置而实施的各种商事行为,包括经营重组、股权结构重组和破产清算;狭义的公司重组仅限于公司并购。

(一) 公司经营重组

▶ 1. 公司经营重组的主要方式

在公司经营重组中,缩减业务的主要方式包括资产剥离、股权出售和分立等。

1) 资产剥离

资产剥离是指公司出售其某项资产或某个子公司给第三方,获得现金及有价证券。剥离并非是企业经营失败的标志,它是企业发展战略的合理选择。企业通过剥离不适合企业长期战略、没有成长潜力或影响企业整体业务发展的部门、产品生产线或单项资产,可使资源集中于经营重点,从而更具有竞争力。同时,资产剥离还可以使企业资产获得更有效的配置、提高企业资产的质量和资本的市场价值。

2) 股权出售

股权出售是从资产剥离演化而来的,它是将子公司的部分股份(一般不超过20%)出售给外部投资者,股权出售后将建立一个新的法律实体,其股东可能与原有母公司的股东不同,分离出来的公司将拥有新的管理团队并独立经营。股权出售的动机虽然与资产剥离相似,但是结果却有所不同。股权出售后,别的公司不会经营分离出的单位,因此不存在公司并购中所具有的协同效应。

3) 分立

公司分立方式下,母公司将其在子公司中拥有的全部股份按比例分配给母公司股东,从而形成两家独立、股权结构比例相同的公司。因此,新公司的股权结构与母公司的股权结构完全相同,只是新公司拥有自己的管理团队并独立经营,对股东来说,原先只能持有母公司股票,分立之后则同时持有母公司和子公司股票。从公司财务角度来讲,分立与资产剥离的差别在于:资产剥离会给母公司带来现金流入,而分立没有现金流量的变化。

▶ 2. 公司经营重组的动机

1）公司战略需求

随着经营环境的变化，公司需要对其经营战略进行调整，公司可能发现某个行业不再适应现有的发展战略，或者继续经营无利可图。但是同行业其他公司则希望继续从事该行业，这时公司可以进行重组，将该部门或行业出售给其他公司。

2）经营业绩欠佳

如果目前的业务或部门不能实现预期的目标或者预算成本超过公司可接受的水平，公司通常会选择退出。在业绩不佳的情况下，当前的业务或部门不但不能给公司创造价值，反而成为公司的负担，因此业绩不佳是公司重组最基本的原因。但是，公司通常会为是否重组业绩欠佳的业务或部门犹豫不决，一方面对未来前景的预期带有不确定性，另一方面因业绩不佳而重组，在一定程度上表明管理层的决策失误，管理层通常拒绝承认。

3）融资需要

公司可以通过出售非战略性资产或业绩不佳的子公司实现新项目融资或者偿还债务，这类重组可能是出于提升短期现金流入的需要。

（二）股权结构重组

股权结构重组，是指通过改变公司现有的股权结构，以实现公司控制权和利益的重组。与并购的不同之处在于，股权结构重组通常发生在一个公司的内部。股权结构重组通常有两种形式：转为非上市公司和管理层收购。

▶ 1. 转为非上市公司

转为非上市公司，是指公司的现行管理层或外部私人投资者重新购买股票，从而使公司丧失上市资格，变为少数投资者持股的过程。

公司管理层将公司转为非上市公司的动机，可能是为了避免上市公司的严格限制规定和其他不利因素，如股票必须登记、发放红利、向证券管理机构报送材料需要费用、可能被恶意控股、容易暴露企业机密等。或者为了提高公司管理水平，因为当管理者股权比重增大后，更愿意为公司长期有效地工作，也更愿意降低公司经营成本，减少管理层职务消费等，从而提高自身收益。

转为非上市公司也有一些不利因素。首先，公司因转为非上市公司需要向投资银行、律师或其他人支付大量的报酬；其次，在转为非上市公司后，股东收益几乎是不可变现的，股东的大部分财富被锁定在公司中；最后，如果公司想再次转为上市公司，那么就需要重复支付交易成本，对公司股东而言又将是一笔巨额支出。

▶ 2. 管理层收购

管理层收购，是指目标公司的管理层利用外部融资购买本公司的股份，从而改变本公司所有者结构、控制权结构和资产结构，进而达到重组本公司的目的，并获得预期收益的一种收购行为。

管理层收购和转为非上市公司的区别在于：转为非上市公司是一种直接的交易，投资者仅需要向公众股东购买股票即可，而且投资者不必是公司原先的管理者。而管理层收购，投资者主要是公司现有的管理人员。本章第三节对管理层收购进行了详细阐述，这里不再赘述。

二、反并购

企业置身于兼并与收购浪潮的冲击中，并购与反并购的斗争异常激烈，企业家们无法回避，重要的是应区分善意并购与恶意并购，充分调查研究，对于不友好并购坚决反击。在实践中，公司的反并购策略包括经济策略和法律策略：经济策略主要包括提高收购者的收购成本、降低收购者的收购收益和帕克曼防御策略；法律策略主要指诉讼策略。

(一) 提高收购者的收购成本

具有稳定现金流量、负债率低的成熟公司比较容易成为敌意收购的目标，因此，可提高并购成本，从而削弱并购方发起并购的动机。

▶ 1. 资产重估

通过资产重估，使资产的账面价值与实际价值更加接近，提高净资产的账面价值，从而抬高收购价格，抑制收购。

▶ 2. 股票回购

股票回购在国外经常是作为一种重要的反收购措施而被运用。回购将提高本公司的股价，减少在外流通的股份，给收购方造成更大的收购难度；股票回购后，公司在外流通的股份少了，可以防止浮动股票落入进攻企业手中。

▶ 3. 寻找"白衣骑士"

目标企业为免遭敌意收购而自己寻找的善意收购者通常被称为"白衣骑士"。作为反并购的措施，"白衣骑士"是指目标公司要求与之关系良好的公司以较高的价格来对抗并购方提出的并购要约，在这种方式下的第三方公司被称为"白衣骑士"，并购公司如果不提出更高的并购报价，并购肯定会失败。

在"白衣骑士"方式下，目标公司虽然也会失去独立地位，但是仍然可以得到更多好处：可能得到更高的价格、保留目标公司的管理层与员工和继续坚持已有的公司战略等。1987年，沃伦·巴菲特就充当了所罗门兄弟公司的"白衣骑士"，击退了佩莱曼的收购要约。当时持有所罗门兄弟公司14%股份的一位股东决定出售股票，佩莱曼提出以38美元的价格购买，希望通过持有该股份获得董事会两个席位。由于38美元超过了当时股价的20%，所罗门兄弟公司无力进行股份回购，于是向沃伦·巴菲特求援。沃伦·巴菲特从所罗门兄弟公司购买7亿美元的可转换优先股，还以38美元价格转换为普通股，这些资金足以帮助所罗门兄弟公司回购股票，从而避免了佩莱曼的并购。

▶ 4. "降落伞"计划

由于目标企业被并购后，随之而来的经常是管理层更换和公司裁员。针对员工对上述问题的担忧，人们设计了"降落伞"计划。所谓"降落伞"计划，是指公司通过章程规定，或与经营管理层签订合同：如果有控制权变更、经营管理层被解雇等情况发生，公司将向他们支付大量赔偿金。

"降落伞"计划具体包括三种形式：金色降落伞（golden parachute）、灰色降落伞（penson parachute）和锡降落伞（tin parachute）。

(1) 金色降落伞。金色降落伞是指目标企业董事会通过决议，由企业董事及高层管理人员与目标公司签订合同，一旦目标企业被并购，其董事及高层管理人员被解雇，则企业必须一次性支付巨额的退休金（解职费）、股票选择权收入或额外津贴。上述人员的收益根据他们的地位、资历和以往业绩的差异而不同。这种收益就像一把降落伞让高层管理者从高高的职位上安全退下来，故名"降落伞"计划，又因其收益丰厚如金，故名金色降落伞。

(2) 灰色降落伞。灰色降落伞主要是向中级管理人员提供较为逊色的同类保证。目标企业承诺，如果该企业被并购，中级管理人员可以根据工龄长短领取数周至数月的工资。

（3）锡降落伞。锡降落伞是指目标企业的普通员工在企业被并购后一段时间内被解雇的话，则可领取员工遣散费。从反收购效果的角度来说，金色降落伞、灰色降落伞和锡降落伞策略，能够加大收购成本或增加目标公司现金支出从而阻碍并购。

（二）降低收购者的收购收益

▶ 1. "毒丸计划"

"毒丸计划"是美国著名的并购律师马丁·利普顿（Martin Lipton）于1982年发明的，正式名称为"股权摊薄反收购措施"。当一个公司一旦遇到恶意收购，尤其是当收购方占有的股份已经达到10%~20%的时候，公司为了保住自己的控股权，就会大量低价增发新股。使收购方手中的股票占比下降，也就是摊薄股权，同时也增大了收购成本，使收购方无法达到控股的目标。"毒丸计划"一经采用，至少会产生两个效果：①对恶意收购方产生威慑作用；②对采用该计划有兴趣的收购方会减少。"毒丸计划"一般分为弹出计划和弹入计划。

弹出计划通常指履行购股权，购买优先股。譬如，以100元购买的优先股可以转换成目标公司200元的股票。弹出计划最初的影响是提高股东在收购中愿意接受的最低价格。如果目标公司的股价为50元，那么股东就不会接受所有低于150元的收购要约。因为150元是股东可以从购股权中得到的溢价，它等于50元的股价加上200元的股票减去100元的购股成本。这时，股东可以获得的最低股票溢价是200%。

在弹入计划中，目标公司以很高的溢价购回其发行的购股权，通常溢价高达100%，就是说，100元的优先股以200元的价格被购回。而敌意收购者或触发这一事件的大股东则不在回购之列。这样就稀释了收购者在目标公司的权益。弹入计划经常被包括在一个有效的弹出计划中。

（1）负债毒丸计划。负债毒丸计划是指目标公司在恶意收购威胁下大量增加自身负债，降低企业被收购的吸引力。例如，目标公司发行债券并约定在公司股权发生大规模转移时，债券持有人可要求立刻兑付，从而使收购公司在收购后立即面临巨额现金支出，降低其收购兴趣。

（2）人员毒丸计划。人员毒丸计划是指目标公司全部或绝大部分高级管理人员共同签署协议，在目标公司被以不公平价格收购，并且这些人中有一人在收购后将被降职或革职时，全部管理人员将集体辞职。这一策略不仅保护了目标公司股东的利益，而且会使收购方慎重考虑收购后更换管理层对公司带来的巨大影响。

▶ 2. 出售"皇冠上的珍珠"

从资产价值、盈利能力和发展前景等方面来衡量，公司内经营最好的企业或子公司被称为"皇冠上的珍珠"，因此也往往成为其他公司并购的目标。为保全其他子公司，目标公司可以将这类经营好的子公司卖掉，降低并购企业的预期收益，从而达到反收购的目的。

（三）帕克曼防御策略

帕克曼防御策略即收购并购者，目标公司通过反向收购，以达到保护自己的目的。主要方法是当获悉收购方有意收购时，目标公司反守为攻，抢先向收购公司股东发出公开收购要约，使收购公司被迫转为防御。帕克曼防御的特点是以攻为守，使攻守双方角色颠倒，致对方于被动局面。从反收购效果来看，帕克曼防御能使反并购方进退自如：进可并购袭击者，使袭击者迫于自卫放弃原先的袭击企图，退可因本企业拥有并购者（袭击者）的股权，即便目标企业被并购也能分享并购成功带来的好处。

帕克曼防御策略要求收购者本身是一家公众公司，否则谈不上收集袭击者本身股份的问题，并且收购者本身存在被收购的可能。目标公司自身需要有很强的资金实力和外部融资能力，否则帕克曼防御策略的运用风险很大。

（四）诉讼策略

诉讼策略是目标公司在并购防御中经常使用的策略。诉讼的目的通常包括：逼迫收购方提高收购价以免被起诉；避免收购方先发制人，提起诉讼，延缓收购时间，以便另寻"白衣骑士"；在心理上重振目标公司管理层的士气。

诉讼策略的第一步往往是目标公司请求法院禁止收购继续进行。于是，收购方必须首先给出充足的理由证明目标公司的指控不成立，否则不能继续增加目标公司的股票。这就使目标公司有机会采取有效措施进一步抵御被收购。不论诉讼成功与否，都为目标公司争得了时间，这是该策略被广为采用的主要原因。

目标公司提起诉讼的理由主要有三条。①反垄断。部分收购可能使收购方获得某一行业的垄断或接近垄断地位，目标公司可以此作为诉讼理由。②披露不充分。目标公司认定收购方未按有关法律规定向公众及时、充分或准确地披露信息等。③犯罪。除非有十分确凿的证据，否则目标公司难以以此为由提起诉讼。

（五）反并购的预防策略

▶ 1. 管理层保持高度重视

管理层要对企业被并购保持高度重视，包括要在公司章程中写入相关的反并购的条款，注重股权结构改革，过于分散的股权更容易成为并购交易中的目标公司。一旦成为并购方的并购目标时，及时采取相应策略积极应对。

▶ 2. 修改公司章程

1）绝对多数条款

绝对多数条款（super-majority provision），是指在公司章程中规定，公司进行并购、重大资产转让或者经营管理权的变更必须取得绝对多数股东同意才能进行，并且对该条款的修改也需要绝对多数的股东同意才能生效。该条款一方面大大增加了公司控制权转移的难度，有助于防止损害本公司及股东利益的敌意收购，从而阻碍敌意收购的进行；另一方面减轻了市场对管理层的压力，客观上有利于巩固管理层对公司的控制。不过，绝对多数条款是一柄双刃剑，在增加收购者接管、改组公司的难度和成本的同时，也会限制公司控股股东对公司的控制力。因此，为防止绝对多数条款给公司正常经营带来过多障碍，在美国，制定绝对多数条款时，通常会设置一条特别条款：董事会有权决定何时及在何种情况下绝对多数条款将生效，以增强董事会在面对敌意收购时的灵活性与主动性。若不对董事会做此授权，则在绝对多数条款中包含除外条款，以使公司可以放弃或取消绝对多数条款。

2）分层董事会

董事会是股东选举的监督管理层并向股东提出决策建议的团体，董事会在投票选举管理层负责日常营运的同时，也要决策公司整体的经营战略，并对公司的主要问题和重大变化进行表决。因此，股东要更换管理层，首先就需要更换董事会。相应地，董事会的选举程序就成为反并购的重要策略，即分层董事会。

分层董事会的作用是改变董事会任期，使得在任何一个年份只有一部分董事需要改选，这无疑会延缓并购公司对目标公司形式控制权的有效时机。例如。目标公司规定每届董事会只有 1/3 的成员能够改选，每届董事会的任期为 3 年，那么在收购完成后，并购公司想要控制董事会更换管理层，就需要 6 年的时间，这样就会延误并购整合的有效时机，从而削弱收购的动机。

3) 公平价格条款

所谓公平价格，就是某一特定时间内由要约收购者所支付的最高价，有时会要求该价格必须超过目标公司会计收益或账面价值所决定的水平。

公平价格条款是要求出价收购人对所有股东支付相同的价格。溢价收购主要是企图吸引那些急于更换管理层的股东，而公平价格条款无疑阻碍了这种企图的实现。有些买方使用"二阶段出价"，即以现金先购股 51%，另外再用债券交换剩下的 49% 股票。目标公司股东因怕收到债券而会争先将股票低价卖出。

公平价格条款的做法，是通过公司制定可以接受的购买价格，而且这些价格都要经过股东批准。通常，这些价格都被限制在公司股票交易的历史水平上，也就是过去 3~5 年的平均价格水平。许多公平价格条款规定，一旦报价低于该水平，收购就需要经过大部分股东(2/3 或 75% 以上)的同意。

4) 发行双重股票

发行双重股票是对现有股票进行重组，将其分为两类具有不同投票权的股票。典型的双重股票发行措施是在现有的一股一票的情况下，发行另一种具有超级投票权的特别股票，这种特别股票每份可以拥有 10 股或 100 股的投票权。这类股票通常不允许在股票市场上交易而且股利较低。

例如，百度公司上市前就建立了一种双重股票结构，按照这种结构，包括董事、管理层、员工和早期投资者在内的股东，其所持股票的投票权 10 倍于在美国 IPO 时发行的股票，这使 IPO 前的股东拥有百度 98.5% 的投票权。

▶ 3. 建立合理的持股结构

建立合理的持股结构的目的就是使并购方无法获得足够的股票进行收购，一般有以下三种方式。

(1) 保持一定的控股权。如果企业直接或间接控制企业 51% 以上的股权(绝对控股)，敌意收购就不会发生。如果企业股权比较分散，对一个公司持有 50% 以下的股份就可控制目标公司，称为相对控股，相对控股可一定程度上避免敌意收购的发生，但不能完全避免敌意收购的发生。达到对企业的控股一般可通过公司设立时实现控股或采取增发的方式实现，另外也可以采取回购股份的方式达到控股的目的。

(2) 交叉持股计划。采取与友好公司之间交叉持股的方式实现反并购的目的。通过与友好公司的交叉持股，在一方受到收购威胁时，另一方则伸以援手，以此增大敌意收购者的收购难度。但交叉持股可能需要占用双方公司大量资金，影响双方公司流动资金的合理运用。另外在市场不景气的时候，可能出现一损俱损的局面。

(3) 员工持股计划。在国外，员工持股往往会锁定大量的公司股票，在反并购行动中成为重要的力量。该福利只有在股票流通后才能得以实现，因此在敌意收购出现时，不能起到充分的反并购的作用。但随着中国经济的发展，中国上市公司盈利水平的提高，特别是上市公司激励机制的健全，员工持股计划将逐渐成为中国公司反并购措施的生力军。

拓展案例

中国医疗器械行业兼并重组现状：以横向并购为主

本章小结

并购的方式包括股权并购和资产并购两种；按照并购目标公司与目标公司所处的行业相互关系，公司并购分为横向并购、纵向并购和混合并购；根据出资方式的不同，并购可以分为现金购买资产或股权、股票换取资产或股权和通过承担债务换取资产或股权。企业并购流程可以概括为投资前的决策阶段、并购过程中的交易阶段及并购完成后的整合阶段。

目标公司进行价值评估的主要方法一般包括市场比较法、成本法、换股估价法和贴现现金流量估价法。

企业并购交易结构设计的原则包括综合效益原则、系统化原则、稳健原则和创新原则；结构设计的主要形式包括购买企业财产、购买股权、利润分享结构、资本性融资租赁结构、承担债务模式和债权转股权模式。

常见的反并购包括经济策略和法律策略：经济策略主要包括提高收购者的收购成本、降低购者的收购收益和帕克曼防御策略；法律策略主要指诉讼策略。

在线自测

扫描封底刮刮卡 获取答题权限

第九章　私募股权投资管理

> **学习目标**
> 1. 了解私募股权投资的含义
> 2. 理解私募股权投资的运作模式
> 3. 熟悉私募股权投资在我国的发展概况

案例导入

VC/PE 大举投资食品产业链

新型冠状病毒疫情、战争、通胀、逆全球化接踵而至,复杂性和不确定性成为常态,投资环境充满变数。要想有所作为,就得抓住不确定性中的确定性,要穿透周期波动看大趋势。乌卡时代(VUCA 时代)最大的确定性是什么?是核心民生,而 14 亿国人的吃喝是核心民生中的核心、刚需中的刚需。新时代最大的趋势是什么?尽管趋势难料,但趋势的底层驱动因素一定会契合高质量发展、乡村振兴、共同富裕等国家纲领性目标,一定会有助于解决新时代的主要矛盾——人民日益增长的美好生活需要和不平衡不充分的发展之间的矛盾。

正是在这样的大背景下,基于 2016 年来的实践,光大控股消费基金在 2021 年正式提出聚焦食品全产业链的投资定位,并总结出了八维漏斗投资模型,主动做窄做深做重。多年来,基金团队在投资决策委员会和外部咨询委员会的指导下,始终践行"优选企业好伙伴、帮忙到位不添乱"的合作理念,始终致力于追求风险调整后的综合收益率,始终以长跑心态稳中求进,累计投资接近 20 个项目,没有任何一个项目亏损,取得了一些成果,获得了市场和投资人的一定认可,也与若干细分赛道的冠军企业形成了战略伙伴关系,逐渐培育出自己生态圈的雏形。

从投资价值看,食品产业链条长、痛点多,解决每一个痛点都能创造巨大的社会价值。而在国内大循环为主、高质量发展和共同富裕的国家战略之下,在消费升级的长期趋势之下,创造社会价值的同时也必然带来商业价值的集聚,意味着巨大的、可持续的商机。相应地,因为食品全产业链属于核心民生,受经济周期波动影响较小,行业政策也不具有敏感性,因此可持续性更高、可预见性更强。

食品产业链规模巨大、升级空间显著。受益于我国庞大的人口基数和人均 GDP 过万美元,从下游的餐饮服务(第三产业)回溯到中游的食品加工(第二产业),再到源头的种养(第一产业),每一个节点、每一个细分领域,如果称其为细分赛道的话,恐怕都有小则百亿元、大则千亿元甚至更高的规模。但是上游中游偏传统,下游消费场景也往往处于数字化转型升级的起步阶段。用数字化来逐渐改造全产业链,能够大幅度提升品质、提高效率、降低成本、减少浪费,从而创造巨大显性价值,推动行业和社会进步。

资料来源:VC/PE 大举投食品产业链.(2022-08-12)[2023-3-26].https://mp.weixin.qq.com/s/WWTpxFHmS-veXuXC8RkcRsA.

案例思考:

1. 结合案例和我们实际生活中所了解到的,谈谈光大控股消费基金投资食品全产业链的原因。

2. 结合案例谈谈数字化对私募股权投资企业发展的影响。

1976年,美国华尔街著名投资银行贝尔斯登的3名投资银行家合伙成立了第一家投资公司KKR,由此诞生了世界上最早的私募股权投资公司。此后,私募股权投资不仅在美国得到充分发展,而且迅速拓展到欧洲大陆和亚洲地区。如今,以KKR、凯雷投资、黑石、高盛、美林等著名私募投资机构为代表的众多私募股权投资机构已成为当今全球投资领域中一支举足轻重的重要力量,它们对于企业成长和经济发展的强大推动作用让人刮目相看。然而,人们在津津乐道其有"创新推手"的神奇力量的同时,又不时以警惕的眼光看待这些"门外野蛮人"。那么究竟私募股权投资是什么?私募股权投资机构是如何点石成金,将那些名不见经传的小企业培养成企业明星的呢?

第一节 私募股权投资概述

一、私募股权投资的定义

股权投资是为参与或控制某一公司的经营活动而投资购买其股权的行为。股权投资既可以发生在公开的交易市场上,也可以发生在公司的发起设立或募集设立场合,还可以发生在股份的非公开转让场合。市场中的股权投资机会按照投资企业成长的不同阶段来划分,主要分为天使投资(投资早期企业)、风险投资(Venture capital,VC,投资成长期企业)、私募股权投资PE(投资扩张期企业)和首次公开募股前投资(Pre-IPO投资,投资成熟期企业)。股权投资各个阶段的回报率如图9-1所示。

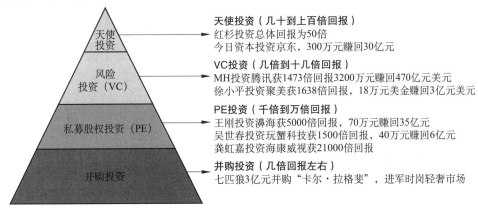

图9-1 股权投资各个阶段回报率

私募股权投资(private equity,PE)是指通过私募基金对非上市公司进行的权益性投资。在交易实施过程中,PE会附带考虑将来的退出机制,即通过公司首次公开发行股票(IPO)、兼并与收购(M&A)或管理层收购(MBO)等方式退出获利。简单地讲,PE投资就是PE投资者寻找优秀的高成长性的未上市公司,注资其中,获得其一定比例的股份,推动公司发展、上市,此后通过转让股权获利。

广义的 PE 为涵盖企业首次公开发行前各阶段的权益投资,即对处于种子期、初创期、成长期、扩张期、成熟期和 Pre-IPO 各个时期企业所进行的投资,相关资本按照投资阶段可划分为风险投资(venture capital)、发展资本(development capital)、并购资本(buyout/buyin fund)、夹层资本(mezzanine capital)、Pre-IPO 资本(如 bridge finance),以及其他如上市后私募投资(private investment in public equity,即 PIPE)、不良债权(distressed debt)和不动产投资(real estate),等等。在中国语境下,私募分为直接投资到中国境内目标企业的私募和通过在海外设立离岸公司方式进行的红筹私募。

狭义的 PE 主要指对已经形成一定规模的,并产生稳定现金流的成熟企业的私募股权投资部分,主要是指创业投资后期的私募股权投资部分,而这其中并购基金和夹层资本在资金规模上占最大的一部分。在中国,PE 主要是指这一类投资,如图 9-2 所示。

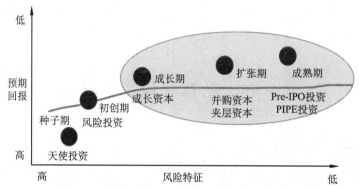

图 9-2　狭义私募股权投资基于发展阶段的风险与预期汇报关系

二、私募股权投资基金的募资来源

私募股权投资属于另类投资,是财富拥有者除证券市场投资以外非常重要的分散投资风险的投资工具。据统计,西方的主权基金、慈善基金、养老基金、富豪财团等会习惯性地配置 10%~15% 比例用于私募股权投资,而且私募股权投资的年化回报率高于证券市场的平均收益率。多数基金的年化回报在 20% 左右。

美国最好的金圈 VC 在 20 世纪 90 年代科技股的黄金岁月,每年都有数只基金的年回报达到 10 倍以上。私募股权投资基金的投资群体非常固定,好的基金管理人有限,经常是太多的钱追逐太少的投资额度。新成立的基金正常规模为 1 亿~10 亿美元,承诺出资的多为老主顾,可以开放给新投资者的额度非常有限。

私募股权投资基金的投资期非常长,一般基金封闭的投资期为 10 年以上。而且,私募股权投资基金的二级市场交易不发达,因此,私募股权投资基金投资人投资后的退出非常不容易。此外,多数私募股权投资基金采用承诺制,即基金投资人等到基金管理人确定了投资项目以后才根据协议的承诺进行相应的出资。

国内由于私募股权投资基金的历史不长,基金投资人的培育也需要一个漫长的过程。随着海外基金公司越来越倾向于在国内募集人民币基金,以下的资金来源成为各路基金公司募资时争取的对象:

(1) 政府引导基金、各类母基金(fund of fund,又称基金中的基金)、社保基金、银行保险等金融机构的基金,是各类私募股权投资基金募集首选的游说对象。这些资本知名度、美誉度高,一旦承诺出资,会迅速吸引大批资本跟进加盟。

（2）国企、民企、上市公司的闲置资金。企业炒股理财总给人不务正业的感觉，但是，企业投资 PE 基金却变成一项时髦的理财手段。

（3）民间富豪个人的闲置资金。国内也出现了直接针对自然人募资的基金，当然募资的起点还是很高的。如果是直接向个人募集，起投的门槛资金大概在人民币 1 000 万元以上；如果是通过信托公司募集，起投的门槛资金也要在人民币一两百万元。普通老百姓无缘问津投资这类基金。

三、私募股权投资的特点

私募股权投资具有非公开性和权益投资两个基本特性。其中非公开性表现在资金募集和投资方式上。在资金募集方面，主要是通过非公开方式面向少数机构投资者或个人募集，它的销售同赎回都是基金管理人通过私下与投资者进行协商进行的；在投资方式上也是以私募形式进行，较少涉及公开市场的操作，一般无须披露交易细节。私募股权投资的另一个基本特征是采取权益投资方式，投资机构对被投资企业的决策管理享有一定的表决权，可参与到企业的董事会中，帮助制定企业方面的咨询和支持。这两个基本特性决定了私募股权投资具有以下特点。

▶ 1. 流动性差

由于私募股权投资实现价值增值需要时间，投资者难以在短期内调整投资组合，加之不存在公开的股权交易市场，投资者大多只能通过协议转让股份，这就造成投资缺乏流动性，所以投资者会要求高于公开市场的回报。

▶ 2. 风险性高

私募股权投资的企业，不论是处于初创阶段的创业企业，还是需要重组的大型企业，或者是处于急需资本快速发展的企业，都蕴含着较大的风险和退出的不确定性，但私募股权投资的高风险性要求私募股权投资的项目能带来高投资回报。

▶ 3. 投资专业性强

私募股权投资属于战略性投资的范畴，成功投资后能在企业中取得相应的董事会席位，能够影响企业决策，并且通过在行业内和资本市场上的专业经验和优势资源帮助所投资企业快速发展，以实现企业价值的提升。并且当企业经营出现一些危险情况时，如固定成本的迅速增长、海外竞争的增多、资本扩张的失当等，可以通过董事会对企业经营行为进行建设性的引导。所以私募股权投资对投资者的要求较高，投资者必须对所投资企业所处的行业有深入的了解，而且还须具备企业经营管理方面的经验，这样投资者才能做出正确的投资决策，并有能力对所投资企业实施监督。

▶ 4. 信息不对称性突出

私募股权投资中信息不对称是普遍现象，它贯穿于投资前的项目选择和投资后的监督控制等各个环节中。投资者在事前选择投资项目时，由于信息不对称使其很难对所投资企业做出准确评估，企业家或经理人比外部投资者更了解企业的真实状况，但他们出于自身利益的考虑往往会夸大正面信息、隐匿负面信息来提高投资者对企业的估价，引发逆向选择问题；在获得投资后，由于信息不对称可能导致严重的道德风险，企业家或经理人奉行机会主义政策从而可能损害外部投资者的利益。

私募股权投资具有的流动性差、风险性高、投资专业性强以及信息不对称性等突出的特点使私募股权投资成为与公募股权投资、私募证券投资等其他投资方式相区别的一种投资方式。

四、私募股权投资的分类

(一) 按投资策略分类

▶ 1. 创业风险资本

创业风险资本主要投资技术创新项目和科技型初创企业,从最初的一个想法到形成概念体系,再到产品的成型,最后将产品推向市场。提供通过对初创的资金支持和咨询服务,使企业从研发阶段充分发展并得以壮大。由于创业企业的发展存在着财务、市场、营运以及技术等诸多方面的不确定性,因而具有很大的风险,这种投资能够持续的理由是投资利润丰厚,能够弥补其他项目的损失。

▶ 2. 成长资本

成长资本针对的是已经过了初创期而发展至成长期的企业,其经营项目已从研发阶段过渡到市场推广阶段并产生一定的收益。成长期企业的商业模式已经得到证实而且仍然具有良好的成长潜力,通常是用2~3年的投资期寻求4~6倍的回报,已经有一定规模的营业收入和正现金流,通常投资规模为500万~2 000万美元,具有可控的风险和可观的回报。成长资本也是中国私募股权投资中比例最大的部分。

▶ 3. 并购资本

并购资本主要专注于并购目标企业,通过收购目标企业股权,获得对目标企业的控制权,然后对其进行一定的重组改造提升企业价值,必要的时候可能更换企业管理层,成功之后持有一定时期后再出售。并购资本相当大比例投资于相对成熟的企业,这类投资包括帮助新股东融资以收购某企业、帮助企业融资以扩大规模或者是帮助企业进行资本重组以改善其营运的灵活性。并购资本涉及的资金规模较大,常达10亿美元左右,甚至更多。

▶ 4. 夹层资本

夹层资本的目标主要是已经完成初步股权融资的企业。它是一种兼有债权投资和股权投资双重性质的投资方式,其实质是一种附有权益认购权的无担保长期债权。这种债权总是伴随相应的认股权证,投资人可依据事先约定的期限或触发条件,以事先约定的价格购买被投资公司的股权,或者将债权转换成股权。夹层投资的风险和收益低于股权投资,高于优先债权。在公司的财务报表上,夹层投资也处于底层的股权资本和上层的优先债(高级债)之间,因而称为"夹层"。与风险投资不同的是,夹层投资很少寻求控股,一般也不愿长期持有股权,更倾向于迅速地退出私募股权投资。当企业在两轮融资之间,或者在希望上市之前的最后冲刺阶段,资金处于青黄不接的时刻,夹层投资者往往就会从天而降,带给企业最需要的现金,然后在企业进入新的发展期后全身而退。这也是它被称为"夹层"投资的另一个原因。夹层投资的操作模式风险相对较小,因此寻求的回报率也低一些,一般在18%~28%。

▶ 5. Pre-IPO 投资

Pre-IPO 投资主要投资于企业上市前阶段,或者预期近期上市的、企业规模与盈利已达到可上市水平的企业,其退出方式一般为上市后从公开资本市场上出售股票。一般而言,Pre-IPO 投资者主要有投行型投资基金和战略型投资基金两类。投行型投资基金如高盛、摩根士坦利等投资基金,它们具有双重身份——既是私募股权投资者,又是投资银行家。作为投资银行家,他们能够为企业的 IPO 提供直接的帮助;而作为私募股权投资者,则为企业的股票进行了价值"背书",有助于提升公开市场上投资者对企业股票的信心,因此投行型投资基金的引入往往有助于企业股票的成功发行。战略型投资基金，致力于为企业提供管理、客户、技术等资源，协助企业在上市之前建立起规范的法人治理结构，或者为企业提供专业的财务咨询。Pre-IPO 投资具有风险小、回收快的优点，并且在企业股票受到投资者追崇的情况下，可以获得较高的投资回报。

▶ 6. PIPE 投资

PIPE 是 private investment in public equity 的缩写，意为上市后私募投资，它是指投资于已上市公司股份的私募股权投资，以市场价格的一定折价率购买上市公司股份以扩大公司资本的一种投资方式。PIPE 投资分为传统型和结构型两种形式，传统型 PIPE 由发行人以设定价格向 PIPE 投资人发行优先股或普通股，结构型 PIPE 则是发行可转换为普通股或者优先股的可转债。相对于二次发行等传统的融资手段，PIPE 融资成本和融资效率相对较高，监管机构的审查较少，而且不需要昂贵的路演成本，这使得获得资本的成本和时间都大大降低。PIPE 比较适合一些不希望应付传统股权融资复杂程序的、快速成长为中型企业的上市公司。

（二）按基金组织形式分类

▶ 1. 公司制

公司制私募基金设立的法律依据主要是《公司法》及相关配套规定，其最大特点在于有限责任制，所有投资人均作为股东以其出资额为限对公司债务承担有限责任，如图 9-3 所示。

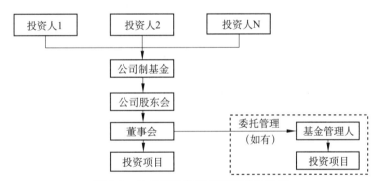

图 9-3　公司制私募股权投资基金组织

在经营管理过程中，公司制基金的重大事项依据《公司法》和公司章程规定的董事会或股东会决策机制做出决策。由于《公司法》立法较早，相关规定也较为完善成熟，因此公司制基金的模式在市场上较为容易被接受。

但公司制私募基金也存在缺点：

(1) 先退出项目的本金返还投资人需要按减资操作，涉及修改公司章程、债权人公告和工商注册变更等手续。

(2) 根据《公司法》，公司制基金的清算程序较为复杂。

(3) 对于其个人股东而言，公司制基金存在双重征税的弊端，需考虑公司层面的税负和投资者（股东）层面的税负成本。

自然人投资人通过公司制基金进行投资存在双重税负，综合税负大致可估算为 25%（企业所得税）+75%×20%（个人所得税）=40%。该税负高出个人直接进行股权投资的税负（20%），也高出个人通过合伙企业进行股权投资的税负（5%～35%）。

▶ 2. 合伙制

私募股权投资机构一般采取有限合伙制、普通合伙制两类合伙制组织形式。事实证明，合伙制企业是国际私募股权投资基金采用最多的形式，而有限合伙制是更普遍的形式，美国80%的私募股权投资基金采用了这种形式。

在普通合伙制中，所有的合伙人都要对企业承担无限责任；而在有限合伙制中，则将合伙人分为仅以出资为限承担责任的有限合伙人和承担无限责任的普通合伙人。与公司制相比，合伙制具有如下优点：①决策快捷、灵活，公司制在项目投资决策上要经过部门、总经理、董事会、股东会层层上报审批，而合伙制只需执行的合伙人决策即可；②资金使用无限制，按我国的法律规定，公司制企业只能就其净资产的40%对外投资，合伙企业则没有这种限制；③管理相对谨慎，基金的发起人作为普通合伙人，承担无限连带责任，面临随时破产的危险，于是会慎重选择合伙人，监督其他合伙人的不法行为，所以他们具有极强的风险意识；④税收节省，合伙制只需要合伙人缴纳个人所得税即可，不需缴纳企业所得税。

但有限合伙型私募基金的弊端在于有限合伙的相关法律法规较粗糙简单，且实操中，不同地方工商、税务等部门对于合伙制企业的监管口径亦存在较大差异。实践中绝大部分基金采用的是这类组织形式，如图9-4所示。

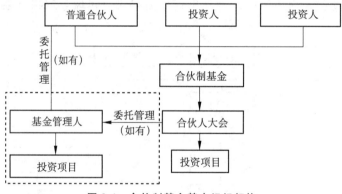

图 9-4　合伙制基金基本组织架构

▶ 3. 契约制

契约制私募基金是通过订立信托企业的形式设立的股权投资基金，不具有独立的法人实体地位，契约制基金的参与主体主要为基金投资者（必然当事人）、基金管理人（必然当事人）和基金托管人（非必然当事人），其基本组织架构如图9-5所示。

在内部决策上，基金合同当事人遵循平等自愿、诚实信用、公平原则订立基金合同，以契约方式订明当事人的权利和义务。在契约框架下，投资者通常作为委托人，把财产委托给基金管理人管理后，由基金管理人全权负责经营和运作，通常不设置类似合伙制基金常见的投资咨询委员会或顾问委员会，即使有设置，投资者也往往不参与其人员构成，契约制基金的决策权归属基金管理人。

在收益分配上，均可通过契约约定，但在实务中相关约定同样需参照现行行业监管和业务指引的要求。在税负方面，《证券投资基金法》第8条规定，基金财产投资的相关税收，由基金份额持有人承担，基金管理人或者其他扣缴义务人按照国家有关税收征收的规定代扣代缴，但进行股权投资业务的契约型股权投资基金的税收政策有待进一步明确。《信托法》及相关部门规章中并没有涉及信托产品的税收处理问题，税务机构目前也尚未出台关于信托税收的统一规定。实务中,信托计划、资管计划以及契约制基金通常均不作为课税主体,也无代扣代缴个税的法定义务,由投资者自行缴纳相应税收。由于相关税收政策可能最终明确,并与现行的实际操作产生影响,中国证券投资基金业协会要求私募基金管理人需通过私募投资基金风险揭示书等,对契约制基金的税收风险进行提示。

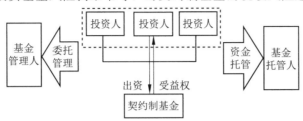

图9-5 契约制私募股权投资基金组织形式

较于合伙制和契约制结构,公司制基金的历史最为悠久,法律环境更为健全,组织机构更为完整,管理系统更为规范。但在日常实务操作中,公司制基金运作的灵活度不如合伙制、契约制基金,税收方面可能存在双重缴税的情形,因此并不是大部分私募管理人的选择。

有限合伙制基金不具有独立的法人实体地位,但在日常实务操作中,较为灵活,在基金层面可能需要缴纳增值税及所得税。契约制基金同样不具有独立的法人实体地位,设立快捷方便,在实务中,基金层面非课税主体,无代扣代缴个税的法定义务,均由投资者自行缴纳相应税收。但由于相关税收政策可能会最终明确,存在一定税收风险。

从我国的私募股权投资基金的组织形式来看,在新《合伙企业法》执行之前,公司制是国有资金为主的投资基金选择的形式,因为公司制有规范的管理、完善的市场法律体制,便于国家规制和调控,便于透明管理和使用国家投入的资金,应该说更有利于国有资产的保值增值。在新《合伙企业法》增加了有限合伙制度之后,越来越多的中国私募股权投资基金采取合伙制形式。中国私募股权投资基金市场也逐渐呈现这样的形式格局:以海外资金为主的私募股权投资基金采用合伙制形式,以国内民间资本为主的私募股权投资基金用契约制形式,以国有资金为主的私募股权投资基金会更多采用公司制形式。

五、私募股权投资对企业发展的重要作用

(一)拓宽融资渠道

私募股权投资作为一种新型的投资机制,能够对那些传统信贷缺乏兴趣,而确有发展潜力的中小企业提供资助,支持其创业和发展,在一定程度上解决中小企业融资难的问题。此外,私募机构在外部资源获得方面有便捷的渠道,能够为中小企业提供多种筹资方式,极大地扩展了中小企业的融资途径。

(二)完善公司治理结构

(1)私募股权投资能减轻中小企业信息不对称问题。投资前,私募股权投资机构能够通过深入的调查降低信息不对称;投资后,私募股权投资进一步掌握企业的信息并对其进行监督,为了自身利益私募股权投资者会利用自身经验和管理技术上的优势支持企业的发展,完善企业治理结构,促进企业更快发展。

(2)私募股权投资能帮助中小企业建立合理的股权结构。

(3)私募股权投资能建立良好的激励和约束机制,从而缓解中小企业人才流失现象。

(三)优化资源配置

首先,私募股权投资能促进企业优胜劣汰,提高产业运营效率和质量。其次,私募股

权投资能改善企业的资产素质。用私募股权基金取代部分的银行贷款,不仅改善了企业的资产结构和运营资源,也有助于提升企业经营业绩,并使企业在从事中长期发展项目时获得有利支点。

(四) 缓解委托代理问题

私募股权投资基金作为专业化投资中介机构的实质是用投资者与基金管理人之间的委托—代理关系替代了投资者与所投资企业之间的委托—代理关系。首先,可以发挥基金的资金规模优势,它们一般对所投资企业拥有控制权,因此能够对企业形成更有力的监督;其次,基金管理人能够发挥他们的专业优势,通过设计不同的金融工具、资金供给方式,以及制定复杂的合同条款,甚至直接参与管理来对所投资企业形成激励与约束机制,从而减轻二者之间的委托—代理问题。

第二节 私募股权投资的运作

一、私募股权投资的主要参与者

参与私募股权投资运作链条的市场主体主要包括被投资企业、基金管理公司、基金投资者以及中介服务机构。

▶ 1. 被投资企业

被投资企业都有一个重要的特性——需要资金和战略投资者。企业在不同的发展阶段需要不同规模和用途的资金:创业期的企业需要启动资金;成长期的企业需要筹措用于规模扩张及改善生产能力所必需的资金;改制或重组中的企业需要并购、改制资金的注入。面临财务危机的企业需要相应的周转资金渡过难关;相对成熟的企业上市前需要一定的资本注入以达到证券交易市场的相应要求;即使是已经上市的企业仍可能根据需要进行各种形式的再融资。

▶ 2. 基金管理公司

私募股权投资需要以基金的方式作为资金的载体,通常由基金管理公司设立不同的基金募集资金后,交由不同的管理人进行投资运作。基金管理人是基金管理公司的主要组成部分,他们通常是有丰富行业投资经验的专业人士,专长于某些特定的行业及处于特定发展阶段的企业,他们经过调查和研究后,凭借敏锐的眼光将基金投资于若干企业的股权,以求日后退出并取得资本利得。

▶ 3. 基金投资者

只有具备私募股权投资基金的投资者,才能顺利募集资金成立基金。投资者主要是机构投资者,也有少部分的富有个人,通常有较高的投资者门槛。在美国,公共养老基金和企业养老基金是私募股权投资基金最大的投资者,两者的投资额占到基金总金额的30%～40%。机构投资者通常对基金管理公司承诺一定的投资额度,但资金不是一次到位,而是分批注入。

▶ 4. 中介服务机构

随着私募股权投资基金的发展和成熟,各类中介服务机构也随之成长和壮大起来。

(1) 专业顾问公司。专业顾问公司为私募股权投资基金的投资者寻找私募股权投资机会,专业的顾问公司在企业运作、技术、环境、管理、战略及商业方面卓越的洞察力为它们赢得了客户的信赖。

(2) 融资代理商公司。融资代理商管理整个筹资过程,虽然许多投资银行也提供同样的服务，但大多数代理商是独立运作的。

（3）市场营销、公共关系、数据及调查机构。在市场营销和公共事务方面，有一些团体或专家为私募股权投资管理公司提供支持，而市场营销和社交战略的日渐复杂构成了私募股权投资基金管理公司对于数据和调研的庞大需求。

（4）人力资源顾问。随着私募股权投资产业的发展，其对于人力资源方面的服务需求越来越多，这些代理机构从事招募被投资企业管理团队成员或者基金管理公司基金经理等主管人员的工作。

（5）股票经纪人。除了企业上市及售出股权方面的服务，股票经纪公司还为私募股权投资基金提供融资服务。

（6）其他专业服务机构。私募股权投资基金管理公司还需要财产或房地产等方面的代理商和顾问、基金托管方、信息技术服务商、专业培训机构、养老金和保险精算顾问、风险顾问、税务以及审计事务所等其他专业机构的服务。中介服务机构在私募股权投资市场中的作用越来越重要，它们帮助私募股权投资基金募集资金、为需要资金的企业牵线搭桥，还为投资者对私募股权投资基金的表现进行评估，中介服务机构的存在降低了私募股权投资基金相关各方的信息成本。

二、私募股权投资的操作流程

不同于大多数其他形式的资本，也不同于借贷或上市公司股票投资，私募股权投资基金经理或管理人为企业投资的同时，还提供管理技术、企业发展战略及其他的增值服务，是一项带有战略投资初衷的长期投资，当然其运作流程也会是一个长期持久的过程。国内私募股权投资基金和海外的创业投资基金的运作方式基本一致，即基金经理通过非公开方式募集资金后，将资金投于非上市企业的股权，并且管理和控制所投资的公司使该公司最大限度地增值，待公司上市或被收购后撤出资金，收回本金及获取收益。其投资运作基本都是按照一系列的步骤完成的，从发现和确定项目开始，然后经历谈判和尽职调查，确定最终的合同条款、投资和完成交易，并通过后续的项目管理，直到投资退出获得收益。当然，不同私募股权投资基金的特点不同，在工作流程上会稍有差异，但基本大同小异。

▶ 1. 寻找项目

私募股权投资成功的重要基础是如何获得好的项目，这也是对基金管理人能力的最直接的考验，每个经理人均有其专业研究的行业，而对行业企业更为细致的调查是发现好项目的一种方式。另外，与各公司高层管理人员的联系以及广大的社会人际网络也是优秀项目的来源之一，如投资银行、会计师事务所和律师事务所等各类专业的服务机构，都可能提供很多有价值的信息。当然，通常最直接的方法是获得由项目方直接递交上来的商业计划书。在获得相关的信息之后，私募股权投资公司会联系目标企业表达投资兴趣，如果对方也有兴趣，就可进行初步评估。

▶ 2. 初步评估

项目经理认领到项目后，正常情况下应在较短期内完成项目的初步判断工作。项目经理在初步判断阶段会重点了解以下方面：注册资本及大致股权结构（种子期未成立公司可忽略）、所处行业发展情况、主要产品竞争力或盈利模式特点、前一年度大致经营情况、初步融资意向和其他有助于项目经理判断项目投资价值的企业情况。初步判断是进一步开展与公司管理层商谈以及尽职调查的基础。在初步评估过程中，需要与目标企业的客户、供货商甚至竞争对手进行沟通，并且尽可能地参考其他公司的研究报告。通过这些工作，私募股权投资公司会对行业趋势、投资对象所在的业务增长点等主要关注点有一个更深入的认识。

▶ 3. 尽职调查

通过初步评估之后，投资经理会提交《立项建议书》，项目流程也进入了尽职调查阶段。因为投资活动的成败会直接影响投资和融资双方公司今后的发展，故投资方在决策时一定要清晰地了解目标公司的详细情况，包括目标公司的营运状况、法律状况及财务状况。尽职调查的目的主要有三个：发现问题，发现价值，核实融资企业提供的信息。

在这一阶段，投资经理除聘请会计师事务所来验证目标公司的财务数据、检查公司的管理信息系统以及开展审计工作外，还会对目标企业的技术、市场潜力和规模以及管理队伍进行仔细的评估，这一程序包括与潜在的客户接触，向业内专家咨询并与管理队伍举行会谈，对资产进行审计评估。它还可能包括与企业债权人、客户、相关人员如以前的雇员进行交谈，这些人的意见会有助于投资机构做出关于企业风险的结论。项目经理会根据尽职调查要素表的各项内容开展调查工作，并根据部门授权的投资方案与项目方决策人进行商务谈判并敲定主要投资条款。

▶ 4. 设计投资方案

尽职调查后，项目经理应形成调研报告及投资方案建议书，提供财务意见及审计报告。投资方案包括估值定价、董事会席位、否决权和其他公司治理问题、退出策略、确定合同条款清单等内容。由于私募股权投资基金和项目企业的处罚点和利益不同，双方经常在估值和合同条款清单的谈判中产生分歧，解决分歧的技术要求很高，需要谈判技巧及会计师和律师的协助。

▶ 5. 项目投资和管理

投资者一般不会一次性注入所有投资，而是采取分期投资方式，每次投资以企业达到事先设定的目标为前提，这就构成了对企业的一种协议方式的监管。这是降低风险的必要手段，但也增加了投资者的成本。在此过程中不同投资者选择不同的监管方式，包括采取报告制度、监控制度、参与重大决策和进行战略指导等。另外，投资者还会利用其网络和渠道帮助企业进入新市场、寻找战略伙伴以发挥协同效应和降低成本等方式来提高收益。

▶ 6. 项目退出

私募股权投资的退出，是指基金管理人将其所有的所投资企业的股权在市场上出售以收回投资并实现投资的收益。私募股权投资基金的退出是私募股权投资环节中的最后一环，该环节关系到其投资的收回以及增值的实现。私募股权投资的目的是获取高额收益，而退出渠道是否畅通是关系到私募股权投资是否成功的重要问题。因此，退出策略是私募股权投资基金者在开始筛选企业时就需要注意的因素。

从寻找项目开始到退出项目结束，就完成了私募股权投资的一个项目的全过程。在现实中，投资机构可能同时运作几个项目，但基本上每个项目都要经过以上几个流程。

三、项目评估标准

对于私募股权投资基金来说，寻找好的企业、好的经营者或管理团队是非常具有挑战性的工作。寻找项目、初步评估和尽职调查是私募股权投资的基础，通过这三者的考验是投资能够进行的前提。在整个项目评估过程中，每个基金的偏好不同，其评估标准会有所不同，但一般遵循以下标准。

（一）企业和产品具有高成长性

首先，企业具有高成长性，即公司能在较短时间内达到一定经营规模；其次，拟投资的企业必须具有一定的竞争优势，如先进的技术优势或在行业领域中处于较领先的地位；最后企业要有好产品。好产品必须具备如下特征：①它不仅要能满足市场的现有需求，而且还要能够满足市场的潜在需求；②它必须具有独特性，具有良好的扩展性、可靠性和维护性，能够满足人们的某些特殊需求，从而能够在市场中获得独占或领先的地位；③它所服务的市场规模要足够大，这样才能为企业的高成长性奠定基础；④它必须是不易被模仿的，一个产品（或服务）对市场需求的满足性非常好，而且独特性也非常强，但如果它容易被模仿和替代，就很难保持其市场地位。

（二）企业面对的市场足够好

一个好的市场是成就好产品的首要条件。

企业所面对的市场最好能够：①为风险产品提供规模足够大的发展空间；②本身具有高成长性；③对即将进入市场的产品（或服务）很容易接受，并且同时又能对产品（或服务）跟随者的模仿形成很高的壁垒；④保持一定的竞争水平，企业所面对的竞争即包括同类产品的竞争，同时也包括替代品的竞争等。

（三）具有优秀企业家团队

"宁可投资一流的人才、二流的技术，也不投资一流的技术、二流的人才"，这句私募股权投资的口号足以见得企业管理团队的重要性。

对企业的领头人也即企业家的评估中，要求其必须具备以下素质：①战略思想，企业家的战略思想一般体现在企业文化和经营理念中，所以，选择具有长远发展战略眼光的企业家，对保障投资的未来预期收益将起到非常重要的作用；②整合资源能力，包括经营管理能力、市场营销能力、市场应变能力、公共关系能力、风险预见和防范能力和技术创新能力等；③个人品质，一个具有良好个人品质的企业家应该是忠诚正直、敢于承担责任、机智敏锐、信念坚定、坚韧不拔、精力充沛、乐观豁达而又务实的。

（四）企业财务状况良好

没有财务规划的企业是没有财务方向的企业。对中小企业进行财务状况分析与评价至少应当考虑以下几个方面：

(1) 企业目前资产负债状况与股权比例；

(2) 企业最近三年资产负债与股权变动情况；

(3) 提供投资后的资产负债与股权比例；

(4) 资金运用计划；

(5) 有关损益与现金流量的盈亏平衡；

(6) 其他融资计划；

(7) 利润预测与资产收益分析；

(8) 投资者回收资金的可能方式、时机与获利情形等。

以国内一家知名私募股权投资机构的情况为例。这家私募股权投资机构把投资对象定位为"拟在中小板或创业板上市的具有细分市场龙头地位的中小科技型企业"。

在项目选择上，这家私募股权投资机构强调产品化和市场化原则，摒弃那些表面技术先进，但市场前景差、转化周期过长的技术和项目，并主要关注目标项目的三大特点：具有国际领先的技术水平、满足我国本土市场的成长性需求、性能可以替代国外先进产品但成本较低。至于项目投资标准，以中小型资本市场标准，创新、创业、创利以及成长性为标准，单一项目拟投资规模在3 000万～6 000万元之间，投资市盈率不高于发行前一年度的10倍，发行前一年的净利润在3 000万元左右，投资股权比例在10%～30%之间。

四、投后管理阶段

私募股权投资基金的投后管理关系到投资项目的发展和退出方案的实现，投后管理的目的是从主动层面减少或消除潜在的投资风险，实现投资的保值增值。

投后管理是指股权投资基金与被投资企业签署正式投资协议之后，基金管理人积极参与被投资企业的重大经营决策，为被投资企业实施风险监控，提供各项增值服务的一系列活动。

（一）私募股权投资投后信息获取

投后信息获取的主要渠道包括参与被投资企业股东大会、董事会、监事会，查阅被投资企业经营状况的报告。

管理人应密切关注企业出现的下列问题：支付延误、亏损、财务报表呈报日期延误、财务报表质量不佳、资产负债表项目出现重大变化、企业家回避接触、出现大量财产被盗情形、管理层出现变动、销售及订货出现重大变化、存货变动异常、缺少预算和计划、会计制度变化、失去重要客户和供应商、劳工问题、市场价格和份额变化；也应密切关注企业生产所需技术的变化、企业所处行业的变化、政府政策的变动等外部预警信号。

同时做好日常联络和沟通工作，采取电话或会面、到企业实地考察等方式与被投资企业主要管理人员进行交谈和接触。

（二）私募股权投资投后管理的目标

私募股权投资基金实施投后管理的总体目标是规避投资风险，加速风险资本的增值过程，追求最大的投资收益。为了达到总体目标，私募股权投资基金要根据已投资企业情况制定各个投后管理阶段的可操作性强、易于监控的目标。

分时期来看，投后管理前期的目标应是深入了解被投资企业，与私募股权投资管理专家建立相互之间的默契，尽可能地达成一致的经营管理思路及企业管理形式，实现企业的蜕变，达到企业规范管理的目标。投后管理中期的目标则是通过不断地帮助被投资企业改进经营管理，控制风险，推动被投资企业健康发展。

（三）私募股权投资投后管理的内容

▶ 1. 基金投后管理之监控

项目监控活动包括及时了解被投资企业经营运作情况，并根据不同情况采取必要措施，保证资金安全；在项目监控方面，主要关注经营指标、管理指标、财务指标和市场信息追踪指标。

（1）经营指标。经营指标包括业绩指标与成长指标，对于业务和市场已经相对成熟稳定的企业，侧重于业绩指标，如净利润；对于尚在积极开拓市场的企业，侧重于成长指标，如销售额增长、网点建设、新市场进入等。

（2）管理指标。管理指标主要包括公司战略与业务定位、经营风险控制情况、股东关系与公司治理、高级管理人员尽职与异动情况、重大经营管理问题、危机事件处理情况等。

（3）财务指标。财务指标主要包括资金使用情况、三大财务报表、会计制度与重大财务方案、进驻财务监督人员的反馈情况等。

（4）市场信息追踪指标。市场信息追踪指标主要包括产品市场前景和竞争状况、产品销售与市场开拓情况、第三方了解的企业经营状况、相关产业动向及政策变动情况等。

▶ 2. 基金投后管理之增值服务

提供增值服务是为了提升被投资企业自身价值，增加投资方的收益。

增值服务主要包括以下内容。

(1) 提供合理化建议,帮助被投资企业逐步建立规范的公司治理结构。

(2) 建立规范的会计账户处理流程,协助建立以规范管理、控制风险为基本理念的现代财务管理体系。

(3) 提供战略、组织、财务、人力资源、市场营销等方面的顾问建议。

(4) 利用自己在资本市场上的关系网络联合其他投资机构一起投资,股权投资基金还和投资银行及证券基金公司联系密切,能够帮助企业选择合适的时机上市或者发行债券。

(5) 为被投资企业引入重要的战略合作伙伴和外部专家。包括帮助其寻找供应商、产品经销商,挑选会计师事务所、律师事务所,帮助被投资企业聘请管理咨询公司等。

(6) 为被投资企业寻找关键人才。

▶ 3. 基金投后管理之辅导

股权投资基金为了实现资本增值,要参与被投资企业的资本运营,帮助被投资企业进行一系列并购或上市前的准备工作,引入证券公司开展上市辅导工作,并利用自己在资本市场的资源,推荐并购或上市。

五、退出渠道

投资退出是私募股权投资的最终目标,也是实现盈利的重要环节。

投资的退出需要借助资本经营手段来完成。一般而言,私募股权投资基金的退出有三种方式,即首次公开上市(IPO)、股权出售(包括回购)及企业清算。

公开上市是私募股权投资基金最佳的退出方式,可以使其持有的不可流通的股份转变为上市公司股票,实现具有流动性的盈利;股权出售则包括股权回购、管理层收购和其他并购方式;企业清算则是在投资企业未来收益前景堪忧时的退出方式。

(一) 首次公开上市

首次公开上市是私募股权投资基金最向往的退出方式,它可以给私募股权投资基金人和被投资企业带来巨大的经济利益和社会效益。私募股权投资在基金的发展史中,IPO 拥有令人骄傲的历史记录。

在美国,成功 IPO 的公司中很多都有私募股权投资的支持,如苹果、微软、雅虎和美国在线等全球知名公司;国内的例子有分众传媒、携程网和如家快捷等,这些企业的上市都给投资者带来了巨额的回报。

当然,企业管理层也很欢迎这种退出方式,在项目公司 IPO 之前的一两年,必须做大量的准备工作,要将公司的经营管理状况、财务状况和发展战略等信息向外公布,使广大投资者了解公司的真实情况,以期望得到积极评价,避免由于信息不对称引起股价被低估。相比于其他退出方式,IPO 的手续比较烦琐,退出费用较高,IPO 之后存在禁售期,这加大了收益不能变现或推迟变现的风险。

(二) 股权出售

股权出售是指私募股权投资者将其所持有的企业股权出售给任何其他人,包括二手转让给其他投资机构、整体转让给其他战略投资者、所投资企业或者该企业管理层从私募股权投资机构手中赎回股权(即回购)。

选择股权出售方式的企业一般达不到上市的要求,无法公开出售其股份。尽管收益通常不及 IPO 退出,私募股权投资基金投资者往往也能够收回全部投资,还可获得可观的收益。在德国,私募股权投资基金的融资资金主要来源于银行贷款,退出渠道也因此被限定于股权回购和并购,这两种退出方式与 IPO 相比,投资者获得的收益较少。同样,日本的大部分融资渠道都是银行,和德国一样面临着退出渠道受限和控制权配置的问题。

(三) 企业清算

企业清算是私募股权投资基金在投资企业无法继续经营时通过清算公司的方式退出投资,这是投资退出的最坏结果,往往只能收回部分投资。

清算包括自愿性清算与非自愿性清算两种形式。自愿性清算指当出售一个公司的资产所得超过其所发行的证券市场价值时,清算对股东来说可能是最有利的资产处置方式;非自愿性清算是指公司濒临破产边缘,公司发生严重的财务危机而不得不出售现有资产以偿还债务,由清算组接管,对企业财产进行清算、评估、处理和分配。

六、私募股权投资的风险管理

私募股权投资是一项长期投资,从发现项目、投资项目,到最后实现盈利并退出项目需要经历一个长久的过程,在整个项目运作过程中存在很多风险,如价值评估风险、委托代理风险和退出机制风险等,投资机构需要对这些风险进行管理。

(一) 私募股权投资的风险

在私募股权投资中,由于存在较高的委托代理成本和企业价值评估的不确定性,使得私募股权投资基金具有较高的风险。其风险问题主要包括以下几类。

▶ 1. 全球经济变化的风险

经济发展存在周期性变动,这是一个常识。当全球经济处在扩张时期时,大多数经济体都会跟着经济大潮的高涨而高涨。

但是全球经济出现衰退的时候,投资者也不得不接受一个较低的收益率,尽管私募股权投资基金可能在全球配置它的资产,但仍然无法摆脱全球经济变化的风险。

▶ 2. 全球资本市场变动的风险

私募股权投资的本质是金融投资,当全球资本市场出现变动时,对该行业的影响是非常巨大的。全球资本市场的变动对私募股权投资基金的影响体现在以下三个方面。

(1) 私募股权投资基金需要融资,因此当资本市场银根紧缩的时候,私募股权投资基金通常难以获得低价的融资,从而直接提高了私募股权投资基金的成本。比如从 2007 年开始的美国次贷危机,一度导致银行减少了贷款的发放,让不少私募股权投资基金的交易随之搁浅。但随后美联储联合其他几国的央行向资本市场注入了大量的流动性资金,并且下调了基础利率,从而在某种程度又降低了私募股权投资基金的融资成本。

(2) 私募股权投资基金也经常通过资本市场退出,如果资本市场低迷,好生意也可能卖不出好价钱。比如中国的 A 股市场,在 2011 年至 2012 年市场低迷的时候,市场上大部分股票的平均市盈率只有二十几倍,而到了 2015 年行情火爆的时候,市场的平均市盈率涨到了 50 倍以上。那么同样一家符合上市条件的企业,如果在 2012 年 A 股上市,可能市值不到 2015 年上市的一半。

(3) 由于私募股权投资基金实际上也是一种投资工具,所以私募股权投资基金和资本市场的其他投资工具之间有一种微妙的替代关系。比如在股市火爆的时候,很多人把时间和精力投入到暴利的股票市场,这就降低了投资者对私募股权投资基金的热情。但是如果大家都关注股票,反而有利于私募股权投资基金在一个相对缺乏竞争的环境中去寻找好的投资机会。

▶ 3. 政策性风险

全球性风险在哪里都会出现,而政策性风险只会出现在某个地区。当然这个地区的范围可能很大也可能很小。比如一个地区如果取消了在该地区注册的私募股权投资基金的税收优惠，那么仅仅对于在本地的私募股权投资基金的收益造成影响，而美国的货币政策将会对全世界的每一个地区都造成影响。

政策性风险随时可能发生，影响也是多方面的，尤其是在中国的私募股权投资基金，更应该注意政策性风险。

▶ 4. 行业风险

私募股权投资基金所投资的企业所处的行业也可能面临风险，如今的中国处在经济转型时期，传统行业日益凋零，新的经济增长引擎并未出现，私募股权投资基金如果投资的行业不好，将会面临很大的亏损风险。

▶ 5. 企业运营风险

当私募股权投资基金参股一家企业后，企业运营的失败将会直接给私募股权投资基金带来损失，很多人会有这样的疑问，干私募股权投资基金的人不就是要帮助企业做好，才赚到钱的吗？但事实并不是这样，对于一些比较小的投资，私募股权投资基金通常不会非常关注投资企业的运作。有的研究推算过，如果一个投资人要在3～5年内做出五个投资决定，他最多每年只有几天的时间可以用于关注他已经投资的企业。因此，指望私募股权投资基金的管理人直接管理他投资的项目是不切实际的。即使私募股权投资基金管理人有时间，也未必有足够的知识和能力把企业做好。

私募股权投资基金能为企业提供的并不是确定成功的保障，它通常只能为企业提供一些有价值的帮助，而企业经营的好坏基本上还是取决于企业管理层的努力。所以并不是所有的私募股权投资基金都有足够的能力做好旗下企业的经营。

▶ 6. 相关法律风险

私募股权投资基金的法律风险，是指私募股权投融资操作过程中相关主体不懂法律规则、疏于法律审查、逃避法律监管所造成的经济纠纷和涉诉给企业带来的潜在或已发生的重大经济损失。

法律风险的原因通常包括违反有关法律法规、合同违约、侵权、怠于行使公司的法律权利等。法律风险的具体内容包括债务拖欠、合同诈骗、盲目担保、公司治理结构软化、监督乏力、投资不做法律可行性论证等，其潜在的法律风险和经济损失则不计其数。

私募股权投资基金的法律风险包括以下六类。

（1）合同法律风险。私募股权投资基金与投资者之间签订的管理合同或其他类似的投资协议，往往存在保证资金安全、保证收益率等不受法律保护的条款。此外，私募股权基金投资协议缔约不能、缔约不当与商业秘密保护也可能带来合同法律风险。

私募股权投资基金与目标企业谈判的核心成果是投资协议的订立，这是确定私募股权投资基金方向与双方权利义务的基本法律文件。在此过程中，会涉及三个方面的风险：①缔约不能的法律风险；②谈判过程中所涉及技术成果等商业秘密保护的法律风险；③缔约不当的法律风险。这些风险严格而言不属于合同法律风险，而是附随义务引起的法律风险。

（2）操作风险。虽然中国私募股权投资基金的运作与现有法律并不冲突，但在实施过程中缺乏具体的法规和规章，导致监管层与投资者缺乏统一的观点和做法，部分不良私募股权投资基金或基金经理存在暗箱操作、过度交易、对倒操作等侵权违约或者违背善良管理人义务的行为，这些都将严重侵害投资者利益。

（3）知识产权法律风险。私募股权投资基金选择的项目如果看中的是目标企业的核心技术，则应该注意核心技术的知识产权是否存在法律风险，有关知识产权的法律风险包括以下几个方面：①持有由目标公司和其附属机构拥有或使用的商标、服务标识、商号、著作权、专利和其他知识产权；②涉及特殊技术开发的作者、提供者、独立承包商、雇员的姓名清单和有关雇佣开发协议文件；③为了保证专有性秘密而不申请专利的非专利保护的专有产品；④公司知识产权的注册证明文件，包括知识产权的网内注册证明、省内注册证明和国外注册证明；⑤正在向有关知识产权注册机关申请注册的商标、服务标识、著作权、专利的文件；⑥正处于知识产权注册管理机关反对或撤销程序中的知识产权的文件；⑦需要向知识产权注册管理机关申请延期的知识产权的文件；⑧申请撤销、反对、重新审查已注册的商标、服务标识、著作权、专利等知识产权的文件；⑨国内或国外拒绝注册的商标、服务标识权利主张，包括法律诉讼的情况；⑩其他影响目标企业或其附属机构的商标、服务标识、著作权、专有技术或其他知识产权的协议，所有的商业秘密、专有技术秘密、雇佣发明转让或者其他目标企业及其附属机构作为当事人并对其有约束力的协议，以及与目标企业或其附属机构或第三者的知识产权有关的协议。

此外，创业者与原单位的劳动关系问题，原单位的专有技术和商业秘密的保密问题以及遵守同业竞争禁止的约定等，都有可能引发知识产权纠纷。若其对核心技术的所有权上存在瑕疵（如该技术属于创业人员在原单位的职务发明），显然会影响风险资本的进入，甚至承担违约责任或缔约过失责任。对于这一风险，企业一定要通过专业人士的评估，确认核心技术的权利归属。

(4) 律师调查不实或法律意见书失误法律风险。私募股权投资基金一旦确定目标企业之后，就应该聘请专业人士对目标企业进行法律调查。因为在投资过程中双方处于信息不对称的地位，所以法律调查的作用在于使投资方在投资开始前尽可能多地了解目标企业各方面的真实情况，发现有关目标企业的股份或资产的全部情况，确认他们已经掌握的重要资料是否准确地反映了目标企业的资产负债情况，以避免对投资造成损害。

在私募股权投资中，如果目标企业为非上市企业，信息披露程度就非常低，投资者想要掌握目标企业的详细资料就必须进行法律调查，来平衡双方在信息掌握程度上的不平等，明确该并购行为存在哪些风险和法律问题，这样双方就可以对相关风险和法律问题进行谈判。

私募股权投资基金投资中律师调查不实或法律意见书失误引起的法律风险是作为中介的律师事务所等机构与投资机构及创业企业共同面对的法律风险。如果尽职调查不实，中介机构将承担相应的法律责任，投资机构可能蒙受相应损失，而创业企业则可能因其提供资料的不实承担相应的法律责任。

(5) 私募股权投资基金进入企业后的企业法律风险。私募股权投资基金进入企业后的企业法律风险主要包括：①日常经营过程中存在的风险；②管理引起的法律风险；③资金运用引起法律风险。

▶ 7. 退出机制中的法律风险

(1) 上市退出的法律风险。

目标企业股票发行上市通常是私募股权基金所追求的最高目标。股票上市后，投资者作为发起人在经过一段禁售期之后即可售出其持有的企业股票或者是按比例逐步售出持有的股票，从而获取巨额增值，实现成功退出。

目标企业上市主要通过两种方式：一种是直接上市，另一种是买壳上市。

直接上市的标准相对企业而言还过高，因此中国企业上市热衷于买壳上市。表面上看，买壳上市可以不必经过改制上市程序，能够在较短的时间内实现上市目标，甚至在一定程度上可以避免财务公开和补交欠税等监管。但从实际情况看，目前中国上市公司壳资源大多数债务或担保陷阱多，职工安置包袱重，如果买壳方没有对壳公司历史进行充分了解，没有对债权人的索债请求、偿还日期和上市公司对外担保而产生的一些负债等债务问题做充分调查，就会存在债权人通过法律手段取得上市公司资产或分割买壳方已经取得的股权，企业从而失去控制权的风险。

(2) 回购退出的法律风险。

回购退出方式（主要是指原股东回购、管理层回购）实际上是股权转让的一种特殊形式，即受让方是目标企业的原股东。有的时候是企业管理层受让投资方的股权，这时则称为管理层回购。

以原股东和管理层的回购方式退出，对投资方来说是一种投资保障，使得风险投资在股权投资的同时也融合了债权投资的特点，即投资方投资后对企业享有股权，同时在管理层或原股东方面获得债权的保障。

回购不能也是私募股权投资基金退出的主要法律风险，表现为私募股权投资基金进入时的投资协议中回购条款设计不合法或者回购操作违反《公司法》等法律法规。

(3) 清算退出的法律风险。

对于失败的投资项目来说，清算是私募股权投资基金退出的唯一途径，及早进行清算有助于投资方收回全部或部分投资本金。但在破产清算程序中还存在许多法律风险，包括资产申报、审查不实、优先权、连带债权债务等。

▶ 8. 价值评估带来的风险

在私募股权投资基金的运作过程中，对被投资项目进行的价值评估决定了投资方在被投资企业中最终的股权比重，过高地评估价值将导致投资收益率下降。

但由于私募股权投资的流动性差，未来现金流入和流出不规则，投资成本高，以及未来市场、技术和管理等方面可能存在很大的不确定性，使得投资的价值评估风险成为私募股权投资基金的直接风险之一。

▶ 9. 委托代理带来的风险

在私募股权投资基金中主要有两层委托代理关系：第一层是私募股权投资基金管理人与投资者之间的委托代理；第二层是私募股权投资基金与企业之间的委托代理。

第一层委托代理问题的产生主要是因为私募股权投资基金相关法律法规的不健全和对信息披露的要求低，这就不排除部分不良私募股权投资基金或基金经理存在暗箱操作、过度交易、对倒操作等侵权、违约或者违背善良管理人义务的行为，这将严重侵害投资人的利益。

第二层委托代理问题主要是道德风险问题，由于投融资双方的信息不对称，被投资方作为代理人与投资人之间存在利益不一致的情况，这就产生了委托代理中的"道德风险"问题，可能损害投资者的利益。这一风险，在某种程度上可以通过专业人士的帮助，制作规范的投融资合同并在其中明确双方权利义务来进行防范，如对投资工具的选择、投资阶段的安排、投资企业董事会席位的分配等内容做出明确约定。

(二) 私募股权投资的风险管理

私募股权投资是一种高收益的投资方式，伴随着高收益的是高风险。随着私募股权投资行业的不断发展，已经形成了许多行之有效的风险控制方法。

▶ 1. 合同约束机制

事前约定各方的责任和义务是所有商业活动都会采取的具有法律效力的风险规避措施。为防止企业做出不利于投资方的行为，保障投资方利益，投资方会在合同中详细制定各种条款，如肯定性和否定性条款、股份比例的调整条件条款、违约补救条款和追加投资的优先权条款等。

▶ 2. 分段投资

分段投资是指私募股权投资基金为有效控制风险，避免企业浪费资金，对投资进度进行分段控制，只提供确保企业发展到下一阶段所必需的资金，并保留放弃追加投资的权利和优先购买企业追加融资时发行股票的权利。如果企业未能达到预期的盈利水平，下一阶段投资比例就会被调整，这是监督企业经营和降低经营风险的一种方式。

▶ 3. 股份调整条款

与其他商业活动相同的是，私募股权投资在合同中可以约定股份调整条款来控制风险。股份调整是私募股权投资中重要的控制风险的方法，通过优先股和普通股转换比例的调整来相应改变投资方和企业之间的股权比例，以约束被投资企业做出客观的盈利预测、制定现实的业绩目标，同时也激励企业管理者勤勉尽责，追求企业最大限度的成长，从而控制投资风险。

▶ 4. 复合式证券工具

复合式证券工具通常包括可转换优先股、可转换债券和可认股债券等，它结合了债务投资和普通股股权投资的优点，可以有效保护投资者利益，分享企业成长。

第三节 私募股权投资在中国的发展

一、PE 基金与 VC 风险投资

风险投资，也称创业投资基金（venture capital，简称 VC）比 PE 基金更早走入中国人的视野。国际上著名的风险投资商如 IDG、软银、凯鹏华盈等较早进入中国，赚足了眼球与好交易。从理论上说，VC 与 PE 虽然都是对上市前企业的投资，但是两者在投资阶段、投资规模、投资理念上有很大的不同。一般情况下，PE 投资 Pre-IPO、成熟期企业；VC 投资创业期和成长期企业。

自 2012 年年底以来的 A 股 IPO 不通畅，到监管部门"推进股票发行注册制改革"政策的出台，VC/PE 机构以往逐利 IPO 的投资方式不再适用，靠被投资企业成长获利的投资策略开始受重视。因此出现了"PE 投资 VC 化、VC 投资天使化"的行业发展趋势。通常 PE 机构也会进行风险投资，创投机构也会进行 PE 投资，VC、PE 机构的界限不再清晰。因此此处以综合性的 VC、PE 机构所进行的风险投资、PE 投资来分析。

（一）PE/VC 常见的类型

（1）专门的独立投资基金，如凯雷（The Carlyle Group）、黑石（Black Stone）等；

（2）大型的多元化金融机构下设的直接投资部，如摩根（Morgan Stanley Asia）、高盛（Goldman Sachs Asia）、中信资本（CITIC Capital）等；

（3）由中方机构发起，外资入股，在海外设立的基金，如弘毅投资、鼎晖创投等；

（4）大型企业的投资基金，服务于集团发展战略和投资组合，如 GE 资本（GE Capital）、华澳投资等；

（5）政府背景的投资基金，如深创投、国开金融等。

PE/VC 常见类型如图 9-6 所示。

图 9-6　PE/VC 常见的类型

(二) 中国 PE 发展历程

▶ 1. 萌芽期

在中国，私募股权最早的历史可以追溯至 20 世纪 80 年代。1985 年，国家科学技术委员会（简称国家科委）和财政部联合几家股东共同投资设立了中国创业风险投资公司，扶持各地高科技企业的发展，成为第一家专营风险投资的股份制公司。

▶ 2. 初步发展期

随着 20 世纪 90 年代留学海外的学子陆续回国创业，在外资私募股权基金的支持下，百度、搜狐等知名科技公司从一大批同类中脱颖而出，成长为行业巨头。在这一过程中，外资私募股权基金伴随着这些 IT 和互联网类企业在美国上市，盈利丰厚。深圳市创新投资集团有限公司、深圳市达晨创业投资有限公司及上海创业投资有限公司等均在此阶段设立。

▶ 3. 波动期

2000 年以后受国际经济环境的影响及私募股权基金相关制度的缺失，私募股权基金的发展出现了一段时间的波折。2004 年，证监会正式同意深交所设立中小板，为私募股权投资机构提供了退出通道。

▶ 4. 快速发展期

2007 年 6 月 1 日新修订的《合伙企业法》开始施行，各地政府创业投资引导基金不断建立和社会民间资本参与创业的投资热情空前高涨，以及创业投资领域法律政策不断完善与发展，使国际私募股权基金普遍采用的有限合伙组织形式在中国得以实现，大力推动了私募股权投资行业在中国的发展，私募股权投资基金已成为仅次于银行贷款和 IPO 的重要融资手段。

2009 年，创业板的推出让更多企业以高市盈率发行上市，大批私募股权投资机构借助创业板退出，而获得高额回报。同一时期出台的 4 万亿元刺激政策，使得潜在投资人手中的可投资资金冲入，大批私募股权基金管理机构成立，行业井喷式增长。

▶ 5. 调整期

自 2011 年以来，受国内外宏观经济环境和资本市场的影响，行业平均退出回报率下降，同时 PE 行业也从大浪淘沙、野蛮生长阶段转为优胜劣汰的行业调整期。

2012 年 10 月到 2014 年 1 月 IPO 暂停。私募股权行业由于 IPO 暂停退出的预期不明朗而遇冷。但从 2014 年下半年起，资本市场开始暴涨，2015 年，移动互联网、人工智能等新兴技术崛起，受政府主导的"大众创业、万众创新"的鼓舞，资金面流动性充裕，促成了私募股权市场爆发式增长，互联网企业在境外火热上市，基金募集规模、募集数量大幅上升。

当然募资的火爆也伴随着弊端。随着 2015 年股灾的爆发、2018 年"资管新规"的出台，在金融去杠杆的背景下，影子银行信用收缩，银行的资金渠道被大幅切断，私募股权行业结束了非理性繁荣，企业估值下降，部分资产泡沫破裂，私募股权基金管理行业也出现了分化，不具备长期资产管理能力的私募股权基金管理人陆续退出历史舞台。

在我国私募股权市场由初级阶段向成熟市场进化的过程中，竞争加速和优胜劣汰不可避免，头部效应、强者恒强的局面也已然显现。2019年中国股权投资市场1%的基金总规模占全市场募资总量的25.5%；1%的企业融资金额占全市场投资总量的41.3%，"二八"效应凸显，市场加速分化。

时间到了2021年，这一年是中国私募股权基金具里程碑意义的一年，因为年内各资产类别的交易活动首次超过1 000亿美元。2022年上半年，中国股权投资基金新募集数量和金额分别达2 701只、7 724.55亿元人民币，人民币基金中大额基建和国资产业基金频频设立；同时受海外上市环境恶化等因素影响，外币基金募资持续放缓。投资方面，2022年上半年，中国股权投资市场投资步伐受疫情影响显著放缓，投资总量及金额分别为4 167起、3 149.29亿元人民币，尤以互联网、连锁及零售、食品及饮料领域投资下滑较为明显，而汽车、新能源等投资热度逆势增长。

我国PE发展历程如图9-7所示。

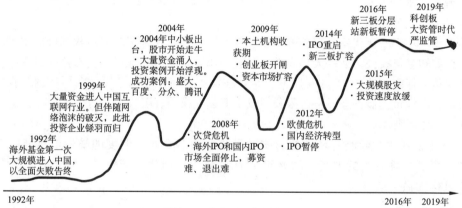

图9-7 中国PE发展历程

(三)中国私募股权投资市场发展的动力

中国PE市场发展的动力如图9-8所示。

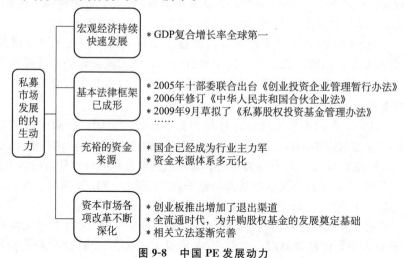

图9-8 中国PE发展动力

▶ 1. 宏观经济持续快速发展

我国自改革开放以来，经过 40 余年的发展已成为世界第二大经济体，特别是近年来，在党中央强有力的领导下，我国经济持续稳定恢复。我国经济对世界经济增长的贡献总体上保持在 30% 左右，国内生产总值（GDP）年复合增长率超 14%，稳居全球第一，中国经济是世界经济增长的最大引擎。2021 年，我国 GDP 达到 114.37 万亿元，比上年增长 8.1%。

我国宏观经济近年来一直保持高速增长态势，具有良好回报的企业大大降低了私募股权投资的风险，从而激励更多的社会资本参与到私募股权投资中来。此外，我国目前济转型时期的产业升级使得经济社会对新技术、新产品、新产业的需求空前增加。在战略性新兴产业崛起和产业优化升级的浪潮中，私募股权投资基金在相关行业中获得投资机会，并反过来推动这些行业的发展。

▶ 2. 基本法律框架已成形

经过多年探索，我国私募股权投资基金的监管已具备法律制度雏形。

2005 年十部委联合出台《创业投资企业管理暂行办法》；2006 年我国修订了《中华人民共和国合伙企业法》；2009 年 9 月草拟了《私募股权投资基金管理办法》；2012 年全国人大发布的《基金法》是私募领域内的最高层级法规；2014 年证监会发布的《私募投资基金监督管理暂行办法》是目前私募基金领域参照使用比较多的一部法规，确定了私募基金登记备案、合格投资者、资金募集、投资运作、行业自律、监督管理等方面的具体要求；2017 年国务院发布的《私募投资基金管理暂行条例（征求意见稿）》，被称为私募基金的上位法，已经连续好几年被纳入国务院的立法工作计划；2018 年央行、银保监会、证监会、外管局四部委联合发布《关于规范金融机构资产管理业务的指导意见》，也就是资管新规，它确立了资管产品的分类标准，打破刚性兑付，限制杠杆比例，抑制多层嵌套和通道业务等；2021 年证监会发布的《关于加强私募投资基金监管的若干规定》这是证监会第一次发布专门针对私募基金的此类规定，更加全面地规范了私募基金业务，其中最受行业关注的是，应当在私募管理人名称中标明"私募基金""私募基金管理""创业投资"等字样，私募管理人终于有了自己的名字；2022 年 11 月 20 日，中国证券投资基金业协会向私募管理人下发《关于规范私募证券基金管理人开展投资研究活动的通知》，核心是防范内幕交易和利益输送。

中基协发布的《私募基金管理人登记须知》《私募投资基金备案须知》《私募投资基金募集行为管理办法》《私募投资基金信息披露管理办法》《私募投资基金管理人内部控制指引》《基金从业人员管理规则》等，这些管理办法涵盖了内部控制、登记备案、从业人员、资金募集、信息披露等各个方面。2023 年 7 月，国务院发布《私募投资基金监督管理条例》，补齐了长期缺位的行政法规级别的私募法律规范，这是我国完善私募基金立法和监管规则体系的里程碑。

由此可见，我国私募市场发展的基本法律框架已经形成。政府引导私募投资发展不仅体现在资金上，更重要的是资本政策的倾斜，积极的货币政策和资本低利率的执行为其资本充足量奠定了基础。此外，新修改的《公司法》《信托法》《合伙企业法》给中国的私募股权发展提供了法律依据。

▶ 3. 充裕的资金来源

目前我国私募股权投资基金的出资人主要还是一些私营企业和富裕的个人；同时，在社保基金及风险企业的影响下，包括众多大型国企在内的央企早已成为国内 PE 募集资金的主要来源。近年来，政府引导基金逐渐成为私募股权投资基金募资的重要渠道，特别是"资管新规"出台，银行理财的募资渠道被阻断后。政府引导基金的设立从国家级到省、市、区级均有。

私募股权投资的资金来源逐步建立起一个包含社保基金、政府引导基金、保险资金、商业银行、证券期货资管计划、信托公司、市场化母基金、上市公司、国有企业、大型企业集团等企业投资者、高净值个人、家族办公室、财富管理机构、外资、其他渠道在内的充裕的多元化资金来源体系，更好地服务于国民经济的转型升级发展。

▶ 4. 资本市场各项改革不断深化

2019 年 7 月，上海证券交易所科创板正式开板，为国内尚未实现盈利的科技公司引入了新的融资渠道，标志着中国的经济转型朝正确方向又迈出了新的一步。2020 年年初出台的转板上市制度、推行创业板注册制等资本市场改革工作安排利好市场"投资—退出—再投资"良性循环的形成，发挥股权投资市场对中小企业、科创企业的支持作用，体现了监管层对长期投资、价值投资的差异化监管与针对性扶持。在政策的加码下，投资机遇向新经济领域集中，投早、投小、投未来成为主旋律。

二、券商直投

（一）券商直投业务的概念

券商直投是指券商通过各种方式进入实业投资领域。券商对非公开发行公司的股权进行投资，投资收益通过以后企业的上市或购并时出售股权兑现。目前，监管部门将国内证券公司直投业务范围限定为 Pre-IPO，即对拟上市公司的投资初步设定了投资期限不超过 3 年等规则。目前，券商仅能使用自有资金进行直接投资业务，自有资金的上限是证券公司净资本的 15%。

券商直投属于私募股权投资行业，券商以自有资金或与其他机构共同出资成立直投基金，直投基金的类型多数是 PE 类型，但近年来逐渐向前移动，涉足 VC；此外还有并购基金、夹层基金、不动产投资依托基金（REITs）、债券投资基金等。

直投业务的组织形式主要分为事业部型和子公司型两种，且子公司型居多，这利于直投子公司与券商母公司的风险隔离和利益冲突。

（二）券商直投的特点

（1）券商的全资子公司将自有资金向具有良好发展潜力的项目进行投资，并在此过程中，独立运作，与其他业务设立防火墙。

（2）拥有熟悉中国资本市场的专业投资管理团队。

（3）依托券商整体资源优势，为企业提供增值服务：①在上市规范运作方面实践经验丰富，为被投资企业提供相关咨询；②拥有券商研究团队的强大支持，为企业提供所处宏观经济、行业信息及战略咨询等方面的服务；③利用券商遍布全国的网络资源，帮助企业嫁接有效客户，整合相关资源。

（三）国内主要的券商直投公司

国内主要的券商直投公司如表 9-1 所示。

表 9-1 国内主要券商直投公司一览表

序号	券商名称	直投公司名称	成立时间	地点
1	中信证券	金石投资有限公司	2007-10	北京
2	中金公司	中金佳成投资管理有限公司	2007-10	北京
3	国信证券	国信弘盛投资有限公司	2008-08	深圳
4	华泰证券	华泰紫金投资有限责任公司	2008-08	南京
5	海通证券	海通开元投资有限公司	2008-10	上海
6	平安证券	平安财智投资管理有限公司	2008-09	深圳
7	国泰君安	君安创新投资有限公司	2009-05	上海
8	光大证券	光大资本投资有限公司	2008-11	上海
9	中银国际	中银国际投资有限责任公司	2009-05	上海
10	广发证券	广发信德投资管理有限公司	2008-12	广州
11	申银万国	申银万国投资有限公司	2009-04	上海
12	国元证券	国元股权投资有限公司	2009-08	上海
13	招商证券	招商资本投资有限公司	2009-08	北京
14	长江证券	长江成长资本投资有限公司	2009-12	武汉
15	银河证券	银河创新资本管理有限公司	2009-10	北京
16	东海证券	东海投资有限责任公司	2009-12	上海
17	东方证券	上海东方证券资本投资有限公司	2010-02	上海
18	西南证券	西证股权投资有限公司	2010-03	重庆
19	宏源证券	宏源创新投资有限公司	2010-03	北京
20	第一创业	第一创业投资管理有限公司	2010-02	深圳

三、天使投资

(一) 天使投资的概念

天使投资(Angle Investment)是权益资本投资的一种形式。此词源于纽约百老汇，1978年在美国首次使用。天使投资是指具有一定净财富的人士，对具有巨大发展潜力的、高风险的初创企业进行早期的直接投资，属于自发而又分散的民间投资方式。这些进行投资的人士被称为"投资天使"。用于投资的资本称为"天使资本"。

天使投资是风险投资的一种形式，它是职业投资人以自己的资金向具有巨大发展潜力的企业所进行的种子期(早期)的、非控股的、投资期限相对长的，具有高风险、高潜在回报的权益资本投资，或者说是自由投资者或非正式风险投资机构对原创项目构思或小型初创企业进行的一次性的前期投资。

公司在初创、起步期，还没有成熟的商业计划、团队、经营模式，很多事情都在摸索，所以，最初的很多天使投资都是熟人、朋友，基于信任而进行的投资。

(二) 天使投资的种类和特征

▶ 1. 天使投资的种类

(1) 超级天使。该类投资人往往是具有成功经验的企业家，对新企业的发展能提供独到的支持，每个投资项目的投资额相对较大。

(2) 增值天使。此类投资人较有经验并能够有效参与被投资企业的运作，投资额也较大，但相对于超级天使投资额要低一点。

(3) 支票天使。此类天使投资人相对缺乏企业经验，而且仅仅是出资，因此投资额较小。

在进行天使投资时，根据其具体所持有的投资项目资金及自身投资能力，选择合理的投资种类是很关键的。

▶ 2. 天使投资的特征

(1) 天使投资往往是一种参与性投资，也被称为增值型投资。天使投资人所投入的不仅仅是资金，同时还能带来人脉和渠道。如果天使投资人是知名人士，也能够提升企业的知名度和信誉。

(2) 单一项目的天使投资，其金额一般较小，而且是一次性投入，因此天使投资对于风险企业的审查相对也并不那么严格。它更多的是基于投资人经验及能力的主观判断或个人偏好决定。

(3) 多数天使投资者本身就是企业家，对新企业的创立有更多的了解，能了解创业者的难处并能提供相关的经验及知识，因此，天使投资人是企业起步最佳的融资对象。

(4) 通常天使投资是由个人投资，并且是见好就收，属于个体或者小型的商业行为。然而，不同的天使投资者对于投资企业后管理的态度不同，一些天使投资人会积极参与投资后管理，为被投企业提供咨询服务、协助公关、帮助被投企业招聘管理人员、设计退出渠道和组织企业退出等，而另一些天使投资人则不然。

(三) 天使投资的模式

目前，根据投资方式不同可以将天使投资分为五种模式。

▶ 1. 天使投资自然人模式

天使投资自然人模式即狭义的天使投资。天使投资自然人模式中的天使投资人有三种基本类型：超级天使投资人、职业性天使投资人和高科技领域内专家。

所谓超级天使投资人就是一些非常成功的创业者或职业经理人，这类天使投资人根据其丰富的创业经历、企业管理经验、某一领域产品开发经验及丰富的企业发展资源，从事天使投资，从而实现一方面帮助创业者，另一方面获得高额投资回报的双赢局面。

所谓职业性天使投资人就是利用自有资金专门从事天使投资，且投资领域比较广泛。这类天使投资人一般具有丰富的商业经验和市场开拓能力，能为初创企业提供丰富的信息资源以及商业经验。

所谓高科技领域内专家就是在某个技术领域拥有很强技术能力的人。他们虽没有经营企业的经验但却掌握某一领域最新的前沿知识，并利用已掌握的知识技术去投资相关领域内的初创企业。有些技术专家参与投资是因为一方面可以将其掌握的技术通过一个企业推向市场，另一方面无须花费时间去承受运营公司所带来的烦恼。

最近几年在我国出现了一些年轻的天使投资人，他们大都是成功企业家的后代。虽然他们很年轻，但是通常在家族企业中积累了一定的企业管理经验，又拥有丰厚的闲余资金，从而成为新兴的天使投资人。

▶ 2. 天使投资团队模式

天使投资团队模式，以天使投资俱乐部、天使投资联盟、天使投资协会为主。这种投资模式既克服了天使投资自然人模式融资额度少、投资期限短、经验不足等缺点，又避免了天使投资基金可能带来的投资决策效率降低以及基金存续时间限制等问题。

所谓天使投资联盟是指一些天使投资自然人或组织以联盟的方式聚集在一起共享信息，如项目源信息，并对项目进行公开评审与讨论，但决策独立并保留个人决策风格。这样不仅可以解决天使投资自然人信息匮乏、专业性不足的投资弊端，又能保留天使投资决策效率高的特性。对于合适的项目，有兴趣的成员可以按照各自的时间和经验，分配尽职调查工作，并可以多人联合投资，以提高投资额度和降低风险。最近，在我国天使投资发展较快的地区陆续成立了天使投资联盟，如中关村成立了天使投资协会、天使投资联盟、天使投资百人会、天使投资俱乐部等行业组织，并逐渐呈现出在行业组织推动下实现以联盟的方式投资的现象。

▶ 3. 机构化天使投资模式

以自然人为投资主体的天使投资模式，无论是对初创企业的帮助还是自身的投资能力，都有很大的局限性，但由于天使投资人各自具有自己的优势，如专业知识、人际关系等，以大家联合起来的形式进行投资，能够优势互补，发挥更大的作用。因此，机构化天使投资模式逐渐发展起来，如天使投资基金。

机构化天使投资的发展大约分为三个阶段：第一个阶段是松散的会员管理式的天使投资机构，这种天使投资机构采用由会员自愿参与、分工负责的管理办法，如会员分工进行项目初步筛选、尽职调查等；第二个阶段是密切合作式的经理人管理式的天使投资机构，这种天使投资机构利用天使投资家的会员费或其他资源雇用专门的职业经理人进行管理；第三个阶段是管理天使投资基金的天使投资机构，同投资于早期创业企业的创业投资基金相似，是正规的、有组织的、有基金管理人的非公开权益资本基金。天使投资基金作为一个独立的合法实体，负责管理整个投资的机会寻找、项目估值、尽职调查和投资的全过程。

天使投资基金的出现使天使投资从根本上改变了它原有的分散、零星、个体、非正规的性质，是天使投资趋于正规化的关键一步。投资基金形式的天使投资能够让更多没有时间和经验选择公司或管理投资的被动投资者参与到天使投资中来，这种形式将会是天使投资发展的趋势。

目前，天使投资基金依据发起人不同可以分为以下三种类型：一是由著名天使投资人发起的基金，如徐小平主导的真格天使投资基金；二是由风险投资机构成立的天使投资基金，如红杉中国主导的真格基金，戈壁投资主导的绿洲计划等；三是政府天使引导基金参股的天使投资基金，如北京富汇天使基金总规模2.5亿元，其中国家以及北京市政府共出资1亿元。

但是从天使投资理念及运作特点来看，天使投资机构化也存在一定弊端，如决策效率不如个人天使投资高、投资强度较大，创业者定位易受影响，以及因投资理念发生变化创业者获得投资的门槛提高等。

▶ 4. 孵化器＋天使投资模式

天使投资与孵化器结合是未来天使投资发展的主要方向之一。所谓孵化器是专门为初创企业尤其是科技型初创企业提供便利的配套措施、廉价的办公场地、甚至人力资源服务等，同时在企业经营层面也会给予入驻企业各种帮助，多设立在科技园区里。世界许多知名孵化器不仅孵化了知名企业，而且吸引了很多知名天使投资人加入，如美国硅谷著名的孵化器 Y Combinator 对入驻企业投入少量资金，并给每个创业者安排企业教练以及开设创业课程等创业辅导。国内这种模式的典型代表有李开复成立的创新工场、北京中关村国际孵化器、联想之星孵化器等。

天使投资与孵化器协同发展的可能性表现在以下几个方面。①融合发展可加速企业孵化。在资金规模有限的条件下，孵化器可借助天使投资的资金优势，满足入孵企业对创业资金的需求，从而使得科技企业能够更为健康、迅速地发展。②融合发展可减少投资成本。孵化器吸引了大批创业企业入孵，形成了一定的聚集密度。天使投资可以到孵化器集中挑选项目，减少寻找项目的时间和成本，提高天使投资的投资效率。另外，企业入驻时需要通过孵化器的考察，经过了一道筛选，孵化器能为天使投资提供入驻企业较为丰富的信息。除此之外，通过孵化器天使投资可以在一定程度上将"远程投资"转变为"近程投资"。因为孵化器经理可以成为天使投资人的良好合作伙伴和得力助手，利用自己的专业优势和资源更好地为天使投资服务。③融合发展可以降低天使投资的风险。天使投资与项目公司间必须进行及时、准确的信息交流。但是由于信息不对称亟须孵化器充当创业者和天使投资人之间信息传递的桥梁，帮助天使投资降低创业企业管理风险。而且，孵化器通过提供服务来提高创业者的素质、企业管理水平，在一定程度上担负了部分管理职能，降低了创业企业的管理风险。另外，孵化器不仅在创业企业入驻前对这些企业进行了多方的考核，而且在孵化过程中进行了多方面考核与了解，考核过程与天使投资的前期考核极为相似。因此，天使投资和企业孵化器的协同发展可以降低天使投资风险，增强孵化器的孵化投资功能。

孵化器与天使投资融合主要有两种模式。一是孵化器自己主导或者参与天使投资基金设立，使孵化器具备投资功能（图9-9）。在我国，民营孵化器在这方面发展较快，这也是孵化器自身孵化模式的发展方向。二是孵化器与天使投资机构合作，孵化器负责寻找项目并孵化项目，而天使投资机构负责投资项目，两者之间约定一个利益分配（图9-10）。这种模式在国有孵化器中比较普遍，因为国有孵化器对外投资受到很多条件限制。

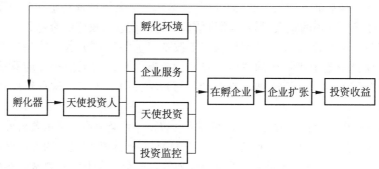

图 9-9　孵化器＋天使投资融合发展模式一

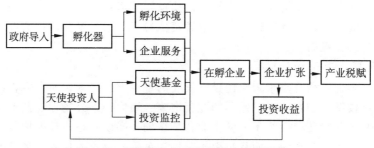

图 9-10　孵化器＋天使投资融合发展模式二

▶ 5. 天使投资平台模式

随着互联网和移动互联网的发展，越来越多的应用终端和平台开始对外部开放接口，使得很多创业团队和创业公司可以在这些应用平台的基础上进行创业。比如围绕苹果AppStore平台，就产生了很多应用、游戏等，让许多创业团队趋之若鹜。

很多平台为了吸引更多的创业者开发产品，提升其平台的价值，设立了平台型投资基金，对在这一平台上有潜力的创业公司进行投资，据此形成了天使投资平台模式。这些平台基金不但可以给予创业公司资金上的支持，而且可以给它们带去平台上丰富的资源。平台创业基金是由实力较为雄厚的企业发起的，专门为领域创业提供资金帮助的基金，特别是在 TMT（科技、媒体和通信）领域，平台创业基金较为活跃。目前国内平台创业基金主要有：腾讯安全创业基金、联想乐基金、阿里云基金、新浪微博开发基金等。

拓展案例

孙正义大危机：亏钱又缺人

本章小结

> 私募股权投资是指通过私募基金对非上市公司进行的权益性投资。简单地讲，PE 投资就是 PE 投资者寻找优秀的高成长性的未上市公司，注资其中，获得其一定比例的股份，推动公司发展、上市，此后通过转让股权获利。
>
> 参与私募股权投资运作链条的市场主体主要包括被投资企业、基金管理公司、基金投资者以及中介服务机构。
>
> 私募股权投资的运作从发现和确定项目开始，然后经历谈判和尽职调查，确定最终的合同条款、投资和完成交易，并通过后续的项目管理，直到投资退出获得收益。
>
> 私募股权投资是一种高收益的投资方式，伴随着高收益的是高风险。随着私募股权投资行业的不断发展，已经形成了许多行之有效的风险控制方法。

在线自测

扫描封底刮刮卡　获取答题权限

第十章　中小企业财务管理

学习目标

1. 了解中小企业的划分标准、组织形式和作用,熟悉中小企业的特征,掌握中小企业财务管理的特点;
2. 熟悉中小企业的融资渠道及风险投资过程和条件;
3. 熟悉中小企业投资战略的制定及资本运营方法;
4. 了解中小企业的收益分配;
5. 了解中小企业的风险管理的程序

案例导入

浙江中小企业发展的非凡十年

浙江是民营经济大省、中小企业大省。截至2021年年底,全省共有各类市场主体868.47万户,其中在册企业313.98万户,小微企业占企业总户数的90.06%;民营经济规模4.92万亿元,占全省经济总量的67%,民间投资占比58.8%,税收占比73.4%,出口占比81.6%,就业占比87.5%,市场主体占比96.7%,107家民营企业上榜中国民营企业500强,连续24年位居全国第一。

1. 创新法治制度,构建富有浙江特色的地方法规体系

2006年,在全国率先制订出台《浙江省促进中小企业发展条例》,为2017年修订出台的国家《中小企业促进法》提供了浙江经验和浙江方案。2020年,出台全国省级层面首部促进民营企业法治的创制性法规《浙江省民营企业发展促进条例》,构建公平竞争法治环境。2022年,修订《浙江省中小企业发展促进条例》,着力创新探索发挥中小企业在高质量发展建设共同富裕示范区中重要作用的制度设计。

浙江省民营企业和中小企业互为主体、高度重叠,民企条例重在促进和保障公平竞争的法治环境,中小企业条例重在推动改善和优化助小扶微的政策环境,两部条例有序衔接、互为补充,共同构建鲜明浙江辨识度的促进中小企业与民营企业高质量发展的地方法规体系。

2. 加强政策引领,立体式全方位保障中小企业健康发展

一是围绕地方法规出台配套政策。围绕《浙江省民营企业发展促进条例》重点条款,2020年以来,协调推动省级部门出台配套政策措施20项、正在制定配套政策7项。例如,制定出台《浙江省银行业金融机构民营企业贷款"两个一致"实施意见(试行)》《规范银行业金融机构对民营企业贷款保证担保的实施意见》等文件,督促金融机构对民营企业在贷款、发债、利率定价等方面一视同仁,规范银行业金融机构对民营企业贷款自然人保证担保行为,减轻融资负担,提高民营企业融资可获得性。这些做法属于全国首创。

二是出台综合性政策文件。贯彻落实中共中央办公厅、国务院办公厅《关于促进中小企业健康发展的指导意见》，2020 年年底，以省委办公厅、省政府办公厅名义印发《关于促进中小企业健康发展的实施意见》，这是浙江省促进中小企业发展的新一轮综合性政策文件。

三是出台专项性文件。围绕"专精特新"企业培育，先后出台《关于推进中小微企业"专精特新"发展的实施意见》《关于开展"雏鹰行动"培育隐形冠军企业的实施意见》《关于大力培育促进"专精特新"中小企业高质量发展的若干意见》等文件，对中小企业发展中创新、金融、财政、品牌、电商、资源要素等给予持续引导和支持。围绕小微企业园建设提升，出台《关于加快小微企业园高质量发展的实施意见》《关于进一步加强小微企业园建设和管理的指导意见》，推动小微企业园建设提升从破题到见效。

3. 开展梯度培育，持续壮大富有竞争力的企业群体

加快构建以创新型中小企业、省级"专精特新"中小企业（隐形冠军企业）、专精特新"小巨人"企业、制造业单项冠军企业为主体的梯度培育体系，将创新型中小企业、"专精特新"企业培育成为推动制造业高质量发展的基本盘，累计培育国家专精特新"小巨人"1 068 家、重点"小巨人"201 家，均位居全国第一。

资料来源：学习贯彻二十大·回眸经信"浙"十年：浙江中小企业发展的非凡十年：中小企业法治制度创新走在全国前列　专精特新"小巨人"全国第一．（2022-10-27）[2023-3-26]. https：//mp. weixin. qq. com/s/9y3hCEIPLLOK-Z24-qVZcQ.

案例思考：
1. 浙江省中小企业的融资渠道有哪些？
2. 浙江省中小企业发展为什么能走在全国前列？

第一节　中小企业财务管理概述

一、中小企业的定义

中小企业是一个相对的概念，它指的是与本行业大企业相比生产规模较小的企业。广义的中小企业是指除大企业以外的所有企业。我国《中小企业促进法》中明确指出，中小企业是指在中华人民共和国境内依法设立的有利于满足社会需要和增加就业、符合国家产业政策、生产规模中小型的各种所有制和各种形式的企业。

2021 年 4 月 23 日，工信部中小企业局就《中小企业划型标准规定（修订征求意见稿）》公开征求社会各界意见。其意义重大，主要体现在：当前中小企业的银行贷款总规模近 70 万亿，而银行贷款都是根据这个文件进行划分，其中银行大量的小微贷款指标考核也是依据这个文件划分小微企业的，还有税收资本计提、延期展期、定向降准都是依据这个文件。该规定主要内容如下：

▶ 1. 中小企业的类型

中小企业划分为中型、小型、微型三种类型，具体标准根据企业从业人员、营业收入、资产总额等指标以及企业控股等情况，结合行业特点制定。

▶ 2. 适用范围

该规定适用于《国民经济行业分类》GB/T 4754—2017 中的以下行业：农、林、牧、渔业，采矿业，制造业，电力、热力、燃气及水生产和供应业，建筑业，批发和零售业，交通运输、仓储和邮政业，住宿和餐饮业，信息传输、软件和信息技术服务业，金融业房地

产业，租赁和商务服务业，科学研究和技术服务业，水利、环境和公共设施管理业，居民服务、修理和其他服务业，教育，卫生和社会工作，文化、体育和娱乐业。

▶ 3. 各行业中小企业划型定量标准

（1）农、林、牧、渔业。营业收入2亿元以下的为中小微型企业。其中：营业收入300万元以下的为微型企业；营业收入3 000万元以下的为小型企业；营业收入2亿元以下的为中型企业。

（2）工业（采矿业，制造业，电力、热力、燃气及水生产和供应业），交通运输、仓储和邮政业。从业人员1 000人以下且营业收入20亿元以下的为中小微型企业。其中：从业人员20人以下且营业收入2 000万元以下的为微型企业；从业人员300人以下且营业收入2亿元以下的为小型企业；从业人员1 000人以下且营业收入20亿元以下为中型企业。

（3）建筑业，组织管理服务。营业收入8亿元以下且资产总额10亿元以下的为中小微型企业。其中：营业收入800万元以下且资产总额1 000万元以下的为微型企业；营业收入8 000万元以下且资产总额1亿元以下的为小型企业；营业收入8亿元以下且资产总额10亿元以下的为中型企业。

（4）批发业。从业人员200人以下且营业收入20亿元以下的为中小微型企业。其中：从业人员5人以下且营业收入2 000万元以下的为微型企业；从业人员20人以下且营业收入2亿元以下的为小型企业；从业人员200人以下且营业收入20亿元以下的为中型企业。

（5）零售业。从业人员300人以下且营业收入5亿元以下的为中小微型企业。其中：从业人员10人以下且营业收入500万元以下的为微型企业；从业人员50人以下且营业收入5 000万元以下的为小型企业；从业人员300人以下且营业收入5亿元以下为中型企业。

（6）住宿和餐饮业。从业人员300人以下且营业收入4亿元以下的为中小微型企业。其中：从业人员10人以下且营业收入200万元以下的为微型企业；从业人员100人以下且营业收入4 000万元以下的为小型企业；从业人员300人以下且营业收入4亿元以下的为中型企业。

（7）信息传输、软件和信息技术服务业。从业人员500人以下且营业收入10亿元以下的为中小微型企业。其中：从业人员10人以下且营业收入1 000万元以下的为微型企业；从业人员100人以下且营业收入1亿元以下的为小型企业；从业人员500人以下且营业收入10亿元以下的为中型企业。

（8）房地产开发经营。营业收入10亿元以下且资产总额50亿元以下的为中小微型企业。其中：营业收入1 000万元以下且资产总额5 000万元以下的为微型企业；营业收入1亿元以下且资产总额5亿元以下的为小型企业；营业收入10亿元以下且资产总额50亿元以下的为中型企业。

（9）房地产业（不含房地产开发经营），租赁和商务服务业（不含组织管理服务），科学研究和技术服务业，水利、环境和公共设施管理业，居民服务、修理和其他服务业，教育，卫生和社会工作，文化、体育和娱乐业。从业人员300人以下且营业收入5亿元以下的为中小微型企业。其中：从业人员10人以下且营业收入500万元以下的为微型企业；从业人员100人以下且营业收入5 000万元以下的为小型企业；从业人员300人以下且营业收入5亿元以下的为中型企业。

▶ 4. 企业规模类型划分

企业规模类型划分以企业有关指标上年度数据为定量依据。

没有上年度完整数据的企业规模类型划分,从业人员、资产总额以划型时的数据为定量依据,营业收入按照以下公式计算:

营业收入(年)=企业实际存续期间营业收入/企业实际存续月数×12

不符合中小企业划型定量标准的企业即为大型企业。国家统计部门据此制定大中小微型企业的统计分类。

该规定适用于在中华人民共和国境内依法设立的企业,企业的分支机构除外。

符合中小企业划型定量标准,但有下列情形之一的,视同大型企业:

(1) 单个大型企业或大型企业全资子公司直接控股超过50%的企业;
(2) 两个以上大型企业或大型企业全资子公司直接控股超过50%的企业;
(3) 与大型企业或大型企业全资子公司的法定代表人为同一人的企业。

企业规模类型采用自我声明的方式,企业对自我声明内容的真实性负责。在监督检查、投诉处理中对中小企业规模类型有争议的,有关部门可以向有争议的企业登记所在地同级负责中小企业促进工作综合管理部门书面提请认定。

二、中小企业的组织形式

中小企业组织形式主要包括独资企业、合伙企业、股份合作制企业和有限责任公司四大类。

(一) 独资企业

独资企业是由个人出资经营、归个人所有和控制、由个人承担经营风险和享有全部经营收益的企业。它是一种自然人企业,是最古老、最简单的一种企业组织形式,主要盛行于零售业、手工业、农业、林业、渔业和服务业等。在西方,独资企业是最先出现的一种简单企业形式,即使在现代西方经济中,独资企业在数量上仍占很大比例,如在美国,1 000多万家企业中,独资企业约占75%以上。

(二) 合伙企业

合伙企业是由两个或两个以上的自然人共同出资、共同经营、共担风险、共负盈亏的企业,也是自然人企业。合伙人通常需要签订包括利润分配与亏损弥补方式、各合伙人责任(如出资额、有限责任或无限责任、主要业务分担等)、合伙人变更、企业清算财产分配办法等内容的合伙经营合同。合伙企业是为了克服独资企业的缺陷而在其基础之上发展而来的一种企业组织形式。

(三) 股份合作制企业

股份合作制企业是一种同时以资本合作和劳动合作为基础的企业组织形式。股份合作制既不同于股份制也不同于合作制,作为一种独立的中小企业组织形式,符合我国产权明晰、权责分明、政企分开、管理科学的企业制度改革方向,具有广阔的发展前景。

(四) 有限责任公司

有限责任公司是指由两个以上、五十个以下的股东出资设立,每个股东以其所缴的出资额对公司承担有限责任,公司法人以其全部资产对公司债务承担全部责任的经济组织。有限责任公司这种形式一般适合于中小企业,但也并不全都是中小企业。

三、中小企业的作用

中小企业的大量存在是一个不分地区和发展阶段而普遍存在的现象,是经济发展的内在要求和必然结果,是保证正常合理的价格的形成、维护市场竞争活力、确保经济运行稳定、保障充分就业的前提和条件。无论是在高度发达的市场经济国家，还是处于制度变迁的发展中国家，中小企业已经成为国民经济的支柱，加快中小企业发展，可以为国民经济持续稳定增长奠定坚实的基础。

▶ 1. 中小企业是国民经济的重要增长点，是推动国民经济持续发展的一支重要力量

中小企业在我国的国民经济发展中，始终是一支重要力量，是我国国民经济的重要组成部分。中小企业作为市场竞争机制的真正参与者和体现者，在很大程度上可以说是经济发展的基本动力，反映了经济分散化、多样化性质的内在要求，体现出中小企业的先进性、革命性和生命力之所在。同时，中小企业以其灵活而专业化的生产和经营，给配套的大企业带来协作一体化的好处，大大节约了成本，减少了风险，增强了营利性。中小企业量大面广，分布在国民经济的各个领域，并且日益成为经济增长的主要因素，对国民经济起到了有效的辅助和补充的作用。

▶ 2. 中小企业是增加就业的基本场所，是社会稳定的重要基础

中小企业的一大特点就是面广量大、开业快、投资少、竞争激烈、经营灵活、对劳动者劳动技能要求低，且大部分为劳动密集型产业，因而吸纳劳动力的容量相对较大，能创造更多的就业机会。据美国联邦众、参两院中小企业委员会和中小企业管理局介绍，在美国平均每10个人就拥有一个中小企业，美国1993年以来新增的就业机会中的2/3是由中小企业创造的，美国就业人口的52%在中小企业。大量中小企业实际上是自我雇用，降低了政府安置的压力，也是扩大就业的主要增长点。我国作为一个工业化水平较低、人口众多的发展中国家，妥善解决劳动力的出路问题是国家长治久安、社会稳定的根本保障。

▶ 3. 中小企业是技术创新的生力军

中小企业是经济发展中的增长点，是技术创新的重要力量，这不仅体现在中小企业呈现出以知识和技术密集型取代传统的劳动密集型、资本密集型的发展趋势，而且由于中小企业经营灵活、高效的特点，把科学技术转化为现实生产力所耗费的时间和经历的环节也大为缩短。

▶ 4. 中小企业在制度创新中发挥着重大作用

在市场经济导向的体制改革中，中小企业因其改革成本较低，可以起到改革"试验田"和"前驱"的角色，率先进行各种改革尝试，为更大规模的改革提供经验。一方面，中小企业可以提供就业机会，吸收在改革过程中从国有大企业中精简出的人员，从而减少改革带来的社会压力；另一方面，通过大量中小企业的创办与充分的市场竞争，能够培育出大批企业家人才并培养企业家精神。这种宝贵的企业家资源和精神，对中国社会具有极为深远的重大历史作用。而国有大企业，因其与传统体制、政府机构的关系，很难从中培育出足够数量与质量的企业家，更难以形成企业家精神的氛围。

四、中小企业的特征

中小企业与大型企业相比具有很多特殊性，主要表现在以下几个方面。

(一) 企业规模小，经营灵活

中小企业的首要特征之一是企业规模小、经营决策权高度集中，特别是小企业，基本上都是一家一户自主经营，使资本追求利润的动力完全体现在经营的积极性上。由于经营者对于变化的市场反应灵敏，所有权与经营管理权合一，因此，这种经营方式既可以节约所有者的监督成本，又有利于企业快速做出决策。

（二）企业组织结构简单，便于对员工进行激励

中小企业员工人数较少，组织结构简单，便于企业对员工进行有效的激励，在经营决策和人员激励上具有较大的弹性和灵活性，因而能对不断变化的市场做出迅速反应。当有些大公司和跨国企业在世界经济不景气的情况下不得不压缩生产规模的时候，中小企业却能够不断调整经营方向和产品结构，发挥企业小、动力大、机制灵活且有效率的优势，获得新的发展。

（三）品种适应多样的消费需求

一般来讲，大批量、单一化的产品生产才能充分发挥巨额投资的装备技术优势，但大批量的单一品种只能满足社会生产和人们日常生活中一些主要方面的需求，当出现某些小批量的个性化需求时，大企业往往束手无策。

因此，面对当今时代人们越来越突出个性的市场需求的特点，产品生产已从大批量、单一化转向小批量、多样化。虽然中小企业作为个体，普遍存在经营品种单一、生产能力较低的缺点，但从整体上看，由于它们数最大、企业众多、行业和地域分布面广，具有贴近市场、靠近顾客、机制灵活、反应快捷的经营优势的特点，因此，有利于适应多姿多态、千变万化的市场需求，特别是在包装服务领域，顾客分布零散的、多种多样的市场需求都可以通过中小企业灵活的产品和服务方式得到满足。

五、中小企业财务管理的特点

▶ 1. 中小企业的内部管理基础普遍较弱

虽然大企业也存在管理效率低下的问题，但这一问题在中小企业更为普遍。一方面，受生产资源和人才资源等方面的限制，中小企业的管理资源普遍相对短缺，管理机构简单，专业性不强，内部控制制度不健全。很多中小企业不设财务机构，没有专职财务管理人员，财务管理职能由会计或其他部门兼管，或由企业主管人员一手包办，影响了企业财务管理的有效性。另一方面，许多中小企业仍然处在盈亏平衡的边缘，无暇系统地考虑内部管理的有效性，财务管理作为企业内部管理的一个组成部分，其有效性自然更无从谈起。

▶ 2. 中小企业的抗风险能力较弱，信用等级较低

中小企业的资本规模有限，决定了它们抗风险能力先天不足，从而影响其信用等级。资本是企业获得利润的根本，同时也是担保企业债务、承担企业亏损的基本物质保证。中小企业资本规模较小，内部管理基础又较薄弱，产品比较单一，市场风险很大，而市场风险很容易转变为企业的财务风险和银行的信贷风险。企业因资金周转不灵而导致不能支付的风险极大，稍有经营不慎造成亏损便可能带来破产的致命后果。统计数字表明，中小企业的倒闭数量要远远超过大企业。更进一步，许多中小企业还须承担无限或无限连带责任，由此，债权人往往对中小企业制定更为严格的借贷条款。

▶ 3. 中小企业的融资渠道相对有限

首先，在直接融资上，现行的上市额度管理机制决定中小企业很难争取到发行股票上市的机会；在发行企业债券上，因发行额度小也难以获准。其次，在间接融资方面，由于中小企业本身素质不高、人才缺乏、内部组织关系不稳定、规模经济效益差、经营风险高、信用等级低等原因，往往难以满足银行等金融机构的贷款条件。再加上银行贷款政策倾斜、手续繁杂、收费高，而财产拍卖、信用融资担保、资产评估、信用评估等机制建设的滞后，更使中小企业实际上很难得到银行的贷款，其他融资渠道同样不通畅。由此，中小企业在金融市场中得到的资金与其在国民经济中所占的比重极不相称，一定程度上仅依赖于内部资金供给，导致中小企业资金严重不足，制约了企业的进一步发展。

▶ **4. 中小企业对管理者的约束较多**

在中小企业，特别是处在初创阶段和成长阶段的小企业，管理人员会遇到一些在一般企业较少见的困难，如资金紧张、人员缺乏等。中小企业常常支付不起市场研究费用，也可能因现金短缺而雇用不起足够的管理人员，这些会给管理者带来困难。另外，中小企业最为缺乏的就是在市场开发、财务分析、人力资源管理等方面经验丰富的专业人员，这就迫使管理者对企业经营活动的方方面面事必躬亲。很多中小企业的管理者财务意识淡薄，只关注企业的生产活动，终因理财不当而走向失败之路。

第二节　中小企业融资管理

一、中小企业融资的特点

▶ **1. 企业内部融资比重过低**

根据迈尔斯(Myers)的"啄食次序"理论，企业偏好于价格对市场信号不敏感的资本进行融资，次序即首先为内部留存收益，其次是债务融资，最后是发行股票，西方国家中小企业融资基本符合该规律。发达国家中，内源融资是占主导地位的融资方式，平均达到了 61%，其中美国的内源融资比率更是高达 77%；其次才是债权融资，平均占 30%；最后是股权融资。而中国中小企业资产负债率较高，即使是上市中小企业，融资顺序也表现为：股权融资—债务融资—内源融资，这与发达国家中小企业融资顺序有较大差异，也与优序融资理论不符合。

我国中小企业普遍缺乏权益资本，虽然近年来通过内部积累，权益资本比重有所上升，但该指标仍然远远低于大型企业。中小板公司上市后，具有了多样化的融资方式选择。从现有融资环境来看，上市公司长期资金来源有留存利润、长期负债(发行公司债券和银行信贷)及股权融资(增发新股、配股)三种渠道，其中留存利润属于内源融资，后两类属于外源融资。内源融资比率远小于外源融资比率。

▶ **2. 外部融资渠道狭窄，银行贷款所占比重过高**

我国中小企业外部融资渠道单一，主要依靠银行贷款。据《中国中小微企业金融服务发展报告》中的数据，我国中小微企业的融资总规模中约 94.5% 的融资都来源于商业银行贷款，可见银行业在我国金融系统中仍然占据非常重要的地位，是为中小企业提供融资服务的"主力军"。另外，小额贷款提供融资占比 2.41%，融资租赁占比 1.86%，创业投资和私募股权投资提供资金共占比约 1.00%，债券融资占比 0.15%。并且在商业银行贷款中，呈现出抵押贷款居多，信用贷款偏少的情况。虽然较大的负债比例可以降低财务成本，但是过高的财务杠杆将在企业面临激烈市场竞争时发挥负面影响，容易引发财务危机，债务资金的安全性降低。甚至有部分中小企业，因缺乏自有资本而过度向银行融资，使银行资金成为实质上的创业风险资本。

▶ **3. 短期负债在中小企业的债务结构中比例偏大**

中小企业普遍缺乏长期稳定的资金来源，不仅权益资金的来源极为有限，而且很难获得长期债务资金的支持，银行主要提供的是流动资金。从中小企业融资成本角度考虑，中小企业倾向于优先使用短期贷款，因为 1 年期以内的贷款利率一般比 1~3 年贷款利率普遍低 0.2%~0.3%。但更直接的因素是基于对企业远期发展缺乏信心，银行倾向于发放短期流动资金贷款，即使是经过严格挑选上市的中小企业也存在同样的问题。

▶ 4. 借贷、职工内部集资及民间借贷等非正规金融成为中小企业融资重要组成部分

我国中小企业中，民营企业占主导地位，非公有制经济的构成主体就是大量的中小企业。但非正规金融融资成本过高，只能成为中小企业短期融资的一种途径，无法解决其长期融资需求。根据有关学者调查显示，我国民间借贷的发生率达到85%，民间借贷的年利率达到18%～48%，是银行正常借贷利率的2～7倍，成本过高决定了非正规金融的作用只能是弥补暂时的资金缺口。

二、中小企业融资渠道

中小企业的融资渠道可以分为两大类：一类是内部融资；另一类为外部融资。

（一）内部融资

▶ 1. 应收账款融资

应收账款融资是指企业以自己的应收账款转让给银行而申请的贷款，银行的贷款额一般为应收账款面值的50%～90%，企业将应收账款转让给银行后，应向买方发出转让通知，并要求其付款至融资银行。

▶ 2. 留存收益融资

企业的税后利润是企业可以从内部掌握的资金，使用起来灵活，具有一定的优越性，筹资成本相对较低。留存盈余是企业缴纳所得税后形成的，其所有权属于股东。股东将这一部分未分配的税后利润留存于企业，实质上是对企业追加投资。如果企业将留存盈余用于再投资所获得的收益率低于股东自己进行另一项风险类似的投资的收益率，企业就不应该保留留存盈余而应将其分配给股东。

▶ 3. 票据贴现融资

票据贴现融资是指票据持有人在资金不足时，将商业票据转让给银行，银行按票面金额扣除贴现利息后将余额支付给收款人的一项银行授信业务，是企业为加快资金周转促进商品交易而向银行提出的金融需求。票据一经贴现便归贴现银行所有，贴现银行到期可凭票直接向承兑银行收取票款。在我国，商业票据主要是指银行承兑汇票和商业承兑汇票。以商业票据进行支付是商业中很普遍的现象，但如果企业需要灵活的资金周转，往往需要通过票据贴现的形式使手中的"死钱"变成"活钱"。票据贴现可以看作是银行以购买未到期银行承兑汇票的方式向企业发放贷款。贴现者可预先得到银行垫付的融资款项，加速公司资金周转，提高资金利用效率。

▶ 4. 资产典当融资

典当融资是指中小企业在短期资金需求中利用典当行救急的特点，以质押或抵押的方式，从典当行获得资金的一种快速、便捷的融资方式。典当行作为国家特许从事放款业务的特殊融资机构，与作为主流融资渠道的银行贷款相比，其市场定位在于：针对中小企业和个人，解决短期需要，发挥辅助作用。

▶ 5. 商业信用融资

商业信用是指在商品交易中，交易双方通过延期付款或延期交货所形成的一种借贷关系，是企业之间发生的一种信用关系。它是由商品交换中商品与货币在时间上的分离而产生的，它产生于银行信用之前。中小企业如果能有效地利用商业信用，可以在短期内筹措一些资金，从而暂时缓解企业的资金压力。商业信用发生在购销者之间，信用双方互惠互利，采用这种方式融资快捷方便，保证了企业再生产的顺利进行。目前，商业信用已成为企业短期融资的重要方法。

（二）外部融资

▶ 1. 债权融资

（1）民间借贷融资。

民间借贷是指自然人之间或自然人与法人、其他组织之间的借贷关系。在我国，民间借贷活动一直游离于现行金融体制之外，处于地下状态。民间借贷多发生在经济较发达、市场化程度较高的地区，例如我国广东、江浙地区。这些地区经济活跃，资金流动性强，资金需求量大。市场存在现实需求决定了民间借贷的长期存在并且业务兴旺。这种需求表现为：一方面，国有商业银行对中小企业普遍存在一定程度的忽视，中小企业出于自身生存和发展的要求，迫切需要资金支持，但在正规融资渠道又受到长期排斥；另一方面，民间确有大量的游资找不到好的投资渠道。正是这样的资金供求关系催生了民间借贷，并使之愈演愈烈。

（2）信用担保融资。

信用担保作为一种特殊的中介活动，介于商业银行与企业之间，它是一种信誉证明和资产责任保证结合在一起的中介服务活动。担保人提供担保，来提高被担保人的资信等级。另外，由于担保人是被担保人潜在的债权人和资产所有人，因此，担保人有权对被担保人的生产经营活动进行监督，甚至参与其经营管理活动。

（3）融资租赁融资。

融资租赁指实质上转移与资产所有权有关的全部或绝大部分风险和报酬的租赁。资产的所有权最终可以转移，也可以不转移。融资租赁和传统租赁的一个本质区别就是：传统租赁以承租人租赁使用物件的时间计算租金，而融资租赁以承租人占用融资成本的时间计算租金。

（4）国内银行贷款。

银行贷款是指银行以一定的利率将资金贷放给资金需要者，并约定期限归还的一种经济行为。在很多国家，银行贷款在企业融资总额中所占的比重都是最高的。企业对融资的需求不同，对融资渠道的选择就不同。如果需要一种风险小、成本低的资金，银行贷款是最合适的。建立良好的银企关系，合理利用银行贷款，是中小企业解决资金困难，取得经营成功的重要手段。

（5）国外银行贷款。

国外银行贷款，顾名思义，是由外资银行向企业提供的贷款。在我国加入世界贸易组织协议中，对于银行业的开放是逐步推进的。目前，我国金融监管当局已经取消了中资企业向外资银行申贷的审批，取消了对外资金融机构外汇业务对象的限制。这意味着以前只有对三资企业、港澳台和外国人提供外汇业务的外资银行，可以把外汇业务服务对象扩大到中国境内所有单位和个人。由于现获准在华经营的都是世界著名并在全球拥有广泛分支机构且与同业签有协议的大银行，通过这些银行办理外汇业务，不仅可以节省时间，而且节省了资金在途的利息，还可以免去因中外银行间的中转而额外支付的手续费。在不久的将来，中资银行、合资银行、外资银行可以在完全相同的领域和条件下，向所有的中国企业和居民提供全方位的服务。外资银行开展的外汇和人民币业务为中小企业间接融资开辟了新的渠道，可以为中小企业发展提供及时的资金支持。

（6）发行债券融资。

债券是企业直接向社会筹措资金时，向投资者发行，承诺按既定利率支付利息并按约定条件偿还本金的债务凭证。债券的本质是债的证明书，具有法律效力。债券购买者与发行者之间是一种债权债务关系，债券发行人即债务人，投资者（或债券持有人）即债权人。

2. 股权融资

(1) 股权出让融资。

股权出让融资，是指中小企业出让企业的部分股权，以筹集企业所需要的资金。按所出让股权的价格与其账面价格的关系，股权出让融资可以划分为溢价出让股权、平价出让股权和折价出让股权；按出让股权所占比例，又可以划分为出让企业全部股权、出让企业大部分股权(控股)和出让企业少部分股权(不控股)。

(2) 增资扩股融资。

增资扩股融资，是指中小企业根据发展的需要，扩大股本，融入所需资金。按扩充股权的价格与股权原有账面价格的关系，可以划分为溢价扩股、平价扩股；按资金来源划分，可以分为内源增资扩股(集资)与外源增资扩股(私募)。

(3) 产权交易融资。

产权交易是企业财产所有权及相关财产权益的有偿转让行为和市场经营活动，是指除上市公司股份转让以外的企业产权的有偿转让。可以是企业资产与资产的交换、股份与股份的交换，也可以是用货币购买企业的资产，或用货币购买企业的股份，也可以是几种形式的综合。

(4) 杠杆收购融资。

杠杆收购是指主要通过债务融资，即增加公司财务杠杆力度的办法筹集收购资金来获得对目标企业的控制权，并用目标公司的现金流量偿还债务的一种企业并购方式。以被并购企业资产作为抵押，筹集部分资金用于收购。在杠杆收购中一般借入资金占收购资金总额的 70%~80%，其余部分为自有资金。通过杠杆收购方式重新组建后的公司总负债率为 85%以上。

(5) 引进风险融资。

风险投资是一种投资于极具发展潜力的高成长性风险企业并为之提供经营管理服务的权益资本。风险投资的运营主要分为资金的进入、风险企业的生产经营和风险资本的退出这三个阶段。一个风险企业从创业到发展壮大一般则要经过种子期、初创期、发展期、扩展期、成熟期和 Pre-IPO 六个阶段。

3. 贸易融资

(1) 补偿贸易融资。

国际补偿贸易是国外向国内公司提供机器设备、技术、各种服务、培训人员等作为贷款，待项目投产后，国内公司以该项目的产品或以商定的其他方法予以偿还的经济活动。补偿贸易按偿还方式来划分，一般分为直接补偿、间接补偿和综合补偿三种形式。补偿贸易是一种重要的筹资方式，对中小企业具有重要意义。

(2) 国际贸易融资。

国际贸易融资是指各国政府为支持本国企业进行进出口贸易而由政府机构、银行等金融机构或进出口商之间提供资金，主要形式有国际贸易短期筹资和中长期筹资两种。

国际贸易短期筹资包括出口商的筹资和进口商的筹资。出口商的筹资包括：进口商对出口商的预付款；银行对出口商提供贷款。进口商的筹资包括：出口商向进口商提供信贷；银行对进口商提供贷款。

国际贸易中长期筹资即是我们通常所说的出口信贷，它是以出口国政府的金融支持为后盾，通过银行对出口商或进口商提供低于市场利率并提供信贷担保的一种筹资方式。具体表现为国际商品交换中的延期付款信用和货币资本的借款。前者是指出口商为了向外国买主推销商品，以延期付款作为优惠条件来吸引对方，从而向进口商提供的信用；后者是指当出口商接到国外买主的订单以后，在其向买主交售货物并收到货款之前，需要从银行或其他金融机构得到贷款，以继续组织出口货物的生产和销售。

▶ 4. BOT 项目融资

BOT 的英文全称为 build-operate-transfer，意思是建设—经营—转让。BOT 的实质是一种债务与股权相混合的产权。它是由项目构成的有关单位（承建商、经营商及用户等）组成的财团所成立的一个股份组织，对项目的设计、咨询、供货和施工实行一揽子总承包。项目竣工后，在特许权规定的期限内进行经营，向用户收取费用，以回收投资、偿还债务、赚取利润。特许权期满后，财团无偿将项目交给政府。BOT 项目是一种特许权经营，只有经过政府颁布特许的具有相关资格的中小企业才能通过 BOT 项目进行投资和融资。

▶ 5. 上市融资

（1）国内上市融资。

我国的股票市场正处于发展阶段。对于符合发行股票要求的企业来说，可以考虑利用股票市场筹集所需资金。股票融资的目的不尽相同。中小型企业发行股票不单单是为了筹集资金，也有的是为了使企业进一步发展壮大。

（2）境外上市融资。

境外上市融资是企业根据国家的有关法律在境外资本市场上市发行股票融资的一种模式。目前我国企业实际可选择的境外资本市场包括美国纽约股票交易所和纳斯达克股票市场、伦敦股票交易所、新加坡股票交易所，以及中国的香港联合证券交易所主板和创业板市场，中国的其中香港联交所是国内企业进行境外上市融资的首选。

（3）买壳上市融资。

所谓买壳上市，是指非上市公司通过收购并控股上市公司来取得上市地位，然后利用反向收购的方式注入自己的有关业务和资产。这种方式就是非上市公司利用上市公司的"壳"，先达到绝对控股地位，然后进行资产和业务重组，利用目标"壳"公司的法律上市地位，通过合法的公司变更手续，使自己成为上市公司。与之相对应的还有借壳上市。

第三节 中小企业投资管理

一、中小企业投资战略

企业投资战略必须以企业总体发展战略为指导，同时也是企业进行具体投资活动的依据。根据不同的标准，企业投资战略有不同的分类，不同类型的投资战略适用于不同类型与阶段的企业。中小企业对其投资战略的选择，必须考虑企业内外部各种相关因素，主要包括市场机会和风险、企业发展目标和阶段、企业现有投资规模和结构、企业内部经营管理状况等。

（一）投资方向的选择

由于中小企业一般处于孕育期或发展期，在发展方向上应选择较为积极的投资战略，所以进取型投资战略是中小企业发展的首选战略。处于孕育期、经济实力较弱的企业，对外筹资能力一般较低，主要通过内部积累实现企业扩张，战略上应选择内涵型投资战略，通过在资源（包括原材料、能源、人力、社会关系等）、技术、销售等方面有侧重的开发，逐步扩大企业生产，增强实力。

处于成长期、综合实力较强的中小企业则已经具备一定规模和抗风险能力，在投资方向上具有更大的自由度，除了选择内涵型投资战略外，还应根据市场的发展选择时机进行外延型投资战略。结合企业所属行业特征、企业管理能力、规模实力、发展目标及产品结构等一系列因素，适当选择专业化或多元化的投资战略。实际上，由于多元化投资对企业管理能力、规模实力要求很高，中小企业多元化投资成功的案例很少。中小企业只有在其主业经营非常稳定、管理机制健全成熟的基础上，才可考虑选择适当时机，拓展其他产业。

当然，在经济大环境不景气、企业发展空间萎缩的情况下，企业也可选择退却型战略，及时从亏损领域抽回资金和人员，重新寻找有发展前途的领域。当企业的产品市场已经趋于饱和，又无力开辟新市场时，选择保守型投资战略有利于企业产品的转向。

（二）投资产业方向的选择

投资产业方向的选择是关系企业长远发展的关键问题。中小企业在选择时必须充分考虑市场机会、竞争状况、企业自身综合实力及产品技术特点等因素。

中小企业，尤其是处在初创时期的中小企业，在资金匮乏的情况下，应首先考虑劳动密集型投资战略。当然，这也要以劳动成本较低为前提。若企业已具备一定的资金实力，且市场出现了较好的投资时机，企业也应适时选择资金密集型投资战略。但考虑到自身抗风险能力的局限性，中小企业应高度重视投出资金的流动性与安全性，防范财务风险。当企业具备雄厚的技术力量和研究开发能力时，如高科技中小企业，则应选择技术密集型投资战略，但这种战略需要强大的市场营销和资金投入作支持。

传统意义上的中小企业在投资产业上的战略选择，基本遵循"劳动密集型—资金密集型—技术密集型"的发展路线。但伴随知识经济时代的到来，在风险投资机制日益发展的今天，中小企业尤其是高新技术企业在投资产业的选择时具有了更多的空间。在技术密集型产业的IT行业中，众多小公司迅速崛起，它们的经验给予企业家们更多的启发与激励。

二、中小企业投资项目决策因素

（一）投资收益

投资收益包括投资利润和资本利得。在项目投资决策中要考虑投资收益的要求，以投资收益的大小取舍投资方案，分析投资收益的确定性及影响因素，寻求提高投资收益的途径。

（二）投资风险

投资风险主要来自投资者对市场预期的不正确以及经营缺乏效率。企业在投资项目决策中既要充分合理预期投资风险，更要提出有效规避投资风险的策略，最终实现风险与收益的配比。

（三）投资约束

投资约束即投资企业对接受投资企业行使制约权的程度。投资约束与投资目的和投资风险密切相关，主要有控制权约束、市场约束、担保约束等。

（四）投资弹性

投资弹性涉及规模弹性和结构弹性两个方面。规模弹性是指企业应能根据自身资金的可供能力和投资效益或市场供求状况调整投资规模——收缩或者扩张；结构弹性是指企业应能根据市场风险或价格的变动，调整现有投资结构。

总体来说，对初创期的中小企业而言，稳健投资是关键，切忌盲目扩张。实践中，中小企业在寻求发展的过程中常犯两个错误。①将营运资金用于固定资产投资。中小企业在实现较丰厚的利润积累时,往往忽视营运资金周转,急于扩大固定资产投资,结果极易导致营运资金周转紧张。此时企业投资弹性较小,面临严峻的财务风险。实际上,企业可将部分资金投资固定资产,部分资金用于流动性较强的投资,如股票、国债、基金、保险等,以便随时撤出补充营运资金的不足。②分散投资。分散投资的风险分散作用要求投资项目风险互补。而中小企业资本总规模较小,分散投资很容易导致原有项目营运资金周转困难,而新的项目又不能形成规模,缺乏必要的经营能力和管理经验,无法建立竞争优势。

三、中小企业的投资方式

(一) 直接投资

直接投资,也叫作生产性投资,是指把资金直接投放于生产经营性资产,以便获取利润的投资,如购置设备、兴建厂房、开办商店等。直接投资的目的除了获利之外,还有扩大生产规模、增加市场占有率等目的。

直接投资的特点有:①对企业的长远发展具有影响;②投资大,周期长;③投资风险大;④投资的流动性差。

(二) 间接投资

间接投资又称证券投资,是指把资金投放于金融性资产,以便获取股利或者利息收入的投资,如购买政府公债、购买企业债券和企业股票等,其主要目的是获取利润。中小企业采用的间接投资方式主要有:①投资于金融企业,开办或参股银行、保险公司;②投资于股票、债券(包括国债)等金融资产;③投资于产权市场,通过产权交易和企业并购,获得产业能力。

四、中小企业的投资领域

投资领域的选择在一定程度上决定了投资的效益。关注中小企业投资领域,对于更好地引导投资,促进经济持续发展,具有重要意义。目前适合我国中小企业的投资领域如下。

(一) 传统产业

传统产业在发达国家虽然已经成为夕阳产业,但是传统产业在中国仍将大有可为。我国经济起飞的时间还不是很长,经济基础还很薄弱,许多产业刚刚发展,传统产业在相当长时间内仍是我国需要大力发展的行业。因此,传统产业也将在相当长的一段时间内是中小企业的主战场。随着国有经济在一般竞争领域的逐步退出,中小企业在这些领域的比重会进一步提高,逐步成为传统产业的主力军。

(二) 高新技术产业

随着全球经济步入知识经济时代,高新技术产业已逐步成为经济发展的领头羊,部分中小企业也已开始涉足高新技术产业寻求发展之路,成为我国经济增长中一支不可忽视的力量。投资于高新技术产业,是中小企业提高投资水平、增加投资效益的重要途径。

中小企业在技术创新方面具有一定的优势:①为了在市场竞争中站稳脚跟并持续发展,中小企业十分重视技术创新和技术进步的新动向,因此中小企业在创新方面的动力显得更加强烈;②中小企业有着快速的决策机制和内部沟通机制,能够迅速地根据需求的变化进行创新;③员工勇于承担风险,其研究开发效率也比较高。

(三) 国有经济退出领域

国有企业由于体制上的原因,除了在少数具有战略意义的行业依靠国家政策扶持处于垄断地位以外,在大部分领域都逐渐退出。由于国有经济退出的是一般性竞争行业,这些领域对大型跨国公司吸引力不大，这就给中小企业投资带来了良机。这些领域拥有较为成熟的市场、完善的经营模式，为中小企业的进入提供了可资参考的模板；而国有企业经营的弊端也可以让中小企业引以为鉴，从而避免不必要的失误。

（四）市场空隙领域

国外一位著名的企业家曾经提出过一种"圆圈理论"，他把大企业占有的销售市场比作大圆圈，把中小企业占有的销售市场比作小圆圈。所谓"圆圈理论"就是认为在无数的大圆圈和小圆圈之间，必然存在一些空隙，即仍有一部分尚未被占领的市场，这就是所谓的市场空隙。一般来说，这种市场空隙领域的市场规模较小，对于大企业来说价值不大，因为不会给大企业带来丰厚的利润。因此大企业不会进入，甚至不少中小企业也不屑于进入该领域。另外，这些市场空隙领域隐蔽性很强，因为人们平时的目光往往集中在圆圈里面尤其是大圆圈里面的市场，容易忽视这些市场空隙的存在。因此，在市场空隙领域竞争力很小，有时甚至没有竞争力。这些空隙领域是中小企业不可多得的商机。

（五）农村地区

目前大多数企业把注意力过分集中于大中城市，无视或低估农村市场。实际上，农村市场潜力巨大。一方面，农村地价大大低于城市；另一方面，农村地区劳动力成本大大低于城市。不过我国农村地域辽阔，各地区发展水平参差不齐，这就需要企业在选择投资区域时予以区别对待。

（六）农业产业化投资领域

我国是一个农业大国，但是我国农业产业化的水平和发达国家有很大的差距。近几年来，政府采取优惠政策和某些组织措施，推动了我国农业产业化的发展，涌现出了许多进行农产品加工的企业，很多还将产品打入了国外发达国家的市场，但是与需要和要求相比，还有很大的差距。农产品加工行业，比如蔬菜、瓜果保鲜及其初加工和深加工，农作物的果实、秸秆、叶、皮、壳的利用，木、竹、藤、棕的加工利用等，需要的资金不多，没有太高的技术含量，可成为中小企业良好的投资领域。

（七）大中型企业专业化配套协作领域

经济全球化的一个重要特征就是生产的国际分工更加细化。大型企业不仅仅是出于劳动力成本的考虑，有时更是为了便于管理和控制，在很多方面和中小企业建立紧密的生产加工协作关系。比如日本松下电器公司，与它协作的中小企业有1 200多家，所需零部件的70%～80%都是由中小企业提供的。就专业化配套方面来看，大企业的发展可以拉动中小企业投资空间的增加。汽车、家电、机械、食品等行业大企业的发展，都会给中小企业带来不少的投资良机。

（八）国际市场领域

我国的中小企业虽然在科技开发、品牌知名度方面和国际大企业具有较大的差距，但是我国的劳动力成本远远低于发达国家，因此在国际市场上，我国劳动密集型产品有一定的竞争力。对于这些劳动密集型产品，我国的中小企业完全可以有所作为。

五、中小企业的资本运营

我国的中小企业在改革开放过程中涌现出大量独资、合伙和股份合作制资本组织形式。它们在创办之初资本投入不够充足，创立之后也因积累有限和吸收新的股权与债权融资的困难，其资本力量的增长是缓慢而困难的。尽管如此，众多中小企业仍不乏迅速成长和发展的强烈冲动。尤其在政府"放小"政策的支持下，中小企业得以通过各种资本运营方式更加灵活地选择组织方式、经营形式和领导机制，从而在市场经济中获得更大的生存和发展空间。针对自身特点，中小企业的资本运营主要可以考虑以下四种。

（一）零并购策略

中小企业由于企业规模小、资金有限等条件限制，在并购中可以采用零并购方法，即选择公司资产与债务相抵的目标公司进行兼并。这样，中小企业可以不需动用本金就可以得到目标公司的资产。

（二）托管经营

中小企业的托管经营是在不改变企业产权归属的前提下，由委托方（即企业产权所有者或其代表）将企业经营管理权以合同形式，在一定条件和期限内让渡给受托方（即具有经营管理能力并能承担相应经营风险的法人和自然人）有偿经营，并由受托方承担资产保值增值责任。中小企业在对目标企业的行业、专业缺乏认识，或对目标企业所属行业缺乏信心时，可以采用托管经营方式。就性质而言，托管经营是以委托资产一定的增值幅度为指标的资产经营权和处置权的让渡行为；就目标而言，托管经营以鲜明的托管资产整体价值的长期实现和增值为直接目标，较好地形成了企业产权市场化运营的内部利益激励机制，从机制上避免了经营过程中对企业资产的侵蚀和浪费；就内容而言，托管经营是一种长期经济行为，对企业资产经营权和处置权的让渡，涵盖了企业产权的系统操作内容和过程；就标的而言，托管经营的对象是企业资产的经营权和处置权，乃至法人的财产权。托管经营的最终行为结果可能有多种形式，如由受托方实现兼并，或由受托方作为中介实现兼并，或在契约完成后由受托方将委托标的归还给委托方，或由受托方策划对委托标的进行改造，引入其他投资方，改造后委托方成为新企业的股东之一。

（三）租赁

租赁，尤其是融资租赁，作为一种金融工具，也是资本运营的一种方法。通过生产企业、金融机构、设备生产企业的合理构架与合约，使产品生产企业能租赁到所需设备进行生产。该方法的优点是：避免市场的急剧变化对企业的冲击，减少企业的现金支出，使企业可以将有限资金投放到回报率更高、风险更小的领域。

（四）中小企业的策略联盟

策略联盟是指两个或两个以上的企业为了达到共同的战略目标、实现相似的策略方针而采取的相互合作、共担风险、共享利益的联合行动。战略联盟的形式多种多样，包括股权安排、合资企业、研究开发伙伴关系、许可证转让等。其中有的涉及股权参与，有的不涉及；有的彼此之间参与程度较高，有的参与程度很低。策略联盟的最大特点是主要强调合作，而不是合资。策略联盟的主要形式包括联合研究与技术开发、合作生产与材料供应、联合销售与联合分销等。

▶ 1. 策略联盟的特征

（1）联盟各方仍具有法人资格，并拥有相应的产权，履行相应的义务。

（2）联盟的组织形式相对较为松散。由于联盟企业各方不改变法人资格，联盟各方建立的组织仅仅是为了实现联盟的目的，合作中遇到问题，通过协商加以解决。一旦联盟协议终止，这种组织形式也就结束了。

（3）联盟对联盟各方的非联盟领域的影响比较隐蔽，冲击程度较轻。参与联盟的各方依然是独立的企业，只是根据双方协议对合作的目标领域互相配合，对对方的非合作领域不需也无法施加影响。

2. 策略联盟的类型

划分策略联盟类型的方法多种多样，这里重点介绍两种。

1) 按母公司对联盟的资源投入和对联盟产出的安排来划分

（1）业务联合型。如果母公司只投入有限的资源，这些资源具有临时性，彼此都没有股权参与，这些资源最后将完全返回母公司，那么，这种联盟就属于非股权项目合作。比如两家建筑公司为得到某一工程项目而联合投标。

（2）伙伴关系型。在这种联盟中，双方愿意投入较多的资源，但也不涉及或很少涉及股权参与。联盟创造的成果仍然全部返回母公司。最常见的这种联盟类型是两家公司因研究开发而结成的联盟。

（3）股权合作型。在这种联盟中，双方均有股权参与。但双方仅投入最低限度的战略资源。对于联盟创造的资源，除了最终结果（红利、专利费等）以外，一般不返回母公司。为进入某一国家而在该国建立的战略联盟就属这种类型。这种联盟也包括为更快地扩散技术而与其他公司进行的股权式合作。

（4）全面合资型。在这种联盟中，双方都投入大量的资源，并允许联盟创造的资源继续保留在联盟中（红利、专利费除外），双方股权参与较深。两个公司为创建一项全新的业务而进行股权式长期合作就属于这种类型。这种联盟的特征是建立的组织有或多或少的独立性，有自己的战略生命。

2) 按联盟对企业业务的影响方式划分

（1）垂直式联盟，是一种类似垂直整合的联盟方式，单个企业分别从事本身专长的价值活动，而通过联盟的方式联结这些不同的价值活动，以构成较为完整的产业价值链的功能。通过垂直式联盟，可避免许多市场因素的不确定性，降低单个企业的营运风险，减少营运成本，进而取得较强的竞争能力和有利的竞争地位。

（2）水平式联盟，则是整合类似的价值活动，以扩大营运的规模，降低固定成本投资的比例，发挥规模经济的优势。在水平式联盟中，可以集中不同企业的资金，使之得到更高效率的运用，减少重复与浪费，最终提高联盟企业整体的竞争能力。

3. 策略联盟的目标

从广义上说，策略联盟使企业达到七个互相交叉的基本目标：减少风险、获得规模经济和生产合理化、获得互补性技术、减少竞争、克服政府的贸易限制或投资障碍、获得市场的经验或知识，以及增强同价值链上互补性伙伴的联系。概括起来，主要内容如下。

（1）规模经济。中小企业联盟的潜在利益是改善规模经济。中小企业可以针对彼此共同的需要，分别组成研究开发、人才培训、市场信息、技术信息、市场营销甚至公共关系等各种联盟，共同进行相关产业价值链上的某一项活动。既可降低单个企业的成本费用，更可争取时效，从而改善中小企业在规模上的不利地位，提升中小企业的竞争、谈判地位。例如，我国台湾地区的第二代笔记本电脑即是联合 40 多家企业的力量将技术成功转移至民间。而联盟企业通过共同采购、共用营销网络，更易发挥作为一个整体共同对外的实力优势，取得原材料供应上的便利与稳定以及共创新市场的成功。

（2）在细分市场上的分工合作。实际上，中小企业在细分市场上的合理分工既是企业策略联盟的有效结果，更是各种策略联盟成功运作的前提条件。如果企业之间在细分市场上缺乏明确划分，难免会落入自相残杀的局面。只有在细分市场上合理分工后，联盟的合作效用才会显现。资源有限的中小企业难以成功自行承办研发、生产、营销等全部活动，策略联盟使其得以扬长避短，在分工合作中发挥自身优势。例如，玩具业的垂直式联盟中，由专业设计公司负责设计，模具公司负责开模，塑胶公司负责生产，再由贸易公司负责行销。这种上下游产业分工网络显然可以大大提高中小企业的企业竞争力。

(3) 大小企业规模互补、知识共享。中小企业与大型企业，尤其是跨国公司之间由于规模不同、专长互补，因此是很好的策略联盟伙伴。常见的联盟方式是大企业授权当地厂商产销其产品或委托其负责行销。中小企业则可借此积累经验与实力，逐步成长壮大。同时，由于市场地位相近的企业很难共享知识，而大小企业发展阶段不同，大企业过去的许多经验正是中小企业目前面临的问题，因此中小企业向大企业学习是很自然的。而大企业为了使联盟伙伴更具生命力，也乐于传授经验。知识共享所创造的经济与社会效益是不可估量的。

第四节 中小企业收益分配管理

一、收益分配的基本原则

(一) 依法分配原则

为规范企业的收益分配行为，国家制定和颁布了若干法规，这些法规规定了企业收益分配的基本要求、一般程序和重大比例。企业的收益分配必须依法进行，这是正确处理企业各项财务关系的关键。

(二) 兼顾各方面利益原则

中小企业除依法纳税外，投资者作为资本投入者、企业的所有者，依法享有净收益的分配权。中小企业的债权人在向企业投入资金的同时也承担了一定的风险。中小企业的收益分配中应当体现出对债权人利益的充分保护，不能伤害债权人的利益。另外，中小企业的员工是企业净收益的直接创造者，企业的收益分配应当考虑员工的长远利益。因此，中小企业进行收益分配时，应当统筹兼顾，维护各利益相关团体的合法权益。

(三) 分配与积累并重原则

中小企业由于受筹资渠道的局限，除按规定提取法定盈余公积金以外，可适当留存一部分利润作为积累。这部分未分配利润仍归企业所有者所有。这部分积累的净利润不仅可以为中小企业扩大生产筹措资金，增强中小企业发展能力和抵抗风险的能力。同时，还可以供未来年度进行分配，起到以丰补歉、平抑收益分配数额波动、稳定投资报酬率的作用。

(四) 投资与收益对等原则

企业收益分配应当体现谁投资谁收益、收益大小与投资比例相适应，即投资与收益对等原则。这是正确处理企业与投资者利益关系的立足点。

二、股利分配方案的确定

(一) 选择股利政策

中小企业选择股利政策通常需要考虑以下几个因素：①中小企业所处的成长与发展阶段；②中小企业支付能力的稳定情况；③中小企业获利能力的稳定情况；④目前的投资机会；⑤投资者的态度；⑥中小企业的信誉状况。

(二) 确定股利支付水平

股利支付水平通常用股利支付率来衡量，股利支付率是当年发放股利与当年净利润之比，或每股股利除以每股收益。是否对股东派发股利以及比率高低主要取决于中小企业对下列因素的权衡：①中小企业所处的成长周期及目前的投资机会；②中小企业的再筹资能力及筹资成本；③中小企业的控制权结构；④顾客效应；⑤股利信号传递功能；⑥贷款协议以及法律限制；⑦通货膨胀因素。

(三) 确定股利支付形式

中小股份有限公司支付股利的形式主要有现金股利和股票股利。

▶ 1. 现金股利形式

现金股利形式是指中小股份公司以现金的形式发放给股东股利。发放现金股利的多少主要取决于公司的股利政策和经营业绩。中小上市公司发放现金股利主要有三个原因：投资者偏好、减少代理成本和传递公司的未来信息。

▶ 2. 股票股利形式

股票股利形式是指中小企业以股票形式发放股利，即按股东股份的比例发放股票作为股利的一种形式。它不会引起公司资产的流出或负债的增加，而只涉及股东权益内部结构的调整。

发放股票股利的优点是：①可将现金留存公司用于追加投资，同时减少筹资费用；②股票变现能力强、易流通，股东乐于接受；③可传递公司未来经营绩效的信号，增强经营者对公司未来的信心；④便于今后配股融通更多资金和刺激股价。

(四) 确定股利发放日期

股份公司分配股利必须遵循法定的程序。先由董事会提出分配预案，然后提交股东大会决议，股东大会决议通过分配预案之后，向股东宣布发放股利的方案，并确定股权登记日、除息(或除权)日和股利支付日等。

三、股利分配政策

股利分配政策是关于公司是否发放股利、发放多少股利，以及何时发放股利等方面的方针和策略。股利分配政策主要包括剩余股利政策、固定股利政策、固定股利支付率政策和低正常股利加额外股利政策。

(一) 剩余股利政策

剩余股利政策是指公司生产经营所获得的税后利润首先应较多地考虑满足公司投资项目的需要。即增加资本或公积金，只有当增加的资本额达到预定的目标资本结构(最佳资本结构)后，如有剩余，才能派发股利。

这种股利政策的优点是有利于优化资本结构，降低综合资本成本，实现企业价值的长期最大化。其缺陷表现在股利发放额每年随投资机会和盈利水平的波动而波动，不利于投资者安排收入与支出，也不利于公司树立良好的形象。剩余股利政策一般适用于公司初创阶段。

(二) 固定股利政策

固定股利或稳定的股利政策是指公司将每年派发的股利额固定在某一特定水平上，不论公司的盈利情况和财务状况如何，派发的股利额均保持不变。

这种股利政策的优点：①有利于稳定公司股票价格，增强投资者对公司的信心；②有利于投资者安排收入与支出。其主要缺陷表现为：①公司股利支付与公司盈利相脱离，造成投资的风险与投资的收益不对称；②它可能会给公司造成较大的财务压力，甚至可能侵蚀公司留存利润和公司资本。

固定股利政策一般适用于经营比较稳定或正处于成长期、信誉一般的中小企业。

（三）固定股利支付率政策

固定股利支付率政策是公司确定固定的股利支付率，并长期按此比率支付股利的政策。

这种股利政策的优点：①使股利与企业盈余紧密结合，以体现多盈多分、少盈少分、不盈不分的原则；②保持股利与利润间的一定比例关系，体现了投资风险与投资收益的对称性。不足之处表现如下：①公司财务压力较大；②缺乏财务弹性；③确定合理的固定股利支付率难度很大。

固定股利支付率政策只能适用于稳定发展的公司和公司财务状况较稳定的阶段。

（四）低正常股利加额外股利政策

低正常股利加额外股利政策是公司事先设定一个较低的经常性股利额。一般情况下，公司按此金额支付正常股利，只有企业盈利较多时，才根据实际情况发放额外股利。

这种股利政策的优点是股利政策具有较大的灵活性。低正常股利加额外股利政策，既可以维持股利的一定稳定性，又有利于优化资本结构，使灵活性与稳定性较好地相结合。其缺点如下：①股利派发仍然缺乏稳定性；②如果公司较长时期一直发放额外股利，股东就会误认为这是"正常股利"，一旦取消，容易给投资者造成公司财务状况"逆转"的负面印象，从而导致股价下跌。

中小企业应当结合企业自身情况，选择合适的股利支付政策、形式和水平。

第五节　中小企业风险管理

一、风险管理

风险研究首先出现于保险业，进而扩展到银行业、证券业等金融领域。风险管理进入一般的企业管理领域是以 1963 年由麦尔（Robert I. Mehr）和海基斯（Bob A. Hedges）合著的《企业风险管理论》一书的出版为标志。威廉姆斯（Arther Williams）和汉斯（Richard M. heins）合著的《风险管理与保险》把风险管理定义为：根据组织的目标或目的以最少费用，通过风险识别、测定、处理及风险控制技术把风险带来的不利影响降到最低限度的科学管理。

（一）风险管理的定义及特点

风险管理（risk management）是通过对风险进行识别、衡量和控制，以最小的成本使风险损失达到最低的管理活动。理想的风险管理，是一连串排好优先次序的过程，使当中可能引致最大损失及最可能发生的事情优先得到处理，而相对风险较低的事情则压后处理。

风险管理是研究风险发生规律和风险控制技术的一门新兴管理科学。它是一个组织或个人用以降低风险负面影响的决策过程。具体而言，就是组织或个人通过风险识别、风险评定、风险决策，并在此基础上优化组合各种风险管理技术，对风险实施有效的控制和妥善处理风险所致损失的后果，以最小的成本获得较大安全保障。

综上所述，风险管理具有如下特点：①风险管理的对象是风险；②风险管理的主体可以是任何组织和个人，包括个人、家庭、营利性组织和非营利性组织；③风险管理的过程包括风险管理计划、风险识别、风险评定、风险决策和风险监控等；④风险管理的基本目标是以最小的成本收获最大的安全保障；⑤风险管理成为一个独立的管理系统，并成为一门新兴学科。

（二）风险管理目标

风险管理的基本目标是以较小成本获得最大安全保障效益。风险管理的具体目标可以概括为损前目标和损后目标。损前目标是指通过风险管理消除和减少风险发生的可能性，为人们提供较安全的生产、生活环境。损后目标是指通过风险管理在损失出现后及时采取措施，组织经济补偿，帮助企业迅速恢复生产和生活秩序。风险管理不仅是一个安全生产问题，还包括识别风险、评估风险和处理风险，涉及财务、安全、生产、设备、物流、技术等多个方面，是一套完整的方案，也是一个系统工程。

▶ 1. 损前目标

（1）经济目标。企业应以最经济的方法预防潜在的损失，即在风险事故实际发生之前，就必须使整个风险管理计划、方案和措施最经济、最合理。这要求对安全计划、保险以及防损技术的费用进行准确分析。

（2）安全状况目标。安全状况目标就是将风险控制在可承受的范围内。风险管理者必须使人们意识到风险的存在，而不是隐瞒风险，这样有利于人们提高安全意识，防范风险并主动配合风险管理计划的实施。

（3）合法性目标。风险管理者必须密切关注与经营相关的各种法律法规，对每一项经营行为、每一份合同都加以合法性的审视，不至于使企业蒙受财务、人才、时间、名誉的损失，保证企业生产经营活动的合法性。

（4）履行外界赋予企业的责任目标。例如，政府法规可以要求企业安装安全设施以免发生工伤，同样一个企业的债权人可以要求贷款的抵押品必须被保险。

▶ 2. 损后目标

（1）生存目标。一旦不幸发生风险事件，给企业造成了损失，损失发生后风险管理的最基本、最主要的目标就是维持生存。实现这一目标，意味着通过风险管理人们有足够的抗灾救灾能力，使企业、个人、家庭乃至整个社会能够经受得住损失的打击，不至于因自然灾害或意外事故的发生而元气大伤、一蹶不振。实现维持生存目标是受灾风险主体在损失发生之后，在一段合理的时间内能够部分恢复生产或经营的前提。

（2）保持企业生产经营的连续性目标。风险事件的发生给人们带来了不同程度的损失和危害，影响正常的生产经营活动和人们的正常生活，严重者可使生产和生活陷于瘫痪。对公共事业尤为重要，这些单位有义务提供不间断的服务。

（3）收益稳定目标。保持企业经营的连续性便能实现收益稳定的目标，从而使企业保持生产持续增长。对大多数投资者来说，一个收益稳定的企业要比高风险的企业更具有吸引力。稳定的收益意味着企业的正常发展，为了达到收益稳定目标，企业必须增加风险管理支出。

二、企业风险管理

企业风险管理（enterprise risk management，ERM）框架是由美国反虚假财务报告委员会（Treadway Commission）下属的组织委员会（Committee of Sponsoring Organizations of the Treadway Commission，COSO）在内部控制框架的基础上，于2004年9月提出的企业风险管理的整合概念。在市场不确定性增加的环境下，企业的风险管理成为企业应对经济危机的核心，全面风险管理应运而生。

（一）企业风险管理的定义

▶ 1. COSO对企业风险管理的界定

COSO认为，企业风险管理处理风险和机会，以便创造或保持价值。它的定义如下：企业风险管理是一个过程，它由一个主体的董事会、管理层和其他人员实施，应用于战略制定并贯穿于企业之中，旨在识别可能会影响主体的潜在事项，管理风险以使其在该主体的风险容量之内,并为主体目标的实现提供合理保证。

这个定义反映了几个基本内容:①企业风险管理是一个过程,它持续地流动于主体之内;②由组织中各个层级人员实施;③应用于战略制定;④贯穿于企业,在各个层级和单元应用,还包括采取主体层级的风险组合观;⑤旨在识别一旦发生将会影响主体的潜在事项,并把风险控制在风险容量以内;⑥能够向一个主体的管理层和董事会提供合理保证;⑦力求实现一个或多个不同类型但相互交叉的目标,但它只是实现结果的一种手段,并不是结果本身。

▶ 2. 国资委对企业风险管理的界定

2006年6月,我国国资委制定的《中央企业全面风险管理指引》中将企业风险界定为"未来的不确定性对企业实现其经营目标的影响"。而全面风险管理是指企业围绕总体经营目标,通过在企业管理的各个环节和经营过程中执行风险管理的基本流程,培育良好的风险管理文化,建立健全全面风险管理体系,包括风险管理策略、风险理财措施、风险管理的组织职能体系、风险管理信息系统和内部控制系统,从而为实现风险管理的总体目标提供合理保证的过程和方法。

(二)企业风险管理一般过程

风险管理程序要求识别和了解企业面临的各种风险,以评估风险的成本、影响及发生的可能性,并针对出现的风险制定应对办法,制定文件记录程序以描述发生的情况以及实施的纠正举措。

风险管理一般包括风险识别、风险评定、风险决策和风险监控四个过程。这四个过程之间相互作用,也与其他知识领域中的各种过程相互作用。虽然各个过程是彼此独立、相互间有明确界限的组成部分,但在实践中,它们可能会交叉重叠、互相影响。

▶ 1. 风险识别

确定何种风险可能影响项目,并将这些风险的特性整理成文档。

▶ 2. 风险评定

对风险和条件进行分析,将它们对项目目标的影响按顺序排列。测量风险出现的概率和结果,并评估它们对项目目标的影响。

▶ 3. 风险决策

制定一些程序和技术手段,用来提高实现项目目标的机会和减少对实现项目目标的威胁。

▶ 4. 风险监控

监控残余风险,识别新的风险,执行降低风险计划,以及评价这些工作的有效性。

三、中小企业风险管理框架

中小企业风险管理框架是中小企业为设计、实施、监测、评审和持续改进风险管理所提供的基础和组织安排。其中,基础包括方针、目标、对管理风险的授权与承诺;组织安排包括计划、相互关系、责任、资源、过程和活动。国际标准化组织确定的风险管理框架如下。

(一)授权与承诺

"授权与承诺"是风险管理框架中的第一部分,是整个框架的统领。风险管理框架中其他四部分组织成了一个过程循环,而"授权与承诺"在循环之外,对整个循环过程具有统领作用。

中小企业管理者在"授权与承诺"方面至少应落实以下九个方面的内容:

(1)阐明并签署风险管理方针;

(2)确保企业的文化与风险管理方针相一致;

(3) 决定风险管理的绩效指标，该指标应与企业的绩效指标相一致；
(4) 风险管理目标与企业的目标和战略相一致；
(5) 确保法律法规的符合性；
(6) 在中小企业内的适当层次分配管理责任和职责；
(7) 确保风险管理中必要的资源配置；
(8) 与所有利益相关方沟通风险管理的益处；
(9) 确保管理风险框架持续适宜。

(二) 风险管理框架的设计

在"授权与承诺"的统领之下，中小企业需要对风险管理框架进行设计。在设计自身的风险管理框架时可从以下方面入手。

▶ 1. 审视组织及其环境

组织在设计风险管理框架时，应当检查并了解自己的内部环境及所处的外部环境，这是风险管理工作的基础。

▶ 2. 明确表达组织的风险管理承诺

组织的最高领导层和监督机构（风险管理部门和内部审计部门等）应当通过政策、声明或其他形式，来表达并展现自身对风险管理的持续承诺，以明确传达组织有关风险管理的目标和承诺。

▶ 3. 明确组织风险管理角色、权限、职责和责任

组织的最高领导层和监督机构应当明确相关角色的风险管理责任、职责和权限，并与组织所有层级保持沟通。沟通的主要内容至少应该包括对风险管理意识和风险管理职责的强调，以及对风险责任人责任及权限的明确，以便他们有权及时应对风险。

▶ 4. 为风险管理配置适当的资源

组织的最高领导层和监管机构应确保为风险管理分配适当资源。需要注意的是，组织在设计风险管理角色、权限、职责和责任时，应当考虑现有资源的能力和局限性。

▶ 5. 与利益相关方之间的沟通和咨询

沟通是指与目标受众分享信息；咨询是指参与者提供反馈，以期能够为制定决策或其他活动提供建议。为支持风险管理框架和促进风险管理的有效运用，组织应当与利益相关方建立一个一致认可的沟通和咨询方法。

(三) 实施风险管理

中小企业实施风险管理框架如下。
(1) 确定实施框架的适当时间安排和战略；
(2) 将风险管理方针和过程应用到企业的风险管理过程中；
(3) 符合法律和监管的要求；
(4) 确保开发和制定目标决策，与风险管理过程的结果相一致；
(5) 掌握信息和培训过程；
(6) 与利益相关方沟通与咨询，以确保风险管理框架保持适宜。

(四) 框架的监测与评审

(1) 按所确定的指标测量风险管理绩效，并定期评审其适宜性；
(2) 定期测量风险管理计划的进展，以及进展与计划的偏离；
(3) 在企业所处的外部、内部环境下，定期评审风险管理框架、方针、计划是否适宜；

(4) 报告风险、风险管理计划的进展，以及企业的风险管理方针遵循情况；
(5) 评审风险管理框架的有效性。

(五) 框架的持续改进

对企业风险管理框架的持续改进提出要求，以监测和评审的结果为基础，决定风险管理框架、方针、计划如何改进，这些决定会导致企业的风险管理和风险管理文化的改进。

拓 展 案 例

中国中小微企业经营现状研究（2021）

本章小结

中小企业是指在中华人民共和国境内依法设立的有利于满足社会需要和增加就业、符合国家产业政策、生产规模中小型的各种所有制和各种形式的企业。不同行业的中小企业划分标准各不相同。其组织形式主要有独资企业、合伙企业、股份合作制企业和有限责任公司四大类。尽管规模较小，但中小企业在经济发展中起着重要作用。

中小企业具有规模小、数量大、经营灵活、竞争力弱等特征，其财务管理也有其特殊之处。中小企业的内部管理基础普遍较弱，抗风险能力较弱，信用等级较低，融资渠道相对有限，对管理者的约束也较多。

中小企业的融资渠道可以分为内部融资和外部融资两大类。其中内部融资为中小企业主要资金来源，外部融资包括金融机构贷款、发行债券、发行股票、风险投资、创业基金等。

中小企业的资本运营可以采用零并购策略、托管经营、租赁和中小企业策略联盟几种方式。中小企业收益分配需要遵循依法分配、兼顾各方面利益、分配与积累并重、投资与收益对等几项基本原则。中小企业应当结合企业自身情况，选择合适的股利支付政策、形式和水平。

中小企业风险管理框架包括授权与承诺、风险管理框架的设计、实施风险管理、框架的监测与评审、框架的持续改进五个部分。

在线自测

扫描封底刮刮卡 获取答题权限

第十一章 企业破产、重整与清算

> **学习目标**
> 1. 理解破产的定义,了解破产的法律特征,熟悉破产的法律规定,掌握财务危机预警方法,掌握破产财务管理的原则;
> 2. 理解重整的定义,熟悉重整的程序;
> 3. 理解清算的定义,掌握清算的分类,熟悉清算的程序和相关财务问题

案例导入

科迪乳业申请破产重整

2022年9月9日,科迪乳业发布公告称,公司收到河南省商丘市中级人民法院2022年9月8日出具的《民事裁定书》,商丘市中级人民法院根据债权人郑州互通合众文化传媒有限公司的申请,于9月8日裁定受理了互通合众对科迪乳业的破产重整申请。

商丘市中级人民法院认为,被申请人科迪乳业已不能清偿到期债务,且明显缺乏清偿能力。根据科迪乳业的资产状况、行业前景等因素,基本能够认定其具备重整价值。依照《中华人民共和国企业破产法》等相关规定,裁定受理申请人互通合众对被申请人科迪乳业的破产重整申请。

科迪乳业表示,公司将根据重整事项的进程及时履行信息披露义务。鉴于公司进行破产重整的申请已被受理,在破产重整期间,公司存在被宣告破产并进行破产清算的风险。

数据显示,2021年度报告期期末,科迪乳业流动负债余额为19.67亿元,其中短期借款5.6亿元,均已逾期,资产负债率为96.43%。由于公司及子公司资金紧张,目前面临较多的司法诉讼,相关诉讼已导致公司部分账户被冻结,公司已被列入失信执行人名单,主要银行账户被冻结,已对公司生产经营活动造成重大影响。

资料来源:很突然!知名巨头,申请破产!(2022-09-13)[2023-3-26].https://mp.weixin.qq.com/s/QPp_Agxqj3E4kxZm_u7Srw.

案例思考:
1. 企业重整有哪些程序?
2. 若无法重整,企业又该如何?
3. 企业破产现象的存在与持续经营理财假设是否矛盾?

第一节 企 业 破 产

一、破产的概念

从广义上讲,破产是指企业因经营管理不善等原因而造成不能清偿到期债务时,按照一定程序,采取一定方式,使其债务得以解脱的经济事件。以此定义为基础,财务管理中的破产可分为以下几种。

(一)技术性破产

技术性破产又称技术性的无力偿债,是指由于财务管理技术的失误,公司不能偿还到期债务的现象。此时公司主要表现为资产缺乏流动性,变现能力差,但盈利能力还比较好,财务基础也比较健全。无力偿债主要是由于公司债务太多,特别是短期债务太多造成的,此时若能合理调整其财务结构,会很快渡过难关。但如果处理不好,也会造成法律上的破产。

(二)事实性破产

事实性破产又称破产性的无力偿债,是指债务人因连年亏损,负债总额超过资产总额(即资不抵债)而不能清偿到期债务的现象。由于此时债务人财产不足,实际上已不可能清偿全部债务,故称为事实性破产。这种情况极可能引起法律性破产。

(三)法律性破产

法律性破产是指债务人因不能清偿到期债务而被法院宣告破产。这时,债务人的资产可能低于负债,但也可能等于或超过负债,于是便可能出现债务人资产虽超过负债,却因无法获得足够的现金或无法以债权人同意的其他方式偿还到期债务,不得不破产还债的情况。之所以称为法律性破产,是因为对债务人的破产宣告是依法律上确定的标准进行的,而对破产清算后债务人实际能否清偿全部到期债务则不加考虑。

狭义的破产只是指法律性破产,即债务人公司不能清偿到期债务,经破产申请人申请,由法院依法强制执行其全部财产,公平清偿所欠全体债权人债务的经济事件。

本章中未做特殊说明的破产均指法律性破产。

按照我国法律的相关规定,破产是在债务人不能清偿到期债务时,由法院强制执行其全部财产,公平清偿全体债权人,或者在法院监督下,由债务人与债权人会议(或债权人委员会)达成和解协议,重整、复苏公司,清偿债务,避免倒闭清算的法律制度。

二、破产的法律特征

(一)破产是清偿债务的法律手段

当债务人不能清偿到期债务时,法院根据债权人或债务人的申请,将债务人的破产财产依法分别分配给债权人,以了结债权债务关系。

(二)破产是以法定事实的存在为前提

尽管各国破产法的规定各不相同,但都以法定事实的存在作为破产的前提,如美国以不能偿债为法定事实,德国以资不抵债为法定事实。

(三)破产必须经法院审理

破产须经法院审理,以实现公平受偿,保护双方当事人的合法权益,通过法院宣告破产，债务人民事主体资格消亡。

三、破产的法律规定

(一) 破产原因

破产原因是申请债务人破产的事实依据，是对债务人进行破产清算和破产预防的法律事实，也是破产程序启动、变更和终结的法律依据。《中华人民共和国企业破产法》(简称《企业破产法》)对所有的法人企业适用统一的破产原因，即《企业破产法》第2条规定，"企业法人不能清偿到期债务，并且资产不足以清偿全部债务或者明显缺乏清偿能力的"。《企业破产法》第7条又明确规定，在此种情况下，债务人可以向人民法院提出重整、和解或者破产清算申请；债权人也可以向人民法院提出对债务人进行重整或破产清算的申请。

以上所说的"不能清偿到期债务"是指债务人由于缺乏清偿能力，对于到清偿期而受请求的债务持续地无法全部进行清偿的一种客观经济状态。以上所说的"资产不足以清偿全部债务"，即资不抵债，是指债务人的全部资产总额不足以偿付其所负的全部债务总额，以上所说的"明显缺乏清偿能力"，实质上就是不能清偿到期债务。

(二) 重整与和解

▶ 1. 重整

所谓重整，是指不对无偿付能力的债务人的财产立即进行清算，而是在人民法院的主持下由债务人与债权人达成协议，制订重整计划，规定在一定的期限内，债务人按一定的方式全部或部分清偿债务，同时债务人可以继续经营其业务的制度。重整适用于所有类型的企业法人，是一个独立的破产预防程序。

按照《企业破产法》第70条的规定，债务人和债权人可以依照法律规定，直接向人民法院申请对债务人进行重整。如果债权人申请对债务人进行破产清算时，在人民法院受理破产申请后，宣告债务人破产前，债务人或者出资额占债务人注册资本1/10以上的出资人，可以向人民法院申请重整。由人民法院裁定债务人进行重整，并公告。人民法院裁定债务人重整之日起6个月内，债务人或者管理人应当向人民法院和债权人会议提交重整计划草案。重整计划草案应包括以下内容：①债务人的经营方案；②债权分类；③债权调整方案；④债权受偿方案；⑤重整计划的执行期限；⑥重整计划执行的监督期限；⑦有利于债务人重整的其他方案。人民法院将在收到重整计划草案之日起30日内召开债权人会议，并按照债权是否有担保权，是否为所欠职工的医疗、保险等，是否为所欠税费等对债权进行分类，分组对重整计划草案进行表决。出席会议的同一表决组的债权人过半数同意重整计划草案，并且其所代表的债权额占该组债权总额的2/3以上的，即为该组通过重整计划草案。《企业破产法》第73条规定，在重整期间，经债务人申请，人民法院批准，债务人可以在管理人的监督下自行管理财产和营业事务。《企业破产法》第78条规定，在重整期间，有下列情形之一的，经管理人或者利害关系人请求，人民法院应当裁定终止重整程序，并宣告债务人破产：①债务人的经营状况和财产状况继续恶化，缺乏挽救的可能性；②债务人有欺诈、恶意减少债务人财产或者其他显著不利于债权人的行为；③由于债务人的行为致使管理人无法执行职务。

▶ 2. 和解

和解是指破产程序开始后，债务人和债权人之间就债务人延期清偿债务、减少债务数额、进行整顿事项达成协议，以挽救企业，避免破产，中止破产程序的法律行为。债务人可以直接向人民法院申请和解，也可以在人民法院受理破产申请后、宣告债务人破产前，向人民法院申请和解。申请和解时应同时提交和解协议草案。经人民法院审查认为和解申请符合《企业破产法》的规定,应裁定和解,予以公告,并召集债权人会议讨论和解协议草案。当出席会议的有表决权的债权人过半数同意,并且其所代表的债权额占无财产担保债权总额的 2/3 以上时,和解协议通过,经人民法院认可后,和解协议对债务人和全体债权人均有约束力,债务人按照和解协议的条款清偿债务。

《企业破产法》第 99 条明确规定:"和解协议草案经债权人会议表决未获得通过,或者已经债权人会议通过的和解协议未获得人民法院认可的,人民法院应当裁定终止和解程序,并宣告债务人破产。"同时,《企业破产法》第 103 条和第 104 条对和解协议的终止也做出了规定,因债务人的欺诈或其他违法行为而成立的和解协议,人民法院应裁定无效,并宣告债务人破产;以及债务人不能或不执行和解协议的情况出现时,人民法院有权决定终止和解协议,并宣告债务人破产。

(三)破产清算

《企业破产法》第 107 条规定:人民法院依照本法规定宣告债务人破产的,应当自裁定做出之日起五日内送达债务人和管理人,自裁定做出之日起十日内通知已知债权人,并予以公告。

被宣告破产后,债务人称为破产人,债务人财产称为破产财产,人民法院受理申请时对破产人享有的债权称为破产债权。进入破产清算阶段后,管理人应当拟订破产财产变价方案,并交由债权人会议讨论通过后,适时变价出售破产财产。

四、破产财务管理的基本原则

破产企业财务管理所要处理的财务关系主要是破产企业和债权人之间的关系,管理的对象是达到破产界限的企业,所以破产企业管理应遵循一些特殊的原则。

(一)公平原则

公平原则是指在和解与整顿、破产清算过程中,要对所有的债权人一视同仁,按照法律和财产合同上规定的先后顺序,对各债权人的求偿权予以清偿,而不能违背法律,为一个或几个债权人的利益而损害其他债权人的利益。公平原则就是要保证各债权人能公平分配破产公司的财产。

(二)可行原则

可行原则是指在和解与整顿过程中,必须具备相应的条件,如果不具备相应条件,则认为是不可行的。和解与整顿是否可行的一个基本判别标准,就是达到破产界限的公司经过和解与整顿以后,是否能按和解协议清偿债务。如果它能按时清偿债务,则认为和解与整顿可行;否则就认为不可行,应通过清算来加以解决。

(三)守法原则

破产公司财务管理不仅需要财务方面的技术与方法,而且需要更多的法律知识。无论是在和解整顿过程中,还是在破产清算过程中,都必须依法办事。例如,对各种破产财产、破产债权的界定与确认,对破产费用的支付和管理,对各种债权的清偿,都要按《破产法》和有关法律处理。

(四)节约原则

破产条件下的财务管理必须处处遵循节约原则。一般来说,和解与整顿比破产清算节约费用支出,所以,在可行原则的基础上,如果能采取和解与整顿,则应尽量采用和解与整顿方式解决，在和解与整顿不可行时，才能采用破产清算。在破产清算时，也应尽量节约各种清算费用。

五、企业破产危机预警

企业在破产之前，往往已经出现某些征兆。企业破产的直接原因是企业发生了财务危机，若能及时识别财务危机的征兆，就能防患于未然，一旦发生财务危机，也能及时采取应急对策，防止财务危机进一步恶化。

财务预警方法有两大类：定性分析法和定量分析法。

（一）财务预警的定性分析法

▶ 1. 标准化调查法

标准化调查法又称风险分析调查法，即通过专业人员、咨询公司、协会等，就企业可能遇到的问题加以详细调查与分析，形成报告文件供企业经营者参考的方法。

该方法最大的优点在于提出的问题对所有的企业或组织都是有意义的、普遍适用的。但是对特定的企业来说，无法提供特定问题及损失所暴露的一些个性特征。另外，该方法没有对要求回答的每个问题进行解释，也没有引导使用者对问题之外的相关信息做出正确判断。

▶ 2. 四阶段症状分析法

四阶段症状分析法把企业财务运营"病症"大体分为四个阶段，而且每个阶段都有其典型"症状"，如表 11-1 所示。如果企业有相应情况发生，就一定要尽快弄清"病因"，采取相应措施，以摆脱财务困境、恢复财务正常运作。

表 11-1　四阶段症状分析表

阶段	症状
财务危机潜伏期	盲目扩张； 无效市场营销； 疏于风险管理； 缺乏有效的管理制度，资源配置不当； 无视环境的重大变化
财务危机发作期	自有资本不足； 过分依赖外部资金，利息负担重； 缺乏财务的预警作用； 债务拖延偿付
财务危机恶化期	经营者无心经营业务，专心于财务周转； 资金周转困难； 债务到期违约不支付
财务危机实现期	负债超过资产，丧失偿付能力； 宣布倒闭

▶ 3. 三个月资金周转表分析法

判断企业"病情"的有力武器之一，就是看看有没有编制三个月资金周转表。是否编制三个月资金周转计划表，是否经常检查结转下月的资金余额对总收入的比率和销售额对付款票据兑现额的比率，以及是否考虑资金周转问题，对维持企业的生存极为重要。

一般来说，当销售额逐月上升时，兑现付款票据极其容易；相反，如果销售额每月下降,已经开出的付款票据也难以支付。三个月资金周转表分析法的判断标准有两个:一是如果编制不出三个月的资金周转表,这本身就已经说明企业存在问题;二是如果已经编制好了该表,就要查明转入下一个月的结转额是否占总收入的20%以上,付款票据的支付额是否占销售额的60%以下(批发业)或40%以下(制造业)。可见,这种方法的实质就是,企业面临变幻无穷的理财环境,要经常准备好安全度较高的资金周转表,假如不能,就说明这个企业已经处于紧张状态了。

▶ 4. 流程图分析法

流程图分析法即通过制定企业流程图,来识别企业生产经营和财务活动的关键点,以暴露潜在的风险。流程图分析是一种动态分析方法,对识别公司生产经营和财务活动的关键点特别有用,运用这种分析方法可以暴露公司潜在的风险。

在公司生产经营流程中,必然存在一些关键点,如果在关键点上出现堵塞和发生损失,将会导致公司全部经营活动终止或资金运转中断。在画出的流程图中,每个公司都可以找出一些关键点,对公司潜在风险进行判断和分析,发现问题及时预警,在关键点处采取防范的措施,才可能有效降低风险。

▶ 5. 管理评分法

美国的仁翰·阿吉蒂(Renhan Ajti)在对企业管理特性及破产企业存在缺陷的调查中,对几种缺陷、错误和征兆进行对比打分,还根据对破产过程产生影响的大小程度对它们进行了加权处理,如表11-2所示。

表 11-2 管理评分项目体系

项目		评分	表现
缺点	管理方面	8	总经理独断专行
		4	总经理兼任董事长
		2	独断的总经理控制着被动的董事会
		2	董事会成员构成失衡,比如管理人员不足
		2	财务主管能力低下
	财务方面	1	管理混乱,缺乏规章制度
		3	没有财务预算或不按预算进行控制
		3	没有现金流转计划或虽有计划但从未适时调整
		3	没有成本控制系统,对企业的成本一无所知
		15	应变能力差、过时的产品、陈旧的设备、守旧的战略
合计		43	及格 10分
错误		15	欠债太多
		15	企业过度发展
		15	过度依赖大项目
合计		45	及格 15分
症状		4	财务报表上显示不佳的信号
		4	总经理操纵会计账目,以掩盖企业滑坡的实际
		3	非财务反映:管理混乱、工资冻结、士气低落、人员外流
		1	晚期迹象:债权人扬言要诉讼
合计		12	
总计		100	

用管理评分法对公司经营管理进行评估时，每一项得分要么是零分，要么是满分，不容许给中间分，总分是 100 分，所给的分数就表明了管理不善的程度。参照管理评分法中设置的各项目进行打分，分数越高，则公司的处境越差。在理想的公司中，这些分数应当为零；如果评价的分数总计超过 25 分，就表明公司正面临失败的危险；如果评价的分数总计超过 35 分，公司就处于严重的危机之中；公司的安全得分一般小于 18 分。因此，在 18～35 分之间构成企业管理的一个"黑色区域"。如果企业所得评价总分位于"黑色区域"之内，企业就必须提高警惕，迅速采取有效措施，使总分数降低到 18 分以下的安全区域之内。

阿吉蒂管理评分法的理论基础是：管理不善导致企业灾难，而管理不善的种种表现可以比财务反应提前若干年被发现。从评价项目可知，管理评分法是基于这样一个前提，即企业失败源于企业的高级管理层。

该方法的优点是简明易懂，而且有效。当然其效果还取决于评分者是否对被评分公司及其管理者有直接、相当的了解。

▶ 6. 损益表分析法

根据损益表中三个层次利润的不同状况，可将企业的财务状况分成 A～F 共六种类型，不同类型对应的安全状况如表 11-3 所示。

表 11-3　损益分析表

项目	财务状况类型					
	A	B	C	D	E	F
经营收益	亏损	亏损	盈利	盈利	盈利	盈利
经常收益	亏损	亏损	亏损	亏损	盈利	盈利
期间收益	亏损	盈利	亏损	盈利	亏损	盈利
说明	接近破产状态		继续下去将导致破产		视亏损情况而定	正常

注：经营收益＝主营业务利润＋其他业务利润－营业费用－管理费用＋投资收益
经常收益＝经营收益－财务费用
期间收益＝经常收益＋补贴收入＋营业外收入－营业外支出

(二) 财务预警的定量分析法

▶ 1. 单变量模式

单变量模式是指运用单一变数，用个别财务比率来预测财务危机的模型。按照这一模式，当企业模型中所涉及的几个财务比率趋于恶化时，通常是企业发生财务危机的先兆。

1) 比率分析法

威廉·比弗（William Beaver）在 1968 年发表在《会计评论》上的一篇论文中，对 1954—1964 年的 79 个失败企业和相对应（同行业、等规模）的 79 家成功企业进行了比较研究，结果表明债务保障率能够更好地判定企业的财务状况（误判率最低），其次是资产收益率和资产负债率，并且离经营失败日越近，误判率越低，预见性越强。后来经过众多学者、实务专家的研究，认为资金安全率也是一个非常实用的单变量指标。可以预测财务失败的比率有：

债务保障率＝现金流量÷债务总额
资产收益率＝净收益÷资产总额
资产负债率＝负债总额÷资产总额
资产安全率＝资产变现率－资产负债率

2）利息及票据贴现费用判别分析法

日本经营咨询诊断专家田边升一在其所著的《企业经营弊病的诊治》一书中，提出了检查企业"血液"——资金的秘诀之一是利息及票据贴现费用判别分析法。

该方法运用利息及票据贴现费用大小，即以企业贷款利息、票据贴现费用占其销售额的百分比来判断企业正常（健康）与否，比率越低越好。具体情况如表11-4所示。

表11-4 利息及票据贴现费用判别标准 %

行业	健康型	维持现状型	缩小均衡型	倒闭型
制造业	3	5	7	10
商业	1	3	5	7

▶ 2. 多变量模型

1）Z预警模型

Z预警模型是由美国爱德华·阿尔曼（Altman）在20世纪60年代中期提出来的，最初阿尔曼在制造企业中分别选取了66家破产企业和良好企业为样本，收集了样本企业资产负债表和利润表中的有关数据，从22个变量中选定预测破产最有用的五个变量，经过综合分析建立了一个判别函数。在这个模型中，他赋予五个基本财务指标以不同权重，并加权产生Z值。

$$Z=0.012X_1+0.014X_2+0.033X_3+0.006X_4+0.999X_5 \tag{11-1}$$

式中：

X_1＝（营业资金÷资产总额）×100；

X_2＝（留存收益÷资产总额）×100；

X_3＝（息税前利润÷资产总额）×100；

X_4＝（普通股优先股市场价值总额÷负债账面价值总额）×100；

X_5＝销售收入÷资产总额。

该模型将反映企业偿债能力的指标X_1和X_4、反映企业获利能力的指标X_2和X_3以及反映企业运营能力的指标X_5有机联系起来，通过综合分值分析预测企业财务失败或破产的可能性。按照这个模式，一般来说，Z值越低企业越有可能破产，通过计算某企业若干年的Z值就可以发现企业是否存在财务危机的征兆。阿尔曼根据实证分析提出了判断企业财务状况的几个临界值，即当Z值大于2.675时，则表明企业的财务状况良好，发生破产的可能性小；当Z值小于1.81时，则表明企业潜伏着破产危机；当Z值介于1.81～2.675时被称为"灰色地带"，说明企业的财务状况极为不稳定。

上述模型主要适用于股票已经上市交易的制造企业，为了能够将Z预警模型用于私人企业和非制造企业，阿尔曼又对该模型进行了修正，即：

$$Z=0.065X_1+0.0326X_2+0.01X_3+0.0672X_4 \tag{11-2}$$

式中：

X_1＝运营资金÷资产总额×100%；

X_2＝留存收益÷资产总额×100%；

X_3＝息税前利润÷资产总额×100%；

X_4＝企业账面价值÷负债账面价值×100%

在这个预警模型中，当目标企业的 Z 值被测定为大于 2.90 时，说明企业的财务状况良好；当 Z 值小于 1.23 时，说明企业已经出现财务失败的征兆；当 Z 值处于 1.23～2.90 时为"灰色地带"，表明企业财务状况极不稳定。

阿尔曼设计的 Z 预警模型综合考虑了企业的资产规模、变现能力、获利能力、财务结构、偿债能力等方面的因素。在西方，该模型预测公司破产的准确率达 70%～90%，在破产前一年准确率高达 95%。

2) F 预警模型

由于 Z 预警模型在建立时并没有充分考虑到现金流量的变动等方面的情况，因而具有一定的局限性。为此，有学者拟对 Z 预警模型加以改造，并建立其财务危机预测的新模型——F 预警模型。

$$F = -0.1774 + 1.1091W_1 + 0.1074W_2 + 1.9271W_3 + 0.0302W_4 + 0.4961W_5 \quad (11-3)$$

式中：

W_1＝运营资金÷资产总额

W_2＝留存收益÷资产总额

W_3＝(税后净收益＋折旧)÷平均总负债

W_4＝企业账面价值÷负债账面价值

W_5＝(税后净收益＋利息＋折旧)÷平均总资产

F 预警模型中的五个自变量的选择是基于财务理论，其临界点为 0.027 4，若某一特定的 F 值低于 0.027 4，则将被预测为破产公司；反之，若 F 值高于 0.027 4，则公司将被预测为继续生存公司。

与 Z 预警模型相比，F 预警模型的主要特点是：①F 预警模型加入现金流量这一预测自变量，许多专家证实现金流量比率是预测公司破产的有效变量，因此它弥补了 Z 预警模型的不足；②模型考虑到了现代化公司财务状况的发展及其有关标准的更新，比如公司财务比率标准已发生了许多变化，特别是现金管理技术的应用，已使公司所应维持的必要的流动比率大为降低；③模型使用的样本更加扩大。F 预警模型使用了 Compustat PC Plus 会计数据库中 1990 年以来的 4 160 家公司的数据，并进行验证；而 Z 预警模型的样本仅为 66 家公司(33 家破产公司及 33 家非破产公司)。

第二节 企 业 重 整

一、企业重整的会议

企业重整是《企业破产法》的重要内容。《企业破产法》规定，债权人申请对债务人进行破产清算的，在人民法院受理破产申请后、宣告债务人破产前，债务人或者出资额占债务人注册资本 1/10 以上的出资人，可以向人民法院申请重整，即对该企业进行重新整顿、调整。即不对无偿付能力债务人的财产进行立即清算，而是在法院主持下由债务人与债权人达成协议，制订重组计划，规定在一定期限内债务人按一定方式全部或部分清偿债务，同时债务人可以继续经营其业务的制度。

企业重整是对陷入财务危机但仍有转机和重建价值的企业根据一定程序进行重新整合，使企业得以维持和复兴的做法。通过这种抢救使濒临破产的企业重新振作起来，摆脱破产结局，走上继续发展之路。

二、企业重整的程序

重整是一种司法程序。重整机构开展重整工作，需遵循一定的程序。

（一）提出重整申请

企业法人的重整申请可由债务人、连续6个月持有公司10%以上股份的股东以及债权人提出。

申请人应向被申请人所在地的法院提出重整申请，并递交书面申请书。申请人应当在破产宣告前提出重整申请，破产宣告后不得再提起。

（二）法院对重整申请的受理

▶ 1. 重整申请的审查

（1）形式审查：审查法院有无管辖权、申请人是否合格、申请书的形式是否符合法律的规定。

（2）实质审查：审查被申请人是否合格、债务人是否具有重整的原因、债务人是否具有挽救的希望。

▶ 2. 法院的调查

法院应当选派法官或委任具有专门知识经验而与债务人无利害关系的人员对被申请重整的公司进行调查，具体查明债务人的财力状况和经营状况，征询有关主管机关的意见，将调查报告提交给人民法院。

▶ 3. 选任检查人

法院应在初步调查的基础上选任专门的检查人调查公司的情况，以供法院作为决定是否裁定重整的参考。

（1）检查公司业务、财务状况及做出资产估价。

（2）依据合理财务费用负担标准判断公司的营业状况是否尚有经营价值。

（3）企业负责人在执行业务时，有无违法行为。

（4）提出申请的事项有无不实。

▶ 4. 中止执行或保全

法院接到申请到做出受理裁定期间内，为防止债务人转移财产和其他影响债权人利益的行为，可以依职权或依申请人申请，中止对债务人的其他民事执行程序或对公司财产采取保全措施。

法院经调查认为符合重整条件，应做出允许债务人重整的裁定。

▶ 5. 受理重整申请裁定的效力

法院裁定准许重整后，即正式启动重整程序。法院应在法定期间内公告准许重整的裁定，并将裁定书及公告事项以书面形式通知重整监督人、重整人、已知债权人、股东及主管机关。

（1）债务人的财产权、经营权或财产管理权由重整人在监督人和法院监督下接管，债务人停止一切职权活动。

（2）进入重整程序后，重整人为唯一合法的清偿债务和接受债权清偿的机关，债务人不得为同样的行为。

(3) 中止对债务人的其他强制执行程序。

(4) 成立关系人会议，作为利害关系人表达其意思的机关。

(5) 符合条件的债权人应在法定期间内向法定的机关申报债权。

(三) 重整计划的执行

重整人应在债务人协助下及时制订出重整计划草案，交由关系人会议讨论通过后，由重整监督人提交法院认可，经认可的重整计划对债务人及关系人产生约束力。

重整计划的内容应包括以下内容。

(1) 债权变动的具体情况、债务清偿的期限和履行的担保及做出清偿的条件。

(2) 重整的措施包括企业整体情况的处理、企业重新发展的资金来源（可借入资本、出售部分财产换取资金、股份公司可征得证券监管部门的同意增发股票或债券募集资金，或进行合理的资本置换）。

(3) 重整计划的具体执行。重整计划由法院指定的重整人执行。重整人在执行重整计划过程中，应尽到善良管理人的义务，接受监督人的监督，违反此义务而给债务人或关系人造成损害时，应负赔偿责任。

(四) 重整的完成或终止

企业重整程序开始以后，就以重整计划为核心开始进行重整工作。如果重整计划得以顺利进行，则重整计划执行完毕后，重整程序自动结束，这种情况称为公司重整的完成。但在企业重整过程中，也可能由于一些法定事由的出现，造成公司重整计划不能得以进行，从而公司的重整程序也相应结束，这种情况称为公司重整的终止。

▶ **1. 重整的完成**

1) 程序

公司重整因重整计划的执行完毕而完成，重整完成以后，公司的重整人应召集重整后的股东会，股东会应改选重整后的董事会及监事会，并且应由董事会向主管机关申请变更登记，并会同重整人向法院申请裁定重整结束，法院裁定后，公司重整程序正式结束。

2) 重整完成的效力

(1) 对债权人的效力。已经申报的债权没有受清偿的部分，除依照重整计划的规定，移转由重整后的公司负担者外，与未申报的债权一样，其权利本身归于消灭。

(2) 对股东的效力。股东股权经重整而变更或减除的部分其权利消灭，未申报的无记名股东的股权应与其产生同样的后果，即股东股权经重整而变更或减除的部分的权利，不论为记名股东或无记名股东，也不论申报还是未申报其权利均同等的消灭，这与未申报债权全部消灭并不相同。

(3) 对诉讼程序中断的效力。重整完成意味着重整计划对于债权人的行使已经有解决办法，不需要当事人或法院进行重整裁定前的公司破产、和解、强制执行及因财产关系所产生的诉讼等程序，因而这些相应的程序自动失去效力。

(4) 对重整机关的效力。重整完成后，因重整所设立各类机关的任务已经终了，自动归于消灭。重整人的职务也应随重整完成而予以解除。

重整结束后，由重新成立的企业股东会、董事会、监事会领导企业开展业务。

▶ **2. 重整的终止**

1) 重整终止的原因

(1) 重整计划未获关系人会议通过。重整计划在第一次关系人会议上没有被通过，在以后另行召开的关系人会议上仍未获依法通过的,法院可依职权裁定终止重整。

(2) 重整计划未获法院认可。重整计划一旦由关系人通过,则应交由法院审查认可。如果法院认为该计划违背公正原则,又不具有可行性,或有其他重大违法情形时,法院就可以依职权对重整计划不予认可,则重整程序因而终止。

(3) 重整计划不可能执行或无须执行。重整计划因情势变迁或有由不正当理由致使不能或无须执行时,除法院命令其重新审查以外,法院在征询主管机关意见以后,可以裁定终止重整。

2) 重整终止之后的效力

(1) 积极效力。因重整程序开始而终止的破产程序、和解程序或一般民事执行程序及因财产关系所产生的诉讼程序,均应恢复继续进行;因没有申报而在重整期间内不能行使的债权或股权,在重整终止后均应恢复其效力;因裁定重整而停止的股东会、董事会及监事会的职权,均予以恢复。

(2) 消极效力。重整终止并无溯及力,因而重整人在重整过程中代表公司所为的法律行为仍然有效。而且在重整程序中发生的重整债务,较之重整终止后恢复效力的重整前的债务,仍具有优先受偿权。

另外,在裁定终止重整后,如果在重整前破产程序尚未开始的话,则必然导致破产程序的开始。当然,在重整终止后,如果出现法定的破产原因,那么自然可以进入破产程序。

第三节 企业清算

一、企业清算的定义

企业清算是指企业出现法定解散事由或者企业章程规定的解散事由后,依照法定程序,对公司的财产和债权债务关系等进行清理、处分和分配,以了结其债权债务关系的行为,是公司得以注销的必经程序。

企业清算的重要功能在于将资源配置到使用效率更高、效益更好的单位,从而实现整个社会资源配置的优化。由于受到内外因素的影响,公司财务危机时有发生,如果重组价值大于清算价值,那么就通过实施重组对企业重整以振兴企业;如果清算价值大于重组价值,就通过实施破产清算重新配置社会资源。

二、企业清算的类型

企业清算按其原因可以分为破产清算和解散清算。

(一) 破产清算

破产清算是因经营管理不善造成严重亏损,不能偿还到期债务而进行的清算。主要有两种情况:①资不抵债时发生的实际上的破产,即债务人因负债超过资产,不能清偿到期债务时发生的一种状况,是事实上的破产;②债务人因不能清偿到期债务而被法院依法宣告破产,此时债务人资产可能低于负债,也可能等于或超过负债。

(二) 解散清算

导致企业解散清算的主要原因如下。

(1) 公司章程规定的营业期限届满或公司章程规定的其他解散事由出现,如经营目已达到而不需继续经营，或目的无法达到且公司无发展前途等。

(2) 股东大会决定解散。

(3) 企业合并或者分立需要解散；企业违反法律或者从事其他危害社会公众利益的活动而被依法撤销。

(4) 发生严重亏损，或投资一方不履行合同、章程规定的义务，或因外部经营环境变化而无法继续经营。

三、企业清算的程序

(一) 破产清算的程序

如果达到破产界限的企业不具备和解与重整的基本条件，或者和解、重整被否决，那么，法院则要依法宣告该企业破产，进行破产清算。

▶ 1. 人民法院受理破产申请

企业法人不能清偿到期债务，并且资产不足以清偿全部债务或者明显缺乏清偿能力的，企业法人已解散但未清算或者未清算完毕、资产不足以清偿债务的情形下，债权人、债务人或者依法负有清算责任的人可以向人民法院提出破产申请，提交破产申请书和有关证据，债务人提出申请的，还应当向人民法院提交财产状况说明、债务清册、债权清册、有关财务会计报告、职工安置预案及职工工资的支付和社会保险费用的缴纳情况。一般情况下，人民法院应当自收到破产申请之日起十五日内裁定是否受理。

▶ 2. 指定管理人

人民法院裁定受理破产申请的，应当同时指定管理人。管理人可以由有关部门、机构人员组成的清算组或者依法设立的律师事务所、会计师事务所、破产清算事务所等社会中介机构担任。人民法院根据债务人的实际情况，可以在征询有关社会中介机构的意见后，指定该机构具备相关专业知识并取得执业资格的人员担任管理人。

《企业破产法》规定，由破产管理人负责在企业重整或破产清算程序中全面接管破产企业，并负责破产财产的保管、清理、估价、处理和分配等破产清算事务。管理人具体履行下列职责：

(1) 接管债务人的财产、印章和账簿、文书等资料；
(2) 调查债务人财产状况，制作财产状况报告；
(3) 决定债务人的内部管理事务；
(4) 决定债务人的日常开支和其他必要开支；
(5) 在第一次债权人会议召开之前，决定继续或者停止债务人的营业；
(6) 管理和处分债务人的财产；
(7) 代表债务人参加诉讼、仲裁或者其他法律程序；
(8) 提议召开债权人会议；
(9) 人民法院认为管理人应当履行的其他职责。

▶ 3. 法院依法宣告企业破产

人民法院对于企业的破产申请进行审理，符合《企业破产法》规定情形的，或者和解、重整被否决的，即由人民法院依法裁定宣告该企业破产的，应当自裁定做出之日起五日内送达债务人和管理人，自裁定做出之日起十日内通知已知债权人，并予以公告。

被宣告破产后，债务人称为破产人。

▶ **4. 通知债权人申报债权**

人民法院确定债权申报期限，自人民法院发布受理破产申请公告之日起计算，最短不得少于三十日，最长不得超过三个月。在此期限内，债权人未申报债权的，可以在破产财产最后分配前补充申报；但是，此前已进行的分配，不再对其补充分配。

▶ **5. 召开债权人会议**

依法申报债权的债权人为债权人会议的成员，有权参加债权人会议，享有表决权。但是债权尚未确定、人民法院也不能为其行使表决权而临时确定债权额的债权人，以及对债务人特定财产享有担保权且未放弃优先受偿权利的债权人，不享有表决权。

第一次债权人会议由人民法院召集，自债权申报期限届满之日起十五日内召开。以后的债权人会议，在人民法院认为必要时，或者管理人、债权人委员会、占债权总额1/4以上的债权人向债权人会议主席提议时召开。

债权人会议的职权包括：核查债权；申请人民法院更换管理人，审查管理人的费用和报酬；监督管理人；选任和更换债权人委员会成员；决定继续或者停止债务人的营业；通过重整计划；通过和解协议；通过债务人财产的管理方案；通过破产财产的变价方案；通过破产财产的分配方案；人民法院认为应当由债权人会议行使的其他职权。

债权人会议的决议，由出席会议的有表决权的债权人过半数通过，并且其所代表的债权额占无财产担保债权总额的1/2以上。债权人会议的决议对全体债权人均有约束力。

▶ **6. 确认破产财产**

债务人财产包括两大部分：破产申请受理时属于债务人的全部财产和破产申请受理后至破产程序终结前债务人取得的财产。债务人被宣告破产后，其财产称为破产财产。

破产申请受理时属于债务人的全部财产具体包括：①企业自有的财产，包括企业的固定资产和流动资产，破产企业享有的土地、水流、矿产等自然资源的使用权，设定了担保权益或优先权的财产（具体如抵押物、留置物、出质物，担保物灭失后产生的保险金、补偿金、赔偿金等代位物，以及依照法律规定存在优先权的财产）；②属于债务人企业的财产权利，包括应当由债务人企业行使的物权、债权、证券权利，应当由债务人企业所有的知识产权，债务人企业享有的股东出资缴纳请求权，以及其他财产权利。

破产人在破产宣告后至破产程序终结前取得的财产，是指债务人在此期间仍然从事某些必要的民事活动而产生的收益。主要有：因破产企业债务人的清偿和财产持有人的交还而取得的财产；因未履行合同的继续履行而取得的财产；由破产企业享有的投资权益所产生的收益，如公司股份的年终分红；破产财产所产生的孳息或转让所得，如房屋出租的收入；继续营业的收益；基于其他合法原因而取得的财产，如因他人侵犯破产企业权利（包括无形资产权）而获得的赔偿。

但下列财产不属于债务人财产：债务人基于仓储、保管、加工承揽、委托交易、代销、借用、寄存、租赁等法律关系占有、使用的他人财产；特定物买卖中，尚未转移占有但相对人已完全支付对价的特定物；尚未办理产权或者产权过户手续但已向买方交付的财产；债务人在所有权保留买卖中尚未取得所有权的财产；所有权专属于国家且不得转让的财产；破产企业内的社团（企业的党团组织和工会组织等）经费及其拥有的财产；因无效合同取得的财产。

▶ **7. 确认破产债权**

破产债权是指宣告破产前就已成立的，对破产人发生的，依法申报确认，并从破产财产中获得公平清偿的可强制性执行的财产请求权。

破产债权主要包括以下内容：

（1）破产宣告前成立的无财产担保或者法定优先权担保的债权；

（2）破产宣告前发生的虽有财产担保但是债权人放弃优先受偿权利的债权；

（3）破产宣告前发生的虽有财产担保但是债权数额超过担保物价值部分的债权；

（4）宣告破产时未到期的债权，视为已到期债权，但是应当减去至到期日的利息；

（5）债务人的保证人或者其他连带债务人已经代替债务人清偿债务的，以其对债务人的求偿权申报债权；

（6）债务人的保证人或者其他连带债务人尚未代替债务人清偿债务的，以其对债务人的将来求偿权申报债权，但是债权人已经向管理人申报全部债权的除外；

（7）债务人是票据的出票人，该票据的付款人或者承兑人继续付款或者承兑的，付款人或者承兑人以由此产生的请求权申报债权；

（8）债务人是委托合同的委托人，受托人不知该事实，继续处理委托事务的，受托人以由此产生的请求权申报债权；

（9）管理人或者债务人依照破产法规定解除合同的，对方当事人以因合同解除所产生的损害赔偿请求权申报债权。

债权人申报债权时，应当书面说明债权的数额和有无财产担保，并提交有关证据。如果申报的债权是连带债权的，也应当说明。管理人收到债权申报材料后，应当登记造册，对申报的债权进行审查，并编制债权表。

▶ 8. 行使撤销权及追回权，将追回财产并入破产财产

（1）更为完善的撤销权制度。人民法院受理破产申请前一年内，涉及债务人财产的下列行为，管理人有权请求人民法院予以撤销并且有权追回并入破产财产：①无偿转让财产的；②以明显不合理的价格进行交易的；③对没有财产担保的债务提供财产担保的；④对未到期的债务提前清偿的；⑤放弃债权的。

人民法院受理破产申请前六个月内，债务人对个别债权人进行清偿的，管理人有权请求人民法院予以撤销并追回，个别清偿使债务人财产受益的除外。

（2）更为完善的无效行为制度。对下列无效行为的相关财产有权追回并入破产财产：①为逃避债务而隐匿、转移财产的；②虚构债务或者承认不真实的债务的。

▶ 9. 优先清偿有担保的债权

对破产人的特定财产享有担保权的权利人，对该特定财产享有优先受偿的权利。但有两种例外情况：①对特定财产享有优先受偿权利的债权人，行使优先受偿权利未能完全受偿的，其未受偿的债权作为普通债权，不再优先受偿；②放弃优先受偿权利的，其债权作为普通债权，不再优先受偿。

▶ 10. 清偿破产费用和共益债务

人民法院受理破产申请后发生的下列费用为破产费用：破产案件的诉讼费用；管理、变价和分配债务人财产的费用；管理人执行职务的费用、报酬和聘用工作人员的费用。

所谓共益债务是指破产程序中为全体债权人的共同利益由债务人财产及其管理人行为而产生的债务。人民法院受理破产申请后发生的下列债务为共益债务：因管理人或者债务人请求对方当事人履行双方均未履行完毕的合同所产生的债务；债务人财产受无因管理所产生的债务；因债务人不当得利所产生的债务；为债务人继续营业而应支付的劳动报酬和社会保险费用，以及由此产生的其他债务；管理人或者相关人员执行职务致人损害所产生

的债务；债务人财产致人损害所产生的债务。

破产费用和共益债务由债务人财产随时清偿。如果债务人财产不足以清偿所有破产费用和共益债务，应该先行清偿破产费用；如果债务人财产不足以清偿所有破产费用或者共益债务，则按照比例清偿；如果债务人财产不足以清偿破产费用，管理人应当提请人民法院终结破产程序。

▶ 11. 破产财产按顺序清偿与分配

管理人应当及时拟订破产财产分配方案，提交债权人会议讨论，债权人会议通过该方案后，由管理人将其提请人民法院裁定认可，经人民法院裁定认可后，由管理人执行。

破产财产在优先清偿有担保的债权，优先清偿破产费用和共益债务后，依照下列顺序清偿：

（1）破产人所欠职工的工资和医疗、伤残补助、抚恤费用，所欠的应当划入职工个人账户的基本养老保险、基本医疗保险费用，以及法律、行政法规规定应当支付给职工的补偿金。

（2）破产人欠缴的除前项规定以外的社会保险费用和破产人所欠税款。

（3）普通破产债权。

只有清偿完第一顺序后，才能清偿第二顺序，依此类推。破产财产不足以清偿同一顺序的清偿要求的，按照比例分配。破产财产清偿到某一顺序而全部用完时，破产程序就此终结。规定这一清偿程序，目的是在保障职工的基本生活条件和国家税收的前提下，使破产债权人对破产财产获以平均受偿的权利，维护债权人的利益。

▶ 12. 破产清算的结束

破产财产分配完毕是破产程序终结的法定条件和标志。所以，破产财产分配完毕，管理人即应及时向人民法院提交破产财产分配报告，并提请人民法院裁定终结破产程序。人民法院应当自收到管理人终结破产程序的请求之日起 15 日内做出是否终结破产程序的裁定，如果裁定终结，则应当予以公告。管理人则应当自破产程序终结之日起 10 日内，持人民法院终结破产程序的裁定，向破产人的原登记机关办理注销登记。至此，破产清算工作宣告结束。

（二）解散清算的程序

▶ 1. 确定清算人或成立清算组

根据《公司法》的有关规定，公司应当在解散事由出现之日起 15 日内成立清算组，开始清算。有限责任公司的清算组由股东组成，股份有限公司的清算组由董事或者股东大会确定的人员组成。逾期不成立清算组进行清算的，债权人可以申请人民法院指定有关人员组成清算组进行清算；人民法院应当受理该申请，并及时组织清算组进行清算。根据《公司法》的规定，清算组在清算期间可以行使以下职权：清理公司财产，分别编制资产负债表和财产清单；通知、公告债权人；处理与清算有关的公司未了结的业务；清缴所欠税款以及清算过程中产生的税款；清理债权、债务；处理公司清偿债务后的剩余财产；代表公司参与民事诉讼活动。

▶ 2. 债权人进行债权登记

清算组应当自成立之日起 10 日内通知债权人，并于 60 日内在报纸上公告，要求其应在规定的期限内对其债权的数额及其有无财产担保进行申请，并提供证明材料，以便清算组或受托人进行债权登记。而且公告和通知中应当规定第一次债权人会议召开的日期。债权人应当自接到通知书之日起 30 日内，未接到通知书的自公告之日起 45 日内，向清算组申报其债权。

▶ 3. 清理公司财产，制订清算方案

清算组应对公司财产进行清理，编制资产负债表和财产清单，在这一过程中，如果发现公司财产不足以清偿债务的，应当依法向人民法院申请宣告破产，并将清算事务移交给人民法院。在对公司资产进行估价的基础上，制订清算方案。清算方案包括清算的程序和步骤、财产定价方法和估价结果、债权收回和财产变卖的具体方案、债务的清偿顺序、剩余财产的分配，以及对公司遗留问题的处理等。清算方案应报经股东会、股东大会或人民法院确认。

▶ 4. 执行清算方案

（1）确定清算财产的范围，对清算财产进行估价。

（2）确定清算费用与清算损益。

（3）遵循顺序清偿、先债权后股权、风险和收益统一的原则进行清偿。顺序清偿的原则是指，按照支付清算费用、职工工资、社会保险费用和法定补偿金，缴纳所欠税款，清偿公司债务，分配剩余财产的顺序进行清偿；先债权后股权的原则是指清算组必须在清偿公司全部债务后再向股东分配公司的剩余财产；风险和收益统一的原则是指有限责任公司按照股东的出资比例分配，股份有限公司按照股东持有的股份比例分配，以充分体现公平、对等的原则，照顾各方利益。

▶ 5. 办理清算的法律手续

企业清算结束后，清算组应制作清算报告，报股东会、股东大会或者人民法院确认，经其批准后宣布清算结束，并报送工商行政管理部门办理公司注销手续；向税务部门注销税务登记，公告公司终止。

四、企业清算中的若干财务问题

（一）清算接管管理

清算接管是破产企业与管理人之间各有关事项的移交工作，是破产清算的基础性工作，各移交事项办理得是否真实、完整、顺利，手续是否完备，责任是否分明，直接关系到清算工作的有效性和成败。在管理人进入破产企业办理交接手续并签订移交书后，根据移交书的内容逐项进行核对。

▶ 1. 资产接管

接管资产时，主要核对其账实是否相符，是否按会计制度的要求进行了核算。如接管银行存款时，应根据银行存款日记账和银行对账单核对相符后的金额接管；存货与固定资产接管中应注意存货与固定资产的数量与计价、存货与固定资产的质量、存货与固定资产的归属等问题；对股票投资、债券投资等长期投资接管时，应特别注意投资成本的计价及持有期间的会计核算问题。接管无形资产时，应注意无形资产计价依据的真实性、合理性、合法性的审查，以及核对摊销、转让收入的记录等。

▶ 2. 权益接管

对负债接管时，应注意各有关明细科目的记录与债权人清册核对，以及对有关合同、债务凭证进行接管；对于权益的接管相对而言比较简单，由于企业清算时一般已终止其经营活动，所有者权益也变成一种凝固化的权益，接管时按账面记录核实后计入清算账目中即可。

▶ 3. 其他接管

管理人也应注意对未结事项的接管,并按对清算企业有利的原则进行处理。另外,对有关会计档案、人事档案、文件档案应依据移交清册逐项核对后接管。

(二)制定清算财务管理制度,编制清算预算

清算财务管理制度是管理人根据《企业破产法》和财务会计有关法规的规定而制定的,用以详细规定清算财务管理的具体内容和方法,是企业清算财务管理的具体依据。主要内容有:关于清算财务组织和财务管理人员职责的规定;关于破产财产清查、登记、变现及分配的规定;关于债务确认、清理等方面的规定;关于清算费用开支范围的规定;关于编报清算财务报告的规定;关于清算期间会计档案管理的规定。

清算预算是以货币形式表现的企业破产偿债计划,是企业清算财务管理目标的具体化。编制清算预算的目的主要有两点:一是明确清算财务管理的目标;二是对清算过程实施有效控制。

(三)清算财产的界定和变价

▶ 1. 清算财产的界定

清算财产包括企业在清算程序终结前拥有的全部财产,以及应当由企业行使的其他财产权利。管理人应该对其进行全面盘查,并按照财产的性质进行分类和记录,将其作为会计核算和财务管理的基本依据。

企业的下列财产应区别情况分别处理。

(1) 公益福利性设施。企业的职工住房、学校、托儿园(所)、医院等福利性设施,原则上不计入清算财产,但无须续办并能整体出让的,可计入清算财产。

(2) 职工集资款。属于借款性质的视为清算企业所欠职工工资处理,利息按中国人民银行同期存款利率计算;属于投资性质的视为清算财产,依法处理。

(3) 党、团、工会等组织占用清算企业的财产,属于清算财产。

(4) 他人财产。破产企业中归他人所有的财产由该财产的权利人通过管理人行使取回权取回。

▶ 2. 清算财产的变价

清算财产的变价是指破产企业清算财产由非货币形态向货币形态的转化,以便偿还债务、分配剩余财产。一般是根据企业财产的技术状况、磨损程度、使用年限、剩余价值及市场环境等,分别估定企业有形资产和无形资产的变卖价格,为资产变现和偿付债务提供基础性数据。

对于破产清算而言,管理人应当及时拟订破产财产变价方案,提交债权人会议讨论或者人民法院裁决。管理人按照通过的破产财产变价方案,适时变价出售破产财产。变价出售破产财产应当通过拍卖进行,但是债权人会议另有决议的除外。

对于解散清算而言,如果企业合同、章程规定或投资各方协商决定,企业解散时须对现存财产物资、债权债务进行重新估价,并按重估价转移给某个投资方时,则管理人应按重估价值对企业财产作价。

清算企业可以全部或者部分变价出售。企业变价出售时,可以将其中的无形资产和其他财产单独变价出售。即清算财产的变价方式分为单项资产变现和综合资产"一揽子"变现,其原则是:①提高财产的变现价值,保护财产的整体使用价值,能整体变现的不分散变现;②增强财产变现的公正性和时效性,能拍卖的不零售。

按照国家规定不能拍卖或者限制转让的财产,则应当按照国家规定的方式处理。

(四)清算债务的登记、审查和清算财产分配方案的编制

▶ 1. 清算债务的登记、审查

管理人收到债权申报材料后,应当登记造册,对申报的债权进行审查,并编制债权表。债权表和债权申报材料由管理人保存,供利害关系人查阅。

▶ 2. 清算财产分配方案的编制

管理人应当及时拟订破产财产分配方案,提交债权人会议讨论。破产财产分配方案应当载明下列事项:①参加破产财产分配的债权人名称或者姓名、住所;②参加破产财产分配的债权额;③可供分配的破产财产数额;④破产财产分配的顺序、比例及数额;⑤实施破产财产分配的方法。债权人会议通过破产财产分配方案后,由管理人将该方案提请人民法院裁定认可。

(五)剩余财产的分配

企业清偿债务后剩余财产的分配,一般应按合同、章程的有关条款处理,充分体现公平、对等原则,均衡各方利益。清算后各项剩余财产的净值,无论实物或现金,均应按投资各方的出资比例或者合同、章程的规定分配。其中,有限责任公司除了公司章程另有规定外,按投资各方出资比例分配;股份有限公司按照优先股股份面值对优先股股东优先分配,其后的剩余部分再按照普通股股东的股份比例进行分配。如果企业剩余财产尚不足全额偿还优先股股金,则按照各优先股股东所持比例分配。如果是国有企业,则其剩余财产应全部上缴财政。

(六)进行会计核算

清算会计必须对企业在清算过程中发生的资金运动进行及时、全面地反映。其账务处理程序和会计手段与常规会计基本上是一样的,即首先是取得和填制会计凭证,其次是根据凭证登记各种账簿,最后根据账簿提供会计信息。清算会计提供的财务信息为企业清算财务管理提供了基本依据。

(七)编制清算财务报告

大中型企业的清算过程可能需要相当长的一段时间,它不能像小企业那样只在清算终结时才编制有关财务报告,反映清算过程中的财务状况,而是要在清算期内定期或不定期地编制清算财务报告,以便连续地反映清算过程中各个阶段的财务状况和清算损益情况。财务报告是企业清算会计机构向有关方面提供清算财务信息最基本的手段和形式。

(八)进行日常财务管理的监督

清算会计机构和会计人员要积极参与破产财产的保管、估价、变卖及债务清偿等清算活动,利用财务手段保证破产财产的安全完整,促进清算工作的顺利进行。同时要根据有关法规和财务管理制度的要求,对企业破产清算活动进行有效的监督,及时防止和纠正清算过程中可能出现的各种违法乱纪行为,切实保证清算工作的合理性、合法性和有效性。

拓展案例

北京宝沃向法院申请破产清算

本章小结

破产是指企业因经营管理不善等原因而造成不能清偿到期债务时,按照一定程序,采取一定方式,使其债务得以解脱的经济事件。财务管理中的破产可分为技术性破产、事实性破产、法律性破产。破产是清偿债务的法律手段,是以法定事实的存在为前提,必须经法院审理。破产财务管理需遵循公平、可行、守法和节约的基本原则。

企业破产前往往已经表现出财务危机的征兆。对财务危机的预警方法包括定性分析法和定量分析法两大类。

债权人申请对债务人进行破产清算的,在人民法院受理破产申请后、宣告债务人破产前,债务人或出资人可以向人民法院申请重整。重整需要经过提出重整申请、法院对重整申请的受理、重整计划的执行和重整的完成或终止四个程序。

在企业终止过程中,为保护债权人、所有者等利益相关者的合法权益,可以对企业进行清算。企业清算按其原因可以分为破产清算和解散清算。破产清算的程序有人民法院受理破产申请、指定管理人、法院依法宣告企业破产、通知债权人申报债权、召开债权人会议、确认破产财产、确认破产债权、行使撤销权及追回权、优先清偿有担保的债权、清偿破产费用和共益债务、破产财产按顺序清偿与分配,以及破产清算的结束。解散清算的程序包括确定清算人或成立清算组、债权人进行债权登记、清理公司财产制订清算方案、执行清算方案,以及办理清算的法律手续。

在线自测

扫描封底刮刮卡　获取答题权限

参考文献

[1] 刘淑莲,任翠玉. 高级财务管理[M]. 3版. 大连:东北财经大学出版社,2022.
[2] 陈运森,梁上坤,袁淳. 高级财务管理[M]. 北京:北京大学出版社,2023.
[3] 王化成、刘亭玉. 高级财务管理学[M]5版. 北京:中国人民大学出版社,2022.
[4] 陆正飞,朱凯,童盼. 高级财务管理[M]3版. 北京:北京大学出版社,2018.
[5] 杨雄胜. 高级财务管理:理论与案例[M]4版. 大连:东北财经大学出版社,2022.
[6] 汤谷良,王珮. 高级财务管理学[M]. 北京:清华大学出版社,2017.
[7] 张绪军. 高级财务管理[M]. 北京:人民邮电出版社,2017.
[8] 刘玉凤. 高级财务管理[M]. 上海:上海财经大学出版社,2015.
[9] 田高良,李留闯. 高级财务管理[M]3版. 西安:西安交通大学出版社,2021.
[10] 徐鹿,邱玉兴,阎成武. 高级财务管理学[M]. 北京:科学出版社,2015.
[11] 曾蔚. 高级财务管理[M]. 北京:清华大学出版社,2013.
[12] ACCA P4 Advanced Financial Management [M]. Bpp Learning Media,2013.
[13] 陈文浩. 高级财务管理[M]. 北京:高等教育出版社,2013.
[14] 张功富. 财务管理学[M]. 北京:清华大学出版社,2012.
[15] 贝克特,霍德里克. 国际财务管理[M]. 曹玉珊,译. 大连:东北财经大学出版社,2012.
[16] 乔纳森·伯克,彼得·德马佐. 公司理财[M]. 姜英兵,译. 北京:中国人民大学出版社,2014.
[17] 胡元木,姜洪丽. 高级财务管理[M]. 北京:中国经济科学出版社,2013.
[18] 张先治. 高级财务管理[M]. 大连:东北财经大学出版社,2015.
[19] 刘志远. 高级财务管理[M]. 上海:复旦大学出版社,2022.
[20] 柴斌锋,裘益政,高级财务管理[M]. 上海:立信会计出版社,2020.

教师服务

感谢您选用清华大学出版社的教材！为了更好地服务教学，我们为授课教师提供本书的教学辅助资源，以及本学科重点教材信息。请您扫码获取。

》教辅获取

本书教辅资源，授课教师扫码获取

》样书赠送

财务管理类重点教材，教师扫码获取样书

 清华大学出版社

E-mail：tupfuwu@163.com
电话：010-83470332 / 83470142
地址：北京市海淀区双清路学研大厦B座509

网址：http://www.tup.com.cn/
传真：8610-83470107
邮编：100084